청소년을 위한
친절한 서양 철학사

청소년을 위한
친절한 서양 철학사

초 판 1쇄 발행	2017년 11월 30일
개정판 1쇄 발행	2021년 3월 10일
글	박해용, 심옥숙
펴 낸 이	한승수
펴 낸 곳	문예춘추사
편 집	양정희
마 케 팅	박건원
등록번호	제300-1994-16
등록일자	1994년 1월 24일
주 소	서울시 마포구 동교로27길 53 지남빌딩 309호
전 화	02 338 0084
팩 스	02 338 0087
E-mail	moonchusa@naver.com
I S B N	978-89-7604-438-9 43160

＊책값은 뒤표지에 있습니다.
＊잘못된 책은 구입처에서 교환해 드립니다.

청소년을 위한

친절한 서양 철학사

생각의 근육을
단련해 주는
나의 첫 번째
철학책

소크라테스에서 미셸 푸코까지…
스토리텔링과 이미지로 끝내는 내 생애 첫 번째 철학 수업

박해용, 심옥숙 공저

문예춘추사

이 땅의 청소년을 위한
친절한 서양 철학사

이 땅의 청소년을 위한 친절한 서양 철학사입니다. 이 글을 읽는 독자가 어떤 청소년이어도 상관없습니다. 남자든 여자든, 철이 있든 없든, 부자든 가난하든, 머리가 좋든 나쁘든, 깊든 생각하기를 좋아하든 싫어하든, 이 글을 읽기 시작했다면 이미 '철학하기'를 시작한 것이니까요.

청소년 여러분이 '철학하기'에 나선 길을 이야기 나누듯 동행하고자 합니다. 이 길의 끝에서 여러분은 이미 다른 사람이 되어 있을 것입니다. 물론 이 길의 끝은 가야 할 길의 끝이 아닙니다. 또 다른 길로 이어지며 이제 여러분은 스스로 새로운 길을 향하여 나갈 준비가 되어 있을 것입니다. 그러기 위해서 여기에서 시작한 길을 끝까지 가 보는 것이 중요합니다.

'철학'은 사람들 대부분이 익숙하고 흔하다고 생각하는 일에 의문을 갖는 것에서 시작합니다. 플라톤은 "어? 뭔가 이상하다."라고 생각하는 바로 그 순간에 철학이 시작된다고 하였습니다. 또한 칸트는 철학하기는 사고의 규칙을 제공하는 것이 아니라 이성의 판단을 분석하는 일이라고 말했습니다.

철학하기의 길은 매우 다양합니다. 옳고 그름을 생각해 보는 윤리학, 앎에 관한 것을 탐구하는 인식론, 절대자 신을 찾아 나가는 신학, 아름다움을 이해하려는 미학 등이 있습니다. 다시 말하면 사람이 이성을 사용하며 관계를 맺고 실천적으로 행동하는 거의 모든 일이 철학이라고 말할 수 있습니다.

철학사를 돌아보면, 철학하기에 관한 물음은 크게 두 가지 흐름으로 나뉩니다. 대상에 관한 물음과 아는 행위에 관한 물음입니다. 대상에 관한 물음은 존재의 본질에 관한 것이고, 아는 행위에 관한 물음은 우리가 무엇을 알 수 있는가에 관한 것입니다. 존재하는 것에 관한 질문은 존재의 본성을 다룹니다. 이는 '존재론' 분야입니다. 아는 행위에 관한 영역은 아는 방식에 관한 것으로 '인식론'입니다. 이 두 큰 흐름 안에서 철학의 분과가 세분화됩니다. 올바른 삶에 관한 도덕 철학, 공동체 관계와 운영에 관한 정치 철학, 아름다움에 관한 미학, 인간과 신의 관계에 관한 종교 철학, 사유의 방법에 관한 논리학, 이념과 학문의 체계에 관한 형이상학 등을 들 수 있습니다.

이 책에서는 철학의 여러 갈래를 알아봄으로써 스스로 철학하기로 나가는 것을 목표로 하고 있습니다. 시대와 함께 변화해 온 여러 갈래의 철학 이야기를 총 9장으로 구성하였습니다.

먼저 고대로 거슬러 올라가서 철학의 탄생을 알리는 여러 철학자를 만나고, 로마 시대를 거쳐서 중세 시대에 신학이 중심이 되면서 철학은 스스로 어떤 역할을 했는지를 대표적인 교부 철학자의 생각을 통해서 살펴볼 것입니다.

이후 새로워진 철학의 재탄생이 인간의 삶에 미치는 영향과 관계에 관하여 이해하기 위해서 근대 철학을 꼼꼼하게 따져 볼 것입니다. 중세를 지나서 과학과 함께 철학은 폭발적인 발전을 하였습니다. 철학은 이성의 중요성을 강조하기 시작했고 인간의 사고와 삶에 적극적인 역할을 담당

Contents

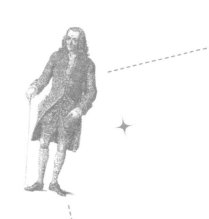

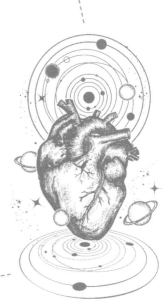

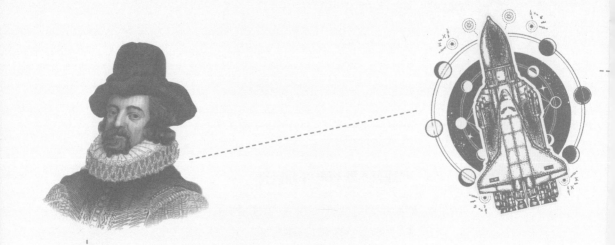

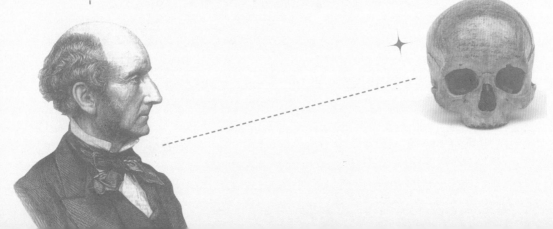

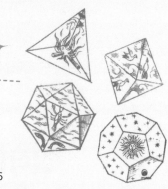

Prologue

철학하기란 무엇인가요?

나의 하루는 무수한 일로 가득 차 있습니다. 이러저러한 일에 치이면서 묻습니다. 도대체 무슨 일이 일어난 것인가요? 도대체 무엇이 문제인가요? 그러다가 보다 근본적인 물음을 던질 수도 있습니다. 그런데 이러한 삶의 근본적인 물음은 보통 우리에게 머물지 않습니다. 스스로 더 중요하다고 생각하는 일상의 다른 일이 허락하지 않기 때문입니다. 곧 다시 다른 관심으로 우리를 내모는 일이 연이어 일어납니다.

자신이 일상에서 만나는 무수한 일은 내 삶의 관점과 연결되어 판단됩니다. 그리고 내가 알고 있는 언어에 의하여 그 뜻을 이해하지요. 내 주변에서 일어나는 사건과 관계는 내가 알고 있는 개념에 의하여 나에게 들어옵니다. 예를 들면 정치에 관한 일은 자유나 평등 혹은 사회적 정의라는 말을 통하여 내가 이해합니다. 이때 자유, 평등, 사회적 정의라는 말은 내가 이해하고 있는 관점에서 풀이됩니다. 그런데 누군가가 우리에게 "네가 말하는 자유, 그게 무슨 뜻인데?"라고 묻는다면, 그가 나를 우습게 보거나 놀리는 것이라고 믿습니다. 나를 도발하는 물음이라고 생각합니다.

더 나가서 상대가 "자유와 평등 사이에 어떤 차이가 있는데?"라고 묻는다면, 머리 뚜껑이 열리도록 분이 차오를 것입니다. 잠시 진정하고 한번 생각해 봅시다. 자유와 평등 사이에 서로 충돌하는 점이 있지 않나요? 내가 자유를 누리려면 다른 사람과 불평등한 일이 생길 수 있고, 다른 사람과 평등하게 지내려면 내 자유를 억눌러야 할 경우가 있습니다.

누구나 자신이 원하는 대로 살면서 평등을 이룬다는 것은 불가능합니다. 사람은 서로 차이가 있고, 불평등한 조건을 가지고 있기 때문입니다. 사람은 서로 다른 환경에서, 서로 다른 능력을 가지고 살고 있습니다. 누구도 이를 부인할 수 없습니다. 그런데 이러한 차이를 어떤 힘이 마음대로 결정하게 할 수도 없는 일입니다. 내 자신과 관계된 일이기 때문입니다. 그런 까닭에 우리는 서로 이야기해야 합니다. "네가 생각하는 자유는 어떤 자유이며, 네가 이해하고 있는 평등은 어떤 것인가?" 이렇게 의문이 있는 것에 관하여 이야기하는 것부터 철학하는 일, 즉 철학하기가 시작되는 것입니다. 당신은 시베리아의 냉기를 담은 철학의 열차에 오른 것입니다. 자, 친절한 이성으로 서로의 생각을 주고받는 여행을 떠납시다.

오른쪽 그림은 철학하기란 결국 토론하고 논쟁하는 것이라는 사실을 보여 줍니다. 왼편에 있는 학자의 손가락을 유심히 살펴봅시다. 오른편 학자는 텍스트의 한 부분을 지적하고 있고, 왼편 학자는 손가락으로 이미 참고했던 다른 쪽을 표시하고 있습니다. 이들은 서로 자신이 주장하는 내용에 관한 이유와 근거를 대고 있습니다. 이제 철학하기와 더불어 자신이 한 말에 관한 이유와 근거뿐만 아니라 상대의 물음과 비판에 대해서도 공개의 장을 열어야 합니다. 철학하기를 위해서는 항상 두 사람이 필요합니다. 철학하기란 의문을 제기하고 답하는 사람에 의한 공동 작업

렘브란트 반 레인, 〈학자들〉

인 셈입니다. 철학하기란, 공동으로 진리를 찾아가는 집단 지성의 표현입니다. 그림에서 볼 수 있는 것처럼 철학하기에서 책, 즉 텍스트는 필수입니다.

"어? 뭔가 이상하다고 생각하는 그 순간 철학하기가 시작됩니다."
- 플라톤

우리는 일상에서 옳음과 그름에 관하여 이야기합니다. "내가 옳아." "아니야, 네가 옳지 않아, 틀렸어." 그런데 옳은 것과 옳지 않은 것은 무엇을 뜻할까요? 더 나아가서 정의란 무엇일까요? 네가 말하는 정의와 내가 말하는 정의가 서로 같은 뜻을 가졌나요? 우리는 서로 다른 정의에 대해서 말하고 있는 것은 아닌가요? 어떻게 옳고 그른 것을 구별할 수 있나요? 이러한 말하기는 윤리학에 관한 이야기가 됩니다. 이 꽃 참 아름답다! 하고 누군가가 말한다면, 그래 뭐가 그렇게 아름다워? 내게는 보통 꽃처럼 보이는데? 하나도 아름답지 않아……. 하고 다른 누군가가 말할 수도 있습니다. 정말 아름답다는 것은 무엇을 뜻할까요? 이러한 물음은 미란 무엇인가를 다루는 미학이 됩니다. 이와 같이 모든 말하는 행위 안에는 철학이 들어 있습니다. 근본적인 물음을 묻고, 원리를 찾으며, 해결을 위한 방법과 길을 찾는 곳에 철학하기가 있습니다.

철학하기의 길은 매우 다양합니다. 위에서 언급한 윤리학, 정치학 외에도 아는 것에 관한 인식 이론으로 가는 길(인식론), 절대자 신을 찾아 나가는 길(신학), 아름다움을 이해하려는 길(미학) 등이 있습니다. 사람들이 실천적으로 행동하는 거의 모든 일에 철학이 있습니다. 여기서 분명히 집고 넘어가야 할 부분이 있습니다. 예를 들어 윤리학 혹은 정치 철학에서 '인권이란 무엇인가요?'라는 물음은 단순한 정의 혹은 뜻에 관한 물음이 아닙니다. 만약 단순히 그 뜻을 묻는 것이 철학이라면, 철학은 사전 안에서 잠들어 있어야 합니다. 사전에 모든 것을 의존하는 것은 철학이 아닙니다. 철학적 물음은 사전을 넘어서서 그 개념을 제대로 이해하려는 충동을 갖고 있어야 합니다. 묻는 자는 의문이 가는 개념에 관하여 보다 깊이 있는 흥미로운 이해를 요구합니다. 그 개념에 대해서 즐거운 사용을 원합니다. 직접 이야기하면 그 개념이 나와 무슨 관계가 있는가를 알 수 있습니다.

한 개념을 안다는 것은, 그 개념이 나의 삶과 생각 안에서 어떤 역할을 하도록 하는 것입니다. 내게 있어서 그 개념이 어떻게 사용되고 있는가를 아는 것이며, 그 개념을 사용할 때 어떤 위험과 오류가 가능한가를 아는 것입니다. 예를 들어 자유라는 개념을 안다는 것은 그 개념이 정치적으로 중요한 다른 개념과 예를 들면, 평등 혹은 정의와 어떤 관계에서 이해하고 있는가를 아는 것입니다. 즉, 무엇을 안다는 것은 아는 대상을 분명하게 안다는 것을 의미합니다. 그 말이 어떤 중요한 결과를 가져오는가를 아는 것이지요. 아마도 거의 모든 말이 가지고 있는 안과 겉을 아는 것입니다. 왜냐하면 말은 안뿐 아니라 밖도 위험에 노출되어 있기 때문입니다. 말은 도달하고자 하는 내용과 의미로부터 미끌어지고 왜곡될 수 있습니다. 미끄럼과 은폐의 숲을 지나야 비로소 언어의 다른 면을 만날 수 있습니다. 그 일을 하는 것이 철학하기입니다.

이렇게 혼란과 은폐를 넘어서 개념을 이해하고 설명하는 철학하기는 매우 자극적입니다. 생각의 뿌리를 건들기 때문이지요. 이를 가리켜 급진적이라고 합니다. 철학은 과격합니다. 표면을 지나 심연에 이르게 하기 때문입니다. 심지어 철학하기는 보다 더 근본적인 문제를 다룹니다. 우리의 존재와 경험에 관한 거의 모든 문제에 대해서 근원적인 물음을 던집니다.

우리 인간은 여러 세계를 접하는데, 언어로 표현할 수 없는 세계에 관해서도 세계라는 틀 안으로 받아들입니다. 그리고 그것을 언어로 묘사하려고 하지요. 아무것도 없는 곳으로 발을 밀어 넣어 딛고 나서 그곳을 발이 닿을 수 있는 곳으로 만들려 합니다. 내 몸이 이미 담겨져 있는 시간과 공간 개념에 관한 의문이 있다고 가정해 봅시다. 공간의 차원과 시간의 차원에 관하여 무엇을 말할 수 있을까요? 그냥 침묵할 수 있을 뿐입니다. 시간과 공간이라는 대상은 물질적 특성을 갖는 현상의 대상과 전혀 다른 속성을 갖기 때문입니다. 우리 자신도 시공 개념처럼 물질의 현상과는 전혀 다른 속성을 지닙니다.

철학하기는 이에 대해서도 묻습니다. 그래서일까요? 철학하기를 위한 물음은 더욱 어려워집니다. 시간이란 무엇인가요? 존재하는 모든 것은 물질적인 것인가요? 존재하는 것이 사라져 없어지면 그대로 끝인가요? 죽음 이후의 다른 세계는? 물질적인 요소를 갖지 않은 존재가 존재하는 것인가요? 만약 그렇다면 존재 그 자체란 또 무엇인가요? 우리 물음은 그 끝을 알 수 없게 펼쳐집니다.

오귀스트 로댕,
〈생각하는 사람〉

생각은 위선의 옷을 걸치고 하는 것이 아닙니다. 있는 그대로 해야 하지요. 그렇기 때문에 생각은 고독하고 깊은 곳으로 나를 데리고 갑니다. 사람은 생각하는 행위를 통하여 비로소 자신의 있는 그대로를 볼 수 있습니다. 인간은 생각할 줄 아는 유일한 존재입니다. 오직 인간만이 반성적으로 생각할 줄 압니다. 눈에 보이는 대상과 보이지 않는 대상 더 나아가서 자신에 대해서도 생각할 수 있는 존재입니다. 생각하는 것에 대하여도 생각할 수 있는 존재만이 철학하기를 할 수 있습니다. 인간의 위대함은 생각한다는 것에 있지 않을까요?

"철학하기는 사고의 규칙을 제공하는 것이 아니라 이성의 판단을 분석하는 일입니다." - 임마누엘 칸트

다양한 물음을 던지는 철학하기는 단순히 물음에 관한 이해에서 끝나지 않습니다. 단순히 대상의 개념을 이해하는 것에 만족하지 않습니다. 철학하기는 모든 존재하는 것에 관한 그리고 존재해야 할 모든 것에 관한 근본적 이해를 시도합니다. 사유하는 존재 자체를 포함합니다. 이때 철학하기는 다른 권위에 의존하지 않습니다. 자신의 종교적 신념이나 어떤 권위를 가진 사람의 이론과 주장의 나무 아래서 휴식을 취하려 하지 않습니다. 사람은 누구나 개인적으로 종교적 신념에 충실해야 합니다. 철학자 대부분이 함께하는 길이기도 합니다. 그러나 자신의 종교적 신념으로 철학적 의문과 논쟁을 잠재우려고 하지 않아야 합니다. 철학하기는 자신의 종교적 성스러움과 경건함에 관해서도 이유와 근거를 제시해야 하기 때문입니다. 철학은 신념과 종속이 아닌 이성적 동의를 지향합니다. 철학하기는 이성이 우리를 안내하는 곳으로 가는 생각하는 놀이입니다.

철학하기는 근본적인 물음에 관한 이성적 이해를 목적으로 합니다. 이러한 목적을 달성하기 위하여 이해의 본질에 관한 물음을 하며, 연구와 탐구의 길을 갑니다. 그렇다면 철학하기는 보다 더 근원적인 물음에 관하여 어떤 탐구의 길을 가야 할까요? 철학하는 사람은 어떻게 놀아야 할까요? 우리는 무엇을 실제로 그리고 확실히 알 수 있나요? 만약 참된 것을 확실히 알 수 있다면, 즉 우리가 어떤 것을 확실히 알 수 있다면, 어떻게 그것을 확신할 수 있나요? 우리는 일반적으로 무엇을 알 수 있나요? 이러한 물음의 종류가 철학하기에서 중심을 차지하는 질문입니다. 즉 철학하기는 아는 것에 관하여 그것을 확신하는 놀이입니다.

철학이 즐겨하는, 이미 자신이 알고 있는 것에 관하여 확신하는 놀이는 다른 차원으로도 확대됩니다. 내가 경험하고 지각하는 것은 무엇이며, 어떻게 이루어지고 있을까요? 내가 다른 사람과 맺고 있는 관계는 옳은 것인가요? 다른 사람의 고통에 관하여 어느 정도로 관심을 갖고 참여해야 할까요? 그들의 고통을 이해하기는 하나요? 우리를 둘러싸고 있는 세

윌리엄 블레이크,
〈창조하는 신〉

계는 어떤 세계인가요?

철학사를 돌아보면, 철학하기의 물음은 두 가지 큰 흐름으로 흘러가고 있습니다. 대상에 관한 물음과, 아는 행위에 관한 물음입니다. 대상에 관한 물음은 모든 존재하는 것에 관한 본질에 관한 것이며, 아는 행위에 관한 물음은 우리가 무엇을 알 수 있는가에 관한 것입니다. 존재하는 것에 관한 질문은 존재의 본성을 다룹니다.

이는 '존재론' 분야입니다. 아는 행위에 관한 영역은 아는 방식에 관한 것으로 '인식론'에 속합니다. 위의 두 큰 흐름 안에서 철학하기의 분과가 세분화됩니다. 올바른 삶에 관한 도덕 철학, 공동체의 관계와 운영에 관한 정치 철학, 아름다움에 관한 미학, 인간의 성스러움에 관한 종교 철학, 사유의 방법에 관한 논리학, 이념과 학문의 체계에 관한 형이상학 등을 우선 열거할 수 있습니다. 다양한 분류에도 불구하고 존재하는 대상에 관한 물음과 그것을 아는 방식에 관한 두 물음은 모든 철학적 물음의 기초가 되는 우월성과 근원성을 갖습니다.

어쩌면, 우리는 삶을 이루고 있는 근원적인 물음에 관하여 결코 대답할 수 없을지도 모릅니다. 그러나 그 물음에 관하여 결코 대답할 수 없다고 단언할 수도 없습니다. 일단 우리에게 관심 있는 물음에 관하여 그 물음을 진지하게 다뤄야 합니다. 진지한 탐구 과정을 거쳐서 특정한 물음에 관하여 대답할 수 없다는 확실한 이유를 갖게 되면, 그제야 비로소 그 물음을 옆으로 비켜 놓을 수 있습니다. 즉 어떤 문제로부터 벗어나기 위해서는 그 결론에 관한 확실한 이유가 있어야 합니다. 의혹이 남아 있는데 질문을 더 하지 않는다든가, 신념에 따라서 판단해 버린다든가, 직관이 허용하니까 하는 이유로 그것을 수용해서는 안 됩니다.

철학은 모든 것을 확실히 이해하려는 학문이기 때문에 적합한 근거와 이유를 바탕으로 사고하고 행동해야만 합니다. 왜 우리는 어떤 것을 참된 것이라고 생각할까요? 철학하는 일은 아는 지식을 모아서 그것에 관한 단순한 행위의 규칙을 만드는 일이 아니라, 이미 우리가 알고 있는 지식으로 판단하는 것에 관하여 그것이 옳은 것이며 과연 제대로 된 앎인지를 검토하여 더 정확하게 이해하는 것입니다.

그것이 작은 것이든 큰 것이든 관계없이 거대한 우주 안에서 정밀한 통일성을 만납니다. 통일성은 일정한 원리와 규칙으로 정리됩니다. 과학자는 이들을 '수학의 언어'로 표현합니다. 마치 우주 자체가 하나의 합리성이라는 옷을 입고 있는 것처럼. 사람들은 흔히 말합니다. 신은 수학자라고. 그런데 창조하는 신은, 왼쪽 그림에서처럼, 창조 전 이미 어떤 공간과 시간 속에 있음을 생각하게 합니다. 창조하는 신이 필요로 하는 공간과 시간은 어떤 것일까요?

아카데메이아　스콜라철학　이데아　회의주의　Philo

철학, 그리스에서 태어나다

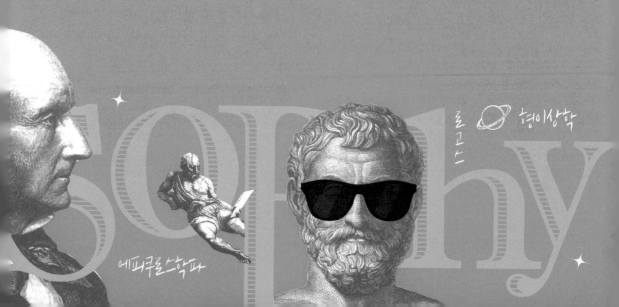

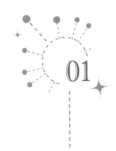

01

그리스인의
철학하기 시작

인류는 철학하기를 맹목적 신념과 권위에 더 의지하지 않고 이성을 바탕으로 세계를 이해하려는 생각에서 시작합니다. 철학하기는 기원전 6세기 그리스인이 첫걸음을 내딛었습니다. 이들은 자신이 살고 있는 세계가 어떤 것인지 이해하고 싶어지자 지금까지 사람들이 하지 않았던 새로운 질문을 하기 시작합니다. "세계는 무엇으로 이루어졌을까?" 소크라테스는 한 걸음 더 나아가서 "우리는 어떤 삶을 살고 있을까?" "어떻게 살아야 제대로 사는 것일까?" 같은 질문을 합니다. 이 질문 중 특히 철학적 의미를 지닌 근본 물음은 "옳게 사는 삶은 무엇인가?"라는 질문이라고 할 수 있습니다.

철학하기를 글로 써서 철학 텍스트를 남긴 최초의 서양 철학자는 소크라테스의 제자인 플라톤입니다. 플라톤 이전에도 철학적 질문은 있었지만 글로 남긴 경우는 드물었습니다. 소크라테스 역시 자신의 사상을 글로 남기지 않았습니다.

플라톤은 오늘날 거의 모든 대학에서 그의 철학을 배우고 있을 정도로 인류에게 많은 영향을 미치고 있습니다. 플라톤이 본격적으로 시작한 서양 철학은 그의 제자 아리스토텔레스로 이어졌습니다. 아리스토텔레스 역시 플라톤 못지않은 천재 철학자이며 그리스 철학은 소크라테스 이전 과 이후로 나눠 살펴볼 수 있습니다.

소크라테스 이전의 철학하기 :
합리적 사고의 시작

소크라테스 이전 서양 철학자들은 세계에 관한 설명을 각자의 관점에 서 시도합니다. 물론 이들이 주장한 내용 모두가 옳은 것은 아닙니다. 심 지어 황당한 이론까지 있습니다. 하지만 우리가 살고 있는 현재까지 큰 영향을 미치는 이론도 있습니다. 이 최초의 철학자들은 두 가지 중대한 일을 이루어냈습니다.

첫째, 이성을 통해서 세계를 이해해야 한다는 것. 즉, 권위, 전통, 신화 적 사고를 따를 것이 아니라 자신의 생각하는 힘을 통해서 세계를 이해 해야 한다고 주장합니다. 이러한 주장을 바탕으로 말하고 생각하는 힘 (logos)이 발전하기 시작했습니다. 이를 통하여 새롭게 생각하는 길이 열 립니다.

둘째, 다른 사람에게 의존하지 말고 자신의 이성을 사용하여 스스로 생각해야 한다고 알려 주었습니다. 이때부터 철학자들은 전해 오는 전통 이나 신화를 무조건 믿지 말고, 이유와 근거를 따져 봐야 한다고 생각했 습니다. 제자에게도 무조건 스승의 주장을 따라야 한다고 하지 않았습니 다. 즉 어떤 생각을 일방적으로 전달하는 것이 아니라 서로가 논증적으 로 토론하면서 이해하는 길을 택해야 한다는 것입니다. 인류의 정신사에 서 이 두 가지 철학하기 방법은 급속도로 발전합니다. 이 방법은 합리적 사고를 위한 기초를 제공하였기 때문입니다. 이를 계기로 인간의 지식과 이해는 폭발적으로 증가합니다.

서양 철학이 태어난 곳 : 그리스

B. C. 6세기경, 주변에서 일어나는 자연현상에 대하여 스스로 생각해 보려는 움직임이 지중해 동쪽에서 시작되었습니다. 생각하는 방식에 관하여 새로운 길을 개척한 최초의 철학자들은 당시 그리스의 중심부인 아테네가 아닌, 식민 도시인 변두리에서 활동을 시작했습니다. '철학하기' 또는 '생각하기'의 긴 역사는 누구나 한번쯤 생각해 볼 수 있는 익숙하고 당연한 질문에서부터 시작합니다. 최초로 철학적 질문을 한 주인공은 바로 탈레스(B. C. 624경~B. C. 545경)입니다. 그는 별자리를 관찰하는 것에 정신이 팔려 우물에 빠질 만큼 자연과 천문학에 관한 관심이 많았던 올리브 농장 주인이었습니다. 탈레스는 "이 세상의 만물은 무엇으로 만들어졌을까?"라고 묻습니다. "이 세상의 다양한 사물은 어떤 재료에 의해 가능하게 되었을까?" 탈레스는 세상의 많은 사물의 근본이 되는 '하나의 원리'를 알고자 했습니다. 그 당시의 사람들이 '누가 이 세상을 만들었을까?'라고 묻고 있을 때, 탈레스는 다른 질문을 던진 것입니다. 이러한 의문을 품으므로써 그는 서양 철학의 아버지라는 뜻 깊은 자리를 차지하게 됩니다. 단순해 보이지만 이 질문은 대단한 의미를 갖습니다. 이 질문이 그때까지 신화에 매달려 있던 생각의 탯줄을 잘라 냈기 때문이지요. 탈레스 이후로 철학은 신화와 결별하고 자신의 길을 스스로 가게 됩니다.

'이 세상의 만물은 무엇으로 이루어졌을까'라는 질문에 관한 탈레스의 답은 다소 엉뚱하게도 '물'이었습니다. 그에 따르면 물은 생명과 변화의 근본 원인으로서 스스로를 변화시켜 세계 만물의 다양한 모습으로 나타납니다. 이러한 이유로 모든 존재는 물을 포함하게 되고, 물 없이는 어떤 생물도 살 수 없게 됩니다. 그래서 물이 이 세계의 근원, 원형이라고 주장한 것이지요. 이러한 탈레스의 질문과 결론은 우리에게는 유치해 보이는 것이 사실입니다. 하지만 탈레스의 이러한 문제 제기는 옳고 그름을 떠나, 과학적 사고를 바탕으로 인류가 최초로 '생각하기'를 시작했다는 점에서 높게 평가할 수 있습니다. 탈레스의 생각하는 방법은 단순한 공상이 아니라, 근원에 관해 묻고, 대답을 찾기 위해 당시로서는 낯선 자연과학적 태도를 견지했다는 점에서 매우 중요합니다. 이것을 출발점으로 하여 그리스의 자연철학이 시작됩니다.

오늘날 에게해를 중심으로 그린 그리스와 터키 해안 지도

최초의 철학자 탈레스는 터키 해안가에 위치한 밀레투스라는 곳에서 태어나 활동했습니다. 오늘날, 철학을 탄생시켰던 고대 도시 밀레투스는 폐허가 되어 있습니다. 도처에 흩어져 있는 유적을 보고 당시의 웅대한 도시의 모습을 상상할 수 있지요. 폐허 중 많은 관광객의 시선을 모으는 곳이 있는데, 다른 어떤 곳보다 많은 기둥과 계단이 있어 당시 거대했던 건물의 위상을 짐작하게 합니다. 바로 이곳이 도서관이 있던 자리라고 합니다. 이 도서관 건물 유적에서 당시에 상당히 발달한 학문과 문화를 짐작해 볼 수 있습니다. 최초의 서양 철학자 탈레스가 태어난 시기를 정확히 알 수는 없습니다. 그가 활동한 시기를 기원전 580년경이라고 추정할 뿐이지요. 그가 기원전 585년의 일식을 정확히 예언했기 때문입니다.

'사물은 어떻게 생겨났을까?' 밀레투스의 철학자 탈레스에게 평생 따라 다닌 질문입니다. 그는 사물에서 공통적으로 볼 수 있는 한 가지 요소에 집중했습니다. 모든 사물이 존재하기 위해서 반드시 가져야 할 유일한 요소를 찾은 것이지요. 그의 생각은 놀랍게도 오늘날 우리의 생각과 매우 유사합니다. 현대 물리학에 따르면 질량을 갖는 모든 물질은 에너지를 갖습니다. 물론 탈레스가 이러한 생각을 한 것은 아닙니다. 당시 물리학의 수준은 여기에 훨씬 못 미치기 때문입니다. 하지만 그는 이와 유사한 생각을 하였습니다. 탈레스는 모든 사물의 존재를 가능하게 하는 것이 '물'이라는 요소라고 생각했습니다. 물은 다양한 형태로 사물과 도처에 스

탈레스

올리브를 수확하는 사람들

며들어 있습니다. 물은 높은 온도에서 희박해지면 공기 속에서 떠돌고, 낮은 온도 속에서 촘촘해지면 액체가 되어 흐릅니다. 물을 구성하는 요소가 공기 중에서 떠돌다가 비가 되어 내리고, 이 비가 식물을 자라게 합니다. 식물 안에는 많은 물이 포함되어 있지요. 더 나아가서 살아 있는 생물은 물 없이 존재할 수 없습니다. 인간의 몸만 해도 절반 이상이 물로 구성되어 있으니까요. 심지어 지구 전체가 물 위에서 수영하고 있다고 당시 천체학은 주장합니다. 탈레스에 따르면 이 땅 위의 모든 존재는 물에서 태어났고, 물에 의하여 지속되고 있습니다.

탈레스는 천체 운동을 통하여 어느 해에 올리브 농사가 풍년이 들것이라는 것을 예상하고 올리브기름을 짜는 기계를 모두 자신의 명의로 일찌감치 빌려 두었다가 예상대로 풍년이 들자, 높은 사용료를 받고 기계를 쓰도록 했습니다. 이렇게 해서 가난했던 탈레스는 단숨에 많은 돈을 벌었습니다. 이에 관하여 탈레스는 철학자는 마음만 먹으면 돈을 포함하여 모든 것을 손에 쥘 수 있다고 말했습니다.

탈레스의 생각하기는 철학이 자라나는 길이 되었습니다.

밀레투스 출신 아낙시만드로스(B. C. 610경~B. C. 546경)는 탈레스의 제자입니다. 그는 탈레스의 생각을 이어서, 만약 탈레스의 주장처럼 지구가 물 위에 떠 있다면, 다른 것이 물을 받치고 있어야 한다고 주장했습니다. 물을 받치고 있는 것 역시 그 아래 또 다른 무엇에 의하여 지탱되어야 합니다. 그래서 그 관계는 끝없이 이어지고, 여기에서 무한이라는 개념이 나옵니다. 사물의 관계가 무한히 순환되어야 한다는 생각을 한 것입니다. 아낙시만드로스는 이렇게 무한히 계속되는 순환적 사고를 끊기 위하여 놀라운 생각을 합니다. 무엇인가가 지구를 떠받치고 있다는 생각

1장. 철학, 그리스에서 태어나다

을 버리고, 지구가 공기 안에 떠 있는 물체라고 생각합니다. 그런데 문제는 지구가 고정된 형태로 머물며 변화하는 것이 아니라는 점을 어떻게 설명하느냐 하는 것입니다. 이에 대하여 아낙시만드로스는 지구와 그 주변의 사물이 동등한 힘으로 서로 움직이지 않게 하고 있다는 추론을 합니다. 또한 우리는 평평한 땅 위에서 생활하기 때문에 지구는 둥글지 않다고 생각하지요. 다시 말하면 지구는 공기 안에 떠 있으며, 지구 위의 모든 사물이 서로 비슷한 힘을 가지고 팽팽하게 거리를 유지하고 있기 때문에 움직이지 않고 그 현상을 유지한다고 믿었습니다.

아낙시만드로스의 독특한 생각을 당시 사람들은 잘 이해하지 못했습니다. 어떤 것이 무한히 계속된다는 무한 개념이나 지구가 공중 위에 부양되어 있고, 각각의 힘에 의하여 고정되어 있다는 생각은 그의 독창적인 생각으로 제시되었을 뿐, 아낙시만드로스는 이 생각을 지지하고 그 생각을 더 깊이 보완할 노력을 하지 않았기 때문이지요. 그래서 그의 놀라운 발견은 영향력을 미치지 못했으며, 그 뒤 오랫동안 지구는 평평하다는 기존 생각에 젖어 있게 됩니다.

아낙시만드로스는 탈레스가 말한 것처럼, 세계의 근원은 물과 같은 구체적인 것이 아니라, '그 어떤 무한한 것, 무한정적인 것'으로 설명합니다. 또한 우리가 살고 있는 이 세계는 완성된 것이 아니라, 계속 변화하는 과정으로 보았지요. 그는 우리가 살고 있는 세계는 눈으로 볼 수 없는 어떤 무한한 것에 의해 움직이기 때문에, 현재의 세계 역시 많은 가능성과 잠재력이 있는 세계라고 주장합니다. 이와 달리 아낙시메네스(B. C. 585경 ~B. C. 525경)는 다시 탈레스적인 생각으로 돌아갑니다. 이 세계의 근원을 물질적이고 자연적인 것으로 봅니다. 그러나 물이 아닌 '공기'가 근원이라고 주장하지요. 공기는 생명의 시작이며, 숨 쉬는 행위가 단순히 생명에만 필요한 것이 아니라 영혼에까지 필요한 것이라고 말합니다. 아낙시메네스는 공기를 자연적 생명과 영혼을 생겨나게 하는 최초의 힘이라

무한의 개념을 너무 일찍 생각한 아낙시만드로스

고 주장합니다. 숨 쉬지 않는 것에는 영혼이 깃들지 않는다는 생각을 알 수 있습니다.

밀레투스의 철학하기를 평정한 사람이 헤라클레이토스(B. C. 540경 ~B. C. 480경)입니다. 헤라클레이토스의 사상은 현대적 의미를 담고 있습니다. 헤라클레이토스는 세계 만물은 쉴 새 없이 변화하고 있기 때문에, 같은 시간에 제자리에 있는 것은 아무것도 없다고 주장합니다. "사람은 똑같은 강물에 두 번 들어갈 수 없다."라는 유명한 구절은 그의 변화 철학의 핵심입니다. 그러나 흐르는 것은 강물만이 아니고, 그 강물에 들어간 '나'도 또한 흐릅니다. 즉 동일한 나는 없습니다. 강물은 이미 흘러갔고, 나 또한 조금 전의 '나'와 다르니까요.

헤라클레이토스에 의하면 세계 만물은 단순히 흐르고 변화하는 것에 그치지 않고, 모순을 통해 새로워집니다. 모순은 서로 대립해 긴장 관계에 있는 것을 말합니다. 모순은 '투쟁'을 통해서만 극복될 수 있고, 투쟁은 모든 사물의 변화를 설명할 수 있는 근본 원인이라고 주장하지요. 투쟁은 '로고스'라는 원리에 의해 지배를 받습니다. 로고스는 참되고 유일한 법칙으로, 서로 반대되고 모순으로 나타나는 것을 조절합니다. 밤과 낮, 삶과 죽음은 서로 대립되는 관계이지만 이것들은 로고스의 원리에 의해 하루와 일생으로 정리됩니다.

철학한다는 것은 '생각하기'를 통해 이러한 로고스를 이해하는 것입니다. 이를 통하여 우리는 세계라는 '아무렇게나 쌓여진 쓰레기 더미' 속에 가려진 아름다움과 조화로움을 알게 되는 것입니다. 우리의 정신 활동, 즉 '철학하기'를 통해 로고스를 깨닫게 된다는 의미입니다. 헤라클레이토스는 우리에게 일상적인 생활에 만족하지 말고 감춰진, 보다 진실된 것 (로고스)을 찾는 생활을 권합니다.

"모든 것은 흐를 뿐입니다." - 헤라클레이토스

밀레투스의 철학자로서 탈레스가 철학하기를 시작한 것으로 유명하다면, 헤라클레이토스는 인류의 생각하기에 깊은 영향을 준 주장을 남긴 것으로 잘 알려져 있습니다. 밀레투스 근처의 해안가 에페소스에서 태어난 헤라클레이토스는 두 가지 독특한 철학하기 방법 때문에 유명합니다.

어렸을 때의 나와 한참 시간이 지난 뒤 지금의 나는 동일한 사람일까요? 이 문제에 답을 줄 수 있는 것이 그의 첫 번째 주장(명제)입니다. 즉 대립물(모순)의 통일입니다. 언덕을 올라가는 길이나 언덕을 내려가는 길은 결국 동일한 하나의 길입니다. 젊은 헤라클레이토스나 나이 든 헤라클레이토스는 서로 다른 개체가 아니라 모두 동일한 한 사람입니다. 한 사람이 맥주잔이 절반 차 있다고 말하거나 절반이 비어 있다고 말하는 것은 서로 모순되지 않습니다. 서로 다른 표현이지만 동일한 내용을 담고 있습니다. 이와 같이 헤라클레이토스는 모든 사물은 그에 속한 대립물이 서로 결합되어 있거나 적어도 대립되는 경향을 품고 있다고 봅니다.

싸움과 모순은 결코 피할 수 없는 일입니다. 대립되는 것의 영향으로 세계가 움직이니까요. 만약 우리가 모순을 모두 제거한다면, 이는 현실 세계 자체를 제거하는 일이 됩니다. 거꾸로 말하면, 현실은 그 본성상 고정되지 않고 변화하고 있습니다. 현실의 모든 것이 강물처럼 흐르고 있습니다. 여기서 헤라클레이토스의 만물은 흐르고. 모든 사물은 흐르는 변화 속에 놓여 있다는 두 번째 명제가 나옵니다. 우리가 경험하는 그 어떤 것도 변화하지 않는 것이 없습니다. 모든 것은 끊임없는 변화 속에 놓여 있습니다. 모든 사물과 관계는 다양한 방식으로 존재하기 시작합니다. 그리고 존재하는 한 그 양면성을 유지합니다. 인간도 예외가 아닙니다. 어쩌면 인간이야말로 양면성의 대가가 아닐까요? 우주 안에 있는 모든 것은 이러한 방식으로 존재합니다. 심지어 우주 그 자체도. 우리가 대상이라고 생각하는 것은 고정된 대상이 아니라 점차 변화하고 있는 과정 속에 놓여 있는 것입니다.

어둠과 모순의 철학하기를 하고 있는 헤라클레이토스

헤라클레이토스는 이러한 생각을 불과 비교합니다. 불은 한 대상처럼 보이기도 하지만 실제로는 타고 있는 한 과정입니다. 이러한 생각하기는 의미가 깊습니다. 의미 깊은 생각은 사람을 불안케 합니다. 왜냐하면 사람은 항상 일정한, 고정된, 변화하지 않는 대상을 찾고 있기 때문입니다. 그리고 그것을 신뢰할 수 있다고 생각하면서 믿는 경향이 있습니다. 헤라클레이토스는 우리에게 고정된 생각을 하는 것으로 만족하지 말고 노마드(유목민, 유랑자)적 사고를 할 것을 요구합니다. 고정된 것은 존재하지 않습니다. 삶과 이 우주의 법칙은 변화입니다. 변화가 모든 것을 가능하게 하며 존재하게 합니다. 우리는 그 변화로부터 결코 빠져나올 수 없습니다.

지금은 폐허가 된, 헤라클레이토스가 활동했던 밀레투스. 이곳의 중심부에는 아폴론 신전과 젊은이가 체력을 단련하는 스포츠 센터가 있었습니다. 남쪽으로는 중앙 시장으로 가는 화려한 성문이 있었지요. 오늘날 독일 베를린 페르가몬 박물관에 가면 이 성문을 볼 수 있습니다. 강대국에게 조상의 유산을 빼앗긴 것이지요. 국가의 심의기관이었던 아고라 건물도 이 근처에 있었답니다.

"자연으로 향하는 열쇠는 수학입니다." - 피타고라스

소크라테스 이전 철학자 중 피타고라스(B. C. 582경~B. C. 497경)보다 더 이름이 알려진 사람은 없을 것입니다. 그는 이오니아해 사모스 섬에서 태어나 B. C. 497년경 세상을 떠났습니다. 피타고라스는 다양한 재능이 있었는데, 특히 수학에 뛰어났습니다. 어느 정도 수학적 지식을 갖춘 사람은 그의 이름을 수없이 들었을 것입니다. 그는 기하학의 개념(공간)을 수로 환원했습니다. 피타고라스 명제를 기억하면 이해가 될 것입니다. 그의 생각을 통해서 오늘날 우리가 사용하고 있는 '이론'이라는 말의 의미가 만들어졌습니다. 이론이란 눈과 머릿속으로 본(생각) 것을 수(數)로,

▲ 지금은 폐허가 된 고대 도시 밀레투스

▼ 독일 베를린 페르가몬 박물관으로 옮겨진 성문. 밀레투스에 살던 당시 사람들은 이 웅장한 성문이 헤라클레이토스의 주장처럼 이렇게 변하리라고 생각할 수 있었을까?

즉 언어로 바꾼 것입니다. 피타고라스는 물질세계의 모든 운동이 수학적으로 표현된다고 생각한 최초의 사상가입니다.

피타고라스는 '철학'이라는 말을 처음으로 사용하였으며, '우주'라는 말도 처음으로 사용했다고 합니다. 피타고라스의 위대한 업적은 사람의 철학하기에 수학적 방법을 사용한 것입니다. 이러한 작업은 사람이 행할 수 있는 일 중에서 매우 유용한 것입니다. 만약 수가 없다면 우리는 당혹스러울 것입니다. 수없이 많은 옥수수를 어떻게 처리할 수 있을까요? 수로 옥수수를 정리할 수 없다면, 우리 앞에 놓인 옥수수 무더기는 그냥 거기에 놓여 있을 뿐입니다. 서로 다른 무더기와 전혀 구별할 수 없을 것입니다. 수를 통해서 사람들은 사물을 구별할 수 있는 특별한 기준을 찾아낸 것입니다. 피타고라스 이후 철학하기는 수학적 계산과 더불어 학문의 큰 강으로 흘러들어 갑니다. 그래서 위대한 철학자는 위대한 수학자이기도 합니다. 특히 수학은 우주를 이해하고 원자 세계를 분석하는데 결정적인 역할을 합니다. 무한한 우주와 내적 원자의 세계는 수학적으로 설명할 수밖에 없기 때문입니다. 그러나 우리는 이 수에 현혹되어서는 안 됩니다. 수는 하나의 수일 뿐입니다. 그것이 원자 세계와 우주 세계를 대신할 수는 없습니다. 수로 말하고 있는 세계와 실제 세계는 서로 다릅니다. 그런 까닭에 아인슈타인을 위시한 수많은 과학자가 우주는 수학으로 모두 설명될 수 없고, 우주의 배경에는 종교적 의미의 신이 아닐지라도 아주 현명한 그 어떤 것이 필연적으로 존재해야 한다고 주장하지요.

의사이기도 한 피타고라스는 자신의 생각을 따르는 사람과 함께 남부 이탈리아의 크로톤(지금의 크로토네)이라는 곳에서 공동체 생활을 하면서 자신의 학파를 형성했는데, 이를 '피타고라스학파'라고 합니다. 피타고라스학파는 세계 만물의 근원은 숫자의 조화로운 만남에 의한 것이라고 믿습니다. 그들은 숫자 1은 최상의 수이며, 모든 수의 출발점이라고 주장합니다. 여기에서 주목할 것은 숫자가 그냥 제멋대로 있는 것 자체로 만물의 근원이 되는 것이 아니고, 일정한 비례 관계를 통해 서로 어울릴 때 최상의 가치를 발휘하게 된다는 점입니다. 1등의 가치가 2등과 3등을 통해서 더욱 빛나게 되는 것처럼.

피타고라스학파는 아름다운 음악은 음과 음 사이에 멋진 수학적 비율이 있으며, 또한 우리의 건강은 신체의 각 부분이 올바른 수학적 비례로 유지될 때 가능하다고 주장합니다. 완전한 상태는 정확하고 명확한 수적 형식을 통해 나타나며, 이 형식이 곧 사물의 아름다움을 만들어 낸다는 이론이지요. 흔히 미인의 몸매를 숫자의 비율로 대변하는 것을 보면 일리 있는 주장입니다. 또 누가 나에게 어울리는 상대인가를 알아내는 것도 수학적 계산으로 가능하다고 합니다.

수적 비율 못지않게 피타고라스학파는 영혼의 순결성을 중요하게 여깁니다. 우리의 육체는 영혼을 담아 두는 곳이기 때문에, 영혼을 순결하게 보존하기 위해 육체도 순결하게 간직해야 합니다. 순결한 영혼을 위해 음식을 가려 먹어야 하지요. 망가진 육체는 영혼을 병들게 하기 때문입니다. 또한 피타고라스는 음악과 철학을 통해 정신적 교양을 쌓아 영혼을 순결하게 해야 한다고 강조합니다. 그들은 순결한 영혼의 의미를 강조한 만큼 윤회설을 믿었습니다. 이 정도로 깨끗한 영혼을 갖기 위해서라면 윤회설을 믿는 것도 나쁘지는 않을 듯합니다.

파르테논 신전

그리스 건축학자는 수의 아름다움을 높이 평가했다. 기하학의 명제는 경험 세계에서 보지 못했던 균할과 조화를 가진 건축물을 창조해 냈다.

"지혜로운 자만이 지혜로운 자를 발견할 수 있다"
- 크세노파네스

소크라테스 이전에 매우 자극적인 생각을 했던 철학자가 또 한 사람 있습니다. 바로 크세노파네스 (B. C. 570경~B. C. 480경)이지요. 그는 피타고라스처럼 이오니아 지방 출신인데, 여행을 많이 하고 생

르네상스 시기 화가가 그린 그림에서 피타고라스가 가장 위 단계에 서 있다. 피타고라스의 사후 2000년이 지난 뒤 전개된 르네상스의 시기에 피타고라스의 학문 업적이 높이 평가되었다. 아리스토텔레스보다 더 위에 있다. 논리학의 체계를 세운 아리스토텔레스도 피타고라스의 수를 바탕으로 하지 않으면 안 되었기 때문이다.

의 대부분을 남부 이탈리아에서 보냈습니다. 그는 당시 사람들이 생각하는 모든 지식과 세계상은 인간 스스로가 만들어 낸 것이라는 주장을 했습니다. 또한 이미 가지고 있는 지식을 변화시켜야 참된 것을 아는 길로 나간다고 했지요. 자신의 현재 생각을 변화시키지 않고 그대로 간직하고 있는 것은 억측에 머물고 있는 것이며, 현혹되는 것이라고 말합니다.

그리스의 자연철학에는 두 가지 생각이 두드러집니다. 하나는 끊임없는 운동과 변화를 통해 세계의 만물이 움직인다는 생각이고, 다른 하나는 변화를 부인하면서 운동 그 자체를 절대적인 존재 혹은 불변하는 최고 원리라는 주장입니다. 사물의 변화를 부인하고 불변하는 최고의 원리를 강조하는 사람들은 주로 남부 이탈리아의 엘레아에서 활약했기 때문에 이들을 엘레아학파라고 합니다. 이 중에서 크세노파네스, 파르메니데스, 헤라클레이토스가 유명합니다.

크세노파네스는 방랑 시인으로 여러 지방을 여행했는데, 신에 관한 생각이 사람마다 다르다는 것을 알게 되었습니다. 더구나 사람들이 신의 모습을 자신의 모습과 비슷하게 생각한다는 것을 깨달았습니다. 만일 소나 말이 신에 관한 생각을 할 수 있다면 신은 소나 말과 같은 모양을 갖게 되겠지요? 크세노파네스는 이러한 인간을 닮은 인간적인 신에 관한 생각을 바로잡는 것이 중요하다고 생각했습니다. 신화에서처럼 신이 전쟁을 하고 약탈하거나 남의 애인을 빼앗는다는 것은 진정한 신의 모습일 수 없다고 생각한 것입니다. 크세노파네스는 신은 유일하고 변화하지 않는 존재여야 한다고 여겼습니다. 이를 바탕으로 그는 "세계는 하나이며 전체이다."라는 주장을 합니다.

"어떤 인간도 확실한 진리를 알 수 없습니다. 그 누구도 신에 대하여 알 수 없습니다. 내가 사물에 관하여 말하는 모든 것은 완벽한 진리 중 하나일 뿐입니다. 그 완벽한 진리를 아무도 알 수 없습니다. 다만 어리석은 인간의 추측일 뿐입니다."

1장. 철학, 그리스에서 태어나다

크세노파네스는 당시 신화의 세계 속에서 살고 있던 사람에게 신에 관한 다음과 같은 글을 남겼습니다.

크세노파네스

"에티오피아 사람들은 신을 납작코에 검은 피부로,
트라케이아 사람들은 신을 푸른 눈에 금발로,
소, 말, 사자는 신이 손을 가진 것으로 볼 것입니다.
마치 인간이 손을 가지고 쓰고 그리는 것처럼.
말은 말의 신을 생각하고, 소는 소의 신을 생각합니다.
그리고 자신의 형상을 닮은 신의 모습을 그려 낼 것입니다.
세상의 모든 것은 자신이 생각하는 신을 만들어 낼 것입니다."

크세노파네스의 철학하기는 사람들에게 오랫동안 생각하게 하는 말을 남기는 것 같습니다. 그의 사상을 단순한 시구로 표현했기 때문이지요. 그는 이 방면에서 놀라운 재능을 보입니다.

크세노파네스의 이러한 생각은 20세기에 되살아납니다. 칼 포퍼(1902~1994)라는 과학자는 우리의 모든 과학적 인식은 추측에 불과하다며 "모든 학문은 오류가 가능합니다."라고 주장합니다. 우리의 지식은 하나의 추측에 불과하며, 이 추측은 더 나은 다른 추측에 의해서 되풀이되고 대처됩니다. 따라서 우리는 점차 진리로 접근할 뿐이지 확실한 인식을 소유할 수는 없습니다. 신과 종교에 관해서 크세노파네스와 유사한 생각을 하는 현대인은 누가 있을까요?

모든 것은 하나다

존재하는 것이 모두 존재하지 않는 것(無)이라고 한다면 이것은 분명 모순입니다. 이러한 주장은 결코 참된 주장일 수 없습니다. 그러니 무로부

스티븐 호킹(1942~)
우주에 시작이 있는 한, 우리는 창조주가 있다고 가정할 수 있다. 그러나 우주가 모든 것을 완전히 품고 있으며, 우주에 경계선도 가장자리도 없다면, 시작도 끝도 없는 것이다. 우주는 그냥 존재하고 있는 것이다. 그렇다면 여기서 창조주의 자리는 어디일까?

리처드 도킨스(1941~)
신앙이란 증거가 없어도 – 심지어 반대의 증거가 있음에도 – 맹목적으로 믿는 것이다. 신이 없어도 인간은 열정적이고 영적일 수 있다.

터 어떤 것이 생겨난다는 주장 역시 참이 아닙니다. 같은 이유로 어떤 것이 무로 바뀐다는 것도 참일 수 없습니다. 그러므로 창조의 결과물인 사물이 어떤 시작을 갖는다는 것도 가능하지 않습니다. 차라리 신의 창조물은 영원하고 불변이어야 할 것입니다. 실제하는 것 사이에는 무라고 할 수 있는 그 어떤 간극이 있어서는 안 됩니다. 사물은 서로 연속되어 있어야 합니다. 이러한 연속이 전체 공간을 가득 메우고 있습니다. 그러니까 변화 없는 전체 모습이 우주의 진짜 모습입니다. 모든 사물이 하나인 것입니다. 변화하거나 운동하는 것으로 보이는 것들은 모두 실제로 불변하고 한정된 체계 안에서 발생하고 있을 뿐입니다. 이것이 2500년 전 그리스 철학자이자 크세노파네스의 제자 파르메니데스(B. C. 515경~B. C. 445경)의 핵심 생각입니다.

파르메니데스에 따르면 학문 연구의 길은 두 가지가 있습니다. 하나는 '참된 진리의 길'이고 다른 하나는 '오류인 의견'의 길입니다. 우리는 의견을 버리고 참된 진리를 알아야 합니다. 그에 의하면 진리는 불변이어야 하고, 변화하는 것은 진리가 될 수 없습니다. 따라서 존재하는 모든 것은 불변하는 '존재의 통일'을 유지해야 한다고 주장합니다. 파르메니데스는 "있는 것은 있고, 없는 것은 없습니다."라고 말합니다. 이 얼마나 간단하면서도 참된 말인가요? 이 간단한 진리는 그의 독특한 철학적 방법 때문에 가능했습니다. 파르메니데스의 논리를 따라가 보면 있는 것만이 있습니다. 그 외의 것은 없습니다. 왜냐하면 있는 것을 없다고 한다든가, 없는 것을 있다고 가정하면 이것은 모순이기 때문입니다. 없는 것과 있는 것의 구별이 없어지니까요. 따라서 있는 것은 있고, 없는 것은 없는 것입니다. 이 같은 논리를 '변증법적 논리'라고 합니다. 존재하는 것은 생성되지도 소멸되지도 않습니다. 나뉠 수 있는 것도 아니고 더 적게 있는 것도 아닙니다. 존재하는 것은 있는 그대로 연속적인 체계입니다.

"그것은 언젠가 있었던 것도 아니고, 있게 될 것도 아닙니다. 왜냐하면 지금 전부 함께 하나로 연속적인 것으로 있기 때문입니다. 그것의 어떤 생겨남을 그대가 찾아낼 것인가요? 어떻게, 무엇으로부터 그것이 생겨난 것인가요? 나는 그대가 있지 않은 것으로부터라고 말하는 것도 사유하는 것도 허용하지 않을 것입니다. 왜냐하면 있지 않다라는 것은 말할 수도 없고 사유할 수도 없기 때문입니다. 그리고 어떤 필요가 먼저보다 오히려 나중에 그것이 아무것도 아닌 것에서 시작해서 생기도록 강제했을까요? 따라서 전적으로 있거나 아니면 전적으로 없는 것입니다."

파르메니데스

이러한 파르메니데스의 생각은 17세기부터 20세기 사이에 유효했던 뉴턴과 아인슈타인의 우주의 모습에 관한 생각과 다를 것이 없습니다. 뉴턴과 아인슈타인의 사고는 두 가지 점에서 파르메니데스를 기억나게 합니다. 하나는 결정주의이며, 다른 하나는 주관주의입니다. 결정주의에 따르면 세상에 우연한 것은 없습니다. 주어진 모든 것은 반드시 존재해야 할 필연적인 결과물입니다. 모든 사물은 하나의 거대한 체계 안에 필연적으로 주어진 것입니다. 또한 '지금'이라는 것은 오직 관찰자의 주관적 관점에 따라서만 파악할 수 있습니다. 그러나 객관적으로는 모든 시점들은 동일한 것으로 간주되니까요. 재미있는 것은, 20세기 두 천재 과학자인 아인슈타인과 포퍼가 세계관에 관해서 서로 논쟁하는 가운데 파르메니데스를 언급했다는 사실입니다.

라파엘로가 그린 〈아테네 학당〉
에 나오는 파르메니데스

"나는 아인슈타인이 그의 결정주의를 포기하도록 설득했습니다. 그의 결정주의에 따르면, 세계가 4차원이며, 파르메니데스적이고, 고정된 체계라는 것입니다. 그리고 그 안에서 일어난 변화가 인간의 환상이라고 보는 입장입니다."라고 칼 포퍼는 말합니다. 포퍼는 아인슈타인과의 논쟁에서 아인슈타인을 고집스러운 파르메니데스라고 불렀습니다. 파르메니데스의 철학하기는 적어도 우리가 살고 있는 오늘날까지 여전히 유효합니다.

화산 속으로 뛰어든 철학자

엠페도클레스(B. C. 490경~B. C. 430경)는 소크라테스 이전 철학자들 중 가장 특이한 개성을 지녔습니다. 그는 정치가로서 민중에게 대단한 영향력을 미친 민중 선동가였습니다. 엠페도클레스는 사람들이 상상할 수 없었던 놀라운 방법으로 죽음을 선택했습니다. 그는 에트나 화산의 분화구 속으로 뛰어들었습니다.

엠페도클레스는 세계의 근원을 자연 세계에서 찾으려는 시도를 한 단계 업그레이드시킵니다. 그에 따르면 만물의 근원은 물이나 공기처럼 단 하나의 원소가 아니라 물, 불, 공기, 흙이라는 4원소로 이루어집니다.

이들은 저마다 개성을 가지고 사랑하고 미워하는 운동을 합니다. 엠페도클레스는 이 절대적인 4원소는 서로에 관한 사랑과 미움에서 나오는데, 사랑은 이들을 결합하고, 미움은 서로를 분리시킨다고 주장합니다. 엠페도클레스는 처음으로 '다원론적 사고'라는 길을 열지요. 엠페도클레스는 파르메니데스와 달리 이 세상의 변화하는 감각 세계와 다양성을 실제 하는 것이라고 주장합니다. 동시에 파르메니데스의 옳은 점도 인정하

엠페도클레스

지요. 물질은 물질이 아닌 것으로부터 생겨날 수 없기 때문에, 무에서 새로운 것이 생겨날 수 없다는 파르메니데스의 주장을 수용합니다. 그러나 엠페도클레스는 모든 것은 불변의 4가지 기본 요소로부터 생겨난다고 주장합니다. 기본 요소는 흙(땅), 물, 공기, 불입니다. 땅은 모든 것이 설 수 있는 토대이며, 물은 모든 것 속에 스며들어 있으며, 공기는 사물들 사이에서 존재하고 있으며, 불은 태양과 별에게 빛을 주기 때문입니다. 아리스토텔레스가 엠페도클레스의 4원소를 수용한 이후, 4원소설은 르네상스 시기까지 철학하기에서 중요한 역할을 합니다.

페르시아 왕관에는 별 관심이 없어!

소크라테스 이전 철학자 중에서 과학적 사고를 했던 사상가들을 원자
론자라고 부릅니다. 원자론자 중에는 레우키포스(B. C. 5세기경)와 데모
크리토스(B. C. 460경~B. C. 370경)가 유명합니다. 원자론자는 모든 사물
을 구성하는 물질로 원자 개념을 이야기합니다. 그들의 이론에 따르면 모
든 사물은 원자로 이루어지며, 원자는 매우 작아서 볼 수도 없고, 분리되
지도 않습니다. 그리스어로 원자란 말은 더 이상 나눌 수 없다는 뜻입니
다. 그들은 더 나아가서, 존재하는 것은 오직 공기와 원자뿐이며, 다른 사
물은 공기 안에서 원자들이 한 결합에 지나지 않으며 이 결합은 일정한
시간이 지나면 사라지는 것이라고 주장합니다. 오직 원자만 사라지지 않
고 영원히 존재합니다. 모든 사물은 동일성을 지니고 있지만 더는 쪼갤
수 없는 무한대의 작은 원자로 이루어졌다는 주장이지요. 이 원자는 끊
임없이 움직이며 이들의 충돌과 재결합을 통해 다양한 혼합물을 형성합
니다. 하나의 우주(조화)는 이 '소용돌이'로 모여드는 원자의 충돌로 생겨
나며, 북 모양의 지구는 인간이 살고 있는 우주의 중심에 자리 잡고 있다
고 보았습니다.

모든 원자는 만들어지지도 않고 파괴되지도 않습니다. 원자로 이루어
진 사물만이 변화하는 것으로 보입니다. 그런데 우리 눈에 변화로 보이는
모든 것들은 원자의 배열 관계가 변화된 것으로 공간 안에서 위치의 변
화일 뿐입니다. 결국 원자론자에 의하면 변화란 원자에 의해서 그리고 원
자에 의한 원인과 영향의 결과물일 뿐입니다. 여기서 원자론자는 더 깊이
원자의 세계를 파헤칠 수 없었습니다. 그들은 자연현상을 목적을 통해서
설명하려고 하지도 않았습니다. 데모크리토스는 말합니다.

"나는 하나의 원리를 더 탐구하겠다. 나는 페르시아 왕관에는 별 관심
이 없다."

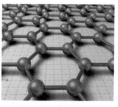

현대 물리학의 원자 구조

원자론자는 눈에 보이지 않는
원자의 배열을 생각하기 위하여
눈에 보이지 않는 공간이라는
것을 이미 존재하는 것으로 인
정한다. 없는 허공을 있는 것으
로 정하는 사고의 변화를 시도
한 것이다. 이러한 생각하기는
현대 물리학의 기본 전제를 이
룬다.

데모크리토스

원자론자는 우주는 파르메니데스가 말한 것처럼 고정된 연속체가 아니라 분리된 무한한 소립자들의 결합물이라고 말합니다. 이쯤 되면 이들은 현대물리학의 시조가 아닐까요? 원자론자의 철학하기는 인류의 사고를 더 높입니다.

데모크리토스는 왜 웃는 철학자로 알려졌을까요? 그는 사람에게 가장 좋은 것은 가능한 한 가장 유쾌하게, 가능한 한 가장 괴롭지 않게 삶을 이끌어 가는 것이라고 했습니다. 우는 헤라클레이토스와 웃는 데모크리토스는 서로 대립되는 인간상을 대변합니다.

철학이 아테네에서 꽃피다

위에서 언급한 철학자 외에도 후세에 영향력을 미친 철학자가 있습니다. 그중 반드시 소개해야 할 철학자는 아낙사고라스와 프로타고라스입니다. 아낙사고라스는 철학을 아테네에 소개했으며, 프로타고라스는 그 유명한 "인간은 만물의 척도다."라는 명언을 남겼습니다. 아낙사고라스(B. C. 500경~B. C. 428경)는 세계 만물은 한정된 원소에 의해 생겨난 것이 아니라, 셀 수 없이 많은 '씨'에 의해 생겨난 것이라고 보았습니다. 이 무수한 씨들은 '누스'라는 묘한 것이 일으키는 운동을 통해 세계 만물을 이룹니다. 아낙사고라스는 이 누스를 '이성의 힘'이라고 여겼지요. 결국 세계를 움직이는 원인을 '생각하는 능력'에서 찾기 시작한 것입니다.

인간은 만물의 척도다.

프로타고라스(B. C. 485경~B. C. 414경)는 상대주의 입장을 대변합니다. 모든 것의 가치나 의미를 '내가 어떻게 보느냐?' 하는 것에 달려 있다고 보는 '제 눈에 안경' 식의 철학적 태도를 '상대주의'라고 합니다. 프로타고라스는 "사람은 모든 것의 척도입니다. 사람만이 있는 것에 대해 있다고 할 수 있고, 없는 것에 대해 없다고 할 수 있는 척도입니다."라고 말합니다. 따라서 '그 여자는 아름답다.'라는 문장은 항상 들어맞는 말이 아니며, 심지어는 거짓이 될 수 있습니다. 왜냐하면 그 여자는 평소에는 아름답다 해도 어떤 다른 상황에서는 미워 보일 수 있으며, 아름답다고 생각하는 나의 취향이 바뀔 수 있기 때문입니다. 이제까지 절대적인 의미를 가졌던 것이 얼마 지나지 않아 아주 유치하고 보잘것없는 것으로 여겨지거나, 내가 좋아하는 사람을 남들은 지독하게 싫어하는 경우도 드문 일이 아닙니다. 그러므로 우리가 안다는 것은 '지금, 여기에서, 내가' 안다는 것이므로 언제든지 변할 수 있으며, 나만의 생각일 수 있다고 프로타고라스는 주장합니다. 또한 사람은 제한된 부분만 알 수 있습니다. 프로타고라스는 "사람의 능력으로 생각할 수 없는 것은 우리가 결코 알 수 없는 것이다."라고 말합니다. 이러한 주장은 사람은 결국 아무것도 알 수 없다는 생각에 이릅니다. 이러한 입장을 고르기아스(B. C. 483경~B. C. 376경)는 아래의 세 문장으로 표현하면서 상대주의를 넘어선 회의론을 절정에 이르게 합니다.

아낙사고라스

"아무것도 존재하지 않습니다."

"비록 어떤 것이 존재한다고 해도 우리는 그것을 알 수 없습니다."

"우리가 그것을 알 수 있다 해도 그것을 다른 사람에게 전달할 수 없습니다."

고르기아스는 트로이아* 전쟁의 원인이 된 인물로 알려진 스파르타의 왕비 헬레네가 무죄임을 주장했습니다. 트로이아의 왕자 파리스를 따라간 헬레네의 도피 행위가 신의 의사에 따른 것이라면 인간은 신에게 저항할 수 없음으로 무죄입니다. 만약 파리스의 강압 때문에 그런 일이 벌어졌다고 하더라도 이는 약자가 강자에게 저항할 수 없어 벌어진 일이므로 그녀에게는 죄가 없다는 주장이지요. 유혹이나 설득의 말에 넘어갔다

＊ 트로이아
우리가 흔히 사용하는 '트로이'는 트로이아의 영어식 표현이다.

고르기아스는 회의론의 선구자다.

면 더 힘이 강력한 언어(로고스)가 그보다 힘이 약한 행동을 불러일으켰으므로 그녀에게 죄를 물을 수 없다는 주장입니다.

고르기아스는 "로고스가 가장 강력합니다. 로고스는 그 실체가 보이지 않을 정도로 작지만 그것의 행함은 신적입니다. 로고스는 공포와 슬픔을 몰아내고 기쁨을 만들고 연민을 가져옵니다. (중략) 로고스의 힘은 영혼을 마비시키고 마법을 겁니다."라는 말로 언어와 그 안에 담긴 힘을 함께 가리키는 로고스의 힘을 강조했습니다.

프로타고라스 이전의 철학자는 우리 주변을 둘러싸고 있는 자연의 성질에 대해서 알려고 했지, 인간의 본성에 대하여 알려고 하지 않았습니다. 자연현상을 설명하는 많은 이론을 펼쳐 보였으나, 사람에 관한 성찰은 제대로 하지 않았습니다. 페르시아 전쟁이 끝난 뒤, 아테네가 지중해지역의 학문 중심지가 되면서 사정은 달라집니다. 아테네 시민은 경제적으로 부유해지고 정치적인 활동이 다양해지면서, 자연스럽게 자신을 좀더 우아하고 논리적으로 표현할 필요를 느끼게 됩니다. 그래서 아테네 사람들은 말하는 기술과 교양을 돈을 내고 배우려 했고, 이러한 기술을 가르친 사람을 '소피스트'라고 합니다.

어원적으로 보면 소피스트는 지혜를 가르치는 사람이라는 긍정적인 의미를 갖습니다. 그러나 부정적으로 쓰이는 이유는 소피스트의 지식이나 논리적 표현이 오로지 상대방을 설득하고 속이려는 목적으로 이용되면서, 그들의 대화가 말꼬리를 붙잡고 펼치는 끝없는 말싸움으로 번졌기 때문입니다. 이렇게 말을 비꼬아서 본래의 의미마저 왜곡시키는 소피스트를 플라톤은 '궤변가'라고 비판하고, 자신의 스승 소크라테스의 적으로 생각했습니다.

소피스트는 이 세상에 절대적인 것은 아무것도 없으며 단지 내게 그렇게 보일 뿐이라고 주장합니다. 이들은 객관적으로 누구나 인정하고 받아들일 수 있는 진리나 가치를 부정하며, 나아가 사회적 질서를 위해 만들어진 법조차 거부합니다. 법이란 약자를 지배하기 위한 강자의 도구라는 것입니다. 소피스트의 강한 자기중심적인 생각은 사람의 주관적 의지를 중요하게 여깁니다. 만일 어떤 것이 좋다고 한다면 그것은 나에게 좋아야 하며, 아름답다고 하면 그 아름다움에 내가 끌릴 때 이 말은 옳다는 것입니다. 이렇게 소피스트는 '제 눈에 안경'이란 말이 잘 어울릴 만한 사람이라고 할 수 있습니다.

프로타고라스로 대표되는 소피스트

당시 소피스트는 젊은이가 사회생활을 하는 데 필요한 공적 말하기를 중점적으로 가르쳐 사람들에게는 인기가 많았습니다. 그들은 학생들에게 개인의 주관적 확신을 최고의 해결책이라고 강변하는 방법에 치중한 교육을 했기 때문에 사회적 비난의 대상이 되기도 했습니다. 소피스트가 사실은 옳지 않은데 그럴듯한 말로 상대를 속이는 궤변론자를 뜻하게 되었습니다. 대표적 소피스트가 프로타고라스입니다. 그에게 교육을 받으려면 비싼 수업료를 지불해야 했다고 합니다.

아킬레스와 거북이

파르메니데스의 제자 중 엘리야의 제논(B. C. 490경~B. C. 430경)은 그가 제시한 역설로 유명합니다. 가장 유명한 역설은 아킬레스와 거북이의 달리기 시합이지요. 거북이보다 2배 더 빨리 달리는 아킬레스가 거북이를 먼저 출발시키고 시합을 한다고 했을 때 제논의 주장에 따르면, 아킬레스는 결코 거북이를 따라잡지 못합니다. 왜냐하면 거북이가 앞서간 거리만큼 아킬레스가 왔을 때, 거북이는 그 거리의 절반에 해당하는 거리만큼 더 앞으로 나갈 것이기 때문입니다. 다시 아킬레스가 거북이가 있는 곳에 도달하면, 거북이는 또 그 절반을 앞으로 나갔을 것입니다. 논리적으로 나아간 거리의 절반은 영원히 계속됩니다. 따라서 이 시합은 영원히 계속되는 것이지요. 결론은 거북이가 조금이라도 먼저 출발하면 아킬레스는 영원히 거북이를 추월하지 못합니다. "잠깐만! 그건 말도 안 돼. 아킬레스는 곧 거북이를 따라잡을 거야. 제논이 말한 것은 말도 안 되는 소리야."라고 말한다면, 당신은 제논이 무엇을 말하는지 이해하지 못하고 있는 것입니다.

제논이 말하고자 하는 것은 아킬레스가 거북이를 앞서갈 수 없다는 것이 아닙니다. 물론 실제로 둘이서 시합을 하면 곧 거북이는 추월당하고 말 것입니다. 당신도 알고, 제논도 아는 이야기입니다. 여기서 중요한 것은 논리적으로 오류가 없는 논증이고, 그 논증의 결과가 오류인 역설에 관한 이야기입니다. 모두가 인정할 수 있는 타당한 전제에서 출발한 논증이 사실과 다른 결과를 가져오면, 세계에 관한 우리 생각은 혼란에 빠지게 됩니다. 제논의 역설적 논증은 우리의 철학하기를 매우 혼란스럽게 만듭니다. 만약 제논의 논증 속에서 오류를 찾아내지 못한다면 과연 어디에 논증의 오류가 숨어 있을까요? 그것을 논리적으로 찾을 수 있을까요?

제논의 역설을 뜻하는 'paradox'의 어원은 그리스어인 'paradoxa'입니다. 이는 para(wrong)+doxa(dogma)의 의미 구조로 어떤 명제와 부정 명제가 서로 모순됨에도 불구하고 이 두 명제를 성립시키는 추론 속에서 잘못된 논리를 명확히 지적할 수 없는 경우를 말합니다. 즉 서로 상반되는 논리가 둘 다 동등한 논거를 가지고 주장되어서 어느 한쪽만을 참이라고 결론 내릴 수 없는 경우입니다. 이쪽을 참이라고 인정하면 다른 쪽도 참이 되고, 그 결과 반대편인 이쪽은 다시 거짓이 되어 버리는 악순환 속에 빠져서 끝내 어떤 결론도 내리지 못하게 됩니다.

제논의 이 역설은 현대 수학이 발전하기 전까지 아무도 오류를 증명해 낼 수 없었습니다. 논리적으로 그의 논증의 오류를 지적하는 일은 매우 어렵습니다. 현대 수학의 이론을 빌려야만 제논의 역설 속의 오류를 발견하는 것이 가능하기 때문입니다. 논리적으로 제논의 역설을 반박하려면 두 가지 문제에 관한 논리적 해결을 시도해야 합니다. 첫째, 일정한 길

제논

1장. 철학, 그리스에서 태어나다

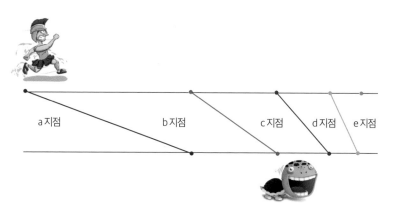

a지점　　　　b지점　　　c지점　d지점　e지점

**무한의 문제에 관한
제논의 역설**

일정한 거리를 ½로 나누는 일
은 무한히 계속될 수 있기 때문
에 아킬레스는 조금 앞서 출발
한 거북이를 영원히 따라잡을
수 없다.

이의 ½이 영원히 지속된다는 전제 아래서 아킬레스가 거북이와 같은 선
상에 이를 수 있다는 것을 증명해야 합니다. 즉 이 둘의 움직이는 관계가
무한히 계속되는데, 이들이 어떻게 동일 선상에 이를 수 있는가의 문제입
니다. 이를 논리적으로 증명할 수 있을까요? 둘째, 동일 선상에 이르렀다
하더라도 아킬레스가 거북이를 초월할 수 있다는 것을 논리적으로 증명
해야 합니다. 이 논증은 어떻게 가능할까요?

제논의 두 번째 역설은 "공중을 나는 화살은 날지 않는다."는 주장입니
다. 그는 스승 파르메니데스의 주장에서 한 걸음 더 나아가 운동 그 자체
를 받아들이지 않았습니다. 제논은 공중을 향해 쏜 화살은 실제로 움직
이지 않는다고 주장합니다. 이 화살은 날아가는 것처럼 보이지만 그 화
살이 존재하기 위해서는 한 점을 차지하고 있어야 하는데, 한 점을 차지
한다는 것은 정지해 있다는 것이며 실제로는 날지 않는다는 주장입니다.
이러한 역설적 논리는 거북이의 역설과 함께 후세의 '생각하기'에 많은 영
향을 미칩니다.

소크라테스 철학

질문하기의 장인, 소크라테스와 함께 점심을……

소크라테스는 실질적인 철학적 윤리학의 창시자이며, 끈질긴 질문을 통하여 진리 탐구의 방법을 모색했습니다.

소크라테스(B.C. 469경~B.C. 399)의 외모는 전혀 아름답지 않지만, 사람들은 그를 가리켜 가장 아름다운 사람이라고 합니다. 그가 내적인 아름다움을 지니고 있기 때문입니다. 그는 재치와 유머의 아름다움을 아는 사람입니다. 소크라테스의 내적인 삶의 힘은 특별한 카리스마를 발휘합니다. 역사상 많은 재능을 보였던 사람들이 소크라테스의 거대한 외투 안에서 비로소 정신적 안정을 느끼고 희망을 봅니다. 서양 정신의 거대한 강물이 그를 중심으로 흐르고 있는 셈입니다. 후대의 사람들은 "소크라테스와 함께 점심을 먹을 수 있다면 정말 행복할 텐데……" 하는 아쉬움과 간절함을 표현하기도 합니다.

소크라테스

철학의 중심이 된 아테네에서 태어난 소크라테스는 누구에게나 인정받

1장. 철학, 그리스에서 태어나다

는 위대한 철학자입니다. 그가 살았던 시기는 아테네의 황금시대였습니다. 소크라테스는 젊은 시절, 당시 유행하던 주변 자연을 이해하려는 다양한 사상을 배우는데 그 과정에서 두 가지 사실을 깨닫게 됩니다. 첫째는 여러 사상이 서로 모순된다는 점입니다. 그는 서로 대립하고 충돌하는 사상이 각기 자기 주장을 하는 혼란스러움을 경험합니다. 이전 사상가들은 세계에 관한 놀라운 이론을 피력했지만, 막상 자신들의 의견과 주장이 옳다는 것을 입증할 비판적 방법에 관하여 연구를 소홀히 한 것입니다. 그래서 어떤 이론이 옳은지 구별할 수 없게 되었습니다. 어떤 이론이 옳다고 해도 그것을 실천적으로 적용하는 문제가 남습니다. 이것이 그의 둘째 깨달음입니다. 사람의 지식이 행동하고 사는 것에 어떤 영향을 미치는지를 알아야 합니다. 태양이 지구로부터 얼마만큼 떨어져 있을까요? 지구의 크기는 얼마나 될까요? 이런 물음에 관한 지식은 정작 우리의 일상생활에 별다른 영향을 미치지 못합니다. 인간은 자신의 삶을 어떻게 살아가야 할 것인가를 알아야 합니다. 긴급하고 더 중요한 문제를 생각하고 풀어야 합니다. 즉 자연에 관한 문제가 아닌 다른 문제를 제기해야 합니다. "무엇이 좋은가요?" "무엇이 옳은가요?" 만약 이러한 물음에 답할 수 있다면, 자신들이 살아가는 태도와 방식에 관하여 많은 도움을 받을 수 있을 것입니다.

소크라테스는 자신이 그 대답을 가지고 있다고 생각하지 않았습니다. 자신을 비롯하여 다른 사람도 알지 못한다는 것을 그는 알고 있었습니다. 여기에 그의 위대함이 있습니다. 델포이의 신탁은 소크라테스가 가장 현명한 사람이라고 했습니다. 소크라테스는 신탁의 의미를 나름 해석하여, 자신은 아무것도 알지 못한다는 사실을 알고 있는 사람이라는 점에서 현명한 사람이라고 생각했습니다. 지금으로부터 2,500년 전 사람들은 자연에 관한 확실한 지식을 거의 갖지 못했고, 사람의 본질에 관하여 잘 알지 못했습니다.

델포이의 배꼽 돌

아테네 델포이는 세계 중심지였다. 아테네인들은 세계의 배꼽을 상징하는 거대한 돌을 델포이 신전에 모시고, 그 장소를 신성한 곳으로 여겼다.

델포이 신전
델포이 신전의 사제가 내린 신탁
은 진리에 관한 최종 원천이었다.

소크라테스는 아테네 시내를 거닐면서 자신의 이야기에 귀 기울이는 사람들에게 도덕과 정치의 문제를 말하기 시작했습니다. 그가 제시한 토론 주제는 많은 사람의 관심을 모았습니다. 특히 지식욕이 강한 젊은이들이 적극적이었으며, 소크라테스는 그들과 함께 대화를 나눴습니다. 그의 대화 방식은 일정한 패턴을 갖습니다. 소크라테스는 생의 근본적인 물음을 던지고는 설명하고 이야기를 나눴습니다. 예를 들면, "우정이란 무엇인가?" "용기란 무엇인가?" "경건함이란 무엇인가?" 등과 같은 질문입니다. 위의 질문에 관하여 안다고 하는 사람들은 설명할 것을 요구받습니다. 소크라테스는 이야기를 나누는 사람과 더불어 대답과 설명의 내용을 분석하며 검토하고 진리를 찾아갑니다. 예를 들어 상대가 용기란 '참고 견디는 능력'이라고 말하면, '고집스럽게 자신의 주장을 바꾸지 않는 것'과 어떤 차이가 있는가를 묻습니다. 고집스러운 사람은 끈기를 가지며 한번 마음먹은 것을 지속적으로 유지하기 때문입니다. 그렇다면 방어 진지를 벗어나 후퇴한 사람은 용기가 없는 것인가? 진지를 사수했다고 해서 용기 있는 사람이라고 할 수 있을까? 이것을 진정 용기라고 할 수 있는가? 용기란 단지 칭찬할 만한 가치가 있을 뿐, 실제 생활에서 수행할 수 없는 일인가? 이러한 방식으로 질문을 계속 받게 되면 상대는 자신의 주장을 바꾸거나 적어도 제한적으로 사용하게 됩니다. 이러한 대화의 과정을 거쳐서 상대는 처음 자신이 안다고 생각했던 답이 불충분하다는 것을 인지하게 됩니다. 이러한 대화놀이는 사람들이 알고 있다고 믿는 것이 실제로는 잘 알지 못하는 것이라는 사실을 알게 해 줍니다.

한 개의 파리채로 두 마리 파리를 잡다

소크라테스의 질문하는 방식은 매우 유명해졌습니다. 그는 질문을 통해서 파리채 하나로 파리 두 마리를 동시에 잡은 것입니다. 질문하기를 통하여 자신이 스스로 안다고 믿는 사람이 사실 제대로 알지 못한다는 사실을 밝히고, 델포이 신탁이 소크라테스에게 말한 것처럼 어느 누구도 소크라테스보다 많이 아는 사람이 없다는 사실을 증명한 것입니다. 스스로 현명하다는 사람들의 무지가 밝혀지고, 소크라테스야 말로 진정한 현인이라는 사실이 드러난 것이지요. 이렇게 해서 그를 경청하는 사람들은 근본적인 철학적 물음에 관하여 관심을 갖게 되었습니다. 소크라테스는 최종적 답변을 회피했지만, 문제에 관하여 항상 뜨거운 관심을 보였습니다. 소크라테스가 최종 답변을 하지 않았던 것은 자명한 일입니다. 그는 어떤 경우에도 열성적으로 답을 찾고, 그 답에 관하여 다시 되물었으며, 의문의 여지가 있는 한 '완전히' 해결된 것으로 볼 수 없다고 생각했기 때문입니다. 이러한 방식으로 진리를 찾는 일이 매우 어렵다는 생각이 널리 퍼졌습니다.

길을 걷는 소크라테스
오늘날까지 소크라테스를 소재로 한 초상과 그림이 수없이 탄생하고 있다. 소크라테스가 아테네 거리를 지나가는 이 그림은 1897년에 그려졌다.

'말대답'을 가르친 철학자

'말하는 법'을 배워서 보다 많은 것을 알고자 했던 소피스트는 결국 사람은 아무것도 알 수 없다는 결론에 이릅니다. 세상은 말이 통하지 않는 곳이라는 회의에 빠지고, 대화는 쓸모없다는 생각에 빠지게 되지요. 이때 소크라테스는 질문하기와 대답하기를 통하여 회의를 극복하려고 합니다. 소크라테스는 대화야말로 우리를 결정적인 무지에서 빠져나오게 할 수 있는 유일한 방법이라고 했습니다. 그는 자신의 철학을 끝없는 대화를 통해서 가르쳤고, 이러한 대화가 그에게는 '철학하기'이며 동시에 '삶의 행

벽 그림 속의 소크라테스
이 그림은 B. C. 1세기 로마의 한 시골 빌라에 그려진 것이다. 소크라테스는 로마의 지성인에게 정신적 영웅이라는 평가를 받았다.

동'이었습니다. 말하자면 소크라테스는 그를 따르는 사람들과 끝없는 토론과 대화를 한 수다쟁이 철학자인 셈인데, 이러한 철학적 수다는 하나의 확실한 목적을 가지고 행해졌다는 점에 주목해야 합니다.

잘 알려진 대로 소크라테스의 좌우명은 델포이 신전에 새겨진 '너 자신을 알라!'라는 간단한 구절입니다. '자신을 안다는 것'은 한 위대한 철학자의 평생 목표가 될 만큼 어려운 일일까요? 소크라테스는 실제로 수많은 제자와 시민에게서 참된 스승으로서 많은 존경과 사랑을 받았던 것으로 알려집니다. 소크라테스가 단순히 '대화'라는 독특한 철학하는 방법을 썼기 때문이 아니라, 그의 겸손하고 청렴하며 솔직한 성격과 후세까지 두고두고 전해지는 인간적이고 유머 있는 밝은 성품으로 '대화'를 통해 상대를 공격하기보다, 더 나은 지식과 지혜를 끌어냈기 때문입니다.

'너 자신을 알라!'와 그의 실제적 삶은 어떤 관계가 있을까요? 도대체 나는 무엇을 알고 있으며, 나는 누구인가 하는 질문은 생각만큼 대답하기 쉽지 않습니다. 어쩌면 대답하기 가장 어려운 질문 중 하나일 것입니다. 나는 내가 원하는 것들의 집합인가요? 아니면 나의 지식의 전부인가요? 나의 생각은, 정말 나만의 독특한 생각인가요? 나라고 하는 존재는 남들의 생각과 의견으로 꽉 채워진 것은 아닌가요? 이러한 많은 질문이 소크라테스의 이 구절을 통해서 우리에게 던져집니다. 이러한 문맥에서 그의 또 다른 "나는 내가 모른다는 것을 안다."라는 명언을 이해할 수 있습니다. 소피스트의 '나의 생각'이 문제의 열쇠라면, 나의 생각이 옳다는 근거는 어디에서 오는 것일까요? 그렇게 생각하는 나는 누구인가요? 하는 물음을 던지는 것이 소크라테스의 관심입니다. 끊임없이 변화하고 상황과 조건에 따라 달라지는 나를 안다는 것은, 그러한 나를 그저 바라보며 받아들이라는 뜻이 아닙니다. 나에 대해 끊임없는 자기 성찰과 옳고 그름을 따져보는 태도, 거짓을 거부하는 용기를 말합니다. 이러한 소크라테스의 생각은 사형 선고를 받은 법정에서 남긴 다음과 같은 짧은 말에서 잘 나타납니다.

"반성 없는 삶은 살 가치가 없습니다."

소크라테스가 말하는 자기반성은 사람의 근본을 '선'과 '덕'에 있다고 보면서, 여기에 도달하려는 노력입니다. 이러한 자기반성적 태도 못지않게 중요한 것은 자기 '내면의 소리'를 따르는 흔들리지 않는 신념입니다. 소크라테스는 이를 '다이모니온'이라고 부르는데, 이는 옳다고 믿는 것을 행하는 용기와 자신에 관한 깊은 믿음입니다. 이 내면의 소리는 물론 세상의 많은 소리 때문에 정확하게 듣기가 어렵습니다.

이 소리는 오직 나만이 들을 수 있고 나의 깊은 곳에서 들리는 소리이기 때문에 이를 행동으로 옮기는 데도 많은 용기가 필요합니다. 우리는 '자신의 소리'보다 '남의 소리'에 익숙해져 있고, 무리 지어 떠드는 소리에 민감하기 때문에 '자신의 소리'와 '남의 소리'를 구분하기가 쉽지 않습니다. '남의 소리'를 따를 때, 우리는 왜 그렇게 하느냐는 질문을 받으면, "그냥." 또는 "남들도 다 하니까."라고 대답할 수 있어 쉽고 편하지만, 나의 소리를 듣고 행하는 것은 무리로부터 떨어져 나가는 소위, '왕따'를 각오해야 하는 이유 때문에 두렵고 외로운 일입니다. 하지만 우리는 당당히 자기 소리를 내는 사람에게 매력을 느끼지 않나요? 모든 사람이 유행을 좇아 '자신의 소리'를 숨기는 곳에서 유독 자신의 개성을 드러낸 사람에게 우리 시선이 집중되지 않나요? 그렇다면 소크라테스는 우리에게 자신의 소리에 따라 무조건 '튀는 것'을 권할까요? 그렇지 않습니다.

우리는 어떻게 내면의 소리를 정확하게 듣고 어리석음에서 벗어나서 자기 성찰을 할 수 있을까요? 내가 나의 소리, 자기반성이라고 믿는 것은 모두 정당한 것이고 그대로 행동에 옮겨야 할까요? 이에 대해 소크라테스는 우리가 '이성'을 따라 행동하려고 하는지 묻습니다. 이것으로 그는 '너 자신을 알라.'는 '네 멋대로 하라.'가 아님을 분명히 밝힙니다. 소크라테스는 우리가 '내면 깊은 곳으로부터 오는 소리'조차도 이모저모 깊이 따지고 보는 이성적 태도 없이 자기 주장을 할 때, 진정한 '다이모니온'이 아닌 거짓의 소리를 들을 수 있다고 경고합니다.

말을 통해서 드러나지 않는 것에 관하여

소크라테스의 질문 가운데서 "정의란 무엇인가?"라는 물음은 단순히 정의(正義)에 관한 정의(定義)를 묻는 것이 아닙니다. 우리는 옳음이라는 의미를 옳은 사람, 옳은 결정, 옳은 법, 옳은 합의 등 다양한 곳에 사용합니다. 소크라테스에 따르면 옳음은 다양하게 사용되는데, 그 안에는 공통점이 있습니다. 즉 정의의 보편적 성질이 '옳음' 안에 있다는 것이지요. 우리가 옳다는 의미에서 정의란 말을 사용하는 한, 정의라는 의미가 존재해야 하는 것이어야 하고, 정의의 존재는 물질적인 것이 아니더라도 실제로 존재하는 어떤 것이어야 하며, 이것은 그 본질이어야 한다는 주장입니다. 이것을 정의(正義)의 추상적 실재성의 본질이라고 할 수 있습니다. 소크라테스의 제자 플라톤은 추상적 실재성의 본질에 관한 사상을 발전시켜 추상적 이념이 존재한다는 '이데아'을 피력합니다. 즉 우리가 살고 있는 불완전하고 변화하는 세계의 모든 현상에 관한 완벽하고 불변하는 형식이 존재한다고 플라톤은 역설합니다.

라파엘로가 그린 아테네 학당의 일부
소크라테스가 사람들과 대화하고 있다. 소크라테스의 중심 물음은 항상 "네 삶에서 무엇이 옳은 것인가?"이다.

말대답이 곧 철학이다?

소크라테스가 말하는 이성적 진리 탐구는 무엇을 뜻하는 것일까요?

잘 알려진 대로 반어법입니다. 반어법은 먼저 상대방이 알고 있다고 생각하는 것을 다시 생각하게 하는 질문을 던져서 그의 지식이 잘못되었음을 깨닫게 만드는 방법입니다. 그러고 나서 상대방이 스스로 자신이 잘못 알고 있음을 받아들이고 이것을 인정하게 합니다. 반어법의 특징은 잘못 알고 있음을 받아들이는 과정에서 혼란을 겪게 한다는 점입니다. 이미 알고 있다고 믿는 것에 관한 충격적인 부정을 하게 함으로써 의도적으로 빠져나갈 길이 없는 혼란스러움을 일시적으로 겪게 합니다. 이 혼란은 산모가 아이를 낳을 때 겪는 진통에 비유됩니다. 그러한 고통 끝에 스스로 새로운 길을 찾고 이를 통해 바른 지식을 알게 된다는 것입니다. 바로 이 생각의 막다른 길에서 어쩔 수 없이 새로운 생각을 하게 되고, 잘못된 지식은 바른 지식으로 교정됩니다.

이렇게 찾은 새로운 바른 지식은 실천으로 이어지는 힘이 있어야 합니다. 이 지식의 실천적 힘은 다른 사람이 받아들이고 인정할 수 있을 때 생긴다고 소크라테스는 말합니다. 예를 들어서 선함이 무엇이냐 하는 문제를 각자의 경우와 상황에만 맞춰서 주장한다면, 우리 스스로 그 특별한 상황에 있지 않을 경우 동의하기 어렵게 됩니다. 소크라테스는 이러한 일을 막기 위해 두 가지 방법을 이야기합니다. 하나는 구체적인 경험을 통해 증명하는 방법이고, 다른 하나는 경험 없이도 깊은 생각을 통해서 같은 결론에 이르는 방법입니다. 어차피 사람의 경험은 한정되어 있어서, 우리는 세계의 모든 것을 경험하고 나서 결론을 내릴 수는 없습니다. 우리는 우리가 갖고 있는 생각하는 능력에 의존할 수밖에 없습니다.

"소크라테스를 반박할 수 있지만, 진리를 거부해서는 안 됩니다."
- 소크라테스

이렇게 보면 이성은 우리의 생각을 이끄는 최고의 것이며, 우리가 해야 할 일은 이성의 힘에 의해 무지로부터 벗어나는 것입니다. 무지로부터 완전히 벗어나기 위해서는 이 새로운 지식을 실천에 옮겨야 합니다. 아는 일과 실천은 분리될 수 없으며, 우리가 옳은 일을 하지 않는 것은 그 일이 옳다는 것을 아직 모르기 때문이라고 소크라테스는 말합니다. 예를 들어서 폭력은 옳지 않다고 생각하면서 스스로 폭력을 사용한다면 생각과 행동은 서로 모순됩니다. 폭력을 쓰는 행위를 정당화하려는 어떤 이유도 거짓이 되며, 이러한 행위는 무지에서 온다고 소크라테스는 봅니다.

소크라테스의 반어법을 통해 스스로 바른 지식에 이르게 하는 방법을 '산파술'이라고 합니다. 산모가 아이를 스스로 낳아야 하는 것처럼 참된 진리도 찾는 사람이 진통을 겪으면서 스스로 얻어야 한다는 것이지요.

무엇보다 자기반성과 내면의 소리에 귀 기울일 것을 요구하는 소크라테스의 가르침은 많은 사람의 비위를 거슬렀습니다. 잘못된 편견과 지식으로 새로운 변화를 거부하고, 권위적 태도로서 자신들의 주장만을 고집하던 그 당시 지식인과 기성세대에게 소크라테스는 커다란 도전이었습니다. 소크라테스의 가르침을 받은 제자들은 어른에게 복종보다는 대화를, 권위보다는 자기비판적인 실천을 요구하게 되니, 소크라테스는 자연히 미움받을 수밖에 없었습니다. 이런 경우 대화는 부모나 어른에게는 말대답이거나 대들기에 지나지 않고, 권위의 부정은 '버릇없는 아이들의 짓거리'로 보이기 때문입니다. 소크라테스의 대화란 기성세대의 입장에서 보면 모든 것에 대해 '바꿔, 바꿔' 하는 주문과 같았던 것입니다.

부당함을 당하는 것은 부당함을 행하는 것보다 낫다.

소크라테스는 자신이 알고 있는 것에 관하여 스스로 의혹을 제기해야 한다고 가르칩니다. 권력과 안정적 지위를 가진 사람의 지식이 잘못되었다고 지적하였기에 소크라테스는 보복을 당하게 됩니다. 당시 사회 지도

층은 소크라테스를 갈등과 분란을 일으키는 선동가라고 비난합니다. 많은 사람이 소크라테스를 좋아했으나 많은 사람이 그를 미워했습니다.

아리스토파네스(B. C. 445경~B. C. 385경)라는 희극 작가는 아테네 축제 공연인 〈구름〉에서 소크라테스를 조롱합니다. 소크라테스는 사람들을 서로 이간질하여 말싸움을 하도록 하고 자신은 구름 위에서 이를 즐기고 있는 모습으로 표현합니다. 결국 소크라테스는 권력자에게 제소를 당합니다. 젊은이를 현혹하고 신을 모독했다는 이유로 체포되어 구금되지요. 500여 명의 배심원이 내린 재판 결과는 독배를 마셔야 하는 죽음이었습니다.

소크라테스의 변론과 재판 과정은 인간 정신사에서 가장 비극적인 장면입니다. 이 사건은 소크라테스를 더욱 위대한 사람으로 칭송하게 했습니다. 그는 철학이라고 칭할 수 있는 행동을 최초로 실행한 사람이었습니다. 사유의 근본적인 문제에 관하여 거침없이, 아무런 두려움 없이 질문하기라는 철학하기의 길을 열었습니다. 그는 항상 강조했습니다. 긍정적인 것을 가르칠 수 없지만, 의문에 관하여 질문하는 것을 가르쳤습니다. 질문하고 반성하는 것, 그것은 소크라테스의 확고한 신념이었습니다.

소크라테스가 가진 확신 중 하나는, 정직한 사람은 실제로 지속적인 피해를 입지 않는다는 것입니다. 이 세계에서 일어나는 일을 미리 내다볼 수 없기 때문에 우리는 누구나 불행한 일을 겪을 수 있습니다. 자신의 모든 재산을 도둑맞을 수도 있습니다. 부당하게 감옥에 갈 수도 있으며 사고가 일어나거나 병으로 장애인이 될 수도 있습니다. 그러나 이러한 우연적인 일은 무상하고 유한한 존재에게서 일어날 수 있는 일입니다. 만약 우리의 영혼이 이러한 불행한 일로부터 흔들림이 없다면, 누군가에게 우연하게 일어나는 불행도 아무런 의미를 갖지 못할 것입니다. 하지만 영혼이 파괴되는 일은 매우 나쁜 일입니다. 영혼이 피폐해지는 것은 개

**아리스토파네스의
소크라테스 풍자**

희극 작가 아리스토파네스가 〈구름〉에서 소크라테스의 가르침에 대하여 풍자하고 있다. 소크라테스가 구름 위에서 사람들이 질문하고 대답하는 것을 듣고 있는 모습으로 풍자한다.

인에게 총체적인 파국이 될 것입니다. 영혼을 깨끗이 간직하는 일은 무엇보다도 소중합니다. 따라서 부당함을 당하는 것은 부당함을 행하는 일보다 더 나은 것입니다. 불행한 일을 당하는 희생자보다는 나쁜 일을 행하는 자가 더 불행한 사람입니다. 이것이 소크라테스의 정신적 확신입니다. 바로 이 점이 스토아학파가 소크라테스를 영웅처럼 떠받드는 이유입니다. 나중에 소크라테스는 스토아학파의 보호 신으로 등장합니다.

또 한 가지 소크라테스가 가진 확신은 아는 사람은 아무도 나쁜 짓을 행하지 않는다는 믿음입니다. 알지 못하기 때문에 악행을 저지른다는 것입니다. 그는 어떤 일이 나쁘다는 것을 확실히 아는 사람은 그것을 절대 행하지 않을 것이라고 생각했습니다. 이 생각을 거꾸로 뒤집어 보면, 누군가가 나쁜 일을 행했다는 것은 문제를 옳게 알지 못했다는 말이 됩니다. 소크라테스는 '덕'을 앎의 문제라고 본 것입니다. 이러한 확고한 인식 위에서 그는 '올바른 것은 무엇인가?'라는 물음을 던지고 있습니다. 오늘을 사는 우리가 만약 위 질문에 관하여 확실한 답을 안다면, 우리는 올바른 일을 실행하는 데 있어서 전혀 어려움이 없을 것입니다. 우리는 옳고 참된 것을 제대로 알지 못하기 때문에 온갖 부당한 일을 행하는 것입니다. 소크라테스에게 진리를 추구하는 일과 행위를 위한 덕을 위한 성찰은 동일한 것입니다. 이것이 '지행합일설'입니다.

네 자신을 속이지 말라!

소크라테스처럼 세상에 많은 영향력을 끼친 철학자가 또 있을까요? 그는 인류의 정신적 발전에 형언할 수 없는 영향을 미친 철학자입니다. 그는 인간의 진실함을 인간의 의무 중에서 가장 우선적인 것이라고 가르쳤습니다. 사람은 자신의 내면의 명령에 따라서 살아야 합니다. 신이나 법이나 다른 어떤 권위에 따라서 사는 것보다 자기 자신에게 진실해야 한

소크라테스의 죽음

1787년 자크 다비드의 그림. 죽음의 잔을 들기 전, 소크라테스는 영혼의 숭고함을 말하면서 사람으로서 살아야 할 더 높은 삶의 경지를 확신한다. 그가 죽은 뒤에도 그의 이름은 빛을 잃지 않는다. 소크라테스라는 이름은 한 시대의 가장 현명한 사람을 일컫는다.

다고 주장합니다. 소크라테스는 자신이 옳다고 생각하는 것을 침묵하기보다 법의 이름으로 죽음을 선택했습니다. 그는 약사발을 마시기 전 자신의 결정이 왜 옳은 것인가를 역설합니다. 그리고 비록 자신에게 사형을 언도한 그 법이 옳은 것이라고 할 수 없음에도 그 법을 따릅니다.

대중을 계몽하는 소크라테스의 가르침이 위험하다고 판단한 사람들은 소크라테스가 젊은이를 선동해 현혹시킨다는 죄목으로 법정에서 재판을 받게 하고, 마침내 사형을 언도하기에 이릅니다. 소크라테스는 제자들의 도움으로 도망칠 수 있었음에도 조용히 독약을 마시고 제자들에게 둘러싸여 삶을 마쳤습니다. 재판과 처형으로 이어지는 이야기 속에 소크라테스의 평소 생각과 인생관이 잘 드러나는데, 소크라테스가 독배를 마시던 마지막 장면은 다음과 같이 전해지고 있습니다.

독이 든 잔을 받아 든 소크라테스는 태연하게 간수에게 물었습니다.

"여보게, 어떻게 하면 되는지 내게 가르쳐 주게."

그러자 그 간수는 침울하게 말했습니다.

"그 약을 다 마시고 다리가 무거워질 때까지 걷다가 그 다음에 누우시면 됩니다."

그러자 그는 침착하게 독이 든 잔을 비웠습니다. 제자들이 울기 시작하자, 그들을 달래면서 감옥 안을 거닐기 시작했고, 이윽고 다리가 무거워지자 누워서 다음과 같은 말을 남기고 숨을 거두었습니다.

"크리톤, 부탁이 있네. 나는 아스클레피우스한테 닭을 한 마리 빚졌다네. 잊지 말고 내 대신 갚아 주게나."

소크라테스는 왜 피할 수 있는 독을 마시고 스스로 죽음을 택했을까요? 우리는 정확한 대답을 할 수 없지만 전해지는 대로라면 그는 "국법은 반드시 지켜야 한다."라는 말로서 이 물음에 관한 답을 합니다. 소크라테스는 아무리 악법이라 해도 국법은 시민끼리 한 약속이며, 그는 시민으로서 이 약속을 지킬 의무가 있다고 생각한 것입니다. 자신의 주장이 옳고 그름에 앞서 사회라는 전체 속에서 자신을 법을 준수해야 하는 시민으로 보았고, 평소 자신의 가르침을 이로써 실천했습니다.

소크라테스는 영혼의 불멸함을 믿었기 때문에 담담하게 죽음에 임할 수 있었습니다. 자신의 정신적 숭고함은 육체적 죽음과는 상관없이 그 가치를 발휘한다는 신념으로, 죽음의 두려움을 넘어설 수 있었는지도 모릅니다. 아무튼 그의 가르침과 행위는 소크라테스를 가장 뛰어난 스승 중 한 사람으로 역사에 자리매김하게 했습니다. 그의 철학은 스스로 남긴 글을 통해서가 아니라, 스승 못지않게 잘 알려진 제자 플라톤이 기록한 《소크라테스의 변명》과 《크리톤》 등을 통해 전해집니다.

많은 제자들은 소크라테스의 처형 이후 문화와 학문의 중심지 아테네를 떠나 각자의 고향으로 돌아가거나 다른 곳에서 계속해서 가르쳤고, 후세의 사람들은 이들을 소크라테스학파라고 불렀습니다. 태연하게 죽음을 맞았던 소크라테스의 의연한 태도는 국법에 관한 단순한 복종이 아니라, 오히려 자신의 가르침을 죽음을 통해서 지키려 했던 용기로 역사에서 소크라테스를 더욱 빛나게 했습니다.

소크라테스 대화법

　모든 것은 논란의 여지가 있기 때문에 진리를 찾아가는 방법은 매우 중요합니다. 그래서 소크라테스의 철학 중에서 중심에 선 것이 방법론입니다. 이를 소크라테스의 대화법 혹은 변증법이라고 합니다. 변증법은 구체적으로 질문하고 대답하는 대화를 통해서 진리를 찾아가는 방법입니다. 오늘날 서로 질문하고 대답하는 방법은 인간관계에서 매우 중요한 역할을 하고 있습니다. 교육의 장이나 상호 소통이 필요한 인간관계, 경영 등의 영역에서도 그 의미성이 점점 확대되고 있습니다. 소크라테스의 방법을 승계한 사람 중에서 오늘날 가장 영향력 있는 실천적 활동을 하는 모임이 독일의 소크라테스 대화 모임입니다. 이 모임의 전신은 1922년 레오나르드 넬손이 세운 '철학-정치 아카데미'로서 국가사회주의 시대에는 모임이 금지되기도 했습니다. 넬손은 헤센의 케뮐레에서 소크라테스 방법을 이용한 철학 교육을 실시하는 대안 학교를 창설 운영하였습니다. 이 대안 학교는 훗날 소크라테스 대화 모임의 온상이 됩니다.

　소크라테스 대화는 스스로 생각하고 동시에 공동으로 생각하는 과정을 통하여 개념 이해를 공유하고 소통을 개선하고 생각과 실천을 매개하려는 실천적 활동을 목적으로 합니다. 우리는 일상생활에서 서로 개념을 잘못 알거나 잘못 사용하여 인식의 혼란이나 소통의 실패, 의미의 왜곡을 경험하거나, 개념에 관한 확고한 이해를 하지 못해서 알고 있는 것을 실천으로 옮기지 못하는 경우를 겪습니다. 대부분 실패의 원인이 된 이러한 개념을 그 전에는 자신이 잘 알고 있다고 생각하고 사용한 것입니다. 다시 말하면 잘 알고 있다고 생각했던 개념을 무반성적으로 사용한 것이 이해와 소통의 문제를 더욱 어렵게 만들고 있으며, 피상적 이해에 머물기 때문에 자신이 아는 대로 행동으로 옮기지 못하는 것입니다. 자신이 사용하는 언어에 관한 공동의 성찰 없이 습관적으로 또는 관습적으로 언어를 사용하는 태도는 현실과 이론 사이를 더욱 멀어지게 하고, 나아가 의사소통만이 아니라 인간 상호 관계를 더욱 어렵게 합니다.

소크라테스 대화는 대화 참여자의 대화를 통하여 현실과 개념 사이에 생기는 대립적 긴장 관계를 더욱 자극하고 혼란시킨 뒤 그것을 해소하는 구조 속에서 이루어집니다. 대화를 시작하기 전에 대화를 위하여 사용할 개념은 보편과 개체가 혼동된 난해하고 혼탁한 상태에 있습니다. 소크라테스 대화는 의도적인 혼란을 통해서 이전의 혼란한 대상으로부터 새로운 참된 대상을 만들어 내는 것입니다. 소크라테스 대화에서 나타나는 이러한 혼란은 이성적이고, 의도적이며, 목표지향적인 것입니다. 그 목표는 개념과 개념 관계의 정확한 의미를 확장하고 개인이 사용하는 개념 혹은 언어의 타당한 영향력을 넓혀 나가는 것입니다. 그렇게 함으로써 올바른 사고와 바르지 못한 사고, 혹은 철학적 사유와 비철학적 사유를 구별해서 가려냅니다. 이러한 의미에서 소크라테스 대화에서 경험하는 최초의 혼란은 '방법론적 혼란'이며, 과정의 혼돈입니다.

방법적 혼란을 거치면서 구체적이며 깊이 있는 공동의 사유가 시작됩니다. 문제를 분명히 하면서, 의문이 제기되고, 참석자의 구체적 경험과 연계하고, 가장 완벽한 이론과 개념에 근접하여 합의에 이릅니다. 참여자 모두의 동등한 권리와 가치의 인정 아래 오직 진리만을 추구하는 여정이 곧 소크라테스 대화입니다. 합의에 이른 개념과 이론은 비로소 참여자 각자에게 공유되며, 이것은 참여자의 행동과 태도에 결정적인 의미를 부여합니다. 그러나 참석자에 의해서 합의된 개념이 곧 완벽한 것임을 의미하지는 않습니다. 합의에 이른 개념은 한정된 범위 안에서만 통하는 이성적 합의입니다.

소크라테스 대화에서는 새롭게 설명된 개념은 완결된 것이라는 의미를 내포하지 않습니다. 소크라테스 대화가 끝난 뒤에도 동일한 개념에 관한 새로운 경험은 계속되기 때문입니다. 오히려 새로워진 인식은 새로운 경험을 유도하고 그 의미를 보완합니다. 다시 새로운 경험을 통하여 이전의 새로운 지식을 잘못이라고 판단하게 하면 지식은 새로운 경험에 의하여 더욱 확장됩니다. 이러한 경험과 지식의 순환 구조는 지식을 새로운 인식이 되도록 하며, 대상을 다른 모습으로 경험 또는 인식하도록 합니다. 이러한 의미에서 소크라테스 대화는 상호 작용의 관계이며 이론적 지식과 경험의 선순환적 구조를 갖습니다.

소크라테스 대화 워크숍 일주일 과정이 끝난 뒤, 각 그룹이 모여 그동안의 경과를 서로 공유한다.

소크라테스 대화에서는 추상적이고 보편적인 지식은 지속적으로 실제적인 인간의 삶에 변화를 가져오며, 보편성은 현실성을 구성하는 필수적 요소라고 간주됩니다. 소크라테스 대화는 이러한 관점을 화용론적 이론으로부터 수용하였습니다. 화용론에 따르면 보편적 지식은 사용에 그 의미가 있습니다. 불이 날 경우 소화기를 이용하여 불길을 잡을 수 있다는 사실을 알고 있으면 실제로 불이 났을 때 이 보편적 이론을 그대로 실행으로 옮길 수 있습니다(그렇게 행동할 수 없는 어떤 다른 요인이 함께 발생하지 않는 한에서 그렇지요). 이런 경우 어떻게 하면 불이 꺼진다는 이론을 아는 것이 큰 도움이 됩니다. 이와 같이 화용론적 관점에서 보면 지식(언어)과 삶은 밀접하게 연결되어 있습니다. 모든 현실적 관계와 동떨어진 순수한 진공 상태에서의 보편적 철학적 반성은 소크라테스 대화에서는 별 의미가 없습니다. 소크라테스 대화는 현실성을 통해서 철학적 반성을 성숙시키며, 철학적 반성을 통해서 구체화된 현실성은 더욱 풍부해진다는 기본에서 출발하고 있기 때문입니다.

소크라테스 대화는 '제한된 시간'이라는 한계점을 가지고 있기도 합니다. 최종적 개념 이해에 도달하는 방법으로서 충분한 대화를 전제로 하는 소크라테스 대화는 짧은 시간 안에 모든 개념을 동시에 검토할 수 없습니다. 소크라테스 대화에서 대화를 위한 하나의 개념을 선택하면 일상에서 흔히 사용하는 다른 구체적 개념을 통하여 그 개념을 이해하도록 합니다. 따라서 많은 시간과 인내를 필요로 합니다. 인내를 요구하는 이유는 다른 측면에서도 찾아볼 수 있습니다. 소크라테스 대화에서 한 개념을 설명할 때 모두에게 익숙하지 않은 또 다른 개념을 사용할 수밖에 없습니다. 한 개념을 설명하고 이해하도록 하는 데 있어서 참가자가 만족하지 못하면 되묻는 일이 반복됩니다. 따라서 소크라테스 대화는 많은 시간이 필요합니다. 서로 신중하게 개념을 사용하고 설명하면서 그것을 각자의 새로운 개념으로 받아들이는 일은 시간과 함께 얽혀진 '개념-시간'의 양탄자에 비교할 수 있습니다.

또 한 가지 문제는, 소크라테스 대화에서 진리를 추구하는 합의에 관하여 부정적인 시각을 갖는 사람이 있다는 점입니다. 소크라테스 대화에서는 합의에 도달하는 것보다 진리의 발견을 더 중요하게 생각하기 때문이지요.

소크라테스 대화는 반드시 합의를 보장하지는 않습니다. 차이의 확인에 머물 수도 있습니다. 그러나 이러한 확인 역시 소크라테스 대화를 통한 소통의 과정을 통해서 얻게 되는 중요한 성과입니다. 다름의 확인과 그 이유를 아는 것 역시 진리의 발견 과정이며, 진리에 관한 잠정적 합의이기 때문입니다.

소크라테스 대화가 다루는 문제는 일상생활 가운데서 흔히 부딪히는 문제를 포함할 수도 있습니다. 이 점에서 소크라테스 대화는 생활 세계를 철학의 주제로 하면서 동시에 철학을 생활화하는 방식입니다. 예를 들면 '인간은 무엇인가?' '참된 교육은 무엇인가?' '자유란 무엇인가?'와 같은 주제를 가지고 이를 생활화하는 것과 같습니다. 그래서 무엇인가를 다룬 소크라테스 대화에 참여하여 일정한 합의에 도달한 사람은 실제로 대화를 통하여 얻은 자기 결단력의 개념을 자기 것으로 소화하

다양한 나라에서 온 사람들로 구성된 팀이 소크라테스 대화 과정에서 경험했던 자신들의 이야기를 들려주고 있다.

1장. 철학, 그리스에서 태어나다

여 자기 결단력 개념을 태도로 보여 주는 사람으로 변화할 수 있습니다. 이러한 물음을 의미 있게 다루어서 이를 실천으로 옮기는 것은 보편성과 현실성의 관계를 성찰하는 것이며, 이들은 곧 철학적 사유의 내용과 실천이 됩니다.

이러한 물음에 관한 대답으로 현실 속에서 생겨나는 변화와 가치의 보편성 가운데 어느 한쪽을 선택할 수밖에 없습니다. 이것은 철학이 세상의 변화에 맞춰 끝없이 변화함과 동시에 변화의 방향을 위해서 노력해 온 것과 같습니다. 소크라테스 대화는 항상 진리를 찾는 역할을 하면서 새로운 개념을 출산하기 위해서 변화하는 세상을 알아야 한다고 주장합니다. 개념의 개방성은 항상 새로운 경험에 의해서 그 의미가 충족되기 때문입니다.

이러한 의미에서 현대의 소크라테스 대화는 철학의 근원으로 되돌아가고자 하는 노력입니다. 소크라테스 대화는 대학의 철학 교육이 전통적 주입식 강의 중심에 머물지 않기를 바랍니다. 소크라테스 대화는 사람들에게 사유의 역사를 위한 기록과 자료를 전달하는 것만으로는 철학이 '자기실현'에 도달할 수 없음을 강조합니다. 중세 시대 수도원에 은둔했던 철학, 근대를 넘어서 현대에 이르기까지 대학 강단에 자리 잡고 있는 철학을 본래의 장소, 교육의 주체가 공동으로 토론하고, 진리를 위하여 소통하는, 맞은편 높은 정상에 서 있는 아크로폴리스를 배경으로 한 대화의 아고라 광장으로 돌아가게 하려는 것입니다.

소크라테스 대화는 철학과 삶의 영역이 서로 대립하고 거부하는 시대에 있어서 더욱 절실히 요구되는, 더불어 하는 '소통적 반성' 작업이어야 합니다.

플라톤 철학

＊플라톤

아테네 귀족 출신 철학자. 지금 까지의 모든 서양 철학이 플라 톤의 저서를 연구하면서 출발한 다는 점에서, 모든 서양 철학은 플라톤 철학에 관한 주석일 뿐 이라고 말하는 학자도 있다. 플 라톤은 정치학, 미학, 윤리학 등 아름다운 내용과 형식을 담은 대화록을 쓴 천재 철학자다.

인간 세상과 추상 세계의 다리를 놓다.
한 노예의 값으로 세운 서양 최초의 열린 학교

세계 최고 철학자로 불리는 플라톤＊은 누구일까요? 플라톤(B.C. 427 경~B.C. 347경)은 아테네 근처의 한 귀족 집안에 태어나서 질 좋은 교육 을 받으며 교양을 쌓았습니다. 21살에 소크라테스의 제자가 되어 열렬한 토론자가 되었습니다. 정치적인 관심이 많았던 플라톤은 스승 소크라테 스가 처형당하자 아테네를 떠나, 마음 놓고 철학을 공부하며 자신의 정 치적 꿈을 실현할 수 있는 곳을 찾아다녔습니다. 그 당시는 통치자가 훌 륭한 스승을 두어 상담을 받거나 가르침을 받는 것이 드문 일이 아니었 습니다.

40살에 플라톤은 오늘날의 시칠리아 섬 통치자 디오니시오스 1세의 상담을 맡으면서 자신의 이론을 실천에 옮기는 경험을 합니다. 그러나 독 재자의 호화로운 생활을 비판하자, 그를 미워하는 정적들이 플라톤을 스파르타로 쫓아냅니다. 그 뒤 플라톤은 그리스의 노예 시장에 팔리게 되었는데, 운 좋게도 함께 공부했던 소크라테스의 제자들을 만나 다시 자유를 얻게 되었습니다. 노예가 될 뻔했던 플라톤은 돌려받은 머리값으로 아테네에 서양 학교의 기초가 되는 철학 학교를 세웠습니다. 이 학교를 '아카데메이아'라고 부르는데, 잃을 뻔했던 철학자의 자유는 가장 자유로운 방법으로 공부를 하는 '열린 학교'를 열게 하였습니다. 이 학교에서는 스승과 제자가 정원을 산책하면서 대화를 통해 수업을 진행했는데, 특이하게도 철학뿐만 아니라, 수학과 체육학 강의가 있었습니다.

플라톤은 철학, 즉 정신적 활동만이 아니라 육체적인 활동을 가르치면서 균형을 이루는 교육을 지향했고, 수학은 그 당시 철학의 중요한 영역이었습니다. 플라톤은 기하학을 우리가 경험을 통해서 알 수 있는 세계의 원형, 즉 조건과 상황에 의해 영향을 받지 않고 본래의 것을 알려 주는 학문이라고 생각했습니다. 아카데메이아의 정문에는 다음과 같은 유명한 구절이 있었습니다. '기하학을 모르는 자는 이 문을 들어서지 말라!' 아카데메이아는 그저 공개적인 강의와 토론을 하는 장소가 아니라, 당시 과학자와 철학자의 유일한 국제적 만남의 광장이기도 했습니다.

상당한 미남으로 알려진 플라톤은 때때로 아름다운 용모를 지닌 태양신 아폴론에 비유되곤 했는데, 체육을 중요하게 생각한 철학자답게 80살의 나이로 평화로운 죽음을 맞이했습니다. 소크라테스와는 달리 그는 토론뿐 아니라, 글 쓰는 일도 활발하게 하여 약 35권의 책을 완성했습니다. 플라톤의 철학은 종교와 예술에 이르기까지 모든 인문 분야에 폭넓은 영향을 미쳤습니다. 플라톤이 쓴 《국가론》은 어떤 국가가 이상적인 국가인가 하는 문제를 생각하는 사람이 읽어야 하는 필독서입니다. 또 수

아카데메이아의 정문에는 다음과 같은 유명한 구절이 있다. '기하학을 모르는 자는 이 문을 들어서지 말라!' 당시 기하학을 습득하는 것은 추상적 사고를 위한 기본 조건이었다. 플라톤이 운영한 아카데메이아는 오늘날 대학의 원형이며 이곳에서 성인들의 평생 교육이 진행되었다.

불(정4면체)

공기(정8면체)

지구(정6면체)

물(정20면체)

우주(정12면체)

준 높은 사랑에 관한 토론으로 알려진 《향연》도 있습니다. 재미있는 사실은 플라톤의 도시국가에서 시인은 철없고 게으르다는 이유로 추방당하지만, 이데아 세계를 향한 사랑을 주장한 그의 철학은 오늘날에도 예술활동의 핵심이 되고 있습니다.

소크라테스의 플라톤, 플라톤의 소크라테스

플라톤은 정치학, 미학, 윤리학 등 아름다운 내용과 형식을 담은 대화록을 쓴 천재입니다. 소크라테스를 포함하여 앞에서 다룬 철학자 대부분은 자신의 저서를 남기지 않았습니다. 우리가 그들에 관하여 아는 것은 다른 사람이 남긴 글을 통해서입니다. 소크라테스도 자신의 철학적 사유를 글로 남기지 않았습니다. 소크라테스 철학에 관하여 우리가 아는 것은 모두 그의 제자 플라톤 덕분입니다. 플라톤은 자신의 저서를 글로 남긴 서양 최초의 철학자입니다.

B.C. 399년 소크라테스가 세상을 떠날 때, 플라톤은 31살이었습니다. 그는 스승의 재판 과정을 지켜보았고 재판 결과는 그에게 끔찍한 경험이었을 것입니다. 소크라테스는 그에게 최고로 현명하고 올바른 인간이었기 때문입니다. 스승이 죽은 뒤, 플라톤은 철학적 대화록을 저술하여 출판하기 시작했습니다. 그의 대화록은 소크라테스가 주인공으로 나와 도덕과 정치에 관한 대화를 이끌어 가는 형식입니다. 크게 두 가지 이유에서 플라톤은 대화록을 썼습니다. 첫째, 공개적으로 비판받은 소크라테스의 가르침이 옳다는 것을 입증하는 일입니다. 둘째, 자신이 존경했던 스승의 명성을 되살리는 일입니다. 그는 자신의 저술 활동을 통하여 소크라테스가 젊은이를 현혹시킨 사람이 아니라 높이 평가받아야 할 위대한 스승이었음을 증명하려고 한 것입니다.

플라톤의 대화록에서 전개된 이론은 시간과 더불어 변하고 있습니다.

초기 대화록은 역사적인 소크라테스의 주장을 대변하고 있습니다. 그 주제들은 소크라테스가 즐겨 다뤘던 주제이며, 플라톤이 소크라테스에게서 들은 내용으로 구성되어 있습니다. 플라톤은 차차 자신의 고유한 생각을 만들어 나갔는데, 여기서 문제가 발생했습니다. 어디까지가 소크라테스의 생각이며, 어디서부터가 플라톤의 생각인지 구별하기 어려운 것이지요. 아마도 이 물음은 결코 풀리지 않을 것입니다. 플라톤의 작품은 작가 2명이 집필했다고 볼 수 있습니다. 초기의 대화록은 소크라테스가 후기의 대화록은 플라톤이.

초기 작품 속에서 플라톤은 윤리학과 정치 철학에 집중합니다. 자연에 관한 성찰은 거의 하지 않습니다. 이때 그는 다른 어떤 주제보다도 덕과 지식은 서로 동일하다는 믿음을 가졌습니다. 또한 지식은 토론과 논증에 의하여 얻어질 수 있다는 확신을 가졌습니다. 후기 플라톤의 철학은 자연에 관하여 지대한 관심을 갖습니다. 자연으로 향하는 열쇠는 수학과 물리학이었습니다. 플라톤 철학의 연구 공동체인 아카데메이아 현관에 새겨 있던 '기하학을 알지 못하는 자는 이 문을 들어서지 말라!'라는 경구는 수학적 사유의 중요성을 잘 말해 줍니다. 플라톤은 마침내 소크라테스의 전제, 즉 오직 옳은 것을 아는 행위를 통하여 올바른 행위에 도달할 수 있다는 이론을 버리고 스승 소크라테스를 넘어섭니다.

하지만 플라톤은 항상 소크라테스의 가르침을 수용하려고 노력하였습니다. 그것은 영혼을 손상하는 일을 결코 해서는 안 된다는 것이었습니다. 부당함을 당하는 것보다 부당함을 행하는 일이 더 나쁜 일이라는 것을 잊지 않았습니다. 또한 플라톤은 스스로 생각해야 하며 의혹이 있는 어떤 것도 자명한 것으로 받아들여서는 안 된다는 가르침을 보존했습니다. 플라톤은 항상 모든 것을 의심하고 되물을 것을 요구했습니다. 이러한 태도와 확신으로 스승의 생각을 뛰어넘어 자신의 생각을 발전시킨 것입니다. 소크라테스 식으로 생각하는 것은 스스로의 힘으로, 어떤 권위에 의존하지 않고 생각하는 것입니다. 생각을 자신의 여과지로 걸러 내는 행위입니다. 이 말은 플라톤에게 있어서는 스스로 생각할 것을, 즉 소크라테스로부터 독립적으로 생각할 것을 의미합니다. 이런 까닭으로 플라톤은 그가 따랐던 소크라테스와 다른 사유의 길을 간 것입니다.

플라톤은 80살에 세상을 떠났습니다. 소크라테스가 죽은 뒤 50년을 더 산 것입니다. 그동안 플라톤은 20여 권의 책을 출간했습니다. 가장 잘 알려진 책이 우리 시대 최고의 인문 서적인 《국가-정체》입니다. 이 책은 정의(옳음)의 본질을 다루고 있습니다. 여기서 그는 이상적 국가와 올바른 사람의 모습을 제시합니다. 《향연》에서는 사랑의 본질을 다룹니다. 사랑을 아름다움을 향한 끝없는 열정적인 노력으로 제시합니다. 그 외에도 소크라테스의 재판과 죽음을 내용으로 한 《크리톤》 《파이돈》 《소크라테스의 변명》, 용기에 관한 논쟁인 《라케스》, 경건함에 관한 《에튀프론》, 진리 탐구에 관한 《테아이테토스》, 불변하는 존재에 관한 《파르메니데스》, 우주와 자연의 질서에 관한 《티마이오스》 등이 있습니다. 이 대화 편들은 곧 세계 문학에 속합니다. 이 글은 단순히 철학적 사유에 관한 내용일 뿐만 아니라 아름다운 문헌학적 가치가 있습니다. 특히 《소크라테스의 변명》은 소크라테스가 재판 과정에서 자신을 변호한 내용임과 동시에 자신의 삶이 정당했음을 보여 주는 의미를 갖습니다.

눈으로 볼 수 없으나 알 수 있는 세계 : 이상적 존재

플라톤의 가장 유명한 이론은 이데아론입니다. 이데아론은 이념 혹은 형식에 관한 이론을 말합니다. 형식과 이념이라는 표현은 플라톤 철학에서 동일한 의미로 사용되는데, 사물의 근원이 되는 상(像)으로서의 원형을 뜻합니다. 앞에서 언급한 것처럼, 소크라테스는 말의 정의(定義)를 묻고 있지 않습니다. 아름다움이 무엇이며, 용기가 무엇이냐는 물음을 통하여 실제로 존재하는 추상적 존재의 본질에 관해 알고자 합니다. 이러한 추상적 존재는 어떤 장소나 어떤 특별한 시간에 존재하는 것이 아닙니다. 이러한 의미의 존재는 시공간에 구애를 받지 않고 보편적으로 시공으로부터 독립하여 존재합니다. 우리가 일상에서 경험하는 아름다운 대상이나 용기 있는 행위는 항상 변화하고 지나갑니다. 그러나 이러한 대상과 행위는 시공을 초월한 참된 아름다움과 참된 용기의 본질에 관여하고 있습니다. 즉 항상 존재하고 변하지 않는 이상적·추상적인 것이 존재해야 하는 것입니다.

플라톤은 소크라테스가 암묵적으로 전제한 도덕과 가치의 본질에 관한 이론을 수용합니다. 그리고 이를 현실과 현상의 모든 세계에 적용합니다. 플라톤에 따르면 이 세상의 모든 현상은 예외 없이 이상적 형식의 모방일 뿐입니다. 그것도 아주 짧게 존재하고 곧 변하여 쇠퇴하고 마는 현상입니다. 반면에 형식과 이념은 변하지 않고 지속적으로 시공을 초월한 세계에서 존재합니다. 플라톤은 이러한 세계의 초월적 실재성을 논증을 통해서 증명합니다. 예를 들면 물리학에 관한 이해를 통하여 물질적 세계의 질서가 수학적 관계에 의하여 드러난다는 생각을 갖게 합니다. 플라톤에게 있어서 우주는 질서, 조화, 올바른 척도입니다. 오늘날 물리학이 모두 수학적 상징 형식으로 정리되는 것과 마찬가지이지요. 이 점에서 플라톤은 피타고라스를 따르는데, 질서 없는 일상 표면의 혼란스러움을 질서가 지배한다는 생각입니다. 즉 수학처럼 이상적이고 완전한 질서가 현실을 지배한다는 의미입니다. 우리가 가진 시각으로는 이 질서를 볼 수 없습니다. 그러나 정신으로 이 질서를 볼 수 있고, 지적으로 이해할 수 있습니다. 중요한 것은 바로 이것입니다. 질서는 거기에 있습니다. 질서는 존재합니다. 질서는 현실을 구성하니까요. 플라톤은 당시에 벌써 융·복합적 사고를 시작한 셈입니다. 플라톤은 수학자들을 아카데메이아로 초청해 함께 연구했습니다. 수학과 자연과학을 융합하여 철학의 영역을 넓게 확대하고 발전시킨 것입니다.

플라톤과 그리스도교

플라톤은 자신의 철학적 명제를 현상의 대상에게 모두 적용시켜 본
뒤, 우리가 살고 있는 세계가 두 개의 영역으로 나뉘어 있다는 결론에 이
릅니다. 볼 수 있는 가시 세계와 볼 수 없으나 알 수 있는 세계이지요. 가
시 세계는 감각이 제공하는 세계로서 일상 세계입니다. 일상 세계 안에
서 지속되는 것은 아무것도 없습니다. 플라톤이 말한 것처럼 이 세상에
있는 모든 것은 항상 변합니다. 그 어떤 것도 지
속하지 못합니다. 모든 것은 변하고, 영원히 존재
하는 것은 존재하지 않습니다. 모든 것은 생겨나
고 사라지고 없어집니다. 모든 것은 불완전하며
우연적인 것입니다. 이와 같이 공간과 시간 안에
구성된 세계를 우리는 감각을 통하여 알 수 있습
니다. 이러한 감각 세계의 배후에 또 다른 세계
가 존재합니다. 시공을 넘어서 있고, 감각기관이
미칠 수 없는 세계, 그 세계는 영원하고 완전한
질서가 지배합니다. 이 완전한 질서의 세계는 시
간을 넘어서며 변화가 없는 실재 세계입니다. 이
실재 세계는 우리의 일상 세계에 짧고 불분명한
상(像)을 제공합니다. 이 실재 세계야말로 참되게
존재하는 세계입니다. 이것이야말로 불변하는 존
재입니다. 그 어떤 것에 의하여 동요하거나 변하
지 않기 때문입니다. 실재 세계는 항상 존재하며
다른 것으로 변하지 않습니다.

인간을 대상으로만 간주하면, 다른 대상과 전혀 차이가 없습니다. 다른 대상처럼 우리 몸도 생성되고 사멸됩니다. 그러나 인간은 다른 대상과 다른 점이 있습니다. 보이지 않는 세계를 알 수 있다는 점입니다. 우리는 보이는 영역에 속하지만, 그 영역은 보이지 않는 다른 영역에 근거하고 있습니다. 우리 정신이 그것을 인지할 수 있습니다. 보이는 영역은 몸에 관한 영역입니다. 이 영역은 시간과 공간의 틀 안에 놓여 있는 물질적 대상입니다. 이 대상은 물리학의 법칙에 따라 움직입니다. 물리적 영향을 받는 신체는 생성 소멸합니다. 항상 불완전하고 결코 동일하게 지속할 수 없습니다. 눈에 보이지 않는 세계도 있습니다. 이 세계는 비물질적이며, 시간의 제한을 받지 않고, 소멸되지 않는 영역입니다. 이것이 영혼의 세계입니다. 영혼이 변하지 않는 형식이고 이념입니다. 영혼의 세계는 존재를 가능하게 하는 질서의 세계입니다. 이 세계 안에 불변의 형식이 존재하며, 이 형식 위에 현실 세계가 만들어집니다.

그리스도교 전통에 익숙한 사람이라면, 불변하는 형식의 세계와 현실 세계의 구별이 친숙하게 느껴질 것입니다. 그리스도교가 플라톤주의가 크게 영향을 미치던 헬레니즘 시기에 발전되었기 때문입니다. 신약성서는 그리스어로 쓰였고, 초기 그리스도교 사상가들은 교리를 플라톤의 주요 이론과 일치시키려고 했습니다. 그런 까닭에 플라톤의 중요 이론이 그리스도교 사상가들에 의하여 전수된 것이지요.

한때 사람들은 소크라테스와 플라톤에게 그리스도 이전의 그리스도라는 명예를 주었을 정도입니다. 많은 그리스도교인이 그리스 사상가가 그리스도교의 역사적 미션을 성공적으로 수행했다고 진지하게 믿었던 적이 있습니다. 즉 그리스도교의 중요한 교리를 이론적으로 완성했다는 것이지요. 플라톤은 유대인도 그리스도교인도 아니었습니다. 그는 철학적 논증에 근거하여 연구했기 때문에 그리스도교 전통과 완전히 무관한 결론을 도출했습니다. 따라서 플라톤의 결론을 받아들이기 위하여 신이나 계

그리스인의 이상에 관한 열망

질서와 감정을 결합하는 그리스인의 재능은 정치, 예술 등 도처에서 돋보인다. 심지어 화병에서도 그들의 형식과 감정의 조화를 엿볼 수 있다. 그들의 특출함은 그리스적 이상으로 불린다.

디오니소스 앞에서 춤추는 여인

플라톤은 다신교적 종교 행위가 일반적이었던 시대에 철학하기를 했다. 따라서 플라톤처럼 저명한 사람이 특정한 신에 관한 논쟁을 불러일으켰다면 그의 목숨이 위태로웠을 것이다. 플라톤이 실제로 신을 어느 정도로 믿었는지에 관하여는 알려진 것이 없다.

시를 믿을 이유는 없습니다. 플라톤은 말년에 이상적 형식은 신과 같은 완전성에 근거한다는 견해를 피력했으며 피타고라스가 믿었던 것처럼 윤회설도 믿었습니다.

예술가를 비난하는 철학자

플라톤에 따르면 탐구의 최고 목적은 사물의 외형적 모습이 아니라 실재 세계의 근본을 아는 것입니다. 이것이 옳은 지적 행위이며 곧 영원한 이데아 세계에 있는 개념을 아는 일입니다. 그 세계에는 이미 영혼이 존재하며, 영원히 존재하게 될 것입니다. 따라서 영원한 이데아 세계를 이해하려는 노력은 죽음을 준비하는 일과 같습니다. 영혼을 위한 죽음을 준비하는 일이야말로 철학자가 해야 할 일입니다. 이것이 《파이돈》의 핵심 사상입니다. 영혼의 세계에 관한 인식을 위하여 감각 세계의 현상을 꿰뚫어볼 수 있어야 합니다. 감각 세계의 유혹을 떨쳐 버릴 줄 알아야 합니다. 이러한 플라톤의 사상에서 예술가에 관한 그의 적대적인 태도를 이해할 수 있습니다. 플라톤은 예술가는 대상에 관심을 갖고 감각이 느끼는 충동을 표현하는 존재라고 주장합니다.

예술이 아름다우면 아름다울수록 그 충동은 더욱 자극적이어야 합니다. 따라서 모든 예술 작품은 이중으로 속이는 행위의 결과입니다. 참된 세계를 모방함과 동시에 현실 세계를 모방한 작품이기 때문입니다. 이러한 이중 모방은 참된 이념의 세계로 나가는 길을 차단합니다. 플라톤의 사상에서는 예술가는 영혼을 더럽히는 위험한 존재이고 이들은 추방되어야 합니다. 이상 사회 안에서 이들을 위한 자리는 없습니다. 플라톤의 이러한 이론은 예술가를 비난하고 통제하려는 사람에게 항상 좋은 근거가 되었습니다.

'아름다움'과 '아름다운 것'의 멀고도 가까운 사이 : 영혼은 삼각형이다

플라톤에 따르면 인간의 영혼은 서로 모순되는 세 가지 요소로 구성됩니다. 이성, 용기(기개), 욕망이지요. 플라톤은 인간의 영혼은 사라지거나 죽지 않는 것으로 보았습니다. 영혼은 육체가 죽은 뒤에도 본래의 세계로 돌아갑니다. 영원불멸한 영혼은 이성, 용기, 욕망이라는 세 요소를 갖습니다. 인간이 가진 이성은 영혼의 가장 본질적인 요소로서 신적인 것입니다. 다른 두 가지는 모두 감각적인 세계에 속합니다. 그중 용기는 조금 더 나은 영혼이나, 욕망은 가장 낮은 단계의 영혼입니다.

플라톤은 영혼의 세 요소를 마차에 비유합니다. 이성은 마부, 용기는 온순한 말, 욕망은 정신없이 날뛰는 말입니다. 마부는 이 마차를 목적지까지 사고 없이 잘 끌고 가기 위해 이 두 말을 현명하게 잘 다루어야 합니다. 이성이 무엇보다 현명함을 갖추어야 합니다. 용기가 해야 하는 일은 이성의 명령에 적극적으로 따르는 일입니다. 영혼이 가져야 할 용기란 이성을 뒷받침하고 옳은 것을 실천하는 용기이지, 무엇이나 하고 싶은 것을 저지르는 무모한 용기가 아닙니다. 욕망 또한 이성의 지시에 따라 중용의 길을 찾는 것이 필요합니다. 위의 세 가지 요소가 조화를 이룰 때, 영혼은 아름다움을 얻게 되고 성숙한 모습을 갖추게 됩니다. 욕망이 앞서는 것은 이성과 용기의 패배이고, 정열적인 욕망이 없는 차가운 이성 역시 매력적이지 못한 이유가 여기에 있습니다.

그렇다면 왜 이 세 요소가 조화롭게 발전해야 할까요? 플라톤은 정의를 실현하기 위해서라고 말합니다. 영혼의 세 요소가 정삼각형의 각 꼭지점을 이룰 때, 그 중심점을 정의라고 할 수 있습니다. 정의를 실천함으로써 이성은 제 몫을 다하게 됩니다. 그렇지 못한 경우에는 이성의 고삐가 풀린 물질적이고 육체적인 쾌락이 영혼을 육체라는 감옥에 더욱 깊숙이

가두어 놓게 됩니다. 그렇다고 해서 플라톤이 육체적 쾌락을 완전히 거부하는 것은 아닙니다. 육체적 즐거움은 다만 그 도가 지나치지 않아야 합니다. 이를 위하여 즐거움은 항상 이성의 통제를 받아야 합니다. 꿀과 같은 달콤한 쾌락과 차가운 냉수와 같은 통찰이 하나로 결합될 때 진정한 즐거움이 됩니다. 이렇게 뜨겁고 차가움이 환상적인 조화를 이루는 영혼이 있다면 탐나지 않을까요?

이데아 이론

플라톤은 우리가 보고 느끼는 이 세계의 모든 것은 변하지 않는 본래의 모습인 원형을 닮으려는 모방이라고 보았습니다. 플라톤은 아무도 완전한 삼각형을 그릴 수 없다고 합니다. 우리는 보통 삼각형의 모습을 가진 한 형태를 그릴 뿐입니다. 왜냐하면 삼각형이란 내각의 합이 180°여야 하는데, 누가 내각의 합이 정확히 180°인 삼각형을 그릴 수 있겠어요? 우리가 그려 낼 수 없는 이 완벽한 삼각형이 플라톤이 말하는 원형, 즉 '이데아(idea)'입니다. 이데아의 세계에 삼각형의 원형이 있고, 현실 세계에서는 그에 따른 여러 가지 삼각형이 만들어진다는 것입니다.

플라톤의 철학은 이데아 이론에서 출발합니다. 이데아는 우리의 상상이 만들어 낸 추측이 아니라, 실제로 존재하는 것으로 경험적인 세계와는 별도로 떨어져서 우리의 삶을 이끌어 갑니다. 이데아라는 세계는 사람이 의도적으로 만들어 낸 것이 아니고, 이 세계의 근원적인 모습입니다. 이 원형에 따라 우리가 살고 있는 세계가 만들어지고, 그 원형이 우리에게 알려집니다. 이데아란 그리스어의 eidos(에이도스)와 비슷한 말로 idein(이다인), 즉 '보다'라는 동사에서 왔습니다. 즉, 이데아는 모양이나 모습을 뜻하는 것입니다. 물고기, 사슴, 독수리 등을 그 모양과 성격이 다름에도 모두 동물이라고 부르는 이유는 동물이라는 이데아가 있기 때문입니다. 각각 제 모양을 가진 구체적인 동물
은 이 원형을 본뜨거나 원형에 해당하는 일
부를 가짐으로써 동물로 분류되는 것입니다.
또한 아름다움과 아름다운 것의 차이도 분
명하게 드러나는데, 아름다움 그 자체는 아
름다운 것에 관한 이데아가 되고 아름다운
것은 그 이데아를 닮은 것이라고 플라톤은
주장합니다. 우리는 아름다운 사람과 아름답

스승 소크라테스의 조각 앞에서
명상에 잠긴 플라톤

지 못한 사람을 어떻게 구별하나요? 이를 구별하기 위해 먼저 아름다움
에 관하여 알아야 합니다. 플라톤에 따르면 아름다운 사람이란 '아름다
움'이라는 이데아를 닮은 사람이고, 자신의 모습 안에 이 이데아를 많든
적든 담고 있는 사람입니다.

'아름다운 사람'은 시간과 장소에 따라, 때로는 관계에 따라 다르게 보
이고, 심지어는 미워질 수도 있습니다. 이에 비해 '아름다움' 그 자체는 완
벽하고 부족함이 없으며 어떤 상황에서도 변하지 않습니다. 이렇게 본다
면 그 어떤 아름다운 것도 이 아름다움을 따라잡지도 뛰어넘지도 못합니
다. 다만 이 이데아를 향해 어느 정도 다가갈 수 있느냐 하는 것이 문제이
지요. 아름다워지기 위해 어떤 방법을 동원해도, 심지어 성형수술을 해서
다 뜯어고친다 해도 완전한 아름다움을 얻지 못한다는 뜻입니다. '아름다
움'의 이데아와 '아름다운 것'은 영원히 하나가 되지 못하지만, 늘 하나가
되고 싶어 하는 가장 가깝고도 먼 관계입니다. 사랑하는 대상이 바뀌어
도 사랑의 이데아는 조금도 약해지거나 달라지지 않으면서 또다시 사랑
을 가능하게 하고, 우리로 하여금 늘 사랑을 원하게 합니다.

플라톤의 이데아 세계에는 아름다움의 이데아, 정의의 이데아, 올바름
의 이데아 등 수많은 이데아가 존재합니다. 우리는 이데아의 세계에 어떻
게 다가갈 수 있을까요? 플라톤은 모든 이데아 중의 이데아인 '선의 이데

아'를 그 방법으로 제시합니다. 선의 이데아는 도덕적으로 우리가 흔히 선하거나 착하다고 말하는 의미가 아니라, 모든 존재의 이유와 근원인 이데아란 뜻입니다. 사람의 '존재의 이유'는 수많은 이데아 중 선의 이데아를 알고 실천하는 데 있습니다. 사람은 살면서 수많은 이데아를 만나고 이를 실천하기 위하여 노력하지만, 그 최고의 목표는 선의 이데아를 이루는 데 있는 것입니다. 미의 이데아나 진실의 이데아조차도 선의 이데아를 앞서지 못하며, 이들 역시 선의 이데아를 통하여 완성됩니다. 선하지 않은 진실과 아름다움이 우리의 삶의 목표가 될 수 없는 이유가 바로 여기 있습니다.

플라톤은 선의 이데아를 《국가론》에서 태양에 비유합니다. 태양은 빛과 영양을 공급해 대상이 보이게 하고 만물을 자라게 합니다. 이와 마찬가지로 선의 이데아는 다른 많은 이데아를 만들어 내고 그들을 알게 만듭니다. 플라톤의 이데아 철학은 서양 철학사에 막대한 영향을 끼쳐서, 독일 철학자 헤겔은 "철학은 비로소 플라톤에서부터 시작한다."라고 했고, 미국 철학자 화이트헤드는 "모든 서양 철학은 플라톤 철학의 설명에 불과하다."라고 했습니다.

우리는 이미 알고 있다 : 플라톤의 인식 이론

플라톤은 이데아 이론을 근거로 '안다는 것은 무엇이냐?'라는 물음에 관하여 독특한 주장을 합니다. 안다는 것은 철학에서 인식한다는 뜻입니다. 플라톤에 따르면 어떤 것을 인식하는 데는 크게 두 가지 방법이 있습니다. 추측해 참된 것이라고 믿는 방법과 이성적으로 깊이 생각해 통찰하는 방법이 있습니다. 추측과 믿음에 의해 아는 것은 보고 듣는 경험적 인식에 의해 알게 되는 인식을 말합니다. 이러한 인식은 주관적 경험에 의존하기 때문에 혼란에 빠지기 쉽습니다. 어떤 지방 사람은 게으르고 허풍이 세다든지, 어떻게 생긴 사람은 씀씀이가 인색하다라는 주장은 이러한 단계에 속합니다.

이성적 숙고와 통찰에 의한 인식은 이러한 경험적 인식과는 상관이 없습니다. 인식의 최고 단계는 통찰의 단계입니다.

그렇다면 인간의 정신은 어딘가에 있다는 이데아를 어떻게 알 수 있을까요? 이에 관하여 플라톤은 다음과 같이 설명합니다. 우리는 우리가 추구하는 이데아를 알고 있었습니다. 우리에게는 전생이 있었고 거기서 레테*를 건너 이곳으로 왔습니다. 그래서 전생에서 알고 있던 이데아를 다 잊어버리게 된 것입니다. 그러므로 무엇을 인식하고 배운다는 것은 다시 기억하는 것, 즉 '재기억'입니다. 우리의 정신이 육체 안으로 들어오면서 전생에서 알고 있던 이데아의 세계를 잊어버렸는데, 인식을 통하여 다시 망각의 저편에 있는 이데아의 세계를 기억해 내는 것입니다.

이러한 플라톤의 주장은 유명한 '동굴의 비유'에서 잘 드러납니다. 사람들은 사슬에 묶인 채 동굴에 갇힌 죄수와 같아서 동굴 밖에 있는 태양이 비추는 참된 세계를 알지 못합니다. 동굴 속의 죄수는 동굴 안에서 볼 수 있는 그림자의 세계를 참된 세계라고 믿을 뿐입니다. 이 사슬을 풀고 밖으로 나와 태양이 비추는 세계를 볼 때, 잊고 있던 이데아의 세계를 기억해 낼 수 있습니다.

아는 것은 믿는 것과 전혀 다릅니다. 아는 것은 깨달음이고, 믿는 것은 착각입니다. 어둠 속에서 본 아름다움은 우리를 현혹시킬 뿐입니다. 그래서일까요? 플라톤은 우리가 이 세계를 태양빛 아래서 보아야 한다고 말합니다. 참된 세상을 아는 사람은 그림자를 실제 모습으로 믿고 사는 사람을 깨우쳐야 한다

*레테
그리스 신화에 등장하는 망각의 여신이다. 저승에는 그녀의 이름을 딴 망각의 강이 흐른다.

아카데메이아에서 제자들과 대화하고 있는 플라톤
플라톤은 스승인 소크라테스의 대화 방식을 따라서 제자들과 함께 집단 지성을 만들어 갔다.

고 하지요. 철학은 동굴 속에 있는 사람이 밖으로 나오도록 해야 합니다. 무엇보다 플라톤은 우리에게 참된 것을 볼 수 있는 능력이 있다고 강조합니다. 이 힘은 우리의 생각하는 능력에서 나오는데, 이러한 플라톤의 사상을 '합리주의'라고 합니다.

기억 상실을 치료하는 에로스

플라톤은 경험의 세계와 이데아의 세계를 구분합니다. 사람은 이데아 세계에 속하는 영혼이 경험적 세계에 속하는 육체에 들어와서 이루어진 존재입니다. 이러한 이유로 영혼이 본래 자신의 세계를 기억하고 간직하려고 하는 것은 당연한 일입니다. 사람은 본시 옳고 선한 것을 알려고 하며, 이를 사랑하도록 태어난 것입니다. 그래서 사람은 누구나 진실과 아름다움을 추구하려는 욕망을 갖습니다. 이를 플라톤은 '에로스'라고 합니다.

충동적이고 육체적인 사랑을 뜻하는 에로스가 아니라, 감성적 세계와 정신적 세계를 이어 주는, 진리에 관한 창조적인 열정적 사랑을 말합니다. 자신의 부족함과 완전하지 못함을 깨닫고, 거짓을 반성해 괴로워하며, 이것을 고쳐 완전한 것을 갈구하는 마음이 에로스입니다. 에로스의 열정은 우리를 보다 높은 상태로 끌어올리는 힘을 갖고 있습니다. 즉, 에로스란 알고자 하는 대상에 관한 식지 않는 사랑을 뜻합니다.

플라톤은 《향연》에서 철학이 진리에 관해 갖는 열정을 에로스에 비유합니다. 신화에 따르면 에로스는 포로스라는 풍요와 만족의 신과 페니아라는 부족과 결핍의 여신 사이에서 태어납니다. 포로스와 페니아의 성질을 동시에 타고난 에로스는 언제나 부족하고 궁핍하지만, 아버지처럼 항상 아름답고 좋은 것을 원합니다. 에로스는 항상 빈곤과 풍요 사이에, 또는 무지와 지혜 사이에 있습니다. 모든 것을 다 가진 사람은 더는 아무것도 원하지 않고, 무지 속에 빠져 있는 사람은 지혜를 구하려고 하지 않습니다. 그 중간에 선 사람만이 자신이 갖지 못한 지혜와 아름다움을 얻기 위해 끊임없이 노력하지요.

플라톤은 무엇보다도 지혜와 진리에 관한 사랑을 강조하지만, 에로스를 자신에게 부족한 것을 구하는 정열과 사랑으로 설명하는 것도 그럴듯하게 들립니다. 키 작은 사람이 키 큰 사람에게 갖는 호감, 눈 작은 사람이 눈 큰 사람에게 느끼는 매력 등, 나의 부족함이 누군가를 사랑하는 원인이 되는 것은 아닐까요? 우리는 적어도 내게 부족한 부분을 충분히 갖고 있는 사람을 더 아름답다고 느끼고, 이 아름다움을 확실히 느낄 때 사랑이 시작되니까요. 플라톤은 《국가론》에서 시민이 정치를 외면해서는 안 되는 이유를 이렇게 말합니다.

'정치를 외면한 가장 큰 대가는 가장 저질스러운 인간들에게 지배당한다는 것이다.'

철인 왕은 아무나 하나?

플라톤은 그 당시 그리스에서 이루어지는 정치 현실에 관하여 자신의 생각을 뚜렷하게 표현하지 않은 대신, 저서 《국가론》에서 국가에 관한 이상적인 모델을 제시합니다. 국가는 자신을 보호하기 위해 함께 뭉쳐서 일하는 사람들로 이루어집니다. 그래서 한 나라의 구성원은 서로 일을 분담하고 책임을 나누어야 합니다.

이상적인 국가는 플라톤에게 있어서 한 개인의 모습과 다르지 않습니다. 사람의 영혼이 세 요소로 구성된 것처럼 국가 역시 세 종류의 계급으로 이루어집니다. 첫째는 국가를 통치하는 계급입니다. 둘째는 국가를 방위하는 계급이며, 셋째는 일반 시민 계급입니다. 통치자는 이성적인 부분에 해당하므로 현명한 지혜를 갖춰야 하며, 국가를 지키는 군인은 용기가 있어야 하며, 시민은 생산자 계급으로 욕구 부분에 해당하므로, 절제된 욕망을 통하여 안정과 행복을 찾아야 합니다.

국가 이론에서 누가 통치자가 되느냐 하는 것이 가장 큰 문제인데, 플라톤은 철학을 모르는 자는 왕이 되어서는 안 된다고 하면서, 철학을 왕이 되기 위한 필수 과목으로 생각합니다. 곧 '철인 왕'만이 이상적인 국가를 실현할 수 있는 덕을 갖추고 있다고 생각했지요.

플라톤이 원하는 완전한 철인 왕이 되기 위해서는 얼마나 많은 공부를 해야 할까요? 놀랍게도 플라톤은 50년이라는 긴 시간을 주장합니다. 철인왕이 되기 위해서는 우선 기초 과목으로 성인이 되는 20살까지 시, 음악, 체육을 배워야 합니다. 그 다음 10년 동안 수학, 천문학을 공부합니다. 철학 수업만 5년을 완수하고, 국가의 일을 15년간 실습해야 하지요. 이러한 교육을 받을 사람은 사전에 미리 엄격한 심사를 통하여 선발합니다. 50년을 공부하는 것은 아무나 하는 일이 아니기 때문입니다.

이렇게 뽑혀서 교육받는 사람은 오직 국가 공동체의 행복을 위하여 자신을 희생하겠다는 각오가 있어야 합니다. 반면에 국민은 통치자의 엄격한 지배를 받아야 하며, 일체의 개인적인 것을 포기해야 합니다. 사유재산은 물론이고 아이와 부인마저 공유해야 한다고 주장합니다. 우리는 서로 남이 아니라는 이야기이지요.

이러한 완전한 공동체를 말하는 플라톤의 이론에 관하여 많은 엇갈리는 해석과 비판이 있습니다. 서로 희생하며 공동의 행복을 추구하는 이성에 의해서만 가능한 민주주의의 전형이라고 칭찬하는 사람이 있는가 하면, 소수 엘리트가 개인의 자유를 철저하게 빼앗고 통제하는 말도 안 되는 전체주의라고 보는 사람도 있습니다.

우리가 어떤 입장이든지 플라톤은 그 당시 현실적으로 존재하던 국가 형태와는 다른 완전한 국가의 모델을 보여 주려고 했다는 점을 주목해야 합니다. 그는 덕과 이성적 판단 능력을 갖춘 통치자의 희생정신, 개인의 자유와 사유재산보다는 전체의 행복을 위해 절제하는 시민 정신을 통하여 지상의 낙원을 세울 수 있다고 믿었던 것입니다.

동굴의 비유 (1) : 동굴 속의 죄수

상징 세계로서 인류 정신사에서 최고의 자리를 차지하고 있는 '동굴의 비유'를 설명하는 《국가론》 제7권은 이상한 죄수들의 비유로 시작합니다. 이 권을 이해하기 위해서 우리도 마음껏 상상력을 펼칩시다.

"그러면 다음으로는 교육 및 교육 부족과 관련한 우리의 성향을 이런 처지에다 비유해 보게나. 이를테면 지하의 동굴 모양을 한 거처에서, 즉 불빛 쪽을 향하여 길게 난 입구를 전체 동굴의 너비만큼이나 넓게 가진 그런 동굴에서 어릴 적부터 사지와 목을 결박당한 상태로 있는 사람을 상상해 보게. 이들은 이곳에 머물러 있으면서 앞만 보도록 되어 있고, 포박 때문에 머리를 돌릴 수도 없다네. 이들의 뒤쪽에서는 위쪽으로 멀리서 불빛이 타오르고 있네. 또한 이 불과 죄수들 사이에는 위쪽으로(가로로) 길이 하나 나 있는데, 이 길을 따라 담(흉장)이 세워져 있는 걸 상상해 보게. 흡사 인형극을 공연하는 사람들 앞에 야트막한 휘장(칸막이)이 쳐져 있어서, 이 휘장 위로 인형들을 보여 주듯 말일세."

"상상하고 있습니다."

"더 나아가 다시 한번 상상해 보게나. 이 담(흉장)을 따라 사람들이 온갖 인공의 물품들, 돌이나 나무 또는 그 밖의 온갖 것을 재료로 하여 만든 인물상 및 동물상을 이 담 위로 쳐들고 지나가는 걸 말일세. 또한 이 것들을 쳐들고 지나가는 사람 중에서 어떤 이들은 소리를 내나, 어떤 이들은 잠자코 있을 수도 있네."

"이상한 비유와 이상한 죄수를 말씀하시는군요."

플라톤의 '동굴의 비유'라고 불리는 이 비유는 매우 이상하고 낯선 비유입니다. 그렇지만 플라톤의 동굴의 비유는 인류의 인문학적 사고에서 가장 뛰어난 비유라고 할 수 있습니다. 이 죄수들을 우리와 같은 사람이라고 가정해 봅니다. 이들은 벽면에 투영되는 그림자 외에 다른 어떤 것을 경험한 적이 없는 사람입니다. 왜냐하면 이들은 일생 동안 머리를 움직일 수 없게 강요당하고 있기 때문입니다. 담장을 따라 움직이는 것도 직접 보지 못하고 그 그림자만 보고 있습니다. 이들이 서로 대화를 하면, 벽면에 비치는 그림자를 가리키면서 그 그림자를 생기게 한 실물로 생각할 것입니다. 만약 죄수들이 어떤 소리를 듣게 되면, 지나가는 그림자가 내는 소리라고 믿습니다. 그러니까 이 사람들은 자기가 믿는 그림자 외에 다른 어떤 것도 인정하지 않습니다.

상상의 날개를 더 펼쳐 봅시다. 만약 이들이 결박에서 풀려나 자신들이 잘못된 생각을 하고 있다는 것을 알게 되는 경우 어떤 일이 생길까요? 이들 중 한 사람이 자유롭게 움직일 수 있게 되었다고 가정해 봅시다. 한동안 어리벙벙하겠지만 이내 머리를 이리저리로 돌려보고, 불빛을 향해 나아갈 것입니다. 이 과정에서 심한 고통이 따를 것입니다. 그림자에 익숙했던 이전의 습관 때문에 실물 앞에서 두려워하며 반신반의할 것입니다. 누군가가 말하기를 "이제 당신은 제대로 된 세계로 온 것이오, 이전에는 엉터리를 보았지만, 이제 진짜(실재)를 보고 있는 것이라오."라고 말하면 그대로 쉽게 믿을까요? 처음에는 당황하겠지만 차차 적응해 나갈 것입니다. 그러다가 막상 불빛 그 자체를 보라고 강요하면, 눈이 아파서 자신이 쉽게 (고통스럽지 않게) 볼 수 있는 것만을 보려고 할 것입니다.

누군가가 만약 그를 이곳으로부터 험하고 가파른 오르막길을 통해 억지로 빛을 볼 수 있는 높은 곳으로 끌고 간다면, 그래서 그를 햇빛 속으로 끌어내 어둠이 올 때까지 놓아 주지 않는다면, 그는 고통스러워하며 자신이 끌려온 것에 관해 언짢아하지 않을까요? 그가 빛에 이르게 되면, 그의 눈은 광휘로 가득 차서, 이제는 진짜라고 하는 것 중 어느 것 하나도 볼 수 없게 되지 않을까요?

햇빛이 너무 눈부셔 처음에는 진짜라고 생각했던 실물을 자세히 보지 못할 것입니다. 태양이 있는 동굴 밖 세계에 차차 익숙해지면, 주위에 있는 것이 눈에 들어오겠지요. 우선 그림자가 익숙하게 들어올 것이며, 물속에 비친 상을 익숙하게 느낄 것입니다. 그러다가 실물 자체에 눈을 돌릴 것이며, 나중에는 하늘을 올려다볼 것입니다. 별빛과 달빛을 보면서 마침내 해와 달을 관찰하고 이들을 서로 비교하려고 할 것입니다. 마지막으로 해를 그 자체로서 알려고 온갖 노력을 다 하겠지요. 더불어 태양과 관련된 일이 왜, 어떻게 일어나는가를 연구할 것입니다. 계절과 세월이 왜 변하며, 보이는 것이 왜 변화하며, 이들의 변화를 가져오는 원인을 찾으려 할 것입니다. 이들의 호기심은 끝이 없어 나중에는 눈에 보이지 않는 것까지 알아내려고 모든 힘을 쏟을 것입니다.

그런데, 자기가 전에 거주했던 지하 동굴에 생각이 미치면 어떻게 할까요? 결박되어 있었던 상태, 그곳의 동료들, 거기에서 통하던 '앎'의 정도를 생각하고, 그들에 관한 연민이 생기면서 그들을 불쌍하게 여길 것입니다. 그러나 막상 그곳으로 가면 주저할 것입니다. 동굴 밖에서 본 세계를 알고 있기 때문에 동굴 안에서 일어나는 모든 일에 관하여 그리고 앞으로 동굴 안에서 생길 일에 관해서 미리 짐작할 수 있는 능력을 사용하여 동굴 안에서 가장 힘 있는 사람이 되려고 하지 않을까요? 아니면 호메로스가 《오디세이아》에서 노래한 것처럼, 저세상의 지하 동굴 속에서 대장이 되는 것보다는 '땅뙈기조차 없는 농노로서 남의 머슴살이'를 하더라도 지상에서 살기 위하여 그 동굴을 떠나려 할까요? 아무래도 그는 동굴 속 현실에 안주하지 않고 미지의 세계를 향해서 도전할 것입니다. 그래서 다시 지상으로 나가서 모든 것을 직접 경험하려고 할 것입니다.

그 반대로 생각해 봅시다. 동굴 속으로 내려와서 이전 그 자리에 앉는다고 가정해 봅시다. 동굴 밖 햇빛 아래 있다가 내려왔으므로, 그의 눈은 어둠에 쉽게 적응하지 못하고 어둠에 익숙해 있는 동료들의 비웃음을 살 것입니다. 위로 올라가 밖으로 나가서 눈을 버려 왔다고 다른 죄수들의 놀림감이 될 것입니다. 그러니 애써서 위로 올라갈 필요가 없다고 할 것입니다. 그런데 위를 다녀 온 죄수가 다른 죄수들을 설득하여 위로 올라가자고 한다면, 다른 죄수들은 어떤 반응을 보일까요? 만약 다른 세상을 경험한 사람이 자신의 결박을 풀고 동굴의 죄수들을 위로 데려가려고 한다면 '죄수들의 손으로 어떻게든 붙잡아서 죽일 수만 있다면, 그를 죽여 버리려고 하지 않을까요?'

동굴의 비유 (2) : 좋음의 이데아를 추구하는 교육

플라톤은 동굴의 전체 비유를 앞에서 언급한 태양의 비유와 연결합니다. 감옥이라는 공간은 시각을 통해서 드러난 세계이고, 동굴 밖에서 들어오는 불빛은 태양의 힘입니다. 감옥에서 알고 있는 내용은 희미한 그림자의 세계로 잘못된 의견이며, 밖으로 나가 태양 아래서 본 내용은 지성에 의하여 알 수 있는 참된 영역의 존재에 관한 지식입니다. 혼이 높은 곳으로 올라가서 알 수 있는 최고의 지식입니다. 즉 감각에 의한 의견에서 점점 높이 상승하여 인식할 수 있는 영역으로 올라가 최종에는 최고의 좋음, 곧 '좋음의 이데아*(선(善)의 이데아)'에 도달합니다. 최종적으로 알게 된 '좋음의 이데아'는 가장 아름답고 훌륭한 것의 원인이며, 눈으로 볼 수 있는 세계에서는 빛과 빛의 주인을 생겨나게 하고, 지성에 의해서 알

* 이데아

이데아(idea)는 idein(=본다)에서 유래한다. 우리가 사물을 볼 때, 사물의 다양한 모습, 모양, 성질, 특성 등을 뜻한다. 플라톤은 이를 전문적으로 사용하여 사물의 본모습이라고 지칭한다. 이데아는 형상(形相) 혹은 본모습으로 이해하면 된다.

플라톤의 동굴

불

통로

죄수

그림자를
비추는 벽

햇빛이 들어옴

분산된 햇빛

수 있는 세계에서는 진리와 지성을 제공합니다. 그러므로 개인적으로나 사회적으로도 아름답고 훌륭한 일을 행하려면 이 '좋음의 이데아'의 그 형상(본모습)을 알아야 합니다.

'좋음의 이데아'의 본모습을 알게 된 사람은 가장 탁월한 사람입니다. 사람으로서 최고의 경지에 이른 사람입니다. 그는 일반 사람이 관심을 두고 마음 쓰는 일로부터 거리를 둡니다. 그의 혼은 언제나 아름답고 고상한 것을 추구합니다. 그는 언제나 높은 곳에서 깨끗하게 지내기를 열망합니다. 왜냐하면 그는 올바름 그 자체를 보아 알기 때문입니다. 가장 탁월한 사람의 눈으로 보면, 다른 사람이 사는 방식은 매우 우스꽝스럽게 보일 것입니다. 자기 주변을 제대로 보지 못하고 사실이 아닌 것을 사실로 믿을 뿐만 아니라 자기가 본 그것만이 참이라고 고집하는 사람들, 장터나 법정에서 올바른 것에 관한 그림자들 혹은 이 그림자를 생기게 하는 사물과 관련하여 서로 옳다고 말다툼하는 사람들, 올바름 자체를 본 적도 없으면서 이것이 어떻게 이해되고 있는가에 관해서 서로 자신이 옳다고 열을 내서 논쟁하는 사람들, 이 모두는 탁월한 사람에게 매우 희극적으로 보입니다.

이데아를 보려고 하는 사람은 최소한 지각이 있는 사람입니다. 그는 눈이 감각적으로 잘 적응하지 못하는 경우에(빛에서 어둠으로, 어둠에서 빛으로 자리를 바꿨을 때) 이것이 빛과 어둠의 차이에서 생기는 현상이라고 이해합니다. 이러한 현상이 혼의 경우에도 일어날 수 있다고 생각합니다. 애매한 경우에 혼이 어느 세계에 있는지 신중하게 살필 것입니다. 혼에게 혼란이 생겨 무엇을 잘 알아보지 못하는 일이 일어나도 생각 없이 비웃지 않을 것입니다. 또 혼이 밝음에서 익숙치 못한 어둠으로 내려온 것인지, 아니면 무지의 상태에서 밝음으로 나갔기 때문에 눈부셔 하는지를 알려고 할 것입니다. 지각 있는 사람은 어둠과 빛 안에 있는 혼의 차이를 잘 알고 혼이 있어야 할 곳을 찾으려고 할 것입니다.

지각이 있는 사람이 되기 위해서는 교육이 필수입니다. 플라톤이 말하는 교육은 주입식 교육이 아닙니다. 흔히들 교육이라는 것을 마치 보지 못하는 눈에 시각을 심어 주듯 혼 안에 지식을 넣어 주는 것으로 이해합니다. 하지만 제대로 된 교육은 혼이 가진 힘과 몸의 기관을 혼 전체와 함께 변화시키는 것입니다. 교육은 몸의 일부가 그 기능을 잘 하도록 단련시키는 것이 아니라, 몸과 혼 전체의 방향에 관한 작업입니다. 이를테면 눈이 어둠에서 빛이 있는 밖으로 나가려면 몸 전체와 함께 공간을 이동해야 하는 것과 같습니다. 교육은 혼 전체가 실재를 향해 나가도록 하는 것이며, 가장 아름답고 밝을 것을 관찰하면서 그것을 자신의 것으로 소화할 수 있도록 만드는 것입니다. 다시 말하면 혼 전체가 좋음의 이데아를 추구하도록 하는 것이 교육입니다.

전체 혼의 전환은 기술을 필요로 합니다. 기술은 문제 해결을 위한 방책 혹은 계책을 의미합니다. 교육은 혼으로 하여금 보는 능력을 생기게 하는 것이 아니라, 혼을 다루는 기술을 알게 하는 것입니다. 혼은 태어나면서 능력을 지니고 있습니다. 그러나 혼의 방향이 잘못되었거나 혼이 보아야 할 것을 보지 않는 경우, 혼은 자신의 타고난 능력을 잘 발휘하지 못합니다. 따라서 혼으로 하여금 나아가야 할 방향을 제대로 알고 혼이 반드시 보아야 할 곳을 보게 하는 기술을 갖출 필요가 있습니다.

혼 전체의 방향을 아는 기술을 갖췄을 때 혼의 훌륭함을 말할 수 있습니다. 혼의 훌륭함은 신체의 훌륭함과 유사한 점이 있습니다. 그 이전에는 갖지 않았으나 습관과 단련에 의하여 생기게 되는 경우입니다. 신체가 운동을 통하여 단단한 근육과 강인한 심장을 가질 수 있는 것처럼, 혼도 기술을 교육받음으로써 차차 그 완전한 경지에 들어서는 것이지요. 혼은 사물을 알아보는 자신의 능력을 결코 잃어버리지 않습니다. 흔히 이것을 똑똑함이라고 합니다.

이러한 혼의 똑똑함은 훌륭한 덕이긴 하지만, 혼의 변화가 제대로 이루어지지 못하면 무용하고 심지어 해롭기까지 합니다. 영리하지만 못된 사람들, 그들의 약삭빠른 혼이 사물을 날카롭게 꿰뚫어 보는 능력으로 온갖 '나쁜 일'을 만들어 냅니다. 날카롭게 보면 볼수록 더 나쁜 일을 하게 됩니다. 이것은 보는 능력이 나빠서가 아니라 혼이 그 방향을 알지 못하기 때문입니다. 혼의 눈길이 높은 곳을 향하여 나아가야 하는데, 이를 가로막고 아래로 향하도록 하는 것이 있습니다. 쾌락, 음식과 관련된 사치, 안주하려는 게으름 등은 마치 어망에 달린 납덩이같이 혼의 아름다움을 아래로 끌어당깁니다. 나라를 새롭게 수립하려는 지도자는 훌륭한 성향을 가진 사람이 하찮은 일에 몰두하지 않고 가장 중요한 최고의 것(혼의 변화)을 배우도록 해야 합니다. 그러므로 영리하고 소질과 능력을 가졌더라도 교육을 받지 못하고 진리를 체험하지 못한 사람은 결코 나라를 다스려서는 안 됩니다.

가장 훌륭한 성향을 가진 사람이 가장 최고의 것을 배우게 되어 좋음을 보고 알게 되면, 이들을 다시 원래의 그곳으로 보내야 합니다. 참되고 안전한 세계에 살게 되면 이들은 자신들의 안녕을 위하여 옛 동료들의 고통을 잊으려 하고 일부러 그들에게서 무관심하려고 할 것입니다. 바깥 세상에 머물며 죄수들 곁으로 되돌아가려고 하지 않을 것입니다. 하지만 반드시 이들을 그곳으로 내려 보내야 합니다. 이에 관하여 글라우콘이 반대합니다. 그는 자신들의 안녕을 선택하려는 사람을 옹호합니다.

"그렇게 되면, 우리는 이들에게 올바르지 못한 짓을 하는 셈이며, 이들로서는 더 나은 삶을 살 수 있는 데도 불구하고 우리가 이들로 하여금 더 못한 삶을 살도록 하게 될 텐데요?"

"여보게, 자넨 또 잊었네. 법은 이런 것에, 즉 나라에 있어서 어느 한 부류가 각별하게 잘 지내도록 하는 깃에 관심을 갖는 것이 아니라, 온 나라 안에 이것이 실현되도록 강구하는 데 관심을 갖는다는 걸 말일세. 법은 시민을 설득과 강제로 화합하게 하고, 각자가 공동체에 이롭도록 해 줄 수 있는 이익을 서로 나누어 줄 수 있도록 만든다네. 또한 법은 나라에 그런 사람이 생기도록 하는데, 이는 각자가 내키는 대로 향하도록 내버려 두기 위해서가 아니라, 법 자체가 나라의 단합을 위해 이 사람들을 십분 이용하기 위함일세."*

소크라테스에 따르면, 나라의 공동체 안에서는 개인의 안녕보다도 화합이 중요합니다. 구성원이 서로 화합해야 하기 때문에 한 계층만 잘 산다는 것은 좋은 일이 아닙니다. 각자가 자신의 능력을 최대한 활용하여 서로 이익을 나누고 공동체에 이롭도록 해야 합니다. 이를 위하여 소질이 있고 교육을 받은 나라의 지도자가 이러한 일에 솔선수범해야 한다는 것입니다. 따라서 나라를 수립하는 사람은 철학자가 다른 사람을 보살피고 지켜 주도록 하는 일을 강요해야 합니다. 이것이 올바른 것입니다.

철학자는 다른 시민보다 훌륭하고 완벽한 교육을 받았으며, 동굴 안과

* 《국가론》에 나오는 소크라테스와 플라톤의 형 글라우콘과의 대화 내용의 일부다. 플라톤은 《국가론》에서 선하게 보이는 것보다 실제로 선한 것이 바람직하다고 주장한다.

밖을 모두 경험했으므로 양쪽을 모두 잘 알고 있습니다. 그래서 이들은 죄수와 같은 시민과 더불어 살아야 합니다. 이들은 지상의 세계를 이미 알고 있기 때문에 어두운 곳에서도 그곳 사람보다 월등히 잘 볼 수 있습니다. 각각의 모양이 무엇인지, 그 원인 또한 어떤 것인지 제대로 알려 줄 수 있습니다. 철학자는 아름다운 것, 올바른 것과 관련해서 이미 진실된 것을 보았기 때문입니다. 이러한 나라야 말로 꿈속이 아닌 깨어 있는 상태에서 경영되고 있는 나라가 아닐까요?

오늘날 많은 나라는 통치하는 일이 매우 좋은 것처럼 서로 암투를 벌이며 반목하는 자들이 경영하고 있는데 이는 잘못된 것입니다. 통치하기를 서로가 열망하지 않는 나라, 그 나라가 반목 없이 가장 잘 다스려지고 있는 나라입니다. 다스리는 노고를 하지 않는 것도 잘못된 일입니다. 동굴의 어둠과 무지가 싫어서 자신만이 바깥 세상에 머물고자 하는 철학자가 있는데, 이는 자신만 순수하고 깨끗하게 살려는 잘못된 일입니다.

04

아리스토텔레스 철학

"내게 플라톤은 매우 귀한 존재입니다. 그러나 더욱 소중한 것은 진리입니다." - 아리스토텔레스

학문과 논리학의 기초를 세운 만물박사

플라톤은 철학의 천재였고, 그 천재는 제자 아리스토텔레스(B.C. 384 ~B.C. 322)에게 많은 것을 고마워했습니다. 하지만 아리스토텔레스는 플라톤 철학의 뿌리를 이루는 두 세계 이론을 신랄하게 비판했습니다. 플라톤에 따르면 우리는 항상 변하는 현상의 감각 세계를 신뢰할 수 없습니다. 참된 앎의 대상은 시공을 초월한 추상적 영역인 다른 세계에 존재합니다. 오직 지성을 통해서만 알 수 있는 세계입니다. 이와는 달리 아리스토텔레스는 우리가 철학하기를 할 수 있는 세계는 오직 하나뿐이며 우리가 살고 있는 이 땅만 참된 세계라고 주장합니다.

아리스토텔레스에게는 경험의 세계가 곧 철학의 대상입니다. 이 경험과 감각의 세계야말로 신비로움을 주는 놀라움의 세계입니다. 이 현실 세계가 주는 놀라운 경험이 철학하기를 하게 한다고 생각합니다. 아리스토텔레스는 우리는 우리가 살고 있는 이 세계를 탐구하고 이해해야 한다고 주장합니다. 아리스토텔레스는 우리의 경험 세계를 떠나서 철학하기를 할 수 있는 추상적 세계를 부인합니다. 그에 따르면 경험 가능한 세계를 넘어서는 모든 것은 어떤 의미도 가질 수 없습니다. 우리는 그에 대해서 말할 수도 검증할 수도 없습니다. 경험의 세계를 떠난 곳에서 우리는 모두 침묵해야 합니다. 이 점에서 제자는 스승의 이상적 형식 이론을 거부합니다. 제자는 추상적인 것이 존재한다는 스승의 전제를 받아들일 수 없었습니다.

아리스토텔레스

아리스토텔레스는 경험 세계에 관한 확고한 지식을 체계화시키고자 합니다. 그는 열정적인 힘으로 다양하고 무수히 많은 대상 세계를 연구합니다. 그가 기초를 세운 학문은 오늘날 여전히 그 이름을 보존하고 있습니다. 예를 들면 논리학, 물리학, 정치학, 경제학, 심리학, 형이상학, 천체학, 수사학, 윤리학 등이 있습니다.

아리스토텔레스가 사용한 개념은 뒷날에 전문적 학문 개념이 되었습니다. 에너지, 역동성, 연역법, 실체, 우연, 범주, 전제, 보편 등입니다. 특히 그가 논리적 귀결의 형식 타당성을 정리한 논리학의 체계는 2,000년이 지난 오늘날까지 거의 완벽하게 재현되고 있습니다. 어떤 전제로부터 어떤 결론이 나올 수 있는 타당한 결론인지, 어떤 전제로부터 어떤 결론이 나올 수 없는 부당한 결론인지를 연구하고 여기에 논리학이라는 이름을 줍니다. 아리스토텔레스의 논리학은 오늘날 대학생이 이해하기 어려워하는 기초 교양 중 하나에 속합니다. 학문하는 사람은 그의 지적 업적에 깊은 존경심을 표시합니다. 앞으로 그 어떤 인류 중 한 사람이 그와 같이 박학한 사람이 될 수 있을까요?

현상을 지켜 내라!

플라톤과 아리스토텔레스
라파엘로의 벽화 〈아테네 학당〉에서 플라톤은 손을 들어 손가락을 높은 곳으로 향한다. 그의 손에 형이상학 저서 《티마이오스》가 들려 있다. 발뒤꿈치를 약간 들고 몸을 위로 향하게 한다. 반면에 아리스토텔레스는 윤리학 저서를 들고 손을 아래로 향하게 한다. 그의 두 발은 굳건히 땅을 밟고 있다.

아리스토텔레스는 세계를 이해하려는 사람이면 결코 이해하고자 하는 세계의 사실에서 눈을 떼서는 안 된다고, 경험의 타당성을 의문시하는 그 어떤 설명도 수용해서는 안 된다고 말합니다. 우리는 탐구하는 과정에서 반드시 경험이 확인해 주는 방법적 규칙을 따라야 합니다. 우리에게 직접 제공되는 경험에 근거해야 하며 그 경험으로 되돌아가야 합니다. 경험을 이해하는 것이 연구를 위한 목적 원인이기 때문입니다. 경험을 포기하고, 경험할 수 없는 무엇인가를 대신 믿는다면, 그것은 매우 어리석은 일입니다. 목욕물과 함께 어린아이를 버리는 행위와 같습니다. '현상을 소중하게 생각하라!' 아리스토텔레스의 이 명제는 철학자에게 매우 중요한 원리로 작용하고 있습니다.

아리스토텔레스는 플라톤과 달리 추상적 사고에서 출발하지 않고 실험과 관찰로부터 철학하는 방식을 찾았습니다. 특히 그의 형이상학과 윤리학은 오늘날 거의 모든 대학에서 연구하고 있습니다.

"학문하는 사람은 문제가 되는 대상이 갖고 있는 것만큼만 정확성을 요구해야 합니다." - 아리스토텔레스

플라톤은 소크라테스의 제자이고, 아리스토텔레스는 플라톤의 제자입니다. 3대로 이어진 스승과 제자의 사상이 서양 철학의 근간을 이룹니다. 여기에 아리스토텔레스의 제자 알렉산드로스까지 더하면 4대에 걸쳐 스승과 제자의 사상이 서로 연이어 형성되는 특이한 시기를 엿볼 수 있습

니다. 훌륭한 스승에게는 뛰어난 제자가 있다고 했던가요? 이는 흔한 일은 아니지만, 스승과 제자가 막상막하의 한판 겨루기를 하는 경우가 있습니다. 플라톤과 아리스토텔레스의 경우가 그러합니다. 아리스토텔레스는 스승 플라톤과 더불어 서양 철학의 양대 산맥을 이룹니다.

그는 그리스의 도시국가 트라케의 스타게이로스에서 의사의 아들로 태어납니다. 17살에 아테네로 건너가 아카데메이아에서 무려 20년 동안 플라톤의 가르침을 받았습니다. 플라톤이 죽자 그는 마케도니아의 초청을 받아, 미래의 대왕이 되는 당시 13살 소년 알렉산드로스*의 교육을 맡습니다. 이것은 대철학자 중 한 사람이 역사에 빛나는 거물 통치자 중 한 사람을 가르쳤던, 역사상 그 유래를 찾아보기 어려운 일입니다. 이렇게 보면 아리스토텔레스는 스승 복만이 아니라 제자 복도 있었던 것 같습니다.

알렉산드로스가 왕이 되어 세계 정복의 길을 떠나자, 그는 다시 아테네로 돌아와 루케이온에 학원을 세우고 가르치는 일과 연구에 몰두했습니다. 또한 이곳에 도서관과 박물관을 세우기도 했습니다. 아리스토텔레스가 제자들과 정원의 나무 그늘 아래서 대화와 토론을 통하여 철학 강의를 했던 까닭에 그들을 '소요학파'라고 부릅니다. 알렉산드로스 대왕이 죽고, 도시국가들의 관계로 아테네의 정치적 상황이 바뀌자 아테네 사람들은 시민권이 없는 외국인이었던 아리스토텔레스를 불경죄로 고소합니다. 그는 '아테네 사람들이 철학에 대해 또다시 죄를 저지르지 않게 하기 위해' 아테네를 탈출했습니다. 독약을 마시고 죽음을 피하지 않았던 소크라테스와는 대조를 이룹니다. 그는 B. C. 322년에 62살의 나이로 사망합니다.

아리스토텔레스와 알렉산드로스 대왕

아리스토텔레스는 마케도니아의 왕자 알렉산드로스를 가르쳤다. 알렉산드로스는 뒤에 세계를 통일한 대왕이 된다.

＊ 알렉산드로스

우리에게 잘 알려져 있는 '알렉산더'는 알렉산드로스의 영어식 표현이다.

논리학의 시작 : 생각을 정리하는 기본 틀

아리스토텔레스는 거의 모든 학문 분야에 관심을 갖습니다. 그는 식물학, 동물학 연구 외에도 우주학, 정치학, 예술론, 웅변술 등 학문 전반의 문제에 관심을 갖습니다. 아리스토텔레스는 말 그대로 '만물박사 철학자'였던 셈입니다. 그중에서도 그의 관심을 크게 나누면 논리학, 자연과학, 형이상학, 윤리학, 예술론으로 정리할 수 있습니다. 아리스토텔레스는 논리학이라는 학문을 통해 생각의 질서를 형식과 내용면에서 연구한 최초의 철학자입니다. 그의 논리학은 '범주'라고 불리는 10가지 틀을 기초로 하고 있는데, 이 틀은 오늘날까지 변함없이 논리학의 기초로 인정받고 있습니다.

아리스토텔레스의 유명한 삼단논법(연역법의 한 형태)은 아래와 같은 형식을 갖습니다.

1. 모든 인간은 죽는다.
2. 소크라테스는 인간이다.
3. 그러므로 소크라테스는 죽는다.

여기서 1과 2를 전제라고 합니다. 3은 1과 2의 주장에 의해 필연적으로 내려지는 결론입니다. 전제에서 인간이라는 개념은 두 문장을 연결하는 개념이므로 매개 개념이라고 합니다.

이 인간이라는 매개 개념은 결론에서 나타나지 않습니다. 삼단논법에서 보면, 1과 2에서 3이 필연적으로 도출되기 때문에, 1과 2가 참이면 결론 3은 항상 참이 됩니다. 전제에 담겨 있는 내용이 아니면 전제에도 없는 전혀 새로운 것을 결론으로 끌어낼 수 없는 것이지요. 이것이 연역법의 한계입니다.

귀납법은 여러 가지 경험적 사례를 통해 보편적 결론에 도달하는 논리적 방법입니다. 예를 들어 백조1, 백조2, 백조3, …… 백조n이 모두 희다면, 모든 백조는 희다는 결론에 이르는 논리입니다. 그러나 이 논리는 과거, 현재, 미래의 모든 백조를 조사하는 것이 불가능하기 때문에, 지금까지 조사한 바에 의하면 백조는 희다는 의미입니다.

아리스토텔레스는 연역법과 귀납법에 있어서 '최초의 원리'를 말하는데, 이 원리는 다른 것을 증명하기 위하여 사용되는 제일의 원리입니다. 그래서 이 원리는 다른 원리를 사용하여 설명하거나 증명할 수 없는 원리입니다.

이 최초의 원리에는 모순율과 동일률이 있는데, 아리스토텔레스에 따르면 이 두 가지 다 그것이 왜 그런지 증명할 수 없는 원리입니다. 모순율이란 어떤 사람이 누군가에게 "너를 사랑한다."라고 하면서 동시에 "너를 결코 사랑하지 않는다."라고 한다면 이것이 모순이라는 것입니다. 이것을 공식으로 표현하자면 'A=-A'가 됩니다. 모순되는 것은 앞뒤가 맞지 않다는 뜻으로 둘 중 한 가지는 틀린 주장입니다. 그러나 모순되는 것이 왜 틀렸는지 증명할 수 없습니다. 우리는 단지 모순되는 것은 일어날 수 없는 일이라고 생각해야 한다는 것입니다. "이 종이는 흰색이다."라고 말하면서 동시에 "이 종이는 검은색이다."라고 말할 수 없다는 것입니다. 이와 반대로 동일률은 'A=A'의 원리입니다. 예를 들면 "철학은 재미있다."라고 말한다면 '철학은 재미있다'는 것을 뜻합니다. 이 동일률은 모순을 갖지 않으므로 옳지만, 이 동일률이 왜 옳은 것인지는 증명할 수 없다는 주장입니다.

모든 논리의 처음 시작은 어떻게 이루어질까요? 아리스토텔레스는 그것이 아주 단순하고 명확한 일이라고 주장합니다. '있는 것은 있다고 말하고 없는 것은 없다고 말하는 것'이 논리적 생각하기의 출발이라는 것입니다. 이러한 논리의 시작은 우리가 살아가는 모든 부분에 적용됩니다. 예를 들면 옳은 것은 "예."라고 말하고, 아닌 것은 "아니오."라고 말할 때, 우리는 이미 논리적 출발을 하고 있는 것입니다. 논리는 사실을 사실로 보는 능력보다 있는 것을 있는 대로 말하는 용기가 필요합니다.

이 용기는 우리를 도덕적으로 옳게 만듭니다. 아닌 것을 "예."라고 말하는 것이 아니라, 아닌 것을 "아니오."라고 말할 때, 사실적인 논리는 도덕적으로 잘못됨이 없게 됩니다. 사물에 관한 올바른 이해가 우리의 실생활에서 정의의 실천과 책임으로 이어집니다.

친구는 행복의 조건 : 아리스토텔레스의 윤리학

현대 윤리학자는 대부분 '선이란 무엇인가?' '당연히 해야만 한다는 말은 무엇을 뜻하는가?' 같은 문제에 관심을 갖는데 반해 아리스토텔레스는 매우 다양한 윤리적 견해를 피력합니다. 그는 먼저 모든 인간은 행복한 삶을 목적으로 한다는 전제에서 출발합니다. 행복한 삶을 성공적으로 살기 위해서 우리는 주어진 사회 안에서 자신의 능력을 키워 나가야 합니다. 불건전한 기호나 취미를 추구하는 삶은 다른 사람과 갈등을 불러일으킬 뿐만 아니라 자신의 성품도 망가뜨립니다. 무조건적인 은둔도 마찬가지 결과를 가져옵니다. 아리스토텔레스는 중용의 미덕을 강조합니다. 도덕적 행위에서 중용은 그의 특허 처방입니다. 고통을 유발하는 양극단에서 벗어나서 덕이 있는 중용을 택해야 합니다. 방탕과 인색의 중용은 절약의 미덕입니다. 용기는 만용과 겁 사이의 중용입니다. 자기 존중은 거만함과 자기 폄하의 중용입니다. 도덕적 행위의 목적은 품성이 바른 인격을 향하는 것이며, 이를 위한 노력이 행복으로 가는 길입니다.

앞서 말한 대로 논리적 생각의 출발점은 이성의 현명함입니다. 이성이 내리는 현명한 판단 없이 우리는 대상을 바로 볼 수 없으며, 선한 행위로 나아갈 수도 없습니다. 그렇다면 우리는 왜 이성의 현명함을 위해 노력해야 할까요? 아리스토텔레스는 '행복' 때문이라고 말합니다. 우리는 행복해지기 위하여 이성을 바탕으로 생각하고 행동해야 하며, 행복해지기 위하여 윤리적 덕을 실천해야 한다는 것입니다. 사람의 최대 목적이 행복이며, 행복이 바로 삶의 의미라는 것입니다.

무엇이 구체적으로 행복인가 하는 문제는 말하기가 쉽지 않습니다. 행복이 무엇인지 말하기 어려운 이유는 행복이란 어떤 일정한 모습이나 형태로 있는 것이 아니라, 우리가 행복하다고 느끼는 상태를 말하기 때문입니다. 남들이 어떻게 보느냐가 아니라, 내가 어떻게 느끼고 생각하느냐 하는 문제이기 때문에 내가 행복의 주체가 됩니다. 따라서 우리가 어떤 행위나 행동을 하면서 느끼는 감정이 '나는 행복한가'를 결정합니다. 사람이 스스로 행복하다고 느낄 수 있는 활동이 어떤 것인가 하는 의문에 관하여 아리스토텔레스는 이성적인 활동이라고 답합니다. 이성을 바탕으로 한 행동을 통해 스스로 만족을 느낄 때, 사람은 즐거워집니다. 이 즐거움이 우리를 행복하게 만든다는 뜻이지요.

이때의 이성은 모든 물질적·육체적 쾌락을 거부하는 차갑기만 한 이성이 아니라, 오히려 이들을 적절하게 받아들여서 중용을 실천하는 합리적이고 조화로운 이성이어야 합니다. 따라서 중용은 단순히 산술적인 의미에서 양극단의 중간이 아니라, 이성적인 현명함으로 결정한 책임감 있는 중용을 말합니다. 다시 말해서 옳지 않은 일과 옳은 일 사이의 중용은 두 가지 일을 섞어서 적당히 하는 것을 말하는 게 아니라, 옳지 않은 일을 거부하는 게 중용에 따른 행동이며 바로 이성적 활동입니다. 이러한 이성적 활동을 바탕으로 사람의 영혼은 행복을 느낍니다. 결국 정의로운 선함이 행복으로 가는 길인데, 이렇게 우리를 행복하게 하는 선함이란 남과의 관계에서 더욱 빛납니다. 사람들 대부분이 선한 것이 보다 아름답고, 정의로운 행동이 보다 용기 있는 것이라고 알고 있으며 선은 남을 위한 행동이며 그런 까닭에 실천하기 어렵다고 믿습니다.

하지만 아리스토텔레스는 그렇지 않다고 주장합니다. 남에게 행하는 선함이 우리를 행복하게 한다는 것이지요. '선은 모든 만물이 원하는 것'이기 때문입니다. 우리는 "네가 행복하면, 나도 행복해."라고 말하지 않나요? 그러나 아리스토텔레스는 막연하게 선함과 덕을 말하지 않습니다. 우리가 실천할 수 있는 구체적인 덕을 강조하지요. 실천적 덕에 속하는 것은 건강, 부유함, 자기 발전을 위한 교육입니다. 자신의 신체적 건강 관리, 재산과 수준 높은 지적 활동 역시 행복의 조건으로 꼽습니다. 아리스토텔레스는 무엇보다 친구와의 우정을 높이 평가합니다. 우정을 통해 개인은 사회적 관계와 연결되고, 좋은 사회적 관계는 우리가 함께 살아가는 사회라는 공동체 발전에 결정적이기 때문입니다.

아리스토텔레스가 쓴 《니코마코스 윤리학》의 첫 문장은 다음과 같이 시작합니다.

'모든 기술과 탐구는 물론이고, 모든 행위와 선택이 추구하는 것은 어떤 좋음인 것 같다. 따라서 좋음(선)이야말로 당연히 모든 것이 추구하는 목표라고 할 수 있다. 그러나 그것이 추구하는 목적 사이에는 분명 차이가 있다. 어떤 것은 활동 자체가 목적이지만, 어떤 것은 활동에 수반되는 결과가 목적이기 때문이다. 활동에 수반되는 목적이 있을 경우 결과는 당연히 활동보다 우월하다.'

사람의 활동은 좋음을 추구한다는 뜻입니다. 모든 좋은 활동이 추구하는 최고의 목적은 무엇일까요?

아리스토텔레스가 말하는 친구란 대단히 폭넓은 뜻을 갖습니다. 우정은 배타적이고 나와 가깝지 않은 사람을 소외시키거나 적으로 만들기 위하여 필요한 것이 아니고, 오히려 그들에게 다가가기 위한 것입니다. 더욱이 가까운 사람의 모든 것을 용납하고 묵인하는 것을 뜻하는 '패거리 의식'이 아니라, 모두가 '살 만한 세상'을 함께 만들어 가자는 이웃에 관한 배려에 더 큰 의미가 있습니다. 이러한 의미에서 아리스토텔레스가 말한 '인간은 사회적 동물'을 이해해야 할 것입니다.

정치는 현실이다 : 아리스토텔레스의 정치학

"인간은 그 본성상 정치적 동물입니다." - 아리스토텔레스

《니코마코스 윤리학》은 곧장 《정치학》으로 전개됩니다. 아리스토텔레스에게 있어서 국가의 목적은 시민이 행복하고 성공적인 삶을 살 수 있는 능력을 갖도록 하는 일입니다. 사람은 사회적 동물이기 때문에 정치적 행위를 통해서만 이러한 목적을 이룰 수 있습니다. 개인은 공동체를 떠나서 혼자 고립되어 만족한 삶을 살 수 없습니다. 행복과 자아실현은 공동체 안에서만 실현 가능합니다. 인간은 본성상 정치적 동물입니다. 모든 행복한 삶은 사회적 정치적 삶 안에서 경험할 수 있습니다. 아리스토텔레스의 《정치학》은 정치 철학에 많은 영향을 주었는데, 이 책은 국가에 엄숙한 과제를 확인시켰습니다. 제대로 된 국가는 개인의 자아실현과 행복 성취를 가능하게 하는 조건을 만들어 내야 합니다. 이것이 능력 있는 참된 국가, 즉 국가 권력입니다.

아리스토텔레스는 사람의 좋은 성품이나 현명함은 자연적으로 얻어지는 것이 아니라, 꾸준한 교육의 결과라고 보았습니다. 그에 따르면 한 사람이 잘 성장해 훌륭한 시민이 되는 것은 좋은 사회적 제도와 도덕적 환경이 좌우합니다. 한 개인의 성숙은 그가 살고 있는 그 사회의 정치 수준, 사회 발전과 깊은 관계가 있다는 주장입니다. 억압된 사회에서 민주적이고 용기 있는 개인을 기대하기 어려우며, 권위적인 사회 속에서 자유로운 생각이 펼쳐질 수 없다는 사실은 당연한 일입니다.

이러한 사회에서는 바람직한 교육이 어렵고, 이 사회의 구성원은 자신이 바라고 원하는 것을 포기해야 하므로 결코 행복하다고 느낄 수 없습니다. 개개인이 불행하다고 느끼는 사회는 발전할 수 없고 아무런 희망과 미래가 없습니다. 개인의 행복이 보장되지 않는 사회를 위해 나는 책임에

관해 성실해야 하는가 하는 의문을 갖게 됩니다. 이렇게 아리스토텔레스의 윤리학에서는 정치, 도덕, 교육이 서로 밀접한 관계를 맺고 있습니다. 개인과 사회는 서로 돕고 발전시킬 때 좋은 관계를 유지하며, 권리와 책임을 동시에 보장한다는 것입니다. '정말이지, 전혀 도움이 안 돼!' 하는 생각을 개인과 개인이, 개인과 사회가 갖게 된다면, 행복은커녕 좌절에 빠지게 된다는 것입니다. 따라서 개인은 정치를 외면할 수 없고, 사회는 개인을 억압해서는 안 됩니다.

아리스토텔레스 《정치학》의 첫 부분은 사람의 본성에 관해 두 가지를 말하고 있습니다. 사람은 본래 정치적 동물이며, 동시에 언어를 사용하는 능력을 갖습니다. 사람은 자신이 가지고 있는 잠재적 능력을 사회 안에서 충분히 실현할 수 있어야 하며, 사회는 이것을 가능하게 해야 합니다. 이에 못지않게 중요한 것이 사람의 언어 능력입니다. 언어는 공동체 안에서 서로 의사소통할 수 있는 도구이기 때문입니다. 사람은 이 도구를 사용해 서로를 이해하게 됩니다. 이런 까닭으로 사람은 단순히 종족을 보존하는 데 그치지 않고, 나아가 서로에게 더 유용하고 선한 것, 더 나은 것에 관해 함께 생각하고 결정해야 합니다.

이러한 생각을 기초로 아리스토텔레스는 실현하기 어려운 이상적인 국가보다는 현실적으로 이룰 수 있는 현실 국가를 염두에 둡니다. 사회 정치적 공동체(폴리스)를 어느 한 체제에 한정해서 고집하지 않고, 모든 분야에 중용의 원리를 적용하여 그 장점이 최대한 활용되는 국가를 주장합니다. 아리스토텔레스의 국가관은 남이 권하는 국가가 누구에게나 모델이 될 수 없으며, 시민이 자신의 욕구에 가장 적합한 형태를 스스로 찾아야 한다는 것입니다. 그렇지만 그 자신은 민주 정치보다는 냉철한 이성에 의하여 만들어진 법이 다스리는 입헌국을 선호합니다. 아리스토텔레스는 민주주의는 이성적인 생각에서 나온 국가 형태가 아니라, 개인의 입장과 무제한의 자유만을 우선적으로 생각하기 때문에 등급이 낮은 정치 제도라고 생각했습니다. 이런 경우 이성보다는 이기주의가 더 힘을 얻게 되고 '목소리 큰 사람'이 지배하기 쉽다는 주장입니다. 사유재산권에 관해서는 무조건적인 자본주의보다는, 소유권은 개개인이 갖되 사용권은 모든 사람에게 허용되는 사회를 주장했습니다. 그러나 아리스토텔레스는 노예제도를 인정하고, 남녀의 불평등을 당연하다고 생각하던 당시의 흐름을 넘어서지는 못했습니다.

눈물로 맑아지는 영혼
: 아리스토텔레스의 《시학》에 관하여

아리스토텔레스의 《시학》은 비극을 다룹니다. 그에 따르면 그리스 비극은 우리 삶의 방식을 만드는 데 있어서 역사 연구보다 더 많은 영향력을 끼칩니다. 비극을 관람하는 관객은 카타르시스를 경험하게 됩니다. 비극 주인공과 감정 이입하는 것을 경험하면서 생겨난 동정심과 분노 표현은 관객의 심정을 청소해 주고 자유를 느끼게 합니다. 연극은 시작이 있고 전개가 있으며 결말이 있습니다. 이 말은 아리스토텔레스 이후 한 점의 변화도 없이 지속되어 온 형식입니다. 비극은 가능한 한 하루 안에 일어난 일로 한정지어야 한다는 그의 말은 매우 유명합니다. 이것을 아리스토텔레스의 규칙이라고 합니다. 아리스토텔레스의 생각은 오랜 시간이 지나면서 인류의 문화를 형성했습니다.

아리스토텔레스는 자신이 가졌던 문학, 예술에 관한 관심을 하나의 학문으로 체계화했습니다. 그 당시는 다른 어떤 예술 활동보다 연극이 큰 비중을 차지했는데, 그 이유는 예술은 간접적인 경험을 위한 것이 아니고, 사람이 살아가는 모습을 창조적으로 담아 내는 미적 행위였기 때문입니다. 연극은 우리의 삶에 가장 밀착된 모습으로 표현되는 예술로서 실제적인 삶의 모습으로 이해되었습니다. 오늘날처럼 삶과 예술 사이에 놓

배우 마스크
당시는 화장법이 발달하지 않았기 때문에 연극에 나오는 배우는 자신의 역할에 맞는 마스크를 쓰곤 했다.

인 깊은 골은 나타나지 않았습니다. 연극은 삶에서 이루어지지 않는 욕망이나 희망을 표현하고 대리 만족을 주는, 무대 위의 '쇼'가 아니었습니다. 삶과 예술은 서로 어우러지고 부족함을 채워 주는 관계였기 때문에, 예술은 사람의 생활에 없어서는 안 되는 삶의 다른 표현이었습니다.

예술과 삶이 서로 멀어진 것에 익숙한 우리는 쉽게 어떤 것이 믿기지 않을 만큼 아름답거나 멋있다고 여길 때, "꼭 영화 같다!"라고 하거나 "소설에서나 가능한 사랑 이야기야!"라고 말합니다. 오늘날의 예술은 도달할 수 없는 세계에 있고, 단조로워졌다고도 볼 수 있습니다. 이렇게 삶과 떨어진 예술은 그 당시에는 생각할 수도 없었습니다. "꼭 진짜 같은 예술이군!" "이 연극은 분명히 내 친구의 이야기야!"라고 할 만큼 예술은 삶과 가까웠고, 사람의 생활 안에서 이루어졌습니다. 아리스토텔레스는 예술은 사람의 실제적인 삶과 현실을 '모방'한 것이라고 보았습니다.

아리스토텔레스가 말하는 모방은 단순한 복사를 의미하지 않습니다. 예술가가 보고 표현한 사물은 단순한 흉내 내기가 아니라 예술가의 확신, 즉 '왜 이것은 이렇게 존재해야 하는가'에 관한 깨달음을 나타내는 것이어

시칠리아의 타오르미나 극장
그리스인은 야외극장에서 공연을 했다. 관객은 계단에 앉아 연극을 관람했다. 극장에는 하수도 시설도 매우 잘 갖춰져 있었다.

야 합니다. 이렇게 우리 삶에서 커다란 역할을
하는 예술의 중요성을 아리스토텔레스는 비극에
서 발견합니다.

이상적 교육
그리스인은 유럽인에게 가장 이
상적인 교육상을 남겨 주었다.

아리스토텔레스는 눈물은 우리의 정신을 깨
끗하게 하는 치료 능력이 있어서 우리가 비극을
통해서 느끼는 슬픔은 사실 최상의 쾌락이라고
말합니다. 아리스토텔레스는 사람은 비극을 통해 연민과 안타까움, 공포
와 긴장을 느끼고 이를 통해서 '정화'를 경험하게 되고, 이로 인해 우리의
영혼은 억압된 상태로부터 자유로워진다고 주장합니다. 이렇게 비극이 영
혼을 치료하는 능력을 갖는 이유는 카타르시스가 '밖으로 내보내다' '배
설하다'는 뜻을 갖고 있기 때문입니다. 쌓여 있는 것을 내보냄으로써, 맺
힌 것이 풀리는 자유로움을 통해 우리의 영혼은 해방되고 더욱 맑아지는
것입니다. '실컷 울고 나니 속이 시원하다.'는 말이 바로 여기에 해당하지
않을까요?

'아름다운 것'은 '아름다움'을 갖는다
: 아리스토텔레스의 형이상학

"사물의 본질은 바로 그 사물 안에 존재합니다." – 아리스토텔레스

위의 구절은 아리스토텔레스의 형이상학이라고 불리는 학문을 가장
쉽게 설명하는 핵심적인 구절입니다. 물리적인 여러 자연현상을 다루는
물리학과 관련해 형이상학은 자연현상의 뒤에 무엇이 있는가를 묻는 학
문입니다. 즉 어떤 것이 있다고 한다면 그것으로 하여금 그렇게 있도록
만드는 것이 무엇인가를 묻는 학문입니다. 우리가 경험할 수 없는, 이 세
계의 뒤에 있는 것을 알아내려는, 보이지 않는 것을 보려고 하는 학문입

사실이 말하게 하라!
아리스토텔레스는 생물학과 생의학에 큰 공헌을 했다. 그는 자신의 이론을 사실에 근거하여 증명하려고 시도한다. 이 벽화는 기원전 4세기 해부학 광경을 보여 준다.

니다.

아리스토텔레스는 우리가 도달할 수 없다고 주장한 플라톤의 이데아론이 사물을 알아가는 데 큰 도움을 주지 못한다고 비판합니다. 플라톤의 주장인 이데아 세계와 실제적 대상 사이의 극복되지 않는 거리를 인정하는 이원론을 비판하는 것입니다. 아리스토텔레스의 입장은 사물의 본질은 그 사물 안에 있다는 것입니다. 사물의 모습은 본질이 드러난 모습이라고 아리스토텔레스는 역설합니다. 플라톤과 달리 누군가가 아름다운 것은 그 사람에게 아름다움이라는 본질적인 요소가 있기 때문이라는 주장입니다. 이로써 아리스토텔레스는 플라톤이 주장한 '아름다움'과 '아름다운 것' 사이의 따라잡을 수 없는 거리를 인정하지 않습니다. 아름다움의 본질적인 것은 우리가 볼 수 있는 실제 모습으로 표현된 각가의 '아름다운 것'이라는 주장입니다. 바꾸어 말하면 추한 것은 그 안에 추한 것을 갖고 있다는 주장도 됩니다.

이 모든 실제적 모습은 일정한 재료를 이용하여 만들어진 형상으로 되어 있는데, 예를 들면 철과 시멘트는 재료이고, 이 재료를 목적에 따른 일정한 모양으로 만들면 집이나 학교가 됩니다. 집이 되느냐 학교가 되느냐 하는 것은 이 건물을 짓는 목적에 의해 결정됩니다. 이렇게 지어진 건물은 철과 시멘트를 가지면서 동시에 건물이 되는 것입니다. 우리의 지식은 재료이고, 이 지식을 어떻게 쓰느냐 하는 목적이 형상을 결정하게 됩니다.

아리스토텔레스는 이 세계를 이러한 재료와 형상이 계속적으로 합해져서 이루어진 것으로 봅니다. 이 세계는 재료가 목적에 맞는 모습을 갖춰가는 끊임없는 운동 속에 있고, 이 운동의 최후 단계에는 재료를 전혀 갖지 않는 가장 순수한 형상이 있는데, 이를 아리스토텔레스는 절대자 그 자체로 보았습니다. 아리스토텔레스는 이 최고의 형상을 신으로 봅니다. 신은 재료를 전혀 갖지 않기 때문에 변화하지 않고, 시멘트나 나무처럼 목적에 따라 다양하게 쓰이지 않습니다. 신은 운동하지 않는 상태에 머무르며, 이 세계의 만물을 움직이게 합니다. 이러한 이유로 아리스토텔레스는 신을 '최초의 운동자'라고 부릅니다. 다만 이 세계의 재료들은 순수 형상인 신을 닮기 위해 그에게로 향한 운동을 계속한다는 것입니다.

존재의 본성 : 인간은 날 때부터 지식을 추구하는 존재다

'이 세상의 존재자는 무엇이냐?'라는 물음은 아리스토텔레스 존재론의 핵심 출발 물음입니다. 꽃이 존재합니다. 빛도 존재합니다. 그런데 어떤 것이 존재한다는 말은 무슨 뜻인가요? 존재하는 것은 무엇이냐?하는 물음은 과거에도, 현재에도, 앞으로도 영원히 되묻게 될 것입니다. 분명한 것은 존재자란 단순히 물질로 이루어진 재료만을 의미하지 않는다는 점입니다. 집이 존재한다고 할 때, 집의 존재는 단순히 돌, 흙, 벽 등만을 의미하지 않는 것과 같은 이치입니다. 집의 존재는 우선 집을 기획하고 만든 사람을 전제로 합니다. 집을 만들기 위하여 필요로 한 재료를 떠올립니다. 재료를 일정한 형식에 맞춰서 구성해야 합니다. 또한 집을 어디에 사용하는 지도 집의 존재에 포함되어야 합니다. 즉 집이 왜 필요한가에 관한 물음입니다. 집의 존재에는 기획자, 재료, 형식, 목적이 포함되는 것이지요.

이 예를 한 인간에 적용시켜 봅시다. 소크라테스는 신체를 가졌을 것입니다. 신체는 매일 변화합니다. 그러나 그의 전 생애 동안 그는 동일한 소크라테스여야 합니다. 그러니까 소크라테스를 신체로 이루어진 물질이라고 주장하는 것은 있을 수 없는 일입니다. 우리가 어떤 개를 개라고 하는 이유는 그 존재가 갖는 특별한 기관과 조직 때문입니다. 그의 피, 살, 뼈의 구조가 다른 동물과 차이를 보이면서 그들 공동으로 가진 것을 바탕으로 우리는 그 동물을 개라고 부릅니다. 단지 물질만 존재한다고 말할 수 없는 이유가 여기에 있습니다. 더 나아가서 아리스토텔레스는 존재하는 것은 그가 가진 형식을 바탕으로 존재한다고 주장합니다. 철학하기는 꼬리를 물고 물음을 이어 갑니다. 그렇다면 또 형식이란 무엇인가요? 물질이 존재가 아니라면 존재란 무엇인가요? 아리스토텔레스는 형식은 이상 세계에, 시공간을 떠나서 존재하는 특성이라는 플라톤의 이데아 이론을 비판하면서 해결점을 찾아갑니다. 그 형식은 당연히 저곳이 아닌 이곳에 있어야 합니다. 우리가 발을 딛고 서 있는 이 땅에 말입니다.

모든 인간은 태어나면서부터 지식을 추구한다 : 네 가지 원인설

아리스토텔레스는 형식을 어떤 것이 존재하기 위한 원인이 되는 것이라고 봅니다. 그래서 원인이라는 개념을 연구합니다. 아리스토텔레스는 형식을 알기 위하여 네 가지 원인을 설정합니다. 이 네 가지 원인이 한 사물에게 그가 존재하는 원인을 제공하기 때문에, 형식은 사물이 그렇게 존재해야 하는 것을 설명해 줍니다. 완성된 대리석 조각상을 예로 들어 봅시다. 조각상은 거기에 있습니다. 그것은 존재합니다. 존재를 위해서 대리석 조각은 그곳에 있어야 합니다. 이것은 존재하는 조각을 위한 '물질 원인 (재료 원인)'입니다. 그러나 이것만으로는 조각상의 존재를 설명하기 부족합니다. 물질적 원인은 그 자체로 충분하지 않지만 필요한 조건입니다. 그 외에도 세 가지 필요한 조건이 있습니다. 대리석은 망치와 끌로 작업해야 합니다. 재료를 가지고 하는 작업을 아리스토텔레스는 '작용 원인'이라고 합니다. 누군가 혹은 무엇인가가 영향을 주는 원인입니다. 여기서 더 나아가 조각품이 존재하기 위해서는 어떤 형태를 가져야 합니다. 말이라든가 비너스라든가 일정한 형태를 갖습니다. 이것이 '형식 원인'입니다. 이 원인을 통하여 다른 사물과 구별되는 모습을 갖습니다. 마지막으로 어떤 조각가가 이 작품을 만든 목적이 있어야 합니다. 즉 어떤 의도를 가지고 위의 세 원인이 효력을 갖도록 한 목적이 있어야 합니다. 이것이 다른 원인들을 위한 최종 원인으로 '목적 원인'입니다. 이와 같이 모든 사물을 구성하는 네 가지 원인은 물질 원인, 작용 원인, 형식 원인, 목적 원인입니다.

플라톤과 아리스토텔레스

플라톤과 아리스토텔레스는 서양 철학하기의 큰 두 물줄기입니다. 동시에 그들의 대립과 갈등은 서양 철학사를 관통합니다. 오늘날에도 여전히 일군의 철학자가 있습니다. 그들 중 일부는 감각 세계에 관한 지식을 별 의미 없는 것으로 생각합니다. 중요한 것은 세계의 배후나 현실을 넘어서 있는 그 어떤 가치라고 믿습니다. 이들을 합리론자 혹은 관념론자라고 합니다. 반면에 경험하는 세상이야말로 철학하기의 대상이라고 간주하는 사람이 있습니다. 이들을 경험론자 혹은 현실론자라 합니다. 17~18세기 합리론자는 사물의 현상에 관하여 얻거나 혹은 감각 경험이 확인해 주는 지식은 우리를 속이는 것이라고 보았습니다. 반대로 동시대 경험론자는 신뢰할 수 있는 정보는 오직 사실에 관한 관찰을 통해서만 가능하다고 믿었습니다. 서로 상반되는 이 두 이론은 각 시대마다 서로 다른 형식을 보이면서 서양 철학하기의 두 축을 형성해 오고 있습니다.

황금의 중용

합리론을 선택할 것인가, 경험론을 선택할 것인가? 이 문제는 각 개인의 기질과 상관이 있을 것입니다. 종교적 기질이 강한 사람은 아마도 플라톤의 이론에 더 믿음이 갈 것입니다. 실천적이고 현실적인 사람은 아리스토텔레스의 이론을 따르겠지요. 두 명제가 지금까지 평행선을 그어 온 이유는 다음과 같은 사실에서 찾을 수 있습니다. 서로가 상대방이 평가절하한 영역에서 진리를 찾을 수 있다고 강변하기 때문입니다. 따라서 어느 한쪽

르네상스의 선구자 단테
단테는 중세에서 근대 세계로 나아가는 길을 보여 준 천재 시인이다. 그는 종교를 넘어서는 물음에 관하여 아리스토텔레스의 권위를 최고로 인정했다.

편을 드는 것보다는 양자를 통해서 배우는 것이 더 의미가 있습니다. 임마누엘 칸트라는 학자가 양자를 결합하여 그럴듯하게 통일을 시킵니다.

"아리스토텔레스는 모든 학자 중 최고의 마이스터다." - 단테 알리기에리

로마 제국이 몰락하고 중세라는 어둠의 시기에 아리스토텔레스 철학은 거의 잊혀집니다. 그러나 이슬람 세계에서는 그렇지 않았습니다. 그곳에서는 아리스토텔레스의 철학이 활발하게 연구되었습니다. 중세 후기 아리스토텔레스의 저서는 다시 유럽으로 전파됩니다. 14세기 르네상스 시기 이탈리아 시인 단테 알리기에리(1265~1321)는 아리스토텔레스를 모든 학자 중 최고의 마이스터라고 칭했습니다. 논리학 외에도 아리스토텔레스의 생물학은 19세기까지 큰 의미가 있었습니다. 정치학 이론, 윤리학, 미학 등 그의 전반적인 철학은 여전히 오늘날에도 학문적 영향력이 높습니다. 특히 인문학 논쟁에서 그의 이론을 알지 못하는 자는 영원히 침묵해야 할 것입니다.

형이상학

아리스토텔레스는 형이상학을 제1철학이라고 하고 물리학을 제2철학이라고 하였습니다. 그 뒤 형이상학은 두 가지 의미를 갖게 됩니다. 첫째, 철학을 보편적이고 논리적인 원리들 위에 세우려는 시도이며, 이를 위해서는 학문을 이루는 개념의 구조를 연구해야 한다는 것이며, 둘째, 모든 존재의 근원을 체계적으로 밝히는 형이상학은 철학과 동일어로 사용됩니다.

형이상학의 대상은 신, 존재, 이념, 자아, 세계 정신, 물질, 모순, 운동 등과 같은 개념으로서, 이들을 모두 총체적으로 이해하려고 합니다. 따라서 사람이 할 수 있는 가능한 구체적 경험을 넘어선(혹은 경험에 앞서) 체계적 정신 활동을 형이상학적이라고 합니다.

형이상학을 제1철학이라고 생각한 아리스토텔레스는 존재자의 본질이나 존재자의 원인을 알고자 하였습니다. 그에게 있어서 모든 존재하는 것의 원인은 신일 수밖에 없습니다. 따라서 형이상학은 신학과 동일시되었습니다. 토마스 아퀴나스는 형이상학을 '모든 학문의 여왕'이라고 하였습니다.

19세기 중엽부터 자연과학을 통하여 근본 원인을 연구함에 따라서 형이상학적 사고의 붕괴가 일어납니다. 형이상학에 관한 비난은 언어 분석의 발전과 함께 이루어집니다. 언어분석학자들은 형이상학을 '쓸모없는 것'이라고 비판합니다. 카르납은 "형이상학자는 음악적 재능이 없는 음악가다."라고 말했는가 하면, 비트겐슈타인은 "형이상학은 철학에서 완전히 추방해야 한다."라고 말하기도 했습니다.

많은 비판에도 불구하고 오늘날 여전히 형이상학은 자신의 길을 가고 있습니다. 형이상학의 핵심적인 물음이 인간 존재의 의미와 깊은 관련을 갖고 있기 때문입니다. 이 영역은 과학이 다룰 수 있는 부분이 아닙니다. 그런 까닭에 쇼펜하우어는 인간을 '형이상학적 동물'이라고 말했습니다.

존재자의 본질이 정말 궁금해.

아카데메이아 스콜라 이데아 신의 존재 계시

철학

2장

로마 제국의 철학
: 황제에서 노예까지

05

키니코스학파
: 고대의 아웃사이더?

키니코스학파는 모든 사회적 관습을 거부합니다.

알렉산드로스

철학자이면서 과학자이기도 한 마케도니아의 대왕 알렉산드로스는 위대한 정치인을 넘어섰다. 그는 그리스 문화를 고대 세계로 전파시켰다. 중세 시대에 만들어진 이 그림은 알렉산드로스가 직접 잠수종을 타고서 바닷속을 탐험하는 광경을 보여준다.

지금까지 우리가 다룬 그리스 문화의 특수성은 세 가지 개념으로 정리할 수 있습니다. 코스모스, 로고스, 에로스이지요. 신화의 신비로움에서 깨어나기 시작한 그리스인은 자연의 질서를 합리적으로 관찰하기 시작하였습니다. 예를 들면 일식이 생기는 자연현상을 신에게 의지하지 않고 직접 설명하려는 노력을 통해서 그리스인은 세상에 대하여 하나의 질서 속에서 운동하고 있는 '거대한 우주의 개념'을 가지고 접근하였습니다. 이것이 '코스모스'라는 개념입니다. 우주에서 질서를 발견한 그리스인은 그 질서를 가능하게 하는 힘을 생각하였습니다. 세계의 모든 만물을 있게 하고 이들을 활동하게 하는 정신적 힘을 '로고스'라 명하였습니다. 여기에 사랑이라는 말로 번역되는 '에로스'라는 개념을 만들어 냈습니다. 에로스는 올바름과 아름다움을 향한 열정입니다. 그리스인이 만들어 낸 에로스는 사람이 반드시 따라야 할 행동 규범인 동시에 아름다움의 가치를 함께 가지고 있는 개념입니다.

알렉산드로스 대왕이 사망한 뒤에도, 그가 정복한 나라에서는 그리스 문화가 그대로 번성하였습니다. 특히 그리스어는 정신적인 지도자의 전용어가 되어 그리스 문화는 모든 사람이 가지고 있는 교양의 근본이 되었습니다. 여기에 정복지의 동양적 사고들이 녹아들어서 그리스 문화는 동양의 정신과 결합하여 세계주의적(당시 지중해를 중심으로 한 지형적으로 한정된 의미에서)인 색채를 띠게 됩니다. 그 결과, 동양과 서양이 서로 만나서 독특한 제3의 문화를 만들어 내는데 이를 '헬레니즘'*이라고 합니다. 정치적으로 그리스와 마케도니아의 뒤를 이어 지중해의 패권을 장악한 로마는 대제국을 건설하지만 처음에는 그리스 문화의 영향에서 완전히 벗어날 수 없었습니다. 동방으로 계승되었던 그리스 문화가 이제는 로마로 이어진 것이지요. 그리스가 로마에 정복되면서 많은 예술가와 기술자가 로마로 자의 반 타의 반 몰려들었습니다. 그리스의 비극과 희극은 라틴어로 번역되었으며 로마 신전은 그리스 신전과 유사한 아름다움으로 장식되었습니다. 동방을 정복한 그리스 문화는 다시 로마의 정신을 사냥한 것입니다. 특히 그리스의 가장 중요한 정신적 표현 중 하나인 철학은 로마 제국의 정신적 주춧돌을 세우는데 많은 이바지를 했습니다. 뿐만 아니라 철학은 로마의 국교로 인정된 그리스도교에 이론적 토대를 제공하여 그 형성에 결정적으로 참여하게 됩니다.

마케도니아의 멸망과 비슷한 시기에 사망한 아리스토텔레스 이후의 철학과 로마의 철학의 장에서는 다음 다섯 가지 학파를 소개하면서 그 파노라마가 펼쳐집니다. 거리에서 생활하면서 생의 만족을 추구했던 '키니코스학파'*, 마르쿠스 아우렐리우스 황제가 심취했던 운명에 순종을 역설한 '스토아학파', 쾌락의 정원을 이야기하고 마음의 평정을 추구했던 노예 출신의 에피쿠로스가 설파한 '에피쿠로스학파', 퓌론을 위시한 회의주의자의 더는 확실한 것을 알 수 없으니 판단을 중지해야 한다고 주장하는

＊ 헬레니즘

헬레니즘은 독일의 역사학자 요한 드로이젠(1808~1884)이 먼저 사용하기 시작한 용어다.

＊ 키니코스학파

개와 같은 생활을 하는 사람들이란 뜻의 '견유학파'라고도 불리는 고대 그리스 철학의 한 학파이며, 소크라테스의 제자인 안티스네테스(B. C. 445경~B. C. 365경)로부터 시작되었다.

'회의주의', 플라톤의 화려한 부활을 꿈꾸는 자의 '신플라톤주의'가 자신들의 독특함을 선보입니다.

위대한 아테네 시대가 끝난 뒤 그리스인은 새로운 삶을 찾는데, 그중 첫 학파가 키니코스학파입니다. 키니코스학파에 속한 디오게네스(B.C. 400경~B.C. 323)는 이렇게 말합니다. "나는 개라 불립니다. 왜냐하면 무엇인가를 얻어먹을 수 있는 곳에 코를 벌름거리고, 내게 아무것도 주지 않으려는 사람을 향해서 짖어 대기 때문입니다. 또한 내 이빨이 협잡꾼들을 후려치기 때문입니다." 오늘날 키니코스학파는 타인의 감정이나 확신을 조롱하거나 아무에게나 시비를 거는 사람이라는 의미로 사용되기도 합니다.

아리스토텔레스의 제자 알렉산드로스 대왕은 지중해 역사의 흐름을 바꾸어 놓았습니다. 그에 의해서 철학의 발전도 큰 변화를 겪습니다. 알렉산드로스는 당시 그리스인들이 전 세계라고 생각했던 거의 모든 지역을 정복합니다. 이탈리아에서 인도까지, 오늘날 중동을 포함하여 아프리카 북쪽 지역을 정복하지요. 그리스 도시국가들은 자신들의 독립성을 상실했을 뿐만 아니라 문화 역시 빛을 잃습니다. 알렉산드로스 제국에 편입된 것입니다.

알렉산드로스는 정복한 지역마다 새로운 도시국가를 건설합니다. 그곳에 그리스인을 이주시켜서 다스리게 하지요. 그리스 이주자들은 원주민 여자들과 결혼하여 빠른 속도로 세계 시민적 특성들을 만들어 냅니다. 하지만 지배적 정신과 언어는 그리스 문화를 벗어나지 못하지요. 그 결과 알렉산드로스가 정복한 세계는 그리스 정신의 지배를 받게 됩니다. 새로운 그리스 국가들이 생겨난 셈입니다. 도시 주민들은 여러 나라 말을 유창하게 했으며, 다양한 혈통을 갖게 됩니다. 헬레니즘 세계가 탄생한 것입니다. 그중 가장 유명한 도시가 이집트의 알렉산드리아입니다. 이 도시는 알렉산드로스가 직접 명명했다고 합니다. 알렉산드리아는 당대 국제 문화의 중심지, 문명의 중심지이며, 최초의 국제 도서관을 보유한 도시이기도 합니다.

헬레니즘 시대는 그리스 도시국가들이 몰락하기 시작한 B. C. 400년경부터 로마가 지배력을 갖기 시작한 B. C. 100년경까지 300년 이상 지속됩니다. 이 시기에 그리스 고전 문화와 문명은 전 세계로 확산됩니다. 이 바탕 위에 로마 공화국이 건설되고 세계 지배를 위한 권력을 구축하였지요. 그 뒤 로마 세계 안에서 그리스도교가 탄생합니다. 당시 예수가 태어난 팔레스타인이 로마의 식민 도시였음에도 불구하고, 왜 성서가 그리스 언어로 씌어졌는가를 보여 주는 장면입니다.

최초 국제 도서관
B. C. 290부터 A. C. 646까지 운영된 알렉산드리아 도서관은 당대 가장 이름난 도서관이었다.

최초의 키니코스학파 학자들

후계자도 정하지 않았던 알렉산드로스 대왕이 세상을 떠나자, 제국은 서로 적대적인 국가들로 분리됩니다. 알렉산드로스가 이룩한 문화적 통일은 그대로 보존된 채, 정치적 차원에서 갈등과 투쟁이 계속되지요. 혼란과 무질서의 세계가 도래한 것입니다. 이 조건 아래 새로운 사유를 시작한 철학하기가 탄생합니다. 키니코스학파, 회의론자, 에피쿠로스학파, 스토아학파에 속한 사람들은 문명화된 사람이 어떻게 하면 혼란스럽고 예측 불가하며 위험한 시기에 사람답게 가치 있게 살 수 있는가를 고민합니다.

먼저 무대에 등장한 키니코스학파는 오늘날의 아웃사이더로 이해할 수 있습니다. 이 운동을 이끈 최초 사람은 안티스테네스로 소크라테스의 학생이었으며 플라톤과 동시대인입니다. 그는 처음에 평범한 전통적 생활을 영위했고 아리스토텔레스 철학 모임에서 공부하고 그 영향을 받았습니다. 소크라테스가 국가 폭력에 의해 죽임을 당하고 아테네 권력이 몰락한 뒤, 그리스 국운이 쇠퇴해졌습니다. 안티스테네스는 일반인들이 추구하는 삶과 다른, 아주 기본적이고 단순하게 살기를 결심합니다. 그는 노동자와 같은 옷을 입고 가난한 사람과 더불어 살았습니다. 그리고 단호하게 말합니다. "나는 앞으로 어떤 사유재산도, 가족 관계나 국가, 종교도 원하지 않을 것입니다."

안티스테네스의 후계자는 디오게네스입니다. 그는 모든 전통과 관습을 비웃었습니다. 그는 씻지도 않고, 더러운 외투를 걸치고 다니면서 사람들을 곤혹스럽게 했습니다. 그는 항아리 안에서 거주하며 더러운 음식을 취했습니다. 디오게네스의 부끄러움 없는 태도는 사람들의 화를 돋웠습니다. 디오게네스는 그야말로 '개'처럼 살았습니다. 그래서 사람들은 개와 같은 생활을 하는 사람들이라 하여 '견유학파' 즉, 세상 일에 냉소적이란 뜻을 담고 있는 키니코스학파라고 칭한 것입니다.

디오게네스, 알렉산드로스 대왕의 방문을 받다

전혀 다른 세계에 속한 두 사람이 한곳에서 만났다. 그것도 세계를 정복한 대왕이 정신적 노숙자를 직접 찾아간 것이다. 디오게네스는 눈에 보이는 세계의 가치를 거부하고 개처럼 살았다.

하지만 디오게네스와 그의 후계자들은 덕에 대한 확신을 가졌습니다. 경제적 생활이 주는 만족보다도 그들은 참된 가치와 거짓된 가치를 구별하는 일이 더 중요한 일이라 믿었습니다. 다른 차이는 중요하지 않습니다. 모든 사회적 관습은 헛된 것입니다. 즉 내 것이니 네 것이니, 공적이니 사적이니, 옷을 입지 않았는가 옷을 입었는가, 날 것인가 익힌 것인가를 구별하는 일은 무의미한 일입니다. 디오게네스는 그리스인과 이방인의 차이도 인정하지 않았습니다. 누군가 그에게 고국이 어디냐고 물었을 때, 그는 이렇게 대답했다고 합니다. "나는 세계 시민입니다."

디오게네스에 관한 많은 일화가 전해지고 있습니다. 가장 유명한 일화는 알렉산드로스 대왕의 방문입니다. 알렉산드로스가 디오게네스가 거주하고 있는 항아리 주거지를 찾아왔습니다. 세계를 지배하고 있는 왕이 물었습니다. "내가 너를 위하여 해 줄 수 있는 것이 무엇인가?" 디오게네스는 이렇게 대답합니다. "햇빛을 가리지 마시오!" 그는 세계 사람들이 지향하는 가치를 거부하고 자신의 가치에 충실하고자 했습니다.

아테네에는 디오게네스를 기억하는 묘비명이 있습니다. "내게 말해다오. 너는 무덤 속에서 무엇을 망보고 있는가를? 개를 망보고 있지. 네 이름은? 디오게네스. 어디 출신이지? 시노페. 아, 그 통 속에서 살던 사람? 그래 바로 나다. 이제 나는 많은 별들 중 한 별이 되었지."

회의론자 : 최초의 상대주의자
알고자 하는 자는 의심하라!

알렉산드로스 대왕의 한 병사가
회의론의 역사에 많은 영향을 끼쳤다

그리스 철학에서 회의론은 오랜 역사를 갖습니다. 크세노파네스 (B.C. 560/570경~B.C. 470/480경)는 사람은 항상 새로운 지식을 배우면서 지식은 확장한다는 것을 가르쳤지요. 우리는 어떤 진리에 이르렀다고 해서 안심하고 확신할 수 없습니다. 우리가 끊임없이 무지한 영역을 제거해 나가야 합니다. 소크라테스는 내가 아는 것이라고는 내가 알지 못한다는 것뿐이라고 고백했습니다. 그렇지만 계속해서 아는 것을 탐구해야 한다고 했습니다. 사람의 무지로 인한 지식의 빈약함에도 불구하고 크세노파네스와 소크라테스는 연구와 학습 능력을 적극적으로 사용할 것을 요구합니다.

회의주의의 어원은 '두리번거리다'에서 왔습니다. 한곳에 안정하지 못하고 이리저리 둘러보고, 모든 것을 의심하는 것을 말합니다. 피론

(B.C. 360경~B.C. 270경)에 의해서 본격적으로 시작된 회의주의는 섹스투스 엠피리쿠스(200경~250경)에 의해서 체계를 갖춥니다. 피론은 회의론이라고 부르는 철학하기를 시작한 사람입니다. 그래서 오늘날까지 철학적 회의론을 피론주의라고 부르기도 합니다. 피론은 알렉산드로스의 병사로서 인도 원정길에 나섰습니다. 그는 수많은 나라와 민족을 알게 되면서 사람들의 의견이 매우 다양하다는 것에 깊은 인상을 받았습니다. 어느 한 민족이 어떤 확신을 가졌다면, 다른 민족은 그와 대립되는 의견을 신뢰한다는 것을 알게 되었습니다. 이들은 서로 다른 주장을 하면서 동시에 그럴듯한 이유와 근거를 대고 있습니다. 피론에 따르면 사람은 사물의 현상에 관해서만 알 수 있을 뿐인데, 현상은 항상 우리를 속입니다. 그렇기 때문에 현상에 관한 오직 참된 하나의 설명만 있다고 생각할 수 없습니다. 그래서 어떤 생각을 주장하는 것을 그만두어야 하며 이미 우리 앞에 놓여 있는 전통이나 관습에 맞게 생활해야지 다른 새로운 생각을 해서는 안 된다고 주장합니다.

피론의 제자가 티몬(B.C. 320경~B.C. 230경)입니다. 그는 스승의 입장을 지적으로 조금 더 세련되게 변화시켰습니다. 모든 논증은 증명되지 않은 전제를 바탕으로 출발한다는 점을 강조했습니다. 증명되지 않은 전제를 증명하기 위하여 또 다른 증명되지 않은 전제를 사용할 수밖에 없기 때문에 확실한 것을 찾는 논증은 무한히 계속됩니다. 결국 사람은 최종 증명이 되는 확실한 지식을 가질 수 없다는 주장입니다.

회의론은 아르케실라오스(B.C. 315~B.C. 240경)에게 이어집니다. B.C. 268년 그는 플라톤 아카데메이아의 대표를 맡습니다. 이때부터 200년 동안 아카데메이아는 회의론의 입장을 대변하게 됩니다. 아르케실라오스는 주로 두 가지 교수법을 활용했

알렉산드로스는 서양의 철학하기에 많은 영향을 주었다. 그는 철학적 사유가 왕성했던 그리스 도시국가의 독립성을 보장함과 동시에 그리스어를 세계 언어로 확산시켰다.

* 카르네아데스

그는 논쟁을 잘하는 연설가로 아카데메이아의 지도자로서 회의론을 대변한 사상가다. 에피쿠로스학파와 스토아학파에 관한 그의 비판은 매우 영향력이 높았다.

습니다. 찬반으로 나누어 논쟁을 하는 강한 논증을 만들어 내거나, 제시된 이유를 반박할 수 있는 방법을 채택했습니다. 그래서 어떤 논증도 수용할 수 없게 만들어 더는 어떤 주장도 할 수 없게 했습니다. 아르케실라오스의 방법을 배운 카르네아데스(B.C. 214경~B.C. 129경)*의 활동은 로마에서 큰 관심을 모았는데, 그는 먼저 플라톤과 아리스토텔레스의 '정의'에 관한 이론을 설파하고 난 뒤, 자신이 말한 논증을 파괴하는 논증을 폈습니다.

확실한 것은 어디에도 존재하지 않습니다

회의론은 철학하기의 역사에서 나름 중요한 역할을 했습니다. 논증이나 설명을 통하여 증명하는 지평 위에서 간단히 확실한 지식에 이를 수 없다는 것을 지적한 점입니다. 이러한 주장은 20세기까지 보편적인 것으로 인정받아 왔습니다. 확실성을 찾는 일은 철학적 사고가 역사적으로 발전해 오면서 항상 차지했던 중요한 문제였기 때문입니다. 연역적 차원에서 말하면, 한 논증이 전제로부터 모순 없이 전개되면 그 논증은 타당하다고 할 수 있습니다. 그러나 그 결론이 참이라는 것을 증명할 수는 없습니다. 모든 타당한 논증은 전제가 참이라는 것을 가정하고 시작했기 때문입니다. 그 전제가 참이라는 것을 다시 논증해야만 하는 것입니다. p가 참이면, q가 참인 것입니다. 이 논증은 q가 참이라는 것을 증명하지 못합니다. p가 참이라는 것을 이미 전제하고 시작했기 때문입니다. q가 참이라는 것을 보증하려면, p가 참이라는 것을 다시 논증해야 하고 전제로서 다른 참된 것을 앞에 내세워야 합니다. 즉 순환론에 빠집니다.

모든 논리학은 이미 전제한 것을 바탕으로 시작합니다. 모든 증명은 증명되지 않은 전제 위에 서 있습니다. 이것은 논리학뿐만 아니라 수학을 포함한 모든 학문의 운명입니다. 사실 우리 자신의 일상적 삶도 증명되지 않는 전제 위에서 영위되고 있다고 말할 수 있습니다. 그렇다고 해서 특별한 의견에 관하여 결코 다른 것보다 더 나은 근거를 말할 수 없다는 주장도 도출될 수 없습니다.

> "회의론을 통하여 우선 신중해질 수 있습니다. 그다음에 영혼의 안정을 얻을 수 있습니다." - 섹스투스 엠피리쿠스

엠피리쿠스의 피론주의의 원리

피론의 저서에 관하여 엠피리쿠스가 완벽한 해설을 달았다. 그 자신은 엄밀한 의미에서 사상가가 아니나, 다른 철학자의 사상을 명료하게 이해하고 설명했다. 기원후 4세기 성직자들은 피론과 엠피리쿠스를 이단으로 취급했는데 사람들에게 회의론이라는 병을 퍼뜨린다는 비난을 받았기 때문이다.

사람들의 비판적이고 논리적인 생각이 발달함에 따라서 종교나 절대적인 것에 관한 믿음이 상대적으로 약해지고, 회의주의는 보다 많은 설득력을 얻습니다. 사회가 다양해지면 독단적인 권위는 흔들리기 마련입니다. 초기 회의주의자들은 객관적인 진리가 사실은 모순을 갖고 있음을 '의심'을 통하여 보여 주려고 했습니다. 잘못된 판단을 중지하고 보다 더 나은 지식을 얻기 위해 일단 의심한다는 것입니다.

그들은 소크라테스가 말하는 자신의 무지를 아는 것의 중요성을 강조하나, 방법에 있어서는 소피스트에 가깝습니다. 그러나 시간이 흐름에 따라 회의주의자들은 극단적인 회의론, 회의 그 자체에 빠지게 됩니다. 의심하고 다시 묻는 것은 하나의 방법이 될 수는 있지만 의심이 학문의 목적이 될 수 없는 것은 당연합니다. 따라서 회의주의는 우리에게 또 다른 '생각하는 방법'을 제시하는 의의는 있지만 허무주의로 빠질 수 있는 위험을 갖습니다.

피론에 따르면 우리의 불안은 사물을 알고 평가하려는 압박감에서 비롯된 것입니다. 자연히 이 불안은 우리로 하여금 사물에 관한 독단적인 생각을 하게 하지요. 모르는 상태에 있다는 것은 피론의 말대로 불안한 일이기는 합니다. 우리는 절대적 진리를 믿지만, 이것은 잘못된 지식이며 우리를 더 심각한 혼란에 빠뜨립니다. 이 잘못된 지식을 바로잡기 위하여 사람들의 주장 속에 들어 있는 모순을 지적해야 합니다. 그래서 회의주의

피론의 눈에 세계는 혼란스러운 무질서 자체였다. 세계가 질서 속에서 진행되는 것이 아니라 우연한 것이 지배하고 있기 때문이다. 피론은 30살 때 알렉산드로스 대왕의 동방원정에 참가하여 인도에 갔다. 거기서 고대 인도의 나체 수도자를 만나면서 새로운 동방 문화를 배운다. 특히 육체적 쾌락을 피하고 자연에 치중하는 삶, 즉 비술(秘術)·금욕·현자의 도(道)를 배웠다고 한다. 피론은 인도에서 돌아와 철학자로서의 생애를 시작하고 학교를 개설했다. 피론은 세상의 혼란을 직시하고 필연적 강박에서 벗어난 우연의 흐름 속에서 신과 같은 혼의 안정을 얻은 사람으로 유명하다.

자는 일체의 절대적·객관적 진리를 부인하며, 단지 '그럴 수 있다.'에 머무릅니다. "내일 다시 보자."라고 아무도 말할 수 없습니다. 단지 우리는 "아마도 내일 보게 되지 않을까?"라고 할 수 있을 뿐입니다. '오늘'을 사는 우리는 '내일'에 관해 아무것도 확실하게 말할 수 없는 것입니다. 당연히 회의주의자가 즐겨 쓰는 단어는 '아마도'나 '그럴 것이다.' 같은 불확실함을 나타내는 개연적인 것들입니다. 그들은 이 세계 속에서 모든 필연성을 부인하며, 우연히 일어날 수 있는 '개연성'만을 주장합니다.

그렇다면 이 '아마도' 철학자의 행동은 어떠했을까요? 모든 것을 회의하고 의심한다는 것이 생각 속에서는 가능하지만 행동 속에서도 가능할까요? 행동이란 생각처럼 쉽게 바꾸거나 뒤집을 수 없기 때문입니다. 행동으로 이론을 보여 준다는 것은 회의론자에게는 특별히 어려운 일이 될 수밖에 없습니다. 그 예로 카르네아데스는 이틀에 걸쳐 플라톤을 극찬하는 연설을 했고, 다음 날에는 플라톤의 이론을 낱낱이 비판했다고 합니다. 이것은 한 극단적인 예이지만 회의론자는 자신의 주장과 행동에 관하여 일관된 태도를 보이지 않았고, 또 보일 수도 없습니다. 절대적으로 옳은 행위가 없다고 생각했기 때문입니다. 카르네아데스에 따르면 신은 전능하든가 아주 무능할 것이고, 유형적이거나 무형적인 존재입니다. 신이 전능하다면 이 세상의 악과 무지가 어떻게 있을 수 있으며, 정해진 모습이 없다면 우리가 어떻게 그를 알 수 있겠는가 하는 주장이지요. 참으로 어려운 이야기입니다. 결국 이러한 회의주의자는 절대적인 권위에 도전하는 의의를 남기긴 했지만 '우리는 아무것도 알 수 없다.'라는 보다 더 큰 불안과 혼란을 해결하지 못했습니다. 이 의심의 방법으로 얻어 낸 '우리는 아무것도 알 수 없다.'라는 결론은 '알 수 없는 것'을 알려는 논리적 모순과 끝없는 회의라는 악순환을 초래하기 때문입니다.

근대 시대 가장 유명한 회의론자로 데이비드 흄(1711~1776)을 들 수 있습니다. 그는 우리가 일상생활을 영위하기 위해서는 항상 선택하며 결정을 해야 하는데, 그러려면 사물과 사물의 관계에 관하여 판단을 내려야 한다는 것을 믿고 이를 확신했습니다. 확실한 확실성에 도달할 수 없을 때, 우리와 관계가 있는 실재에 관하여 가능한한 잘 판단해야만 합니다. 우리가 일상생활을 통하여 살아야만 하기 때문에 모든 것을 회의적으로 바라볼 수는 없습니다. 생활이 요구하는 판단을 내려야 합니다. 인식론적 차원의 강한 회의가 실생활면에서 부드러워질 수 있는 것입니다. 모든 것을 회의하면서 한시도 살 수 없습니다. 설혹 회의하면서 살 수 있다 해도, 그것이 과연 삶의 가치를 높일 수 있을까요? 논리적으로 타당한 논증이라고 할 수는 없지만 회의론을 반박할 수 있는 하나의 논증이라고 할 수 있습니다. 우리가 살아가는 현실은 중용의 길을 선택할 것을 요구합니다. 우리가 도달할 수 없는 확실성을 요구하는 길과 모든 가능성 중 선택해야 하는 길 사이에서.

07

에피쿠로스학파
: 진정한 행복은?

고대의 자유주의자이며 휴머니스트 : 쾌락의 정원으로 오세요

에피쿠로스학파는 물질적이며 쾌락을 추구하였지만 종교적이지는 않았습니다. 이와 유사한 사상은 20세기에도 많이 생겨났습니다. 에피쿠로스학파는 최초의 자유주의자이며 쾌락주의자입니다.

"정직한 자는 고통으로부터 자유롭지만 부정직한 자는 고통으로 가득합니다." - 에피쿠로스

헬레니즘 시대에 탄생한 철학하기로서 가장 중요하고 영향력을 가진 학파는 에피쿠로스학파와 스토아학파입니다. 에피쿠로스학파는 철학자 에피쿠로스(B. C. 341경~B. C. 270경)에서 비롯합니다. 그의 독특한 사상은 불안으로부터 벗어나는 방법에 관한 생각하기입니다. 에피쿠로스는 죽음과 삶의 불안으로부터 벗어나는 방법을 모색했습니다. 공적인 삶이 예

측 불가능하고 위험한 시기에 그는 개인적 행복과 만족을 추구하는 방법을 가르쳤습니다. 그의 생활 원칙은 은둔입니다. 숨어서 사는 은둔 생활은 당시 부와 명예를 추구하며 영광을 구하려는 자세와 대립됩니다. 에피쿠로스학파는 존재와 삶에 관한 모든 존경심을 삭제하려는 철학하기입니다. 이러한 생각은 물리학의 관점에서 시작합니다.

에피쿠로스는 데모크리토스의 원자론을 수용합니다. 그는 데모크리토스를 따라서 물질적 우주 안에는 오직 원자와 공간만이 존재한다고 믿었습니다. 원자는 무로부터 탄생할 수 없고 무로 되돌아갈 수도 없기 때문에 파괴되지 않고 영원한 것입니다. 그런데 우리는 원자의 운동을 미리알 수 없습니다. 이들 사이에 만들어진 결합은 영원히 지속되지도 않습니다. 원자의 결합으로 이루어진 물리적 대상은 잠시 존재하는 것에 불과하지요. 생명 자체도 원자의 결합으로 시작했다가 원자의 분리로 사라지는 것입니다. 우주 안의 변화란 원자의 결합과 분리의 반복 과정이거나 이러한 대상으로 이루어진 공간 운동일 뿐입니다. 인간도 예외가 아닙니다.

인간도 물리적 대상과 다르지 않습니다. 부드러운 원자가 서로 만나 육체와 정신을 한 몸 안에 만들어 냅니다. 그리고 때가 되면 이들은 피할수 없이 분리되어 사라집니다. 하지만 사라져 없어지는 것에 관하여 전혀불안해 할 필요가 없습니다. 인간이 분리된다는 것은, 죽음 뒤 우리의 몸이 더는 존재하지 않는다는 것을 의미하기 때문입니다. 죽음은 결코 살아 있는 몸을 만나지 못합니다. 우리가 살아 있는 한 죽음은 아직 오지않았으며 만약 죽음이 도래하면 우리는 더는 존재하지 않기 때문입니다. 그러므로 어떤 사람도 종교가 위협하는 죽은 뒤의 일 즉 놀라움을 경험하는 일은 없을 것입니다. 에피쿠로스는 "죽음은 우리를 엄습하지 못합니다."라는 말을 자주 하곤 했습니다. 우리가 이 말을 마음속에 깊이 새기면, 죽음에 관한 불안으로부터 벗어날 수 있다는 뜻입니다.

자연스럽게 에피쿠로스는 신을 추방합니다. 그렇다고 신의 존재를 부정

18세기 영국 철학자 데이비드 흄은 "에피쿠로스가 제기한 물음은 아직 해결되지 않았습니다. 만약 신이 악을 제거하려는데 할 수 없다면, 신은 힘없는 존재입니다. 신이 악을 제거할 수 있는데 제거하지 않는다면, 신은 악을 원하고 있음에 틀림없습니다. 만약 신이 악을 제거하려고 하고 할 수 있다면, 악이 어디서 생겨나나요?"라고 말했다. 프랑스 철학자 볼테르도 이와 유사한 말을 남긴다. 이런 점에서 에피쿠로스의 물음은 여전히 미해결 상태로 남아 있다.

바쿠스

바쿠스(그리스 신화의 디오니소스)는 자연의 매력적 힘을 가진 신이다. 술과 도취로 자신을 잊어버리는 축제를 상징한다. 바쿠스 축제를 기념하기 위하여 흔히 에피쿠로스의 사상을 빌려오곤 했다. 그런데 이것은 에피쿠로스의 생각이 잘못 전해진 결과다.

하는 것은 아닙니다. 그는 신이 우리와 아무런 상관이 없다고 주장합니다. 또한 신이 인간의 일에 간섭하지 않기를 요구합니다. 신은 우리와 관련하여 아무 일도 할 수 없는 존재입니다. 따라는 인간은 신에게 구할 것도 없고 그들을 두려워할 필요도 없습니다. 신은 우리에게 존재하지 않는 것과도 같습니다.

에피쿠로스는 철학 이론가라기보다는 '어떻게 하면 이 세상에서 바르게 살 수 있을까?'라는 물음에 관한 하나의 삶의 모델을 제시한 사람입니다. 그는 사모스 섬에서 태어나 아테네에서 활동했는데, '정원'은 그에게 상당한 의미를 가졌던 것 같습니다. 그는 교외에 한 정원을 구해서 그의 학원을 '에피쿠로스의 정원'이라고 부르며, 이곳에서 사람들과 공동생활을 했습니다. 이 공동체 생활을 통하여 사람들은 서로에 관한 우정과 존경을 배우고, 삶과 죽음에 관한 공포를 극복하면서, 자유롭고 행복한 삶을 추구했습니다. 이러한 공동체 생활은 에피쿠로스의 비판자들까지 칭찬하며 부러워했다고 합니다.

에피쿠로스는 옳은 것과 옳지 않은 것을 어떻게 구별하느냐 하는 문제를 제기합니다. 그는 진리와 거짓을 판단하는 시금석으로 우리가 보고 듣고 느끼는 감각적 지각을 끌어들입니다. 진리란 현실적으로 나타나야 하며, 이러한 진리만이 생각에 도움을 줍니다. 이러한 생각은 지각을 통해 얻은 내용에 지성을 보완하려는 것으로 대단히 현대적인 시각입니다. 어떤 위치에서 보느냐에 따라 하나의 사물이 둥글게도, 모나게도 보일 수 있습니다. 이는 경험을 통하지 않고서는 얻을 수 없는 진리입니다. 가까이 가서 사물에 모가 났다는 것을 확인한 뒤에도, 멀리서 볼 때는 둥글다는 주장은 여전히 맞는 말이 되기 때문입니다. 어떤 사람이 멀리서 보았을 때는 좋은 느낌을 주지만, 가까이에서 전혀 다른 느낌을 줄 때가 종종 있습니다. "자세히 보니 전혀 다르군!" 하고 실망을 하더라도, 그 사람은 멀리서 보면 여전히 좋은 느낌을 주는 사람입니다. 이렇게 경험에 의한 확인과 인상이 반복되어 우리는 개념을 이해하게 되고, 이 이해를 바탕으로 이성적인 생각을 하게 된다는 것입니다. 그럼에도 하나의 사물을 놓고, 그것을 둥글게만 보는 사람과 모나게만 보는 사람 간의 간극을 어떻게 서로 좁힐 것인가 하는 문제는 여전히 풀리지 않은 채로 남아 있습니다.

에피쿠로스의 철학은 일반적으로 쾌락을 추구하는 윤리학으로 알려져 있습니다. 이 쾌락의 욕구가 채워질 때 삶이 행복해진다는 주장입니다. 이는 매일매일 기쁨보다는 고통을 더 겪게 되는 사람에게는 매력적으로 들릴 수밖에 없습니다. 사람은 쾌락을 위해서 태어났다? 그렇다면 이들이 말하는 쾌락은 어떤 것일까 하는 의문이 생길 것입니다. 이들이 말하는 '쾌락'은 일단 우리를 유쾌하게 하거나 기쁘게 하는 모든 체험을 말합니다. 여기에서 문제가 생깁니다. 그렇다면 무엇이 우리를 진정으로 기쁘게 할 수 있는가? 즉 쾌락의 수준과 질의 문제입니다. 모든 욕구가 채워질 때 우리는 반드시 기쁨과 만족을 얻나요? 이 질문에 관해 에피쿠로스 같은 철학자만이 아니라, 우리 또한 "아니다."라고 대답할 수 있습니다. 어떤 욕구는 채워짐으로써, 오히려 우리에게 더 많은 고통과 슬픔을 주기도 합니다. 한순간 생긴 미움 때문에 가까운 사람에게 상처를 입히거나, 이기적인 욕심을 채우기 위해 신뢰를 저버렸을 때, 우리는 기쁨 대신 고통과 불행을 얻습니다.

에피쿠로스는 모든 욕구의 충족으로 쾌락을 얻는 것이 아니고, 질이 좋은 선한 기쁨을 통해서 쾌락을 얻는다고 주장합니다. 에피쿠로스에 따르면 육체적인 욕구는 정신적인 욕구로, 일시적인 것은 영원하고 순결한 것으로 발전되어야 하며, 여기에 우리의 이성적인 사고가 필요하게 됩니다. 이러한 의미의 쾌락은 우리의 수준 낮은 욕망을 채우기보다는 억제하고, 세상에 널려 있는 거센 유혹을 이겨냄으로써 가능합니다. 쾌락에 따르는 또 하나의 문제는 어떻게 하면 즐거운 상태가 계속될 것인가 하는

메멘토 모리

메멘토 모리는 '죽음을 기억하라.'는 라틴어 문장. 에피쿠로스 학파는 두개골을 죽음의 상징으로 보았다. 사람은 죽음을 벗어날 수 없다. 죽으면 아무것도 할 수 없다. 그래서 외친다. 살아 있는 동안 "자신에게 주어진 삶을 즐겨라!"

점입니다. 아무리 고상한 쾌락이라고 하더라도 지속될 수 없다면, 우리는 다시 괴롭고 고통스러운 상황에 빠지게 됩니다.

이 지속적인 쾌락의 상태는 현란한 세상의 손짓에 흔들리지 않는 의지로서 가능하게 됩니다. 이런 의미에서 쾌락은 뜨거운 열정의 상태가 아니라, 불안과 공포가 없는 평화로운 상태입니다. 이렇게 육체적 고통과 정신적 불안이 없는 고요한 마음의 상태를 '아타락시아'라고 합니다. 우리가 이 아타락시아의 완전한 마음을 얻을 수 있다면, 빵과 물만으로 살면서 제우스 신보다 더 행복할 수 있다는 것입니다. 하기야 제우스는 신으로 태어났지만 누구보다 많은 갈등과 인간적인 고통과 사랑을 겪었으니 말입니다. 고통과 불안으로부터 벗어나야 한다는 에피쿠로스의 주장은 죽음에 관한 다른 의견을 내놓습니다. 죽음이란 사실 우리가 감각으로 알 수 없고, 감각이 없는 것은 우리에게 아무런 의미를 갖지 않기 때문에 두려워할 이유가 없다는 것입니다. 고통에서 벗어날 수 없다면 죽음을 선택할 수도 있다는 주장도 내놓습니다. 죽음을 모든 것의 해체와 분리로 여기기 때문에 종교도 일종의 미신으로 봅니다. 죽음의 공포나 영원한 삶에 관한 욕망으로 종교를 구하는 것은 어리석은 일이라는 주장입니다.

우리가 할 수 있는 일은 오직 자연 속에서 순환의 질서를 배우고 덕을 쌓는 행동으로 자연에 순응하는 문화를 이루는 것입니다. 자연에 조용히 귀의해서 금욕적으로 사는 것을 최선으로 여겼던 철학은 많은 변화와 적극성을 요구하는 역동적 사회에서는 대단히 소극적으로 보일 수 있습니다. 도전과 건설보다는 한 걸음 뒤로 물러서 개인의 자유와 무소유를 더 소중하게 여기기 때문입니다. 이렇게 볼 때 에피쿠로스가 모든 인간적인 욕구와 감정이 부끄럽고 허무한 것이라고 가르치는 장소로 정원을 선택한 것은 그의 자연에 관한 존중과 잘 들어맞는다고 할 수 있습니다.

여성과 노예를 위한 생각하기?

이 그림은 에피쿠로스가 책상에 서 글을 쓰고 있는 모습을 보여 준다. 이 책의 첫 텍스트는 감각 적 사랑의 신, 비너스를 찬양하 라!다.

　지금은 우리가 존재하고 있지만, 언제가 더는 존재할 수 없다는 것은 피할 수 없는 운명이기 때문에 살아 있는 동안 최선의 것을 이룩해야 합 니다. 우리의 목적이 되는 최선의 것, 그것은 바로 행복입니다. 행복에 도 달하기 위하여 우리는 외형적 삶이 주는 폭력과 불확실함으로부터 거리 를 두어야 합니다. 행복은 오직 같은 의견을 공유하는 사적 공동체 안에 서 찾을 수 있습니다. 공동체 생활은 매우 단순합니다. 편안히 몸을 유지 하고 이웃과 좋은 관계를 갖기 위하여 크게 욕심을 부리지 않고 주어진 작은 것에 만족해야 합니다. 또한 다른 사람을 해치지 않는 한 어떤 행위 도 금지할 필요가 없습니다.

　에피쿠로스학파가 설립한 공동체는 기본적으로 누구에게나 개방적이 었습니다. 심지어 여성과 노예도 공동체의 구성원이 되는 것을 환영했습 니다. 하지만 에피쿠로스는 곧 사회적 저항을 불러왔습니다. 신의 존재와 불사를 부정하고 이 세상의 가치를 적극적으로 긍정했기 때문에 에피쿠 로스학파는 앞으로 다가올 그리스도교 추종자에게 적으로 간주됩니다. 이러한 에피쿠로스학파 사상은 20세기에 생겨난 자유주의적인 휴머니즘 과 유사합니다. 우선 자유롭고 개인적 만족을 추구한 에피쿠로스학파의 사상은 루크레티우스(B. C. 96경~B. C. 55)의 《사물의 본성》이라는 책을 통해서 로마 문화로 흘러들었습니다. 시인 루크레티우스는 에피쿠로스학 파의 열정적 삶 속에서 영혼의 치유를 발견하려는 시도를 했습니다. 그러 나 정신 이상 생겨 스스로 목숨을 끊지요. 중세에 이르러 에피쿠로스학 파는 반그리스도교로 몰려 사라져 갔습니다. 그러다 16세기부터 재발견 되어 근대 과학과 휴머니즘의 발생에 영향을 주게 됩니다.

08

스토아학파 : 품격 있는 삶

무소유의 자유로움 : 로마 제국을 지배한 생각하기

"인간이 원하면 운명은 그를 이끌지만, 인간이 원하지 않으면 운명은 그를 내팽개쳐 버린다." – 세네카

키티온의 제논
스토아학파의 창시자 제논은 엘레아 지방 출신 제논과 다른 사람이다. 그는 법이 지배하며 정치 기구가 보편적 타당성을 가져야 한다고 주장한다.

죽음과 불행은 우리의 능력 밖의 일로서 누구도 이를 피할 수 없습니다. 우리는 그들을 품격 있게 맞이해야 합니다.

스토아학파는 기원전 5세기에 시작되었습니다. 이들의 사상을 통하여 서양의 생각하기가 더는 그리스적인 것에 머물지 않고 국제적으로 넓게 퍼져 갑니다. 앞에서 언급한 것처럼 알렉산드로스의 동방 원정 때문에 그리스 문화는 넓은 세계로 확산되었습니다. 초기 스토아학파는 시리아 사람이 이끌었고, 로마 사람이 뒤를 이었습니다. 스토아학파는 다양한 계층 사람의 호기심을 불러일으켰습니다. 에픽테투스 같은 노예도 있고, 마르쿠스 아우렐리우스 같은 로마 황제도 있습니다. 이들은 자칭 알렉산드로스의 계승자라고 하였습니다.

　스토아학파란 이 학파의 창시자인 제논(B.C. 335경~B.C. 263경)이 아테네 아고라 광장의 돌기둥 사이를 거닐면서 가르친 데서 유래합니다. '스토아'란 이 돌기둥을 뜻하고, '아고라'는 시민 생활의 중심지로서, 시장이 열리고 의회와 법정이 있던 곳입니다. 그리스 도시국가가 힘을 잃고 로마가 강력한 국가로 발전하자, 그리스 문화는 로마의 영향을 받습니다. 그래서 그리스 사상은 점차 세계 시민적 성격을 띠게 됩니다. 스토아학파의 생각하기는 이성에 최고의 권위를 부여합니다. 이성을 통하여 우리에게 알려진 세계야말로 진정한 자연의 세계입니다. 경험한 세계 그 이상의 세계는 존재하지 않습니다. 자연현상은 원리에 의하여 움직이는데, 그 원리는 이성에 의하여 파악됩니다. 인간은 자연의 일부입니다. 자연과 인간에게 가득 차 있는 이성적 정신은 바로 신에 의하여 의미된 그것입니다. 따라서 신은 세계 밖에 있지 않고 세계와 떨어져 있을 수도 없습니다. 신은 세계를 관통하고 있습니다. 신은 세계의 정신이며 동시에 세계에 관한 자기의식입니다.

감정이 곧 판단입니다

　사람은 자연 안에서 살고 그 속에서 생을 마감합니다. 이러한 의미에서 사람은 자연과 하나입니다. 사람은 자연 안에서 존재하고 자연을 넘어선 다른 어떤 영역에서도 존재할 수 없습니다. 그래서 우리가 죽은 뒤, 어떤 다른 세계로 가는 것이 아니라는 것은 분명한 사실입니다. 우리가 살았던 바로 이 땅 위에서 다시 자연으로 돌아갑니다. 스토아학파는 이러한 확신과 노력 위에 자신의 윤리학을 세웠습니다.

　자연은 합리적 원리에 따라서 변화되고 지배됩니다. 자연 안에 있는 모든 사물이 있는 그대로 자기만의 모습을 갖고 있고, 그럴만한 충분한 이

죽음의 선택
스토아학파에서 자살은 금기가 아니었다. 그와 반대로 인간의 당연한 권리로 인정했다. 인간이 삶에 관한 권리를 갖듯이 죽음을 선택할 권리가 있다는 생각이다.

유가 있습니다. 사람은 자연 흐름의 방향과 원인을 바꿀 수 없습니다. 우리는 죽음도 당연한 것으로 받아들여야 하며, 비극적인 모든 것에 관하여 있는 그대로 순응해야 합니다. 인간의 감정은 자연이 하는 일에 관하여 거부하는 느낌을 가질 수 있지만, 이것은 옳은 일이 아닙니다. 스토아학파에게 감정이란 하나의 판단이며 인식입니다. 즉 참이거나 거짓인 앎입니다. 예를 들면 탐욕이란 하나의 판단으로서 잘못된 판단입니다. 왜냐하면 탐욕은 돈이 최고의 선이며, 모든 수단을 다하여 획득해야 하는 것으로 생각하기 때문입니다. 사람이 모든 감정을 이성의 통제 아래 둔다면, 참된 판단에 이르게 되고, 사물의 있는 그대로의 모습과 일치하게 될 것입니다.

욕망을 자제하고 운명과 사물을 있는 그대로 받아들이는 스토아학파 사상은 사람들로 하여금 거친 운명에 초연하고 이를 품격 있게 수용하는 태도를 갖게 하였습니다. 그런데 이러한 수동의 태도는 사람들을 더 격한 시련으로 내몰았습니다. 사람이 살다 보면 더는 견디기 어려운 시간이 오기 마련입니다. 예를 들면 경제적 파탄, 개인적 멸시와 수치, 병마의 고통과 회복 불가능한 상황에 이를 수 있습니다. 이러한 경우 스토아학파 사람들은 삶을 스스로, 고통 없이 마감하는 것이 가장 현명한 행위라고 생각했습니다. 유명한 스토아 학자들 스스로 자신의 목숨을 끊어 자살을 선택했습니다. 세네카가 그 유명한 사례지요.

스토아학파는 루키우스 세네카(B. C. 4경~A. D. 65)*와 마르쿠스 아우렐리우스(121~180)*에 의해서 잘 표현되었습니다. 이들은 스토아학파 사상의 창시자는 아니지만 스토아 사상의 중요성을 만들어 가는 데 큰 공헌을 했습니다. 특히 이들은 저술을 통하여 스토아학파 이론을 일반 사람에게 전달했고 오늘날까지 깊은 감명을 주고 있습니다.

"스토아학파에 속한 사람은 누구나 한 사람의 스토아 학자입니다. 그런데 그리스도교 안에서 누가 그리스도인가요?" – 랄프 왈도 에머슨

✱ 루키우스 세네카
로마의 철학자이자 정치가인 세네카는 네로 황제의 스승이기도 했다. 로마 제국을 통치하는 권력을 가졌지만 네로의 마음이 자신으로부터 떠난 것을 알고 스스로 목숨을 거둔다.

스토아학파는 초기, 중기, 후기로 나뉘는데 제논이 창시한 스토아학파는 중기에 로마로 전파되어, 후기에 이르러서는 우리에게 대단한 문장가로 알려진 세네카가 더욱 발전시킵니다. 이렇게 하여 그리스 철학은 로마로 건너가서 그리스적 로마 문화를 형성하는데 기여하였고 동시에 세계로 통하는 로마 정신에 흡수됩니다. 여기에서 보듯, 한 시대의 사상과 문화가 변화하는 정치·경제와 깊은 관계가 있다는 것을 알 수 있습니다.

스토아 철학은 동양 사상과 가까운 점이 많습니다. 스토아학파의 중심 분야는 논리학, 물리학, 윤리학입니다. 이를 정원에 비유하자면 논리학은 정원의 울타리고, 물리학은 나무에 해당하며, 윤리학은 열매입니다. 스토아학파는 논리학을 통해 언어에 관해 연구했고, 물리학을 통해 우주의 근원을 찾으려 했습니다. 이 학파는 '불'이 세상의 모든 것을 만들었다고 생각합니다. 그래서 불은 힘이며 동시에 이성적인 정신이라고 믿었습니다. 한 가지 흥미로운 점은 이 철학의 정원에서는 무슨 열매를 추수하는가 하는 것입니다. 그 열매는 바로 사람이 행복하게 살 수 있는 윤리적 방법을 아는 일이었습니다. 스토아학파의 윤리를 한마디로 요약하자면 정해진 자연 질서에 순응하자는 운명론입니다.

✱ 마르쿠스 아우렐리우스
아우렐리우스는 161~180년 동안 로마 황제였다. 그가 통치했던 시기는 로마의 황금 시대라고 전해진다. 그는 스토아학파에 속했으며 저술가이도 했다. 그는 최고의 권력자이면서 동시에 철학자이기도 한 전형을 보여 준다.

스토아학파는 이 세계는 정해진 질서에 따라 미리 예정되어 있고, 우리는 이를 피하거나 거부할 수 없다고 역설합니다. 이를 운명이라 부르며 정해진 질서는 곧 자연의 법칙입니다. 설령 우리가 우리에게 일어날 일을 미리 안다고 하더라도 별 소용이 없습니다. 그 예를 우리는 《오이디푸스》에서 보게 됩니다. 아버지를 죽이고 어머니와 결혼할 것이라는 운명을 미리 알았지만 피해갈 수 없었던 것처럼, 이 세계는 완벽한 계획과 질서에 따라 움직이며 필연적으로 일어나야 하는, 우리가 알 수 없는 보다 더 큰

목적을 위한 것입니다. 하지만 이를 운명이라고 부른다 해서 스토아 철학자가 적극적인 삶을 포기하거나, 삶을 불행의 연속으로 본 것은 결코 아닙니다. 옛말에 '팔자 도망은 못 한다.'는 말이 마음 내키는 대로 살라는 뜻이 아니고 과욕을 버리라는 뜻이듯이, 스토아학파 역시 마음의 평화를 권합니다.

우리가 불행하게 느끼고 마음의 평화를 잃는 것은, 이 세계가 불행과 슬픔으로 가득 차 있기 때문이 아니라, 우리의 지나친 욕심과 자연의 질서를 거슬리는 교만함에서 온다는 것입니다. 뱁새가 황새를 좇으려는 과욕은 결국 불행으로 끝나게 되니, 뱁새는 뱁새다운 걸음걸이로, 황새는 황새답게 겸허한 자세를 가져야 한다는 주장입니다. 자연의 질서를 받아들이고 자신의 감정을 다스릴 때, 우리는 행복해질 수 있다는 의견입니다. 따라서 행복은 '마음을 비우는' 상태에서만 가능합니다. 이 '마음 비우기'는 깊고 냉철한 이성적 생각 끝에 도달할 수 있으며, 운명적으로 주어진 일을 더욱 능동적으로 추진하는 자세입니다.

우리가 자연을 통하여 삶과 죽음의 순환을 배우고 준비한다면 오히려 더 만족스러운 생활을 할 수 있는 것처럼 말이지요. 자연을 거슬리지 않는 삶이란, 자연의 질서에서 '나'를 끌어가는 거스를 수 없는 질서를 발견하고, 나 자신을 자연의 일부로 보는 것을 뜻합니다. 자연을 중요시하는 스토아학파에게서 오늘날의 환경 운동과 일맥상통하는 것을 볼 수 있다는 생각이 듭니다. 스토아 철학의 운명론은 자포자기에서 나오는 수동적인 삶과는 거리가 먼 것으로, 사람은 거대한 자연의 질서가 파괴되지 않도록 적극적으로 헌신적인 노력을 해야 한다는 논리입니다.

스토아학파는 자연에 관한 헌신을 자신이 속한 공동체와 전 인류까지 넓힐 것을 주장합니다. 나는 나에게만 속하지 않고 친구, 부모, 인류와 우주에 속하기 때문입니다. 이러한 관계를 잘 파악하고 받아들이는 자세가 우리를 행복하게 만들며, 이 세계가 만들어진 목적에 맞는 것이라고 스토아학파는 말합니다.

후기의 대표적인 스토아 철학자 세네카는 알려진 대로 네로 황제의 스승이었으나, 제자였던 네로에게 자살을 강요받고 이를 받아들입니다. 이를 보면 세네카의 철학은 네로를 그다지 계몽시키지 못한 듯하지만, 후세에게 많은 교훈을 줍니다. 흥미롭게도 다양한 계층에서 스토아 철학자가 배출되는데 검투사였던 루프스, 노예였던 에픽테토스, 황제였던 아우렐리우스를 들 수 있습니다.

스토아학파가 남긴 윤리적 태도는 후세 사람에게 깊은 인상을 남겼습니다. 물론 그 태도를 따르기는 어렵지만, 실천이라는 윤리학의 특성을 잘 드러내 주었습니다. 이 사상은 그리스도교 윤리학 형성에도 많은 영향을 주었습니다. 불행한 일을 겪었을 때, 사람들은 스토아 사상에 근거하여 비탄해하지 않고 불행에 순응하는 태도를 키웠습니다. 수많은 사람의 엄숙하고 자기 절제적인 태도에는 스토아 이론의 본질적인 요소가 살아 숨 쉬고 있습니다.

09

신플라톤주의
: 오직 절대자만을 향한 사랑

절대자는 넘쳐흐르고 사랑은 비상합니다

"유일자는 근원적인 힘으로서 자기 생각을 통해 만물이 흘러나오게 하는 능력을 갖고 있습니다. 마치 태양으로부터 광선이 나오고 불에서 열이 나오는 것처럼, 이 유일자에서 모든 유한한 존재가 흘러나옵니다." - 플로티노스

플로티노스
이집트 출신으로 유출설을 주장하여 중세 그리스도교가 태동할 수 있는 이론적 배경을 제공하였다.

폴리스라고 불리는 민주 도시국가가 로마 제국에게 정복되어 차츰 약해지고, 강한 중앙집권적 체제가 들어서면서 철학 또한 변화를 겪습니다. 이상적인 철학적 물음은 이제 삶과 가치에 관한 것이 아니라, 지혜로운 처신법, 풍부한 상식을 나타내는 수단이 되어 가고 심지어는 권력자의 수준 있는 교양을 위한 것이 되어 갔습니다. 이렇게 철학이 세속화되어 가는 것을 비판하면서 플라톤의 이상주의적 철학으로 돌아가려던 사람이 신플라톤주의자 플로티노스(205~270)입니다. 중세 그리스도교의 교리를 수립한 아우구스티누스의 철학이 완성되기까지 고대 철학의 유산을 물

2장. 로마 제국의 철학 : 황제에서 노예까지

려준 사람이 플로티노스라고 할 수 있는데, 플로티노스의 철학 어디에도 그리스도교적 요소는 전혀 개입되어 있지 않으며 그에 관한 언급은 찾아볼 수 없습니다. 플로티노스가 본래 의도한 것은 플라톤의 철학을 새롭게 재해석하는 것이었으며, 이러한 이유로 그의 철학하기를 신플라톤주의라고 부릅니다.

플로티노스는 205년 이집트에서 태어났습니다. 그는 알렉산드리아에서 철학을 배웠다고 알려져 있습니다. 이 당시 알렉산드리아는 고대 세계 지성의 교차로였으며 여기에서 플로티노스는 피타고라스, 플라톤, 아리스토텔레스, 에피쿠로스, 스토아학파를 포함하는 고대 철학을 광범위하게 접할 수 있었습니다. 그는 플라톤의 사상을 재해석함으로써 이외의 사상을 비난 혹은 반대할 능력을 키워 나갔습니다. 플로티노스는 40살이 되던 해에 알렉산드리아를 떠나 로마로 갔는데, 그곳에서 수많은 논문을 썼습니다. 플로티노스는 훌륭한 연설가였으며 동시에 정신적 관념론을 세운 사람이었습니다. 아우구스티누스는 플로티노스를 '단지 몇 마디만' 바꾸면 그리스도교인이나 마찬가지라고 말하였을 정도였습니다.

현실의 혼란스러움과 거센 물질적 유혹을 단순히 외면하거나 결코 알 수 없는 것으로 거부하는 것은 플로티노스에게는 영혼과 그 영혼의 행복에 관한 포기를 뜻하는 것입니다. 플로티노스는 영원하고 완전한 진리이며, 동시에 근원적인 아름다움을 가진 존재를 생각합니다. 이 존재의 진리 안에서만 참된 자신을 발견할 수 있다고 믿습니다. 이러한 이유로 그를 신플라톤주의자라고 부릅니다. 이렇게 플라톤의 이데아설이 플로티노스에 의하여 고대 철학의 마지막에 다시 철학적 부활을 경험하게 됩니다. 플로티노스는 로마에 살면서 제자를 가르치다가 243년경에 로마의 페르시아 원정에 참가했는데, 그 이유가 인도와 페르시아의 동방 철학을 알기 위해서였다고 하니, 그의 학문적 열정을 알 만합니다.

플라톤의 이상주의, 이데아설을 이어받은 플로티노스는 '유일자'를 주장했는데, 이는 '완전' 그 자체며 '선'이며 동시에 '아름다움'입니다. 이 존재는 절대적이고 영원한 완벽함에 있어서 '천상천하 유아독존'의 위치에 있는 것입니다. 이 세상의 모든 만물은 이 유일한 존재로부터 흘러나오고 언젠가는 반드시 이 존재에게로 돌아갑니다. 이는 시작뿐만 아니라 과정이며 끝이라는 것을 말합니다. 햇빛은 태양으로부터 나오며, 태양과 빛은 서로 분리할 수 없듯이 이 세상의 모든 존재는 그의 근원인 이 유일자로부터 분리될 수 없다는 주장입니다.

복합적인 사물로 구성된 물질세계는 항상 변하기 때문에 참된 실재일 수 없다고 고대인은 믿었습니다. 플로티노스 역시 불변하는 것만이 존재 가능하며 따라서 이 불변의 실재는 물질세계와 구별되는 것이어야 한다는 주장에 동의하였고, 참된 실재는 곧 신(神)임을 강조하였습니다. 신은 물질적인 것도 아니고 유한하지도 않으며 불가분적이고 변화하는 물질이나 영혼 같은 특별한 형상도 가지지 않습니다. 또한 신은 지성의 어떠한 관념으로도 한정되지 않으며 감관으로도 감지되지 않고 다만 신비적인 무아의 경지 속에서만 도달 가능합니다. 인간의 언어로는 표현 불가능한 존재입니다. 신은 절대적이며 완전하고 무한한 동시에 실재입니다. 그렇기 때문에 신은 일자*라고 생각하였습니다.

일자는 특별한 사물의 총체가 될 수 없다고 플로티노스는 주장합니다. 일자는 그것들의 유한한 존재를 설명해 주는 원천이기 때문이지요. 플로티노스의 주장에 따르면, '일자는 존재하는 어떤 사물일 수 없으며 현존하는 모든 존재에 선행합니다.' 속성의 모든 관념은 유한한 물질적 사물에서 비롯되었기 때문에 우리에게 일자의 속성이라고 할 수 있는 명백한 속성은 없습니다. 그러므로 우리가 신에 관하여 어떻다고 말하는 것은 불가능합니다. 그러한 과정은 신을 어떤 한계 내에 한정시킬 뿐입니다. 신이 하나라고 말하는 것은 신은 있다, 신은 세계를 초월한다, 신은 어떠한 이중성·가능성 혹은 물질적인 제한을 가지지 않고 단순하다, 신은 모

* 일자

이 세상의 모든 것이 비롯되며 궁극적으로 돌아가는 것, 절대자에 관한 이름으로, 로마의 철학자 플로티노스의 용어이다.

든 차별을 초월한다는 말과도 같습니다. 어떤 의미에서 신은 자기 인식적인 활동에 참여할 수 없습니다. 이러한 활동이란 활동이 일어나기 전과 후의 각각의 생각을 통한 복합성을 내포하며 이에 따라 변화를 내포하게 될 것이기 때문입니다.

그런데 이 유일자는 어떻게 세상 만물을 흘러 보낼까요? 이 유일자는 그 자신이 충만해서 넘치기 때문에 흘러 보낼 수밖에 없습니다. 우리가 할 수 있는 것은 태양과 같은 유일자를 인식하는 것이 아니고 그를 그대로 믿고 받아들이는 것입니다. 이 흘러내림을 '유출'이라고 하는데, 유출되어 생겨난 사물은 자신의 존재에 알맞은 단계를 갖게 됩니다. 유출된 것 가운데 최초의, 또한 최상의 것은 신의 정신 즉 이성이고, 그다음 단계에서 영혼이 유출되며, 제3의 유출이 육체를 포함하는 감성계입니다. 자연의 물질도 이 단계에 속합니다. 이렇게 그 단계에 따라서 유일자의 빛은 약해지고, 마침내 맨 마지막에 어둠이 위치합니다.

이성과 영혼이 없이는 우리는 한낱 어둠에 지나지 않습니다. 우리를 사람답게 만드는 것은 이성과 영혼이라는 높은 단계의 유출이 있기 때문입니다. 육체는 정신에 의하여 어둠에서 벗어나며, 정신은 육체를 극복해야 하는 어려운 일을 맞게 되는 것입니다. 이 유일자에게서 멀어짐에 따라서 완전함과 선함이 적어지기 때문입니다.

이렇게 넘쳐흐르는 절대적인 유일자로부터 생겨난 세계 만물은 그 유일자로부터 완전히 멀어질 수 없으며 오히려 그에게 돌아가려는 '식지 않는 사랑'으로 운명 지워져 있습니다. 어둠은 빛이 되고자 하고, 악은 선을 이길 수 없고 절망은 희망을 꺾지 못한다는 주장입니다. 본래의 것으로, 한 단계 더 높은 곳으로, 더 나은 것으로 돌아가려는 영혼의 활동을 상승이라고 하는데, 이 상승을 통해 영혼은 정화되고, 물질적이고 일회적인 것을 극복하게

일자로부터 넘쳐흘러 나온 빛은 일자에게서 멀어질수록 점점 약해진다. 곧 신의 속성과 멀어진다.

됩니다.

이 정화하는 원동력을 플로티노스는 '사랑'이라고 보았습니다. 근원으로 돌아가려는 열정과 사랑이 우리를 상승하게 하며, 이 근원은 우리가 돌아가야 할 '존재의 고향'입니다. 근원으로 돌아가려는 '회귀 본능'은 연어가 수만 킬로미터를 되돌아오는 것과 같이 '거리'로 나타나는 물리적인 것이 아니라, 내 안의 내면이 날아오르는 것을 말합니다. 날아오르는 날갯짓은 사랑을 통해서 이루어지고 도달점은 최고의 선과 평화입니다. 누구나 이곳에 도달하고자 하므로 우리에게 고향이 되는 것입니다. 늘 바라보며 그리워한다는 뜻이겠지요.

이 고향으로 돌아가기 위해서는 반드시 한 가지가 필요합니다. 우리는 '명상'을 통하여 이 고향이 우리가 현재 있는 곳보다 아름답고 선하며 매력 있는 곳이라는 점을 알아야 합니다. 아무리 고향이라고 해도 그곳이 더 낫지 않다면 아무도 돌아가려고 하지 않을 겁니다. 이 '영원한 고향'으로 가는 길이야 당연히, '명절에 고향 가기'보다 훨씬 많은 극기를 요구하지 않을까요? 명상은 우리가 현재의 육체나 물질적 세계보다 정신적 고향이 더 낫다는 확신을 얻는 방법이며 과정입니다. 최선의 아름다움을 명상하는 이러한 행위는 무엇보다 예술과 철학에서 이루어집니다.

예술을 통해 우리는 감각적 아름다움을 지각하게 되며, 명상을 통해 물질세계의 부족함을 알고 정신세계로 도약합니다. 명상을 통해 영혼이 물질로부터 자유로워진 상태로 '황홀' 즉 태초의 유일자에게로 '침잠', 내면의 끝까지 깊이 들어가는 '완전한 비상'을 경험하게 된다는 논리입니다. 이는 우리 안에 있는 절대적 존재와 만나는 것입니다. 이렇게 설명된 유일자는 사실 대단히 종교적인 측면을 갖게 되고 신적인 모습으로 우리에게 전달됩니다. 이러한 이유로 플라톤 철학은 그리스도교에 많은 영향을 주었고, 플로티노스의 글은 성경을 읽는 것 같은 느낌이 들 정도입니다. 플로티노스는 정신이 절대자를 체험하고 자신의 인간적 부족함을 극복하는 것을 삶의 최고의 목적으로 삼고, 현실적인 문제보다는 영혼의 세계를 철학의 문제로 다루었습니다.

빛이 태양에서 방출되어 나오면서 점차 그 강도가 감소하듯이 신으로부터 유출되는 존재의 등급은 거리가 멀어질수록 완전성이 감소합니다. 연속적인 유출은 마치 모든 본질이 자기보다 바로 아래에 있는 것을 존재하게 하는 작용 원리가 있기나 한 것처럼 다음에 나오는 더 낮은 유출의 원인이 됩니다. 이런 식으로 정신은 영혼의 원천이 됩니다. 세계의 영혼은 두 가지 양상을 띠고 있습니다. 위로 올려다볼 때, 즉 누스*나 순수 이성 능력을 향할 때 영혼은 만물의 영원한 관념을 바라보려고 합니다. 아래쪽을 내려다볼 때, 그것은 한 번에 한 사물을 추론하며, 모든 본질에게 삶의 원리를 부여해 주고, 사물의 관념과 자연적 질서의 현실적 영역과 간격을 이어 줌으로써 유출합니다.

인간의 영혼은 세계의 영혼으로부터 유출되었습니다. 세계의 영혼과 같이 인간의 영혼도 두 가지의 양상을 떱니다. 위를 바라볼 때, 인간의 영혼은 정신 혹은 보편적 이성을 공유하며, 아래쪽을 내려다볼 때 그 영혼은 육체와 연관되지만 그것과 동일하지는 않습니다. 여기에서 플로티노스는 플라톤의 영혼의 이데아를 재확인하며 영혼과 육체와 결합하는 것을 타락으로 간주하였습니다. 더구나 죽은 뒤에 영혼은 한 육체에서 또

*누스
모든 사물을 지배하는 근원적인 원리로서 마음이나 정신 혹은 이성을 이르는 말

충만성

연속성

계층성

세 가지 관점에서 바라본
존재의 대사슬

다른 육체로 이동하는 일련의 순환으로 들어간다는 것입니다. 플로티노스는 정신적이고 참으로 실재하는 그 영혼은 소멸되지 않으며 다시 세계의 영혼 속에서 다른 모든 영혼과 만나게 된다고 보았습니다.

존재의 질서에서 최하위의 단계, 즉 일자로부터 가장 멀리 떨어져 있는 것은 물질이라고 플로티노스는 기술하였습니다. 유출할 때 작용하는 원리가 있는데 그 원리가 요구하는 것은, 더 높은 등급의 존재는 그 다음의 영역을 따라 흘러 넘쳐야 한다는 원칙입니다. 따라서 이것은 관념과 영혼 뒤에는 기계론적인 질서 속에서 이루어진 물질적 대상 세계가 나타난다는 사실을 말합니다. 물질세계도 더 높은 양상과 더 낮은 양상을 보여 줍니다. 더 높은 것은 운동 법칙에 관한 감수성이며 더 낮은 것, 즉 최하위의 물질적 본질은 충돌과 소멸을 향하여 목적도 없이 움직이는 조잡한 물질의 어두운 세계입니다. 플로티노스는 물질을 가장 어둡고 멀리 떨어져 있는 빛, 그 자체가 어둠인 빛의 최극한에 비유합니다. 분명히 어둠은 빛과 정반대이며 마찬가지로 물질은 정신과 정반대이고 일자와 정반대입니다. 물질이 영혼과 결합하여 존재하는 한, 물질은 그만큼 완전한 어둠을 이루지 못한다는 것입니다. 그러나 빛이 완전한 어둠의 지점까지 가려고 하는 것처럼 물질은 그것이 비존재로 되어 사라져 버리게 되는 무의 경계선에 서 있다고 플로티노스는 말합니다.

플로티노스는 유출설에 의해 신은 자신의 완전성을 가능한 많이 공유하기 위해 필연적으로 흘러넘친다고 하였습니다. 신은 자신을 완전하게 모사할 수 없기 때문에 그는 유일하고 가능한 방식으로, 다시 말하자면 유출 속에서 완전성의 모든 가능한 정도를 표출함으로써 그것을 대신한다는 주장입니다. 그렇기 때문에 누스뿐만 아니라 최하위의 존재인 물질을 가져야만 합니다. 거기에 도덕적인 악, 죄, 고통, 정욕의 갈등, 죽음과 슬픔이 있습니다. 완전한 존재자로부터 어떻게 불완전한 것이 유출되었을까요? 플로티노스는 여러 가지 방식으로 악의 세계를 설명하였습니다.

그에 따르면 악은 나름대로 완전성의 위계질서 속에 한 위치를 점유합니다. 악이 없다면 사물의 체계 속에는 무엇인가 부족한 것이 있기 때문입니다. 악은 이미지에 관한 아름다움을 더해 주는 초상화의 어두운 암영과 같다고 하였습니다. 스토아학파의 주장대로 모든 사건은 필연적으로 일어나며 따라서 선한 사람은 그것을 악이라고 생각지 않는 반면 죄를 지은 사람은 그것을 벌이라고 생각할 것입니다. 플로티노스는 악에 관한 가장 만족할 만한 설명을 물질에 관한 그의 구조 속에서 찾았습니다.

플로티노스에게 물질은 일자로부터 유출되는 필연적이고 최종적인 종착지였습니다. 우리가 본 바와 같이 유출의 본질은 더 높은 단계는 항상 더 낮은 단계로 이동하며, 일자는 누스를 생성하고, 개별적인 영혼은 육체, 즉 물질을 낳습니다. 물질 그 자체는 마치 그것이 일자로부터 더욱더 멀어져 가는 것처럼 유출의 과정을 계속합니다. 그것은 빛이 태양에서 멀어짐에 따라 점점 희미해지는 것과 같습니다. 물질은 정신의 활동을 넘어서거나 그것으로부터 자신을 분리시켜 움직이려는 성향이 있으며, 이성적으로 지향되어 있지 않은 운동에 들어서려는 성향이 있습니다. 물질이 위로 향할 때 그것은 영혼 혹은 이성 능력의 원리와 마주칩니다. 자연에 있는 대상에 관한 이 같은 사실은 그것의 운동의 질서 정연함을 설명해 줍니다. 반면에 개인의 경우 그 사실은 육체가 이성 능력, 감수성, 욕구, 생명력의 단계에서 영혼의 활동에 대응한다는 것입니다.

물질이 아래로 향할 때 – 유출의 하향 운동량 때문에 그것이 자연적인 성향입니다 – 그것은 어둠 그 자체와 마주치게 되며, 여기에서 물질은 이성 능력과 분리됩니다.

영혼이 물질적인 육체와 결합한다는 사실은, 영혼의 이성적인 성격에도 불구하고 물질을 하향으로 움직이게 하며 이성적인 통제에서 멀어지게 하는 물질적인 본질을 지닌 육체와 영혼은 투쟁해야 한다는 사실을 곧바로 유도합니다. 바로 이 점이 도덕적인 악의 문제에 관한 실마리를 제공합니다. 육체가 이성 능력 밑의 단계에 도달할 때, 그것은 무한히 많은 가능한 행동 방식에 종속됩니다. 즉 육체는 정념에 의해 모든 종류의 욕구에 관한 반응을 일으킨다는 것입니다. 악이란 영혼의 올바른 의도와 그것의 실제적인 행동 사이의 불일치입니다. 또한 악은 영혼과 육체 간의 배열에서 불완전성이며 이 불완전성에 관한 원인의 대부분은 물질적인 육체가 갖는 최종적인 비이성적 운동에 기인합니다.

물질 혹은 육체가 유출의 가장자리에 있다는 의미에서 그것은 악의 원리라고 할 수 있습니다. 그 가장자리는 이성 능력이 약하기 때문에 완전성의 정도가 최소에 이릅니다. 그러나 만물이 일자로부터 유출된다는 의미에서 신(神) 역시 악의 원천이라고 말할 수 있습니다.

플로티노스에게 악은 적극적인 파괴가 아니며 선한 신과 싸우는 악마도, 경쟁하는 신도 아니었습니다. 또한 마니교의 주장처럼 악은 빛과 어둠의 동등한 힘 사이의 대립도 아니었습니다. 악은 단순히 무엇인가의 부재요, 완전성의 결핍이며, 그 자체는 근본적으로 악이 아닌 물질적인 육체에 있어서의 형상의 결핍입니다. 그러므로 인간의 도덕적인 갈등은 어떤 외적인 힘에 반대하는 갈등이 아니라 내부에서 어떤 상태로 변형되려는, 욕망을 제어하지 못하는 성향에 대항하는 갈등의 다른 이름입니다. 악은 어떠한 사물이 아니고 단지 질서의 부재입니다. 마찬가지로 육체는 악이 아닙니다. 어둠이 빛의 부재인 것처럼 악은 물질의 형상 부재입니다. 플로티노스는 서로 모순되는 영혼은 그 자신의 행위에 책임을 진다는 사실과 모든 사건은 결정되는 것이라는 사실을 동시에 주장하고자 하였습니다.

플로티노스는 유출론의 철학적인 분석에서 종교적이고 신비적인 구원의 문제로 관심을 돌렸습니다. 그러나 신과 합일을 이루려는 영혼의 상승은 어렵고 고통스러운 일입니다. 플로티노스에 따르면 이러한 상승을 이룩하려면 인간은 도덕적이고 지적인 덕을 꾸준히 쌓아야 합니다. 육체와 물질세계는 본래 악이라고 생각되지 않았기 때문에 그것을 전적으로 부정할 필요는 없습니다. 다만 세계의 물질적인 사물은 영혼이 더욱 높은 목적을 향할 수 없게 하는 방해꾼이 될 수 있습니다.

플로티노스는 플라톤 철학을 세계 곳곳으로 확신시키는 역할을 한다.

지성은 영혼을 지적인 활동으로 승화시키는 일을 촉진시킵니다. 따라서 플로티노스는 사람이 올바른 사유를 할 수 있도록 수양해야 한다고 주장합니다. 그러한 사유 활동을 통하여 인간은 자신의 개체성에서 벗어날 수 있으며, 사물에 관한 광범위한 지식을 통해 자아를 세계에 관여시키게 된다는 뜻입니다. 이것은 정신이 사다리를 타고 올라가 그가 왔던 그곳으로 다시 나아가는 길입니다. 누스의 사다리를 모두 밟고 올라가면 자아와 일자, 즉 신과 합일에 도달하며 그 상태는 무아의 경지입니다. 신과의 합일이 일어납니다. 이 무아의 경지가 올바른 행위와 올바른 사유가 실현되는 모습입니다.

반면에 플로티노스는 육체적인 욕망이나 인간적인 생각을 낮은 것으로 보면서, 우리가 육체를 가진 것 자체를 부끄러워할 만큼 금욕적이었습니다. 이러한 까닭에 그는 신비주의 철학자라고 불리는데, 이는 곧 앞으로 약 1,000년에 걸쳐서 신비주의 방향으로 빠지는 중세 그리스도교의 시작을 알리는 것입니다. 이와 더불어 정신과 육체는 어쩔 수 없이 갈등과 사랑을 계속하는 애증의 관계에서 육체는 항상 낮은 단계, 즉 악에 가까운 것으로 파악하는 그리스도교 윤리관이 싹틉니다.

이러한 신플라톤주의는 중세, 근대, 현대에 이르기까지 지속적으로 철학사에 영향을 미치고 있습니다. 특히 중세에 큰 영향을 미쳤으며 중세 철학을 대표하는 아우구스티누스에게 미친 영향은 이루 다 말할 수 없습니다. 근대에 와서는 괴테를 비롯한 독일 문학가들과 헤겔에 의해, 현대에 와서는 화이트헤드 등을 통하여 플라톤주의에 관한 관심이 계속되었습니다.

스콜라철학

아카데메이아 이데아 합리론

3장

중세 철학
: 신학의 시녀가 된 철학

10

종교라는 블랙홀 속으로
사라진 철학

로마 제국의 몰락 시기인 5세기에서 르네상스 시기인 15세기 사이 천 년의 시간은 교회의 종소리를 중심으로 흘렀습니다. 그리스도교 교회가 서유럽 문화의 횃불을 계승하였습니다. 이 시기에 일어난 사상과 이념은 교회의 사상과 어울릴 수 있어야 했습니다. 그래서 중요한 고대 철학의 텍스트들은 교회의 사상과 조화를 이루어야 했지요. 그렇지 않은 사상은 은폐되었습니다. 블랙홀처럼 그리스도교는 모든 사상을 빨아들인 것입니다. 중세 시기가 끝날 무렵, 토마스 아퀴나스가 보편적 세계상을 정립합니다. 그는 당시 중요한 생각하기를 조화로운 전체로 종합했습니다.

신학에 봉사한 낮은 목소리의 철학

서양의 중세는 그리스도교가 온 유럽을 종처럼 덮고 있는 모습을 상상하면 쉽게 이해할 수 있습니다. 모든 사람을 일깨우는 종은 그리스도교의 상징이었습니다. 그리스도교라는 하나의 종소리에 모든 사람이 자신의 생활을 맞추었다고 할 수 있습니다. 이러한 그리스도교가 지배하는 중세는 로마 제국이 붕괴할 때로부터 르네상스가 시작되는 시기까지 약 천 년간 지속됩니다.

예수가 죽은 뒤 그의 제자들이 그리스도교를 전파하는 선교 활동을 합니다. 기원후 2세기가 되어 그리스도교 교단이 도처에 생기면서 로마 정치가들을 곤혹스럽게 합니다. 그래서 그리스도교인에 관한 박해가 본격적으로 이루어지지요. 역사상 가장 혹독하게 그리스도교를 박해한 황제는 네로일 것입니다. 로마에 애착을 가진 황제일수록 지상의

예수의 세례
그리스도인의 확신은 철학적이라기보다는 역사다. 5세기경 만들어진 이 모자이크는 세례 요한이 예수에게 세례를 주고 있고, 그 옆에 하느님이 앉아 있는 구조를 보인다. 하느님은 흔히 음성으로 자신의 존재를 나타내는데, 이곳에서 하느님은 스스로 현존하고 있음을 보여 준다.

신을 거부하는 그리스도교에 대항하여 국가의 기존 질서를 지켜내려고 했지요. 역설적으로 이러한 박해 활동이 그리스도교를 더욱 강화시키는 결과를 가져옵니다. 자신이 믿는 그리스도교를 위해 숨지는 순교자들이 보여 준 고귀한 도덕적 품성과 신앙을 경험한 사람이 더욱 많아지기 시작한 것입니다. 마침내 콘스탄티누스 황제는 그리스도교를 공적으로 인정하게 됩니다(325). 게다가 392년에는 그리스도교를 제외한 모든 종교가 금지됩니다. 비그리스도교인을 가리켜 '이교도'라는 말을 사용하게 될 정도로 상황이 변하지요. 그리스도교가 가히 로마의 국교가 된 것입니다.

역사의 새로운 무대에 등장한 켈트족과 게르만족은 그리스도교 문화를 계승해 그리스 문화와 융합시키는 일을 하는데, 그리스도교의 교리와 고대 철학의 사상 내용이 중세 철학사의 내용으로 꽃피워 나갑니다. 중세 철학은 크게 교부 철학과 스콜라 철학으로 나뉩니다. 교부 철학은 약 4세기에서 8세기까지 아우구스티누스 같은 교회의 사도와 신부들이 주로 전개하였으며, 그리스도교의 교리를 새롭게 정리하여서 확고히 하는 방

아야소피아 박물관에 있는 이슬람이 회칠로 덮어 버린 뒤 다시 일부를 벗겨 낸 예수상이다.

향으로 이루어졌습니다. 스콜라 철학은 8세기에서 15세기에 걸쳐 철학과 신학이 서로 논쟁하면서 전개됩니다. 이 시기의 중요한 논쟁으로는 '보편 논쟁'이 있으며, 토마스 아퀴나스가 대표적으로 활동하였습니다.

흔히 중세를 어둠의 시기로 표현하는 학자가 있는데, 이것은 일방적으로 신에게로만 향하게 하는 종교의 독단을 중세의 특징으로 보기 때문입니다. 중세는 종교에 사로잡힌 독단과 부정의 측면이 있지만, 절대자인 신을 찾으려는 열정과 보편 진리를 획득하려는 노력을 보였다는 점에서 의미를 갖습니다. 그 한 예로 중세의 정신을 대변하는 수도사들은 정신 수행을 통하여 성스러운 세계를 추구하였습니다.

하느님은 만물의 창조주
또 하늘의 지배자
해를 장식해 빛을 입히시고
밤에는 부드러운 단잠을 주시며
약해진 마디마디를 새롭게 하사
다시 일할 힘을 얻게 하시네
피곤한 마음을 불타오르게 하사
괴로운 가슴에서 서러움을 없이 하시네
– 아우구스티누스의 《고백록》에서

아테네의 정원에서 수도원으로 : 철학과 그리스도교

고대 그리스 철학은 '너 자신을 알라!'로 요약되는 소크라테스의 가르침과 이데아 세계에 관한 기억을 철학의 핵심으로 보는 플라톤 철학으로부터 시작해 아리스토텔레스에 이르러서 마침내 '우리는 무엇인가?'라는 물음에 답을 찾게 됩니다. 사람이란 정신과 육체, 욕망과 이성을 동시에 갖고 있는 동물과 신의 중간자적 존재라는 것입니다. 우리는 육체를 갖고 있으므로 감각이고 동물적인 욕구를 느끼지만 동시에 이러한 욕구에 대해 그 옳고 그름과 의미를 따져 보는 이성적인 능력도 있다는 뜻입니다.

이성적 정신은 곧 우리 안에 있는 신성을 뜻하며 사람만이 갖는 특별함을 결정합니다. 이 신성을 육체 안에 지니고 있는 나를 있게 한 존재는 누구인가 하는 계속적인 질문을 플로티노스는 하게 되고, 그를 통해 중세 철학은 고대 철학과 달리 새로운 문제를 철학의 중심에 놓습니다. 플로티노스로부터 종교 철학이 시작되는 것이지요.

고대 철학이 자연과 우주의 질서와 나의 관계에 관해 다루었다면, 중세 철학에서는 신과 나의 관계가 그 핵심이 됩니다. 그리스 문화와 언어는 이제 더는 중심적인 역할을 하지 않게 되고, 로마 문화가 중세 철학의 중심이 되고, 철학을 하는 언어 역시 라틴어로 바뀝니다. 역사의 무대가 세계 도시로 성장한 로마로 옮겨간 것입니다. 그 당시 그리스도교는 이미 로마의 종교로 성장하기 시작했습니다. 고대 철학을 이끈 것이 이성과 로고스라면, 중세 철학은 그리스도교의 신앙과 교리를 체계화하고 설명하는 일에 많은 비중을 둡니다.

중세 철학의 관심은 '나는 누구인가?' 하는 문제에서 '나'를 있게 한 존재를 찾아서 해결하려는 쪽으로 옮겨 갔습니다. 나에게 신과 유사한 신성(이성)이 있다면, 이는 신을 통해서만 가능한 일입니다. 즉 나는 신이 창조한 것입니다. 지금까지는 이 우주에 버려진 고아와 같던 인간은 자기 안에 있는 이성이라는 '신적인 것'을 통하여 자신의 출생 비밀을 알게 되고, 부모를 찾게 된 것입니다. 우리의 이성은 부모가 남겨 준 출생의 징표이며, 우리는 고아가 아니라 '전지전능한 하느님'을 부모로 둔 '신의 자식'이라는 것입니다.

하느님은 인격체이면서 동시에 사람이 나갈 '길이며 진리'가 됩니다. 이것이 곧 그리스도교의 '인격신'입니다. 중세 철학이 이러한 인간 이해를 바탕으로 하기 때문에 이 시기의 철학은 흔히 그리스도교 철학이라고 불립니다.

중세 철학은 그 시기의 특징에 따라 네 시기로 나눌 수 있습니다. 첫째는 교부 철학(2~9세기) 시기입니다. 한 시대가 막을 내리고 새로운 시대가 시작되었다고 해서 한 시대의 흔적이 말끔히 사라지는 것은 아닙니다. 특히 역사 발전에 있어서는 어제까지 있던 사상과 문화를 하루아침에 다

지워 버릴 수는 없기 때문에 새로운 시작은 흔히 저물어 가는 어제의 것과 접목되기 마련입니다. 중세 철학도 마찬가지로 초기 시기에는 고대 철학의 영향을 깊이 받으면서 발전했는데, 이때가 교부 철학의 시기입니다. 교부란 그리스도교의 아버지 격인 성직자를 말하며 이들이 중세 철학을 끌어갑니다. 교부 철학은 2세기 동안에 걸쳐 이루어집니다. 이때는 그리스도교의 교리가 정립되었고, 신플라톤주의의 큰 영향 아래서 아우구스티누스가 대표적인 역할을 합니다.

둘째는 초기 스콜라 철학(9~12세기) 시기입니다. 초기 스콜라 철학은 종교적인 내용을 다루면서 철학적 방법을 사용하는 특징을 갖고 있습니다. 그러나 그 목적은 전통적인 지식을 종교적인 입장에서 비판하는 데 있습니다. 이 시기의 또 하나의 특징은 이슬람 세계의 철학이 유럽에 적지 않은 영향을 끼쳤다는 점입니다. 이슬람 문화권에서 수용 보존되었던 아리스토텔레스의 철학이 알렉산드리아에 세워진 초기 신학교를 통해 계승되었기 때문입니다.

셋째는 중기 스콜라 철학(12~13세기) 시기로, 아리스토텔레스의 철학이 전승되면서 스콜라 철학은 두 파로 나뉩니다. 아우구스티누스(신플라톤주의 영향) 사상에 배경을 둔 '프란치스카파'와 아리스토텔레스 철학을 근거로 삼는 '도미니카파'입니다. 대표적인 도미니카파의 학자가 토마스 아퀴나스이며, 토마스 아퀴나스는 오늘날까지 그리스도교를 대표합니다.

마지막은 후기 스콜라 철학(13~14세기) 시기로, 이 시기에는 지금까지 지배적으로 군림해 온 중세 학파들을 비판하면서 권위적인 학문에 도전하는 운동이 일어납니다. 이들은 '새로운 길'을 주장하면서 신앙과 지식, 교회와 국가를 구분해야 한다고 말합니다.

11

철학이여, 종교에 봉사하라!
: 교부의 주장

"예루살렘은 아테네에서 아무것도 찾을 것이 없습니다."
- 테르툴리아누스

초기 그리스도교 시기에 바울을 비롯한 사도들의 권위는 성서와 같이 높기는 했지만, 그리스도교 교리는 이론적으로 체계화되지 못한 상태였습니다. 보다 설득력 있는 종교로서 성장하기 위해 그리스도교는 자연히 철학적 근거를 필요로 했고, 철학은 그리스도교의 우월성을 증명하는 데 많은 관심을 갖기 시작합니다.

그리스도교를 단순히 믿음을 요구하는 종교로서가 아니라, 이성적인 사고와 일치하는 종교로 설명하려는 이 시기는 생각을 바꾸는 전환기에 해당하는데, 이를 가리켜 '교부 시대'라고 부릅니다. 그리스도교에 관한 믿음과 도덕적 자세를 통해 초기 그리스도교를 키운 성직자야말로 그리스도교의 아버지이기 때문입니다. 이중 특히 아우구스티누스의 위치는 독보적이며, 그의 명성은 오늘날에도 여전합니다.

교부라고 불리는 성직자들의 골칫거리는 이교도 중에서도 특히 큰 세력을 떨치던 '그노시스파(영지주의)'였습니다. 그노시스는 '알다, 인식하다'라는 의미인데, 학문적 운동과 신비주의적 종교관이 뒤섞인 이 학파는 그리스도교적인 입장에서 볼 때, 위험하고 황당무계한 미신적 종교였습니다. 로마가 이미 세계 정치의 중심지로 자리 잡으면서, 교회 활동과 신앙적 성장을 위해 필요한 역할을 맡게 되지만, 신학과 학문의 연구는 알렉산드리아에서 활발하게 일어나고 있었습니다.

　　알렉산드리아에서 출생한 클레멘스(150경~215경)는 신앙보다 지식을 우선하는 그노시스파의 주장에 대항하기 위해 누구보다 더 많은 고민을 한 교부입니다. 종교 문제에 직면한 그 당시의 심각한 물음은 '철학은 신앙에 도움을 주는가, 아니면 해를 끼치는가?'였습니다. 클레멘스는 이 물음에 "도움을 준다."라고 대답함으로써 한편으로는 고대 철학과 그리스도교를 접목하고, 다른 한편으로는 신학을 철학의 위에 두려는 시도를 합니다. 클레멘스는 철학은 하느님이 원하는 학문이라고 생각합니다. 따라서 클레멘스는 철학에게 봉사 활동을 명합니다. 신앙을 위한 철학의 봉사 명령은, 이로써 중세 철학의 가장 큰 문제가 되며, 이것으로 철학은 자신의 독자적인 생각과 자유보다는 그리스도교의 성장을 위하여 헌신해야 한다는 새로운 과제에 부딪히게 됩니다. 그리스도교라는 '가슴'을 위하여 철학은 자신의 '머리'를 아낌없이 빌려주게 된 것입니다.

　　클레멘스에게 찬성하는 사람만 있었던 것은 아닙니다. 아프리카의 카르타고 출신 테르툴리아누스(160~220)는 클레멘스에 정면으로 반대하면서, "어떻게 감히 아테네가 예루살렘에! 예루살렘은 아테네에서 찾을 것이 아무것도 없다!"라고 단언했습니다. 아테네는 철학을 상징하고, 예루살렘은 그리스도교를 뜻하는 것으로, 철학이 그리스도교 교리에 도움을 줄 것은 아무것도 없다는 의미입니다. 어떤 평신도도 신앙 대신 철학을 논하는 플라톤보다 낫다는 것입니다. 철학과 신앙은 '공존'하는 관계가 아니라 철학은 신학에게 봉사하는 시녀가 되어야 한다는 뜻입니다.

　그런가 하면 알렉산드리아의 교부 오리게네스(184경~254경)는 철학과 신앙이 '좋은 사이'를 유지해야 한다고 봤습니다. 신앙도 이성적으로 설명할 수 있어야 하며, 오히려 논리적으로 파악할 때 더 효과적이라고 보았습니다. 오리게네스는 사람은 하느님과 악마의 중간 존재이기 때문에 악마적인 요소를 버리고 죄를 반성해야만 구원에 이른다고 주장합니다. 이러한 금욕적인 삶을 위하여 그는 스스로 거세했다는 이야기가 전해집니다. 이렇게 금욕적인 사람이었지만, 그는 이성적 신앙을 주장한 까닭에 교회 내에서 거센 비판을 받았고, 이단자 취급을 받았습니다.

　디오니시우스 아레오파기타(미상~미상, 1세기경에 활동)에 이르면 신플라톤주의와 그리스도교는 스콜라 철학의 시작을 본격적으로 준비하면서 서로 결합하게 됩니다. 그가 말하는 '하느님을 만나는 세 가지 길'은 다음과 같습니다.

1. 긍정적인 방법

하느님만이 가지는 고유한 특징을 인정합니다. 예를 들면 하느님은 동시에 아버지면서 아들이고 또한 성스러운 정신이라는 삼위일체(성부, 성자, 성신)로 존재한다는 것입니다.

2. 부정을 통한 방법

　부정 신학이라고 합니다. 하느님의 본래의 모습에 도달하기 위해서 하느님의 창조물을 하나씩 제거해 나가는 방법입니다. 물질적인 것은 하느님의 본질이 아니고, 창조물인 것입니다. 이 방법은 친구에게 받은 상자 속에 있는 포장된 선물을 꺼내기 위해서는 상자와 포장지를 제거해야 하는 것에 비유할 수 있습니다. 상자와 포장지는 비본질적인 것으로 선물을 돋보이게 하

삼위일체설

삼위일체설은 하느님이란 아버지, 아들, 성령으로 된 하나의 존재라는 그리스도교의 핵심 이론이다. 중세 철학자는 이 문제에 관하여 다양한 의견을 제시했다. 그림에서 중앙에 십자가를 멘 아들 예수가 있고, 아버지가 그 뒤에 서 있다. 비둘기는 성령을 상징한다. 셋은 다른 위상을 갖지만 결국은 하나다.

3장. 중세 철학 : 신학의 시녀가 된 철학

기 위해서 있는 것입니다.

3. 신비적 명상을 통한 방법

하느님을 초자연적인 방법을 통해 알게 되는 것입니다. 우리는 하느님의 창조물이기 때문에 하느님의 흔적을 갖고 있지만, 그렇다고 해서 하느님이 우리의 모습을 갖고 있는 것은 아니라는 뜻입니다. 그러므로 하느님을 알기 위해서 우리를 뛰어넘는 상태로 나가야 하며, 이는 하느님을 끝없이 갈망하는 것으로 가능합니다.

12

아우구스티누스
: 돌아온 탕자의 뜨거운 고백

"나는 나를 아는 당신을 알고 싶습니다. 당신이 아는 그대로의 나를 알고 싶습니다." - 아우구스티누스

아우구스티누스는 아리스토텔레스와 토마스 아퀴나스 사이인 열여섯 세기 동안 가장 뛰어난 철학자라고 할 수 있습니다. 지금의 알제리에 위치한 로마의 한 자치 도시에서 태어난 아우구스티누스(354~430)는 오랜 방황 끝에 크게 뉘우치고 돌아와 누구보다 더 종교적인 삶을 살았기 때문에 더욱 존경을 받습니다. 아우구스티누스는 자식이 겪은 갈등과 방황을 《고백록》에 숨김없이 기록합니다. 《고백록》은 내적 고민과 쾌락적 유혹과 다투는 싸움에 관해 우리에게 많은 것을 생각하게 합니다.

젊은 날의 방황과 자유분방한 생활은 아우구스티누스의 종교적이고 금욕적인 면과 큰 대조를 이루는 이야기로 늘 거론되는 부분입니다. 그래서 그의 이야기가 큰 매력을 갖는 것은 아닐까요? 태어나면서부터 금욕적이고 모범적인 사람이 성인이 되는 것은 당연하고, 당연한 일은 사실

재미가 덜하니까요. 이 세상의 모든 쾌락과 향락을 즐겼던 탕자에서 가장 존경받는 '교회의 아버지'로 거듭 태어나는 그의 이야기는 성서의 '돌아온 탕자'에 비견할 만합니다.

아우구스티누스는 누구이고, 어떠한 긴 방황을 겪었을까요? 아우구스티누스의 삶에서 어머니의 역할은 '삶의 이정표'와 같은 것이었습니다. 이교도였던 아버지와는 달리 어머니 모니카는 독실한 그리스도교 신자로 아우구스티누스의 방탕한 생을 눈물로 지켜보면서, 끝내 이 아들이 긴 방황을 끝내고 그리스도교에 귀의하도록 한 것으로 알려져 있습니다.

아우구스티누스는 자유롭고 유혹이 넘치는 세계적인 도시인 카르타고와 로마에서 고등 교육을 받았습니다. 청년 아우구스티누스는 이러한 도시 생활 속에서 쾌락적 생활과 방탕한 사랑에 빠지게 됩니다. 그는 이미 17살에 동거 생활을 시작했고, 수사학을 공부하던 시기에도 성적 욕구 때문에 괴로워했다고 고백합니다. 그는 이러한 일을 뒤에 자신의 《고백록》에서 뒤돌아보면서, 자신이 겪었던 육체적 욕망에 관한 반성을 합니다.

아우구스티누스는 사람이 갖는 자연적인 욕구를 남보다 더 엄격한 눈으로 본 것은 아닐까요? 신앙 생활을 시작한 뒤에도 여전히 사라지지 않는 성적 욕구에 관해 그는 대단히 괴로워했다고 합니다. 그는 모든 세속적 욕망으로부터 자유로워지고자 무던히 노력했던 것으로 보입니다. 아우구스티누스의 방황은 비단 이러한 쾌락 앞에서 약해지는 자신의 모습 때문만이 아니라, 정신적인 흔들림에도 기인합니다. 그는 앞서 말한 것처

아우구스티누스
"당신이 말하는 신은 왜 하필 이 시점에서 세상을 창조했나요?"라는 이교도의 질문에 관하여 아우구스티누스는 "왜냐하면 바로 이 시점에서 나의 하느님이 시간도 창조했기 때문이지요."라고 답했다.

럼 나중에야 그리스도교에 귀의하는데, 그 이전에는 불을 숭배하는 마니
교에 빠져 있었고, 깊은 회의에 빠져 방황했습니다. 이 종교는 세상이 선
과 악의 힘, 빛과 어둠의 권력이 서로 싸우는 광장이라고 가르쳤습니다.
마니교에서는 물질이 악이고, 정신이 곧 선입니다. 인간은 물질과 정신을
동시에 갖고 있기 때문에 인간에게 선과 악은 항상 내재해 있습니다. 그
렇기 때문에 끝임 없는 불안과 갈등에 놓여 있는 것이 인간의 본래 모습
입니다. 이러한 내면적 갈등과 불안에도 불구하고 그는 밀라노에서 한창
잘나가는 수사학과 변론술의 교수였습니다.

이 시기 즉, 32살의 아우구스티누스는 유명한 '밀라노 정원'에서 한 체
험을 통해 완전히 그리스도교로 개종하는데, 당시 밀라노의 사상적 풍토
는 신플라톤주의에서 그리스도교로 전환되는 과정에 있었습니다. 이 정
신적 변화를 통해 아우구스티누스는 중세 철학의 아버지로 새로운 삶을
시작합니다.

의심하라, 그러면 얻으리라! : 아우구스티누스의 《고백록》

아우구스티누스의 《고백록》은 많은 고민과 반성뿐 아니라, 그의 철학
적 내용을 정리한 것으로 중세 철학이 나아갈 길을 제시하는 중요한 저
술입니다. 이 책의 중요한 이야기를 간추리면 다음과 같습니다. 아우구스
티누스는 우리에게 진리를 얻기 위해서 깊이 '의심하라'고 말합니다. 의심
은 이성과 같이 깊은 사고의 본질이라는 뜻입니다. 또 의심을 통해서 우
리 존재를 확인하게 된다고 말합니다. 더욱이 우리의 의심으로 인한 착각
과 잘못된 판단조차 우리가 존재한다는 사실을 증명한다고 합니다. 그는
이러한 의미에서 진리를 얻기 위해 의심하는 노력이 있는 한 "내가 잘못
을 범한다 해도, 나는 존재한다."라고 말합니다.

아우구스티누스는 의심은 무엇보다도 자신의 내면으로 향해야 한다고

말합니다. 우리가 찾아 헤매는 진리는 사실은 우리 안에 숨겨져 있는 것이며 밖으로 나가 봤자 헛수고라고 말합니다. 누구보다 오랫동안 방황했던 사람으로서 그는 우리에게 간곡하게 호소합니다. "밖으로 나가지 말라. 네 자신으로 들어오라. 진리는 인간 안에 존재한다."

우리가 머물 영원한 집은 이미 우리 안에 있으니, 세상을 돌며 헤맬 필요가 없다는 것입니다.

의심을 진리를 찾기 위한 방법으로 본 아우구스티누스는 소크라테스처럼 회의하는 것으로부터 '아는 일'이 시작된다고 봅니다. 그러나 그는 무엇보다도 의지를 중요하게 여겼습니다. 의지란 우리가 진실로 원하느냐 하는 문제이며, 결국은 우리의 선택입니다. 어떤 것을 우리가 진실로 원한다면, 우리의 의지는 다른 모든 것을 거부하고, 이 한 가지 일을 위해 혼신의 힘을 다해야 한다는 것입니다. 믿음이란 이렇게 해서 얻어지는 의지의 결실이며, 지식은 의지와 필연적인 관계에 있지 않다는 주장이지요. 가을이 되면 낙엽이 지고, 겨울에 눈이 오는 것을 아는 것은 우리의 의지와 상관없지만, 그리스도교를 믿거나 전생이 있다고 믿는 것은 그렇게 믿으려는 의지에서 나온다는 말입니다. 이러한 의지 작용을 종교와 연관시켜 생각하면, '믿으라, 그러면 알게 되리라!' 하는 주장이 나오게 됩니다.

이러한 의지는 무엇이든 마음대로 결정할 수 있는 절대적 자유로 이어지는 것은 아닙니다. 절대 자유는 아득한 옛날에 허락됐던 은혜였을 뿐입니다. 아우구스티누스는 아담이 이 절대 자유를 하느님의 뜻을 거역하는 데 남용함으로써 그 후손인 우리에게는 악의 의지가 더 강하게 되었다

시간을 뛰어넘어 신의 세계로 나아가는 길을 인도한 아우구스티누스는 서양의 중세를 교회의 종소리 아래 생각하게 한 신학자다. 그의 손에 지상에서 교회로 대변되는 천상의 세계가 들려 있다.

고 주장합니다. 즉 우리는 아담의 실수 때문에 무한대의 자유를 더는 누릴 수 없게 되었고, 죄와 악에 가까워졌다는 것입니다. 그렇다면 이렇게 의지가 나약했던 조상 탓에 '단체 기합'을 받는 아담의 후손인 우리는 어떻게 하면 구원을 받을 수 있을까요?

이에 관해 아우구스티누스는 '사랑을 통해서'라고 말합니다. 하느님도 사람처럼 우리에게서 사랑받기를 원한다고 그는 말합니다. 우리는 하느님에 관한 사랑을 통해 용서받을 수 있게 된다는 주장이지요. 우리는 먼저 하느님의 메시지를 받고 나서야 그를 사랑할 수 있습니다. 먼저 하느님이 은총을 내려야 한다는 것입니다. 이 은총을 통해서만 우리는 사랑에 관해 눈을 뜨게 되며, 하느님을 만나게 되어 최상의 행복을 얻게 된다고 아우구스티누스는 주장합니다.

한 가지 주목할 것은 아우구스티누스는 대단히 논리적 시간론을 가지고 절대자를 설명하려고 했다는 점입니다. 그가 설명하는 시간에 관한 명상은 그리스도교의 창조론에서만이 아니라, 철학적으로도 큰 의미를 갖습니다. '시간이란 무엇인가?'라는 물음에 직접적인 대답을 하기란 어렵습니다. 시간이란 물체도 생물도 아니지만, 우리는 "시간이 많다."든지, "시간이 빨리 간다."라고 말하며 시간과 더불어 살고 있음을 표현합니다. 그러나 아우구스티누스에 따르면 시간이란 없는 것이나 다름없습니다. 과거는 이미 지나갔기 때문에 없고, 미래는 아직 오지 않았기 때문에 없으며, 현재는 남아 있지 않기 때문에 없는 것입니다. 여기서 존재하지 않는 미래와 과거를 최대한 확장해 보면 우리가 존재하는 현재는 극히 짧은, 없는 것이나 다름없는 '순간'일 뿐입니다. "인간 존재는 가장 짧은 순간 안에 있으며 달아나는 시간의 파편 속에 묻혀 있다."라고 아우구스티누스는 말합니다.

이렇게 순간적으로 파괴되는 시간 속에서 사람은 오직 시간적 존재일 뿐이지만, 사람은 '과거를 현재에 있는 것으로 기억하고, 현재하는 것을 있는 것으로 파악하는 직관, 아직 오지 않는 미래가 언젠가 현재하게 되리라는 기대'라는 세 가지 능력을 지니고 있습니다. 아우구스티누스는 이 능력으로 우리는 시간을 뛰어넘는 존재를 알게 되며, 자신을 이 절대자에 의한 창조물로 받아들이게 된다고 봅니다. 곧 나의 불완전이 절대자를 구하게 하며 나의 순간성이 영원을 알게 한다는 것입니다. 우리는 불완전하며 순간의 존재에 불과하다는 것을 인정하는 것이 곧 죄의 고백이며 절대자에 관한 찬미가 됩니다. 이는 또한 참된 진리에 이르는 길이 된다고 아우구스티누스는 주장합니다.

스콜라 철학
: 천국을 위한 필수 과목

"우리는 실로 하느님이야말로 그보다 더 완벽한 것은 아무것도 생각할 수 없는 어떤 것이라는 사실을 믿습니다." - 안셀무스

중세 스콜라 철학의 등장도 모든 새로운 사상이 그렇듯이 당시의 정치·사회적 상황과 무관하지 않습니다. 종교적으로 볼 때 이미 그리스도교는 서양 세계의 종교로서 확실한 자리를 굳혔고, 그리스도교 교리는 지배적인 윤리 지침이 되었습니다. 하지만 이때는 정치·사회적으로 보면 매우 다양한 변화를 보이는 시기이기도 합니다. 이미 번영의 절정에 이른 로마는 점차 쇠퇴의 길을 걷기 시작하고, 이민족의 침입으로 사회는 혼란스러웠습니다. 종교로서 그리스도교의 절대적 위치에도 불구하고, 정신적·사상적 부분에서는 새로운 시도가 필요한 시대였습니다.

이러한 시기에 스콜라 철학이 시작되었습니다. 학문적인 연구가 한 사람을 중심으로 이루어지던 교부 철학 시대와는 달리 이제부터는 수도원과 학원 중심으로 이루어집니다. 또한 신학과 철학만이 아니라, 다양한 학문이 연구되면서 보다 체계적이고 합리적인 사고와 강의가 시도됩니다. 이러한 변화 속에서 철학은 다른 학문의 최고 절정으로 상징되었습니다. 흔히 철학을 구름 사이에서 사다리를 들고 있는 아름다운 처녀로 그렸는데, 사다리가 철학의 의미와 역할을 알려 줍니다. 이 사다리를 통해서 사람은 천국으로 갈 수 있으며, 철학이 곧 사다리라는 것입니다. '철학이 쓸모가 있는가?' 하는 물음에서 철학은 천국에 가는 필수 조건으로 발전한 것입니다. 이 비유를 통하여 신학과 철학은 역사상 그 어느 때보다도 깊은 관계를 맺게 되고, '천상'이라는 공동의 도달점을 갖게 됩니다. 하지만 철학이 독자적인 길보다는, 교회와 신학을 위한 봉사를 하게 함으로써 철학의 '홀로서기'를 용납하지 않습니다. 철학의 존재 이유가 그리스도교 정신을 연구하는 학문으로 규정되면서, 사실상 신학이 철학을 지배하게 된 것입니다.

안셀무스
신앙을 이성적으로 이해하려고 노력했다. 이성적으로 신을 증명하기 위한 존재론적 방법을 제시한다.

그때까지 플라톤에게만 치우치던 연구가 아리스토텔레스의 이론을 새로이 돌아보기 시작했다는 것에 주목할 필요가 있습니다. 알렉산드리아를 중심으로 한 이슬람 문화권에서 더 큰 영향을 미치던 아리스토텔레스의 철학이 뒤늦게 스콜라 철학에 의미를 주게 된 것입니다. 초기 스콜라 철학자에 속하는 요하네스 스코투스 에리우게나(810경~877경)를 대표적으로 꼽을 수 있습니다. 그는 사람이 갖는 모든 지식욕은 하느님에 관한 신앙에서 출발해야 하며 그 외의 다른 목적을 갖는 지식욕은 쓸모 없는 것이라고 봅니다.

캔터베리의 안셀무스(1033~1109) 또한 대표적인 인물입니다. 안셀무스도 마찬가지로 참된 이성이란 우리를 참된 신앙으로 끌어가야 하며, 신앙이란 맹목적인 것이 아니고 지적으로 이해될 수 있는 것이라고 생각합니다. 안셀무스는 신을 언제나, 어디에서나, 실제로 세상에 존재하는 완전한 '보편자'로 이해합니다. 보편자 문제는 중세 스콜라 철학의 핵심적인 문제입니다. 이 '보편자' 질문은 안셀무스보다 훨씬 전에 활동한 로마의 마지

에스파냐의 종교 재판
아우구스티누스는 신을 믿지 않는 사람들에게 신앙을 폭력으로 강요할 수 있다고 주장했다. 한 사람의 의견이 교회법으로 확립되면서 많은 피해가 뒤따랐다. 1478년 에스파냐에서 일어난 종교 재판이 그 대표적 사례다. 그 뒤 교회는 이슬람교도와 유대인을 그리스도교화 하기 위하여 강요하는 법을 제정한다.

원죄
4세기 많은 사상가가 인간의 출산이 원죄의 결과라고 생각했다. 아우구스티누스조차 아담이 원죄를 범한 뒤, 성적 욕망이 인간의 본성이 되었다고 한다. 인간은 자신의 의지로 죄를 범했고, 신의 은총에 의해서만 구원받을 수 있다고 믿었다.

막 철학자로서 처형되었던 보에티우스(480경~524경)가 제기하였습니다. 보에티누스는 '보편자'가 실제로 존재하는가 하고 묻습니다. 보편 개념은 한 사람, 개개인이라고 하는 개체에 관한 사람 또는 인간 개념이며 개체들을 다 포함합니다. 예를 들면 사랑이라는 개념은 보편적 개념으로 우리 개개인이 겪은 구체적이고 실제적인 사랑과 구별됩니다.

바로 이 '인간'이라든지 '사랑'이라는 보편 개념이 구체적인 주변 사람이나 실제적인 사랑의 경험이 없다 해도 있을 수 있느냐 하는 문제입니다. 실제로 우리가 겪는 사랑의 경험이 없다면 사랑이라는 단어는 없거나 무의미할지도 모릅니다. 우리는 이 개개의 경험이 제각기 다른 내용을 갖는데도 이 제각각의 경험을 사랑이라고 부릅니다. 바로 이 보편 개념은 실제로 존재할까요? 아니면 단지 우리의 정신 안에만 있는 생각일까요? 라는 보편성에 관한 논쟁은 신의 존재에 관련되어 스콜라 철학에서 가장 주도적인 문제가 되었습니다.

중세 철학 : 플라톤, 아리스토텔레스, 그리스도교 사상을 조화롭게 결합하려는 시도

과학의 중요성이 인식되면서 중세 철학은 몇몇 학자들을 제외하고 큰 관심을 끌지 못했습니다. 그러나 그 사상은 나름 음미할 가치가 있습니다. 로마가 멸망한 뒤, 로마가 점령했던 지역은 각 민족들이 지배하게 되었습니다. 이들은 대부분 서로 투쟁하는 적대적 관계였습니다. 이제까지 로마가 유지해 왔던 고전 문화(그리스 고전, 헬레니즘·로마 문화)는 소실되었습니다. 이 시기를 암흑의 중세 시대라고 칭하기도 합니다. 그러나 이 시기, 즉 약 600년에서 1000년 사이에 이슬람은 황금 시대를 맞이합니다. 이슬람 문화는 그 전성기에 북아프리카와 에스파냐를 포함한 광대한 영역으로 확산됩니다. 중국에서는 당나라가 지배하던 시대입니다.

이 시기 동안 이슬람 세계는 계속해서 그리스 고전의 유산을 수용하여 발전시킵니다. 철학하기의 관점에서 보면 이슬람 사상가들은 아리스토텔레스의 철학을 승계하여 자신들의 사고에 반영하였습니다. 유럽에서 분실되었던 많은 아리스토텔레스의 저작들이 이슬람 세계에서 보존되었던 것입니다. 십자군 전쟁 뒤인 13세기, 아리스토텔레스의 저작들은 유럽으로 되돌아오고 유럽의 정신적 발전에 큰 영향을 미칩니다. 아리스토텔레스의 저작 중 논리 저술들은 보에티우스에 의해서 연구되었습니다. 이탈리아의 관리였던 보에티우스는 반대자들에게 체포되어 사형당합니다. 감옥에서 죽음을 앞둔 그는 《철학의 위안》이라는 책을 썼습니다. 그리스도교 교인이었던 보에티우스는 스토아적이고 신플라톤주의적인 관점에서 《철학의 위안》을 썼습니다. 이 책은 중세인들이 매우 관심을 갖고 읽었습니다.

아우구스티누스의 《신국》은 중세에 가장 영향력있는 책이었다. 원죄 사건 이후, 그는 하느님이 인간을 선택받은 자와 추방된 자로 분리했다고 믿었다. 우리가 사는 이 세상도 지상의 세계와 하늘의 세계가 혼합되어 있으며 예수가 부활한 뒤, 오직 선택받은 자만 신의 은총을 입고 구원받으나, 추방된 자는 영원히 지옥의 불 속에서 고통을 당하게 된다고 했다.

신적 자기 인식

올바른 논증은 잘못된 결론을 이끌어 내지 않기 때문에, 신의 계시와 이성 사이에 모순은 없다고 에리우게나는 말합니다. 이성과 신의 계시는 진리를 찾는데 있어서 두 가지 서로 다른 방식일 뿐입니다. 에리우게나는 그리스도교 신앙이 말하는 모든 교리를 합리적으로 설명하고자 했습니다. 에리우게나의 시도는 성직자들의 의혹을 샀습니다. 만약 그가 옳다면, 계시와 같은 신앙은 불필요하게 되기 때문입니다. 합리적으로 이해가 되지 않은 신의 절대 행위가 설 자리를 잃게 되는 것입니다. 에리우게나는 신플라톤주의와 아우구스티누스의 전통 위에 서서 자신의 논증을 더 강화시켰습니다. 그의 유명한 논증 중에 다음과 같은 논증이 있습니다. 신은 인식의 대상이 아니기 때문에 인식될 수 없습니다. 따라서 신 자신에게도 자신의 존재가 인식되지 않습니다. 즉 신이 스스로 자신의 존재를 안다는 것은 불가능합니다. 이 사상은 수백 년 뒤, 독일의 칸트에 의하여 더욱 보편화됩니다. 칸트에 따르면 신이든 인간이든, 자아를 인식하는 모든 존재는 자신의 고유한 존재를 인식한다는 것은 불가능한 일이라 합니다.

인간은 신의 존재를 합리적으로 증명할 수 있을까요?

안셀무스는 신의 존재에 관한 증명으로 다음 세 가지를 설명합니다.

목적론적 증명

많은 사실이 우주는 어떤 목적을 갖고 있다는 것을 보여 준다고 안셀무스는 주장합니다. 도토리는 상수리나무가 되고, 행성은 일정한 궤도를 따라 운동합니다. 모든 것이 목적과 계획에 따라 움직이고 있습니다. 이것은 신의 존재를 그 목적이라는 관점에서 설명하고 있기 때문에 목적론적 증명이라고 합니다. 근대 과학이 발전하면서 목적론적 증명은 그 빛을 잃게 됩니다. 오늘날 모든 자연현상은 원인이나 우연성에 근거하여 설명하기 때문에 의식되지 않는 현상에 관한 목적론적 사고는 제 역할을 할 수 없습니다. 오늘날 우주는 질서 밖에 있는 카오스 세계를 인정하고 있습니다. 그렇기 때문에 모든 사물이 어떤 목적을 위하여 움직인다고 하는 이론은 의심의 대상이 되고 있습니다.

우주론적 증명

세계와 우주가 존재한다는 것은 아무도 부정할 수 없습니다. 그렇다면 누군가 이것을 만들었을 것입니다. 스스로 생겨날 수도 없을 테고, 무에서 탄생할 수도 없으니까 말입니다. 이 논증을 우주론적 증명이라고 합니다. 그런데 이 논증은 그 자체에 난점이 있습니다. 무한한 소급으로 이어

보에티우스의 철학의 위안
지혜를 사랑하는 철학이 학생 보에티우스에게 인간의 욕망을 부채질하는 행운의 여신으로부터 멀어지기를 권유한다. 행운의 여신은 네 군상을 상징하는 바퀴를 돌리고 있다.

질 수 있기 때문입니다. 우주의 존재가 놀랍기 때문에 누군가 이 우주를 창조했다고 생각한다면, 그 창조자 역시 우리를 놀라게 할 것입니다. 우리는 또 그 창조자를 창조한 자가 누군인가를 묻게 될 것이기 때문에 이 논리는 무한으로 소급됩니다.

존재론적 증명

'존재'란 구체적으로 존재하는 모든 사물의 본질에 관한 것을 의미합니다. 이 증명을 논리적으로 설명한 사람이 안셀무스입니다. 그는 16세기 영국 켄터베리 주교였습니다. 전지전능하고 완전한 존재를 생각해 봅시다. 그런데 이 완전한 존재가 존재하지 않는다고 가정하면, 그는 완전한 존재가 될 수 없습니다. 그렇기 때문에 완전한 존재는 반드시 존재해야만 합니다. 이 논증은 옳지 않은 결론을 담고 있는 것 같지만 그것이 무엇인가를 논리적으로 말하기는 쉽지 않습니다. 마치 아킬레스와 거북이의 역설처럼. 이 문제에 관해 18세기에 칸트가 어느 정도 해답을 내놓았으나 이 문제는 여전히 철학적 논쟁을 안고 있습니다.

현대 철학자들은 신의 존재를 증명할 수 없다는 편에 서 있습니다. 그렇다고 해서 신의 존재를 부정하는 것은 아닙니다. 다만 사람들이 신의 존재를 합리적으로 설명해 낼 수 없다는 것을 말합니다.

중세를 깨운 한 슬픈 사랑의 역사
: 아벨라드와 엘로이즈의 세속의 사랑과 성스러운 사랑

"여인을 욕망하는 것이 죄가 아니라, 이 욕망 앞에 무너지는 것이 죄다."
- 아벨라드

아벨라드와 엘로이즈의 사랑 이야기는 중세의 혼을 깨운 위대한 사건입니다. 이들의 사랑은 트리스탄과 이졸데 혹은 로미오와 줄리엣의 슬픈 사랑과 비교할 수 있습니다. 아벨라드와 엘로이즈는 스승과 제자 관계에서 서로 사랑하는 사이가 됩니다. 비밀스러운 사랑의 결과 아이를 갖게 됩니다. 어느 날 밤 노트르담의 권력가인 삼촌이 보낸 괴한들이 방에 침입하여 아벨라드를 거세시킵니다. 그 뒤 아벨라드는 수도사가 되고 엘로이즈는 수녀가 됩니다. 그러나 둘은 평생 각각 수도 생활을 하면서 애절한 사랑의 편지를 주고받습니다. 두 사람이 주고받은 사랑 편지는 수백 년이 지나 파리의 어느 헌책방에서 발견됩니다.

아벨라드 철학하기의 관심은 보편자 문제입니다. '붉은' 혹은 '나무'라는 표현은 불특정한 다양한 대상에 사용할 수 있습니다. 붉은 사과, 붉은 저녁노을, 유도화나무, 천리향나무 등. 이러한 보편적 표현이 그 자체로 존재하는가 혹은 존재하지 않는가에 관한 물음을 제기했을 때 플라톤은 긍정합니다. '붉음'의 이데아가 존재한다는 것이요. 각각 붉은 대상이 갖는 특정한 붉음은 이데아 붉음의 불완전한 모사이거나 반영에 불과합니다. 아리스토텔레스는 이것을 부정합니다. 아리스토텔레스에 따르면 하나의 붉은 대상은 존재하지만, 실제로 붉은 그 대상을 떠나서는 붉음 자체가 존재하지 않습니다. 보편자가 실제 존재한다고 주장하면, 플라톤의 입장을 따르는 것입니다. 이러한 입장을 실재론이라고 합니다. 아리스토텔레스의 입장은 유명론입니다. 보편자는 대상의 일정한 특징을 표현하기 위해서 필요한 이름일 뿐, 실제로 존재하는 것은 아니라고 보기 때문입니다. 유명론에서는 보편자는 실재로 존재하지 않습니다. 실재론과 유명론의 투쟁은 중세 철학하기를 특징짓습니다. 그 문제 자체가 철학적 사유를 불러일으키기도 했지만 더 중요한 것은 신학과 밀접한 관련이 있기 때문입니다. 특히 신의 존재와 삼위일체 이론의 보편 문제와 깊은 연관이 있습니다. 당시에는 실재론이 우세했으나, 아벨라드는 그 흐름을 바꿔 놓습니다. 그는 유명론자의 관점에서 많은 이유와 근거를 제시합니다. 그러나

아벨라드와 엘로이즈

아벨라드는 신학자이며 논리학자였다. 그는 보편에 관한 문제를 다룬다. 아벨라드와 수녀 엘로이즈의 사랑은 불운한 결과로 끝난다.

아벨라드의 문제 해결은 만족할 만한 결론에 이르지 못합니다. 오늘날 여전히 이 용어 문제에 관하여 서로 다른 입장이 있습니다.

서서히 기지개를 켜는 중세의 르네상스 기운

서로마제국이 무너진 뒤 약 여덟 세기가 지난 13세기는 다시 유럽 문화가 꽃을 피운 전성 시기라고 할 수 있습니다. 십자군 전쟁이 일어나면서 그리스도교 문화와 이슬람 문화가 서로 유익한 교류를 나눕니다. 특히 아리스토텔레스의 철학이 이슬람권에서 유럽으로 돌아오지요. 이때 아서왕 이야기며 니벨룽겐 이야기가 씌어집니다. 프랑스에서는 고딕 건물이 건축되고, 영국에는 옥스퍼드와 케임브리지대학이 세워집니다. 이와 함께 의회 정치가 시작됩니다. 옥스퍼드의 로저 베이컨(1214경~1294)은 새로운 철학하기를 시도합니다. 그는 수학에 근거한 통일 과학이 성립할 수 있다는 믿음을 가지고 관찰과 실험이 추상적 이론을 대체해야 한다고 주장합니다. 베이컨의 주장에 동의하는 많은 학자가 실천적 관찰을 소중히 여기고 점점 경험적 진리를 찾기 시작합니다. 13세기를 장식한 가장 중요한 철학자는 단연 토마스 아퀴나스(1225경~1274)입니다. 그는 그리스도교 교회의 철학자로서 큰 역할을 한 이상적 인물입니다. 오랫동안 내려온 그리스도교 교회의 최고 철학자라는 그의 명성은 1900년 이후 비판을 받기도 합니다.

14

토마스 아퀴나스
: 이성의 이름으로!

영혼은 행위를 통해서 알려진다

토마스 아퀴나스는 이전 모든 철학하기를 종합하여 철학 이론과 그리스도교 신앙을 조화시킵니다. 철학하기의 종합을 위하여 그는 유대교와 이슬람 사상을 수용합니다. 그리스도교 철학은 플라톤과 신플라톤주의 사상에 근거하고 있는데, 거기에 아리스토텔레스의 철학을 녹여 넣는 것이지요. 아퀴나스 철학은 플라톤과 아리스토텔레스 철학의 융합입니다. 아퀴나스는 철학과 종교를, 이성과 신앙을 혼동하려고 하지 않습니다. 예를 들면 세계의 시작과 종말에 관한 질문은 합리적으로 판단할 때 결정할 수 없는 질문입니다. 아리스토텔레스에 근거하여 아퀴나스는 합리성은 감각 경험을 통해서 매개되며, 정신은 그 내용을 반성한다고 생각합니다. 아퀴나스에 따르면 이성에 들어오지 않는 것은 감각에 의하여 경험되지 않은 것입니다. 그래서 어린아이의 정신은 말 그대로 '빈 칠판'*과 같지요. 아퀴나스는 경험적 인식론을 정립합니다. 아퀴나스는 이렇게 주장

*빈 칠판
존 로크가 처음 사용한 것으로 알려진 빈 칠판 개념은 아퀴나스가 먼저 사용하였다.

▶ 성스러운 아퀴나스
그는 그리스도교 사상과 아리스토텔레스의 철학하기를 결합한 최초의 사상가다. 성스러운 아퀴나스의 승리하는 그림에서 그는 오른편에 플라톤, 왼편에 아리스토텔레스 사이에 앉아 있다.

ARISTOTILES

PLATO

합니다. 세계는 인식의 대상이고, 신이 창조했습니다. 그래서 우리 인식은 어떤 경우에도 종교적 계시와 대치되지 않습니다.

본질과 존재

아퀴나스는 아리스토텔레스가 주목한 존재와 본질의 문제를 새롭게 조명합니다. 한 사물의 본질은 그 사물 자체입니다. 따라서 '그 사물이 존재하는가?'라는 물음과 다른 문제입니다. 간단한 예를 통하여 이 문제를 분명하게 알 수 있습니다. 어린아이가 묻습니다. "유니콘은 무엇인가요?" 부모가 대답합니다. "유니콘은 고상하고 흰색 털을 가졌으며 이마에 뿔이 자라나는 말이란다." 아이가 다시 묻습니다. "그 동물은 실제로 존재하나요?" 부모는 대답합니다. "아니, 그런 동물은 실제로 존재하지 않는단다." 전자의 경우가 본질에 관한 문제이며, 후자의 경우는 존재에 관한 이야기입니다. 아퀴나스는 안셀무스의 존재론적 신 승명의 문제점을 지적하기 위하여 이 논증을 이용합니다. 신의 본질이 아무리 완전한 것을 포함한다 해도, 신의 본질에 관한 서술이 신의 존재를 보증할 수는 없는 일입니다. 그래서 아퀴나스는 '존재하는 것이 무엇인가?'라는 물음을 더 집요하게 묻습니다. 만약 어떤 것이 본질이라면, 그것은 존재할 수 있는 잠재력입니다. 그러나 아직 실재하는 것은 아닙니다. 만약 우리가 신이 세계를 자신의 형상에 따라서 창조했다고 인정한다면, 세계의 본질은 그의 존재를 전제해야만 합니다. 신의 고유한 본질이 그 자신의 존재를 전제할 수 없는 것입니다. 그러므로 신은 순수한 존재여야 합니다. 본질과 존재에 관하여 철학자들은 무엇이 더 선행하는가를 물었고, 서로 다른 답을 제시합니다. 한쪽은 플라톤의 입장에 섰고, 다른 편은 아리스토텔레스의 손을 들어 주었습니다. 본질이 존재에 선행해야 한다는 생각은 이데아 세계의 이상적 형식에 바탕을 둡니다. 반면에 아리스토텔레스의 주장에 근거하여 이미 존재하는 대상에 관한 지식을 통해서 본질 개념을 얻을 수 있다고 말하는 학자도 있지요. 인식 주체가 인식의 어떤 특성을 갖기 전에 이미 개별 대상이 존재해야만 한다는 주장입니다.

이러한 논쟁은 보편자의 본질과 존재에 관한 물음으로 확산됩니다.

오컴의 면도날
: 쓸데없는 것은 잘라 버려라

둔스 스코투스(1266~1308)는 아퀴나스를 비판합니다. 그는 이성의 명쾌한 논증을 사용한 스콜라 학자입니다. 스코투스는 이성과 신앙의 차이를 지키려고 합니다. 이성과 신앙의 행위는 서로 다릅니다. 신앙을 통하여 영혼의 불사를 믿는다 해도, 영혼의 불사를 증명할 수 없기 때문입니다. 오컴(1285경~1349)은 스코투스의 비판을 더 발전시킵니다. 오컴은 앞으로 다가올 영국의 경험론의 길을 먼저 갑니다. 그는 필연성은 논리의 영역에서만 가능하지 사물의 자연적 질서 안에는 있지 않다고 주장합니다. 자연 안에 있는 규칙은 우연적이며 잠정적인 것입니다. 이것은 세계에 관한 우리 인식이 단순히 논리적 논증과 숙고를 통하여 얻어지는 것이 아니라는 말입니다. 그 대신 오컴은 자연에 관하여 우리가 신뢰할 수 있는 토대는 관찰과 실험에 근거한 경험에 있으며, 이를 바탕으로 사고하는 것이라고 주장합니다. 오컴은 지식을 설명하기 위한 한 가지 원리를 제시합니다. 이 원리를 '오컴의 면도날'*이라고 합니다. 그 원리에 따르면, 동일한 현상에 관하여 하나는 단순하고 다른 하나는 복잡한 두 가지 설명이

* 오컴의 면도날
어떤 사실 또는 현상에 관한 설명 가운데 논리적으로 가장 단순한 것이 진실일 가능성이 높다는 원칙

3장. 중세 철학 : 신학의 시녀가 된 철학

신이 세계를 창조하다
에스파냐에서 12세기에 만들어진 벽양탄자. 중앙에 창조자인 하느님, 왼편에 아담에게서 태어난 이브, 오른편에 아담과 그 외 많은 동물이 있다.

가능할 때, 복잡한 설명은 오류일 가능성이 많고, 간단한 설명이 진실일 가능성이 많다는 원리입니다. 따라서 현상을 설명하려고 할 때, 우리는 꼭 필요한 만큼의 가정을 바탕으로 논증해야 합니다. 필요 이상의 성질을 가정해서는 안 됩니다. 동일한 상황을 복잡하게 설명하는 것은 어디인가 불필요한 요소가 들어가 있는 것입니다. 아인슈타인이 이에 관하여 정확히 언명합니다. "모든 것을 가능한 한 단순하게 해야 합니다. 그러나 지나치게 단순화해서는 안 됩니다."

여인과 유니콘
유니콘처럼 존재하지 않는 대상을 지시하는 개념은 어떻게 그 의미를 가질까? 이 물음은 존재와 그 본질에 관한 근본 문제를 보여 준다. 철학자들은 이 문제를 여전히 중요한 문제로 다룬다.

Phi10

스콜라
철학

아카데메이아   이데아   합리주의

4장

르네상스와
철학의 재탄생

로고스

형이상학

에피쿠로스학파

16

코페르니쿠스에서 뉴턴까지
: 지구가 네모에서 원으로

새로운 시대를 알리는 신호탄은 항상 그 전 시대에 담겨져 있다고 합니다. 중세 스콜라 철학의 말기에는 이미 새로운 근세를 알리는 씨앗이 자라고 있었습니다. 그리스 고전에 관한 지식을 갖춘 후기 스콜라 철학의 대변자는 '개인의 해방'이니 인간중심주의니 하는 용어를 사용하기 시작하였으며, 모든 권위를 거부하고 오직 자연의 경험이 갖는 중요성을 부르짖기 시작했습니다. 중세에서 근세를 향한 전환점이 생긴 일이지요.

폴란드 왕국에서 출생한 니콜라우스 코페르니쿠스(1473~1543)는 지구가 태양의 주위를 돌고 있는 많은 유성 중 하나라는 당시로서는 믿을 수 없는 발표를 했습니다. 우리는 이렇게 천동설에서 지동설로 완전히 뒤집어지는 것을 '코페르니쿠스적 전환'이라고 합니다. 이어 나타난 요하네스 케플러(1571~1630)는 인간의 모든 지혜는 양적으로 계산할 수 있다는 신념을 말하여 수학적 지식의 꿈을 실현하려고 했습니다. 이를 이어받은 갈릴레오 갈릴레이(1564~1642)는 이탈리아가 낳은 자연과학의 원조라고 일컬어집니다. 갈릴레이는 종교 재판소와 싸워가면서 자신의 과학적 신넘을 차례로 증명해 보였습니다. 이탈리아 피사에서 태어난 갈릴레이가 피사의 사탑에서 낙하 실험을 한 것은 유명한 일입니다. 그는 낙하 실험을 통하여 낙하 현상을 측정할 수 있는 여러 가지 조건(낙하 거리, 시간, 장애 요인 등)을 통일적으로 제시하려고 하였습니다. 즉 세상을 움직이고 있는 자연법칙을 찾으려고 한 것입니다.

중세가 끝나 갈 즈음 사람들은 신에게서 눈을 돌려 인간 자신을 연구하기 시작합니다. 그리스 고전에 나타난 '인간적인 것'을 찾아 나서는 대열에 끼게 됩니다. 이러한 그리스 정신의 재탄생 혹은 휴머니즘은 프란체스코 페트라르카(1304~1374)와 동시대의 지오바니 보카치오(1313~1375)에 의해 그 빗장이 열리기 시작합니다. 여기에 1453년 동로마의 수도 콘스탄티노폴리스가 오스만튀르크에게 함락되자 동로마 제국(비잔티움 제국)의 수많은 학자가 이탈리아로 그들의 '정신'을 송두리째 들고 와 보탬을 주었습니다. 이탈리아, 프랑스, 독일을 위시한 여러 나라에서 고전적 인간형의 부활이 활활 타 올랐습니다.

미셸 몽테뉴(1533~1592)는 이 전환기의 시대정신을 대변한 철학자입니다. 그는 자신의 성에 있는 도서관에서 책을 읽고 글 쓰는 일에 전념했는데, 그의 글은 다분히 현대적인 감각을 함께 가지고 있으며 《수상록》은 영원한 고전에 속합니다. '국가를 뒤흔드는 사람이야 말로 처음에는 국가에 의해서 흔들렸던 사람입니다.' 《수상록》의 이 구절은 처음에 국가에 의해서 고통을 받았던 사람이 후에 국가의 권력을 쥐게 된다는 뜻이 아닐까요?

개혁은 새로운 세상이 다가오는 데도 변하지 않는 것을 제거하는 일입니다. 시대의 부름은 인간 해방을 부르짖고 있는데, 교회 안에서는 여전히 하느님을 배경에 두고 '옛 놀이'를 하고 있었습니다. 종교개혁을 선도한 마르틴 루터(1483~1546)의 눈에는 하느님과 인간을 연결해 주는 교회가 본래의 사명을 충실히 이행하고 있지 못하다는 것이 너무나 선명하게

몽테뉴

몽테뉴는 《수상록》에서 인간의 거짓 없는 모습을 그렸다. 그의 생애에 천동설이 지동설로 바뀌고, 신대륙이 발견되는 등 상식이 붕괴되자 충격을 받아, 인간 이성의 한계를 주장하면서 개혁을 혐오하고 보수주의를 신봉하는 편으로 나갔다. 그러나 내심으로는 자유주의를 지지하는 갈등을 겪으면서 인간애를 고취하는 등 근대 인간의 가치를 추구하였다.

마르틴 루터

독일의 그리스도교 수사이자 사제, 신학 교수로서 종교개혁을 일으키는 인물이다. 그는 타락한 로마 교회의 여러 가르침과 전통을 거부했다. 그는 1517년 95개 반박문을 자신의 교회 앞에 게시함으로써 전통적 구교에 맞섰다. 1520년 루터는 교황 레오 10세로부터 자신의 모든 주장을 철회하라는 요구를 받았으나 거부함으로써 결국 교황에게 파문을 선고받았다. 그의 종교개혁은 뒤에 프로테스탄트 운동으로 전개된다.

들어왔습니다. 이에 루터는 교회의 독선과 잘못된 제도에 관하여 반항의 기치를 올립니다. 그에 의해서 시작된 프로테스탄트 운동은 근세 철학이 자유로운 사고를 위해서 활동할 수 있는 자양분이 됩니다.

르네상스 철학 미리 보기 : 전환의 시대

"우리가 자연의 필연적 법칙을 알고 이것을 통해 발명으로 나간다면, 우리는 그러한 행위를 통해 자연을 지배하게 될 것입니다." - 프랜시스 베이컨

프랑스어로 '재탄생'을 의미하는 '르네상스' 시기는 한마디로 엄청난 변화와 전환의 시대입니다.

그렇다면 재탄생의 의미는 무엇일까요? 한마디로 '인간성의 재인식'입니다. 중세 때에는 모든 것의 중심에 그리스도교가 자리하면서 그리스도교 신앙이 모든 사회 활동과 정신세계의 지표가 되었습니다. 신학은 모든 학문과 예술의 최고 목표였고, 사람들의 사고와 일상생활마저도 오로지 신앙을 위하여 엄격한 통제를 받았습니다. 구원과 은총을 받기 위해서 지상의 삶은 어쩔 수 없이 이어 나가는, 무의미하거나 기꺼이 희생할 수 있는 것으로 여겼습니다. 매일 직면하는 육신의 욕구는 심지어 악마적인 것으로 생각했습니다.

르네상스 운동은 이탈리아 중부 피렌체에서 시작되었습니다. 지리적으로 이슬람 세계, 비잔티움 세계와 접촉을 유지하여 서유럽과 가교 역할을 한 이탈리아에서 13세기 말부터 경제 성장과 더불어 특유의 시민 문화가 형성되었습니다. 이것이 르네상스 운동의 계기가 됩니다. 초기 르네상스 운동은 피렌체 출신의 단테와 페트라르카가 시작하였습니다. 이들은 고대 그리스·로마의 유산을 재발견하여 '재생'시켜야 한다고 생각했습니다. 이 운동은 문학, 예술, 과학 등 여러 분야에 큰 변화를 가져왔습니

다. 어떤 사람은 르네상스의 시작점을 오스만튀르크의 콘스탄티노폴리스 함락에서 찾기도 합니다.

르네상스 전성기에 라파엘로 산치오가 그린 〈아테네 학당〉

지나치게 종교적이고 도덕적인 가치관은 결국 중세 철학에서, 고대와는 달리 '신'을 위해 '사람'을 저버리는 결과를 낳았습니다. 이러한 흐름에 반해 르네상스는 다시금 잃어버린 '사람'을 되찾자는 변화입니다. 이러한 전환의 시대는 어떤 완성된 모습이라기보다는 새로운 실험 정신이 그 특색이지요. 이 실험 정신은 수많은 중요한 발명과 발견을 이루어 냈습니다.

코페르니쿠스는 그때까지 멈추어 있던 지구를 움직이게 했습니다. 당시에 당연하게 여겨지던 천동설*을 지동설*로 뒤엎은 것입니다. 이것은 단순히 자연과학적 발견 이상의 사회 전반에 걸친 어마어마한 의미를 갖습니다. 지금까지 그리스도교의 창조설을 강력하게 뒷받침해 온 천동설, 지구 중심적 세계관을 '지구가 돈다'는 태양계 중심의 세계관으로 바꾸면서 우주를 향한 사람들의 눈을 뜨게 한 것입니다.

포물선 낙하 운동 법칙으로 알려진 갈릴레이는 "그래도 지구는 돈다."는 외로운 독백으로 지동설을 거들면서, 케플러와 함께 자연과학에 있어서 실험과 관찰에 의존한 이성적 연구를 강조했습니다. 나침반의 발명으로 바다로 나가는 길이 활짝 열려 새로운 땅이 개척되기 시작했습니다. 과학의 발달은 상상을 현실로 이루어 내고, 먼 나라와 낯선 사람들을 이웃으로 변화시킵니다. 더욱이 인쇄술의 발달은 사람들의 생각을 단순히 빠른 속도로 전달하는 데 그치지 않고 사회의 지식층만이 독점했던 지식과 정보의 벽을 무너뜨렸습니다. 많은 사람이 무지로부터 벗어나고 계몽됨으로써 지나치게 억압적인 도덕과 윤리가 더는 통하지 않게 된 것입

＊천동설
지구가 우주의 중심으로 고정되어 움직이지 않으며 지구의 둘레를 태양·달·행성이 각기 고유의 천구를 타고 공전한다는 세계관

＊지동설
태양이 우주 혹은 태양계의 중심에 있고 나머지 행성이 그 주위를 돈다는 세계관

페트라르카

이탈리아의 시인이자 인문주의자. 그는 자신이 다니던 교회에서 라우라를 만나 평생 동안 그녀의 미를 찬미하거나 죽음을 애도하는 시를 쓴다. 로마의 계관시인이라는 영예를 받는 페트라르카는 평소 애독하던 베르길리우스의 시집을 베개 삼아 세상을 떠났다고 전해진다.

니다.

　지금까지 '금지된 것'이 억압에서 풀려나고, 죄악시되던 많은 것이 오히려 인간적인 것으로 평가받기 시작한 것입니다. 그래서일까요? 한편에서는 인쇄기를 악마가 발명했다는 말이 있었던 것도 사실입니다. 이러한 배경 위에서 이탈리아 철학은 그 시선을 다시 플라톤과 아리스토텔레스의 고전 철학으로 돌리고, 1459년에는 플로렌스에 '플라톤의 아카데미'가 세워집니다. 이로써 스콜라 철학이 지극히 종교적이고 제한적으로 연구하던 두 그리스 철학자는 그들의 반그리스도교적인 주장까지도 제한을 받지 않는 학문의 대상이 되었습니다. 특히 그들의 유출설과 아름다움에 관한 이론이 주목받았고, 개체와 본질의 문제가 재평가받으면서 말 그대로 그들의 철학은 부활하였습니다. '인간 회복' 운동은 철학의 '재탄생'이 이루어지도록 큰 공헌을 한 것입니다.

　이러한 사상적 변화와 가치의 전환은 무엇보다도 그 시대의 여성관을 보면 가장 잘 드러납니다. 중세의 여성상은 정도의 차이가 있다고 하더라도 성모 마리아의 모습에서 벗어나지 않습니다. 당시 여성은 희생적이고 모성적인 모습이 지나치게 강조됨으로써 '여자'로서가 아니라, '어머니'로서 존재할 것을 요구받았습니다. 그러나 페트라르카에 이르러 여성은 육체적인 아름다움과 사랑의 경험을 삶의 조건으로 받아들이며, 보카치오에 와서는 여성도 본능적인 욕구와 감각적 매력을 감추지 않는 '인간'으로서의 모습을 갖습니다. 이렇게 자연과학적 발명과 발견, 사상적 전환, 인간성의 회복에 관한 강렬한 욕구는 어느 한 도시에 편중된 현상이 아니라, 프랑스, 영국, 독일 등 전 유럽으로 확산되었고 또한 많은 저서가 라틴어뿐만 아니라 각국의 다양한 언어로 씌어졌습니다.

　더불어 사회·경제적으로 무역과 화폐 경제가 급성장하고, 산업의 발달로 새로운 사회 계층이 등장하면서 중세에 성장했던 기사 계급이 몰락하고 새로운 국가 이론과 법 이론이 필요하게 되었습니다. 사람은 누구나 평등하다는 자연법 사상이 제시되고 나아가서 니콜로 마키아벨리 (1469~1527) 같은 사상가는 한 사회의 발전을 위해 국가의 권력을 강조하면서 강력한 군주를 주장합니다.

루터의 종교개혁이 갖는 큰 의미는 루터가 구교의 억압적인 권위에 도전한 것뿐만 아니라 성경을 라틴어에서 자국어인 독일어로 번역한 데 있습니다. 이로써 사람들은 성경을 직접 읽을 수 있게 되어, 성직자들은 이제 혼자만의 유식함을 주장할 수 없게 된 것입니다.

과학은 가까운 곳을 대상으로 해서 시작하지 않고 멀리 떨어져 있는 대상에서 시작합니다. 별에 관한 연구가 그것입니다. 별을 관찰한 다음 천천히 인간 내면으로 들어옵니다. 인간 삶에 관한 연구는 나중에 과학의 대상이 됩니다. 근대 과학에서 혁명적인 것은 먼저 이론을 제시하고, 그 이론을 현실에 적용시키는 방식으로 진행한다는 점입니다. 이론적으로 주장되는 내용을 구체적으로 관찰하고 실험하면서 과학적 사고를 시작한 것입니다. 이 과정은 토론과 논증을 통하여 검증됩니다.

코페르니쿠스에서 뉴턴으로 : 우주의 비밀이 밝혀지다

"신은 흔들리지 않게 지구를 단단히 세웠습니다."
- 프톨레마이오스 클라우디오스
"지구는 태양의 주위를 돌고 있습니다." - 니콜라우스 코페르니쿠스

프톨레마이오스
2세기 알렉산드리아의 수학자, 천문학자인 그는 지구가 우주의 중심이라는 이론을 주장한다. 1,400년 동안 인류의 생각을 지배해 왔던 천동설은 근대에 이르러 서서히 그 효력을 잃어간다.

고대 그리스에서 시작하여 수백 년 동안 축적된 천체 이론을 프톨레마이오스의 세계관이라고 부릅니다. 천문학자 프톨레마이오스 클라우디오스는 기원후 2세기 알렉산드리아에서 활동하는데 그는 천체에 관한 체계적 이론을 제시합니다. 이 이론은 16세기까지 유럽 천문학의 토대였습니다. 이 이론에 따르면 지구는 구 형태로 공중에 떠서 우주의 중심을 이룹

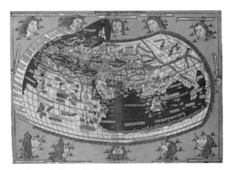

기원후 2세기경 프톨레마이오스의 세계 지도 목판본

니콜라우스 코페르니쿠스

지구는 매일 자신의 축을 돌면서 일 년에 한번 태양의 주위를 돈다는 그의 가정은 근대 과학이 이룰 성공을 품고 있다. 지구는 더는 우주의 중심이 될 수 없었다. 신학자는 코페르니쿠스를 신이 지구를 움직이지 않게 고정했다고 주장하는 성서의 권위와 대립시켰다. 코페르니쿠스의 책을 금서로 지정한 그리스도교 교회는 그의 생각을 바보 같은 생각이라며 격분했다.

니다. 별들과 행성은 그 주위를 돕니다.

권위가 흔들리다

중세 그리스도교 교회는 고대의 지혜와 교육을 종교와 결합하여 프톨레마이오스의 체계를 수용한 세계관을 정립합니다. 신은 인간을 자신의 형상을 닮게 창조하고 지구를 모든 천체의 중심으로 삼았습니다. 세상을 다스리는 신은 하늘 위에 자신의 왕국을 건설하고, 죽은 뒤 신체를 떠난 영혼이 그곳에서 영원히 살게 했습니다. 심리적 관점에서 이러한 주장은 많은 사람의 마음을 편하게 하였으나, 수학적 난점을 포함하고 있었기 때문에 인간의 생각하는 능력이 발전하면서 자세한 수학적 설명을 요구하게 되었습니다. 16세기 폴란드의 코페르니쿠스는 지구 대신 태양을 세계 중심으로 가정하면 수학적 난제를 해결할 수 있다는 주장을 합니다. 그는 태양이 중심이라는 전제 아래 천체 운동이 더 잘 설명될 수 있음을 보여 줍니다. 코페르니쿠스는 어디까지나 가정임을 전제로 합니다. 그는 지구가 태양의 주위를 운동하고 있는 것이 사실이라고 주장하면, 어떤 결과가 생길지를 잘 알고 있었습니다. 그래서 코페르니쿠스는 교황에게 헌정하려던 자신의 책을 세상에 공표하는 시기를 죽음 뒤(1543)로 미루게 됩니다.

새로운 생각은 보편적 이론이 될 때까지 항상 긴 여운을 필요로 합니다. 코페르니쿠스의 가정은 태양이 지구의 둘레를 도는 것이 아니라, 지구가 태양의 주위를 회전한다고 말하기 때문에 교회에서 많은 논란이 되었습니다. 이 가정은 성서와 정면으로 배치된 것입니다. 성서에 따르면 신은 지구를 움직이지 않게 고정했습니다. 교회는 코페르니쿠스의 이론이 세상에 공표된 뒤에도 오랫동안 금서로 다뤘습니다. 구교 교회만 그런 것이 아닙니다. 초기 신교도 그의 이론을 거부했습니다. 루터 역시 코페르니쿠스의 생각을 바보 같은 생각이라며 화를 냈습니다. "사람들은 정신이 빠진 천문학자의 주장을 듣고 있습니다. 그는 하늘과 천체, 달과 별이 움직이지 않고 지구가 움직인다는 주장을 합니다. (중략) 이 바보는 모든 천체를 뒤집으려고 합니다. 그러나 성서는 다음과 같이 말하고 있습니다. 주하느님이 지구를 움직이지 않게 한 것이지, 태양을 움직이지 않게 한 것이 아닙니다." 칼뱅도 화를 냅니다. "교회의 권위와 코페르니쿠스 중 도대체 누가 성스러운 정신을 움직이게 할 수 있습니까?"

많은 논쟁이 오가면 교회의 권위가 위태롭게 됩니다. 코페르니쿠스의 이론이 옳은 것으로 판명 나면 성서, 교회, 당시 현명한 사람의 권위가 무너지게 됩니다. 권위가 무너지면 이와 연관된 다른 것들에 연달아 문제가 발생합니다. 그래서 코페르니쿠스를 반대하는 사람은 진리에 관한 관심에서 벗어나 자신들의 입장과 권위만을 생각한 것입니다. 코페르니쿠스의 생각하기를 통한 가정은 기존의 질서를 위협합니다. 권위와 이념 자체에 관한 도전이 시작된 것이지요.

코페르니쿠스의 세계관에 따르면 인간은 우주 안에서 자신의 특별한 위상을 도적질하였습니다. 우리는 이제 더는 세계의 중심에 서 있지 않습니다. 이러한 인식이 확산되자, 인간 이해에 관한 커다란 변화가 일어납니다. 이것은 종교에만 국한되지 않습니다. 모든 영역에서 거침없는 비판의 바람이 불었습니다.

덴마크의 천문학자 튀코 브라헤(1546~1602)는 관찰을 바탕으로 자료를 수집합니다. 이 자료는 독일의 천재적인 천문학자 요하네스 케플러 (1571~1630)에게 넘겨집니다. 코페르니쿠스는 천체가 원형이며 통일적이라는 전제에서 출발했는데, 케플러는 이 전제를 반박합니다. 천체는 원형이 아니라 타원형 운동을 합니다. 회전 운동을 하면서 더 빨리 회전하는 면이 있습니다. 따라서 천체가 균등하게 움직이고 있다는 고대 그리스 이후 전개된 과거의 이론이 부정됩니다. 이와 같이 고대의 세계관이 붕괴하

덴마크의 천문학자 튀코 브라헤는 외딴 섬에 직접 천문대를 세워 많은 관측을 했다. 그는 새로운 우주 모델을 펼쳐 보였는데, 그것은 프톨레마이오스 체계와 코페르니쿠스 체계의 타협을 시도한 것이다. 지구를 우주 중심에 고정시켜 태양과 달의 운동, 고정된 별은 지구를 중심으로 운동한다고 설명한다. 한편 태양은 다섯 행성의 궤도 운동의 중심이다. 수성과 금성은 지구를 중심으로 돌고 있는 태양의 궤도 안쪽에서 운동한다. 화성, 목성, 토성은 태양을 중심으로 돌지만 궤도 안쪽에 태양과 지구가 포함되어 있다. 그는 수정된 자신의 우주 모델을 주장하며 관찰의 증거를 바탕으로 지구가 움직인다는 것을 부정했다. 브라헤의 판단 경우는 자신이 원하는 주장을 위해서 자료를 선별하여 잘못된 결론을 끌어낸 생각하기를 보여 준다.

면서 권위들의 권위가 무너지는 시기가 왔습니다.

갈릴레이, 피사의 커다란 별

갈릴레오 갈릴레이는 근대 과학의 창시자 중 한 사람이며 당시 권력가와 갈등을 빚었던 천문학자입니다. 그는 1633년 공개 종교 재판을 받았습니다. 지구는 스스로 자신의 축을 바탕으로 자전하며, 태양의 주위를 돈다는 주장을 했기 때문이지요. 이러한 생각하기는 갈릴레이가 케플러와 코페르니쿠스로부터 물려받은 것이며, 이미 많은 사람이 그렇게 믿고 있었습니다. 그럼에도 공개적으로 이를 발표하려면 생명을 담보로 해야 했습니다. 갈릴레이는 자신을 보호하기 위하여 법정에서 주장을 번복하고 앞으로 죄가 되는 주장을 하지 않겠다고 맹세합니다. 하지만 법정을 나서면서 나직이 중얼거렸다 합니다. "여전히 지구는 돌고 있다."

갈릴레이는 위대한 과학자입니다. 그가 망원경을 발명했는가에 관하여 이론의 여지가 없지 않지만, 별을 관측하기 위해서 처음으로 망원경을 사용했다는 것을 부인하기는 어렵습니다. 별을 망원경으로 관측하는 일은 천문학을 근본적으로 변화시켰습니다. 갈릴레이는 1581년 17살이라는 어린 나이에 진자의 등시성을 발견하였습니다. 갈릴레이는 피사대성당 천장에 매달린 샹들리에가 바람에 흔들리는 광경을 보았습니다. 집으로 돌아와 줄의 길이가 같은 진자를 두 개 준비하고, 한 진자에는 질량이 큰 추를, 다른 진자에는 질량이 작은 추를 매달아 진폭을 달리하며 흔들어 보았습니다. 그러나 두 진자는 똑같은 주기로 진동하는 것이었습니다. 진자의 주기는 물체의 무게나 진자가 흔들리는 진폭에 관계없이 일정하다는 '진자의 등시성 원리'를 발견한 것이지요. 진자의 등시성은 시계를 더 정확하게 만드는 원리에 응용됩니다. 또한 갈릴레이는 각 발사체는 포물선을 그린다는 사실을 바탕으로 탄도학을 창시했습니다.

갈릴레이는 17살 때 성당 천장에 매달린 샹들리에가 흔들리는 것을 보고 집에 돌아와 생각하기를 계속하여 진자의 추가 일정하게 움직인다는 사실을 발견한다. 이러한 발견은 중력의 힘을 발견하는 뉴턴의 생각하기에 영향을 준다.

갈릴레이는 스스로 만든 망원경을 이용하여 하늘을 관찰하였습니다. 그는 〈별에서 온 메신저〉라는 제목의 소논문에서 그의 초기 망원경을 이용한 천문학적 관측의 결과를 발표하였습니다. 갈릴레이는 망원경을 이용하여 목성 주위의 별을 발견하고, 그 별들이 목성 주위를 돌고 있다고 결론 내렸습니다. 작은 행성이 주변을 돌고 있는 한 행성의 발견은 모든 천체가 지구를 중심으로 돌고 있다는 아리스토텔레스적 우주관이 틀렸다는 것을 보여 주는 그 당시의 가치관을 뒤집는 엄청난 사건이었습니다. 갈릴레이의 학문적 작업은 인간 이해와 인간 사고에 심대한 영향을 주었습니다. 그는 권력과 권위가 과학이 진리를 찾는 과정에서 힘을 행사해서는 안 된다고 역설했습니다. 어떤 권력자도 의사나 건축가 같은 전문인의 역할을 대신할 수 없다는 것입니다. 만약 독재자가 의사나 건축가의 일에 간여하고 명령하게 되면 그 피해는 고스란히 환자에게 가고 나쁜 건축물이 세워지게 된다고 하였습니다. 갈릴레이는 권위에 관하여 따끔한 경고를 하였습니다. "너희들은 물러서라!" 갈릴레이의 경고는 유럽 사회의 정신적 생활에 영향을 주어서 차차 혁명적 변화가 일어나는 도화선에 불을

갈릴레이가 관측한 금성의 위성

지구에서 보아 금성 뒤에 있는 위성이 보이지 않다가 다시 보이게 된 것을 관찰한 갈릴레이는 그 위성이 금성 주위를 돌고 있음을 확인한다.

붙이게 됩니다.

아이작 뉴턴 : 진정한 과학자

영국의 과학자 아이작 뉴턴(1642~1727)은 모든 시대를 뛰어넘어 가장 위대한 과학자라는 칭호를 받고 있습니다. 그는 23살에 빛의 본질적 속성을 분석하고, 얼마 지나지 않아 중력 법칙을 정리합니다. 케플러와 갈릴레이의 연구 결과를 더욱 발전시킨 뉴턴은 우주의 거의 완벽한 모습을 보여 주는 물리학 체계를 세웁니다. 뉴턴은 앞서간 위대한 과학자들의 어깨 위에서 더 멀리 볼 수 있었던 것입니다. 갈릴레이의 종교 재판이 일어난지 50여 년 뒤, 뉴턴은 인류에게 거의 완벽한 천체 운동 체계를 선사합니다. 피타고라스가 예언한 대로 물리적 우주는 수학적으로 설명되기 시작합니다. 이 연구를 자연철학이라고 합니다. 왜냐하면 철학하기를 통해서 자연의 기능을 파악하려고 했기 때문입니다. 당시에는 과학과 철학의 구별이 아직 시도되지 않았습니다. 뉴턴 때부터 물리적 천체는 법칙에 따라서 기능하고, 이 법칙은 인식될 수 있고, 방정식으로 표현되는 자연철학의 체계가 정립된 것이지요. 이때부터 방정식은 불변이기 때문에 인간은 처음으로 과학적 전제 위에서 출발할 수 있게 되었습니다. 또한 확실한 토대 위에서 미래의 실현 가능한 세계를 계산할 수 있게 되었지요. 과학자는 이성에 근거하여 우주와 천체를 완벽하게 파악할 수 있다는 확신을 갖습니다.

관찰과 실험의 이성을 확신하는 사람들은 뉴턴의 역학 이론을 바탕으로 수많은 기술을 발전시킵니다. 앞으로 다가올 산업혁명을 암시하는 것이지요. 인간은 자연을 다스리는 주인이 됩니다. 이성의 영역뿐 아니라 실천적 영역에서도 자연을 지배하고 착취할 수 있는 여건을 마련한 것입

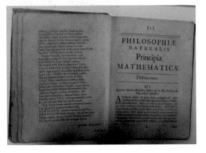

뉴턴의 《프린키피아》
뉴턴은 《프린키피아》에서 운동 법칙과 중력 법칙을 설명한다. 그 외에도 행성이 궤도를 이탈하지 않고 태양의 주위를 도는 것은 중력 때문이라는 것을 증명한다.

니다.

지구는 이제 더는 우주의 중심이 아니고 수많은 행성 중 하나라는 사실이 알려지면서 신이 어떤 목적을 가지고 인간을 창조했다는 믿음이 흔들리고 맙니다. 즉 인간이 우주의 주인이라는 의식을 강하게 가지면 가질수록 신의 존재에 관한 의심의 불길은 활활 타오르는 것입니다. 과학의 발전은 신의 존재에 관해 의심하는 새로운 세계로 나아갑니다.

새로운 세계상

과학이 이룬 새로운 세계는 전통적 사유와 권위에 치명적인 상처를 냅니다. 옳음과 진리를 찾

1666년 중력이 발견되는 순간이다. 뉴턴은 사과가 나무에서 떨어지는 것을 보았다. 당시 흑사병이 돌아 학교가 휴교해서 집에서 쉬는 중이었다. 휴식하던 2년 동안 그는 이론 대부분을 정리한다. 제대로 된 생각하기를 위하여 휴식이 얼마나 필요한지 말해 주는 사례다.

는 데 있어서 전통은 방해가 되며, 권위를 위한 자리는 더는 있지 않다는 생각이 확산되어 나갑니다. 이제 "X가 참이다."라고 말하면, "어떤 권위가 그렇게 말했는가?"라고 묻지 않습니다. "그것이 참이라는 것을 증명해 보라!"라고 요구하게 된 것입니다. 모든 권위는 과학의 이름으로 비판될 수 있고, 설명되어야 하는 세계가 도래한 것입니다. 그리스도교 교회는 유럽인의 정신적 문화적 생활에 관한 영향력을 상실했습니다. 어떤 나라는 종교 혁명에 의해서 신교가 그 힘을 대신 행사합니다. 아리스토텔레스의 세계관이 효력을 잃게 되었습니다. 아퀴나스를 위시한 후기 중세 철학자들은 아리스토텔레스의 세계관을 그리스도교 교회와 결합시키려 했지만 이제 상황이 바뀐 것입니다. 게다가 르네상스와 종교개혁은 과학적 변화를 더욱 가속시켰습니다. 새로운 과학적 세계관은 많은 세대를 거쳐 아리스토텔레스의 세계관을 극복해 가면서 자신의 자리를 찾아가야 했습니다.

신에 관한 신앙과 과학의 법칙은
어떻게 화해할 수 있을까요?

"신이 '뉴턴이여!'라고 부를 때까지, 세계는 잠들어 있었습니다."
- 알렉산더 포프

새로운 지식인들
중세 말 그리스도교는 세상 사람의 정신세계를 지배하던 권위를 상실한다.

인류의 과학사에서 아인슈타인을 제외한다면, 뉴턴은 가장 위대한 과학자입니다. 그는 최초로 공간 안에서 지구의 운동과 행성의 운행 방식을 거의 정확하게 기술했습니다. 인류가 지구 위에서 수만 년을 생활한 뒤 비로소 뉴턴과 더불어 자신들이 살아왔던 그 장소를 이해하기에 이른 것입니다. 뉴턴은 하나의 계시였습니다. 그의 작업은 인류 역사에서 유일무이한 것이었습니다. 그래서 시인 알렉산더 포프는 이렇게 노래합니다.

자연과 그의 법칙들
어둠 속에 감춰 있었네
신이 "뉴턴아!"를 부를 때까지.
그 뒤로 모든 것은 빛으로 가득 찼네.

뉴턴은 천체의 운동에 질서를 주었으며, 그의 법칙은 이 땅에 있는 모든 움직이는 대상에게 적용되었습니다. 그는 물리학의 역학 이론을 완성했습니다. 뉴턴의 이론은 기술에 적용되어 산업혁명을 가능케 했으며, 지구의 모양을 바꿨으며, 인간 사회의 본성까지도 변화시켰습니다. 뉴턴의 이론은 철학에도 지대한 영향을 미칩니다. 현실에 관한 기술은 과학적 관점과 일치해야 하기 때문에 철학자는 새로운 과학을 이해하고 자신의 이론에 적용해야만 했습니다. 더 나아가서 자연과 인간 현상에 관한 설명은 그 근거가 무엇이든 과학적으로 타당한 것이어야 했습니다.

교회와 국가의 권위는 더는 학문에 영향을 줄 수 없었습니다. 진리는 전통이나 권위에 의존하지 않고 스스로 자신의 방법에 의해서 증명해야 했습니다. 그 결과 권위는 사회적 정신적 삶에서 그 힘을 잃어갔습니다. 인간은 스스로 토대를 만들어야 했습니다. 인간은 토대를 만들기 위해서 자신의 고유한 확신을 의심하기 시작했습니다. 공간 안에서 물질의 운동이 법칙에 따라서 움직인다면 인간의 몸은 어떤가요? 몸의 운동도 과학적 법칙 아래 종속될까요? 그렇다면 인간의 자유의지는 존재하지 않는다는 뜻일까요? 결국 인간은 자신의 몸을 통제할 수 없다는 것일까요? 자유의지가 있을 수 없다면, 어떻게 사람에게 도덕적 행위를 요구할 수 있나요? 계속되는 질문은 과학이 알 수 없는 인간 내면의 세계가 여전히 존재하고 있음을 보여 줍니다. 과학이 모든 자연현상에 관하여 정확히 설명할 수 있게 되었어도 여전히 알 수 없는 내면의 세계에 관하여 우리는 또 신을 믿어야 할까요?

교회를 떠나서 인간은 이제 자신의 운명에 관하여 스스로 책임을 져야 하는 상황에 이릅니다. 중세가 끝나가는 시기, 그리스도교 교회가 그 권위를 상실한 시대에 인간은 스스로 자신의 운명을 알고 책임져야 한다는 사실을 자각합니다. 뉴턴이 죽은 뒤 위대한 철학자들은 신을 믿어야 하는가, 인간 자신을 믿어야 하는가 하는 문제에 관하여 깊이 생각합니다. 신에 관한 신앙과 과학 법칙은 어떻게 화해할 수 있을까요? 과학의 법칙이 지배하는 세상에서 도덕은 어떻게 그 기능을 발휘할 수 있을까요? 자연의 법칙으로 결정된 사회 안에서 자유의지는 어떻게 표현되어야 할까요? 이와 같이 뉴턴의 업적은 단순히 과학의 세계만 변화시킨 것이 아니라 다음 세대에 필요한 생각하기를 변화시켰다는 점에서 큰 의미를 가집니다.

17

새 술은 새 부대에
: 과학 정신과 철학

"추론 과정이 참이고 필연적인 자연과학 안에서는 아무리 현명한 수천 명의 데모스테네스나 아리스토텔레스도 거짓을 참으로 만들 수 없습니다."
- 갈릴레오 갈릴레이

　새로운 시대와 사상은 새로운 학문적 방법을 찾게 마련입니다. 커다란 변화와 역동적인 세계를 열기 시작한 르네상스 시기의 학문 연구는 자연과학적 방법을 선택합니다. 자연과학적이란 이성과 경험에 의한 앎을 말하며 어떤 그럴듯한 이론도 자연적 진리를 깨뜨릴 수 없다는 확신을 뜻합니다. 갈릴레오가 말한 위의 구절은 이런 뜻에서 변화한 시대상을 반영합니다. 앞서 말한 것처럼 코페르니쿠스와 갈릴레오의 영향 아래서, 어두움 속에 묻혀 있던 자연의 신비로움이 차츰 논리적인 원리를 통하여 '앞뒤'가 들어맞는 현상으로 설명되기 시작합니다. 지구는 네모난 사각형이 아니고, 둥근 원이라는 것이 밝혀지면서 사람들은 이제 지구 끝에서 낭떠러지로 떨어질지도 모른다는 공포를 가질 필요가 없어진 것입니다.

자연스럽게 미지의 세계에 관한 호기심이 생겨났고, 호기심을 풀기 위한 가설을 세우고, 이 가설을 증명하기 위한 실험을 함으로써 우리의 생각 자체를 다시 실험해 보게 합니다. 실험에 의한 새로운 결과는 다시 우리의 생각을 바꾸어 놓지요.

이러한 자연과학적 방법을 철학에 끌어 들여서 자연철학을 발전시킨 대표적인 인물이 조르다노 브루노(1548~1600)*입니다. 그는 코페르니쿠스의 세계관을 받아들여서, 지구가 우주의 중심에 놓여 있다는 중세의 생각을 거부합니다. 브루노는 그리스도교에서 전통적으로 가르쳐 온 우주 유한론을 반대하면서 우주의 모든 부분은 서로 평등하며, 따라서 하늘과 땅 사이에 있는 모든 것은 서로 평등한 가치를 가지고 있다고 주장합니다.

브루노는 내세의 삶조차 부정하면서 현세의 중요성과 이웃에 관한 봉사를 강조했다는 이유로 반종교적이라는 혐의를 받습니다. 오랫동안 떠돌아다니다가 체포되어 7년이라는 긴 세월을 감옥에서 보내고 결국 사형을 당했습니다. 자신의 주장을 바꾸면 죽음을 면하게 해 주겠다는 제의를 거절했다고 합니다. 소크라테스의 죽음 이후 위대한 철학자를 또 한 번의 처형시킨 사건은 그 당시에 큰 충격을 주었습니다. 이는 새롭게 다가오는 철학에 관한 중세 그리스도교가 보인 저항의 몸부림이었습니다.

"아는 것이 힘이다."라는 유명한 구절은 프랜시스 베이컨(1561~1626)을 말할 때 늘 따라다닐 만큼 그의 생각을 대변한다고 볼 수 있습니다. 그에게 있어서 학문의 목적은 자연을 지배하는 것이었습니다. 이러한 생각의 변화는 자연을 알 수 없는 수수께끼도 아니고 숭배의 대상도 아니며, 우리에게 어떤 유용함을 주는 것으로서 이해하고 정복하려는 데에서 나옵니다.

* **조르다노 브루노**

조르다노 브루노는 현대 과학이 추론하는 내용, 즉 무한한 우주에 관한 이론과 다양한 세계에 관한 이론을 주장했다. 그는 지구가 우주의 중심이라는 전통 천문학을 거부했으며, 코페르니쿠스의 태양 중심 이론을 생각하기를 통해서 넘어섰다. 그는 교회가 유럽의 복음화를 위해 엄격한 아리스토텔레스와 스콜라적 원리를 재확인하던 시기에 비정통 사상을 주장하다가 화형대에서 비극적 죽음을 맞이한다.

18

신앙 대신 자유를!
: 휴머니즘

"모든 인간은 인간적 본성을 자신 안에 가지고 있습니다." - 미셸 몽테뉴

중세의 종교관이 무너지고, 다른 민족과의 교류가 이루어지면서 '사람이란 무엇인가?' 하는 문제가 다시 철학의 핵심 문제가 됩니다. 신에 관한 문제에서 인간 문제로 옮겨 오면서 절대적 권위 주의가 비판되는 것은 당연한 일이라 하겠습니다. 권위주의가 더는 용납되지 않을 만큼 자유로운 학문 연구와 사상의 자유는 당면 과제로 떠오르게 됩니다.

인문주의는 인위적으로 만들어진 억압된 상태에서 벗어나 본래의 모습을 되찾고자 하는 노력이며, 결국 사람이 사람다워지려는 운동이라고 볼 수 있습니다. 이러한 운동을 누구보다 적극적으로 펼치며, 잘못된 전통과 자유의 억압에 대항했던 사람이 인문주의자입니다. 그들은 스스로 자립하고 여러 면에서 교양을 갖추고, 새로운 것을 배울 수 있는 능력을 가진 사람을 바람직한 인간상으로 보았습니다. 이러한 휴머니즘의 창시자는 프란체스코 페트라르카(1304~1374)였습니다. 그는 중세의 딱딱한 수도원식 교육을 거부하고 고전 철학과 문학을 통해 학문과 인간학의 새로운 방향을 제시했습니다. 금욕과 인내보다는 아름다움과 사랑의 경험에 더 많은 가치를 두었던 것입니다.

데시데리위스 에라스뮈스(1466~1536) 또한 누구보다도 자유를 사랑했던 사람으로 꼽힙니다. 신앙의 문제는 각자 양심에 따르는 책임의 문제라고 말할 만큼 자율적 사고를 강조했는데, 그의 철학은 루터의 종교개혁에 큰 영향을 미칩니다. 플라톤으로부터 많은 영향을 받은 마르실리오 피치노(1433~1499)는 사람을 정신적 존재라고 보았습니다. 피치노는 우리의 정신은 불멸하며, 세계의 중심이 된다고 주장합니다. 우리의 이성은 다시 신적인 근원으로 돌아갈 수 있다는 내용입니다.

크리스토포로 란디노(1424~1498)는 아리스토텔레스의 입장을 계승하면서, 인간의 사회성을 무엇보다 강조했습니다. 사회성이란 추상적인 것이 아니라 행위를 통해서 실천적으로 나타나야 하고, 이를 위하여 우리는 영혼과 육체를 동시에 갖고 있다는 것입니다.

이탈리아의 휴머니즘과는 달리 프랑스의 휴머니즘은 자신에 관한 회의에서 출발합니다. 미셸 몽테뉴(1533~1592)는 《수상록》에서 '나는 무엇을 아는가?'라고 묻습니다. 세계의 끝없는 변화 속에 버려져 있는 내가 어떻게 영원한 것이나 불변의 것을 이해할 수 있을까요? 몽테뉴는 자연과학을 하나의 시로 보며, 철학적 이론은 혼란스러운 무정부 상태라고 생각합니다. 삶이란 불안정하고 우리는 불안함에 떨고 있다는 내용입니다. 하지만 그의 회의적 태도는 자포자기에서 나오는 것이 아닙니다. 몽테뉴는 외적 확실성이 아닌 내적 확실성을 찾으려는 것입니다. 그는 자신의 고유한 경험을 세계를 파악하는 원천으로 봅니다. 몽테뉴는 우리가 나의 내면을 관찰함으로써 나를 둘러싼 다른 사람을 이해하게 된다고 주장합니다. 끝없이 변화하는 '너'를 알기 위해서는 먼저 '너'를 바라보는 '나'를 알자는 것입니다.

권력은 누구에게?
: 국가 이론

"국가의 주권은 절대적이고 최고이며, 지속적으로 명령하는 권력입니다. 이 권력은 법을 제정하고 전쟁을 결정하며 재판과 세금을 걷는 권리를 가집니다. 이러한 권력은 절대적 지배자가 가져야 합니다." - 장 보댕

장 보댕은 《국가론》에서 이상적인 사회 질서는 신민의 요구를 바로 알고 이를 존중하는 주권자, 즉 국왕에 관한 복종 위에서 세워진다고 주장한다. 특히 무정부 상태를 극복하기 위해서는 정부의 정책 결정에 관한 절대적인 순응이 요구된다고 기술한다. 이것은 혼란했던 무정부 상태의 종교전쟁을 경험한 결과다.

르네상스 시기에는 국가 권력을 교회 권력 위에 두려는 특징이 두드러집니다. 강력한 국가에 관한 관심은 중세 때 교회가 가졌던 권력에 관한 비판적 시각에서 나온 것이라고 볼 수 있습니다.

장 보댕(1530~1596)은 "국가의 주권은 모든 것을 결정할 수 있으며 심지어 전쟁까지도 포함해서, 이러한 막강한 권력은 절대적 지배자가 가져야 한다."라고 말합니다. 이 지배자는 신과 자연법 외 그 누구에게도 책임질 필요가 없습니다. 물론 지배자는 국민의 자유와 재산을 보호해야 하지만 그의 권한은 아무도 제한할 수 없다는 내용입니다. 그러나 보댕의 주장에 대해 지배자가 이러한 절대적 권력을 행사한다면 어떻게 국민의 자유가 보장될 수 있는지에 관한 의문이 생깁니다.

요하네스 알투시우스(1557~1638)는 보댕과 다른 의견을 제시합니다. 그는 국민에게 주권이 있으며 통치자는 권력을 위임받은 것이므로, 국민은 언제라도 통치자를 바꿀 수 있다고 봅니다. 위고 그로티우스(1583~1645)의 주장도 눈여겨볼 만합니다. 그는 자연법을 말하면서, 사람들이 인위적으로 만든 법과 제도는 자연법에 비추어 모순이 없어야 한다고 주장합니다. 자연법은 이성의 명령과 같은 것이므로 인간의 본성에서 나왔다는 주장입니다. 자연법은 사회적 법과 제도보다 더 나은 것으로 문화적으로 성숙한 국민들에 관련된 것이라고 그로티우스는 주장합니다.

《군주론》의 저자 니콜로 마키아벨리(1469~1527)는 윤리적 입장에서 본 이상적인 국가가 아니라, 실제적인 현실 국가를 중요시합니다. 정치학과 윤리학이 뒤섞여서는 안 된다는 주장입니다. 그는 강력하고 절대적인 국가를 주장하면서, 이를 위해서는 통치자의 능력과 권력 의지가 클수록 좋다고 봅니다. 마키아벨리는 통치자의 도덕성보다는 소신과 신념을 더 높이 평가하며 경우에 따라서는 안정된 정치를 위하여 '밀어붙이기' 식의 통치도 가능하다고 주장합니다. 통치자는 국민이 공포에 떨도록 일부러 만들 필요는 없지만, 굳이 선한 정치를 통해서 국민으로부터 사랑받고자 할 필요도 없다는 것입니다. 이는 곧 목적이 수단을 정당화시키며 정의란 강자 편에 선다는 정치 이론입니다.

이러한 강력한 국가 이론의 등장 못지않게 눈에 띄는 르네상스 시기의 사건이 종교개혁입니다. 사람들에 따라서는 루터의 종교개혁을 근대사에 있어서 르네상스 운동에 버금가는 중대 사건으로 봅니다. 이 종교개혁은 마치 커다란 열풍처럼 그리스도교를 강타한 사건입니다. 우리는 우리의 의지로서 구원받는 것이 아니고, 신의 은혜와 믿음을 통하여 원죄로부터 벗어날 수 있다는 것입니다. 다시 말하면 우리는 신 앞에 직접 나서서 구원을 간청해야 하며, 신 앞에 중간 매개자 없이 우리 자신을 나타내야 한다는 것입니다. 따라서 신앙은 교회를 통해서가 아니라 우리 스스로 성

위고 그로티우스는 사람이 만든 모든 법은 자연법과 다르지 않아야 한다고 주장한다. 인위적인 법은 자연법과 일치해야 한다는 것이다. 그는 법률서 《전쟁과 평화의 법》을 써서 근대 국제법에 큰 영향을 끼쳤다. 그로티우스는 모든 나라는 자유롭게 해양을 이용할 권리가 있음을 주장했는데, 이 주장은 이후 널리 유포되었다.

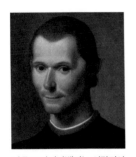

니콜로 마키아벨리는 이탈리아의 도시국가 피렌체 출신이다. 그는 메디치가의 군주에게 바치는 《군주론》을 저술한 뒤 유명해진다. 그는 이 책에서 국가의 이익을 위해서 군주는 어떠한 수단을 취하더라도 허용되어야 하며, 국가가 행동할 때는 종교 및 도덕의 요소를 고려하지 않아도 된다는 마키아벨리즘을 발표한다. 이러한 그의 정치 사상은 일찍부터 격렬한 논쟁을 불러일으켰다.

서를 통해서 신의 언어를 이해함으로써 키워 나가야 한다는 주장이지요.

루터의 주장은 중세를 지배해 온 그리스도교 교회의 권력과 교황의 권위에 정면으로 도전하는 것으로, 그 엄청난 파장은 결국 그리스도교를 구교와 신교로 분리하게 됩니다. 루터는 구교의 모순을 적나라하게 비판하고, 성서만이 신앙 생활에 있어서 유일한 지침이라고 말합니다. 이로 인해 성서는 모든 사람의 공유물이 되고, 교회는 사회까지 지배하던 특권 계급에서 신도들의 공동체 개념으로 바뀌게 됩니다. 이제 교회의 면벌부를 사지 않고도, 가난하고 집안이 좋지 않은 별 볼일 없는 사람도 성서의 길을 통해서 구원받을 수 있는 길이 열린 것입니다. 루터는 귀족적인 교회의 자리에 민주적인 교회를 세운 것입니다.

정치와 국가 지배는 어떻게 작동해야 할까요?
: 마키아벨리의 객관적이고 학문적인 연구

코페르니쿠스에서 시작하여 뉴턴에 이른 근대 과학의 탄생사는 많은 파급 효과를 남겼습니다. 그 물결은 거의 모든 영역에서 두드러졌습니다. 정치학에서는 마키아벨리가 두드러졌는데, 그는 전통적 방식을 탈피하여 사실에 주목합니다. 마키아벨리는 1513년 출간된 《군주론》에서 이렇게 말합니다. '유용한 것을 저술하는 것이 나의 의도이기 때문에 현실에 관하여 단순히 생각하는 것보다는 그 현실을 직접 탐구하는 것이 더 적절한 것이다.'

과거 정치 이론가들은 지배하는 자의 의무나 이상적 군주가 해야 할 일에 관하여 기술하거나 바람직한 이상 사회에 관하여 서술했습니다. 이러한 이론은 현명하고 심원하기는 하지만 눈앞의 현실 문제를 다루지 못하고 있습니다. 이에 반하여 마키아벨리는 정치를 직시하고 있습니다. 오늘날 '마키아벨리적'이라는 단어는 부정적 의미를 지닙니다. '교활한' '비

도덕적' '기회주의적' '조종하거나 조작하는' 같은 말로 쓰입니다. 이런 비판에도 불구하고 마키아벨리가 정치적 현실을 지적으로 해결하는 방법을 모색한 인물이라는 사실을 부정하기는 어렵습니다. 그는 종교의 전통을 넘어서서 정치 철학에 관한 가치중립적 대안을 제시한 것입니다.

한 나라의 권력을 손안에 넣기 위하여 무엇을 해야 할까요? 권력을 계속해서 유지하려면 어떻게 해야 할까요? 마키아벨리는 이 물음에 관하여 날카롭고 진정한 해결책을 모색합니다. 그는 정치에서 폭력과 위협을 통하여 얻을 수 있는 핵심 기능에 주목합니다. 정치가의 공적 등장과 이에 따르는 이미지 관리법의 중요성을 논의 주제로 다루지요. 구체적으로 다루는 주제는 정치가는 언제 약속을 지켜야 하고 어떤 경우에 약속을 깨도 되는지? 어떤 종류의 맹세가 효과가 있는지? 등입니다. 《군주론》은 일반적으로 거친 현실 정치의 성서라고 불립니다. '범죄를 통하여 권력을 장악한 사람들을 위하여'라는 제목도 있습니다. 마키아벨리는 어떤 경우에도 교회의 권위나 인간이 무엇을 해야 한다는 원칙에 근거하지 않습니다. 다만 정치가가 주어진 상황과 문맥 안에서 어떤 결정을 내려야 할 것인가를 말합니다. 그의 이러한 해결책은 현실 정치에서 하나의 처세술이라고 명명할 수 있습니다. 그의 정치적 처세술에 관한 필요성은 히틀러와 스탈린 시대만이 아니라 오늘날에도 여전히 지속되고 있습니다. 따라서 공동체 안에서 권력을 장악하려는 처세술은 정치 영역에서만이 아니라 사람 관계가 이루어지는 거의 모든 영역에서 유효하다고 할 수 있습니다. 노동조합, 서비스 산업, 교회, 클럽, 소소한 단체 등에서 권력 쟁취의 수단으로 활용됩니다. 마키아벨리의 처세술이 많은 사람으로부터 높은 평가를 받은 것이 사실입니다. 베이컨은 마키아벨리에 관하여 다음과 같이 언급합니다. "우리는 인간으로서 무엇을 해야 하며, 무엇을 해서는 안 되는지를 말하는 마키아벨리와 다른 사람에게 항상 고마워해야 합니다."

프랜시스 베이컨
: 정말 버려야 할 네 가지 우상

"새로운 철학은 인간으로 하여금 신을 부인하게 하는 경향을 보입니다. 그러나 철학을 더욱 깊이 연구하면 인간 정신을 다시 종교로 되돌려 줍니다."
– 프랜시스 베이컨

프랜시스 베이컨(1561~1626)은 학문의 전 영역(정치학, 법, 문학, 철학, 자연과학 등)을 연구하였습니다. 엘리자베스 1세 시대에 대학에서 교육을 받은 그는 정치가로서 성공하고 (23살에 의회 의원이 됩니다) 나중에 재상의 자리에 오르고 자작 칭호도 받습니다.

베이컨은 학문의 발전을 촉진하기 위하여 자신의 정치적 힘을 활용합니다. 그는 야콥 1세를 설득하여 경험 과학을 연구하는 대학을 설립하도록 했으며, 옥스퍼드대학과 케임브리지대학에서 새로운 과학을 가르칠 수 있는 자리를 마련하게 했습니다. 그의 생전에 이러한 기획은 모두 현실화되지는 않았지만, 그는 앞으로 영국 사회에 다가올 학문 공동체의 대부 역할을 했습니다. 베이컨은 이론적인 것과 실천적인 것을 결합할 줄 아는 천재였습니다. 시인 알렉산더 포프는 이렇게 말합니다. "그 사람은 영리했으며, 동시에 평범한 보통 사람이었습니다."

　베이컨은 인류가 지식을 통해서 자연에 관한 권력을 행사할 수 있다는 것을 알고 학문의 발전을 도모했던 최초의 학자라고 할 수 있습니다. 아는 것(=지식)을 통하여 인간은 지금까지 그 누구도 상상하지 못했던 놀라운 부와 만족을 누릴 수 있다고 생각했습니다. 베이컨은 합리적으로 생각하는 사람은 거미 줄을 만드는 거미와 같다고 보았습니다. 자신들이 이룩한 학문의 거미줄로 자연을 송두리째 사로잡을 수 있기 때문입니다. 학문이 실용적이 되어야 한다는 뜻이지요. 아리스토텔레스의 논리학을 예로 들면서 전통적 학문 방법으로는 자연을 정복할 수 없다고 이야기합니다. 베이컨은 전통 학문이 우리의 지식을 증가시킬 수 있다는 것은 환영에 불과하다고 말합니다. "언어는 다만 물질의 모방에 불과합니다. 언어를 사랑하는 것은 그림을 사랑하는 것과 같습니다." 베이컨은 자연을 변화시키기 위하여 학문의 언어에 머물 것이 아니라 현실적 자연을 직시해야 한다고 생각한 것입니다. 또 사물을 제대로 알기 위하여 선입견을 버려야 한다면서 다음과 같은 네 가지 우상설을 말합니다.

1. 종족의 우상

　한 집단이 무리 지어 갖는 편견입니다. 한 민족이 다른 민족에게 갖는 편견이나, 한 지방 사람이 다른 지방 사람에게 갖는 잘못된 생각이 여기에 속합니다. 흔히 말하듯 흑인은 게으르다든지, 남쪽 사람은 변덕스럽다든지 하는 편견이 여기에 속합니다. 백인은 솔직하고 무슬림은 거칠고 폭력적이라든지 하는 잘못된 편견이 그 예가 됩니다.

2. 동굴의 우상

　개개인이 갖고 있는 선입견을 뜻하며 성장 과정, 교육, 습관 등에 많은 영향을 받습니다. 빨간색을 좋아하는 사람은 성격이 정열적이라든지 외아들은 버릇이 없다든지 하는 편견 등입니다. 여자는 치마를 입어야 한다고 교육을 받은 사람이 바지를 입는 여자는 얌전하지 못하다고 생각하거나, 어떤 사람이 내가 싫어하는 색깔을 좋아하는 것에 관해 성격에 문제가 있다고 생각한다면 이것도 역시 동굴의 우상, 즉 개인이 갖고 있는 특수한 편견입니다.

3. 시장의 우상

시장은 대중을 뜻합니다. 시장의 우상이란 많은 사람이 말하는 것을 비판 없이 따라가는 것을 뜻합니다. 자신을 믿기보다는 남의 말에 따라 움직이며, 남의 말에 현혹되어서 자신의 행동을 결정하는 것을 말합니다. 자신의 나약함을 나타내는 편견이지요. 지나치게 유행에 민감하거나 과대광고를 사실로 받아들이는 것도 하나의 예입니다.

4. 극장의 우상

권위에 관한 맹목적인 신뢰에서 나오는 편견입니다. 전통이나 어려운 학설과 지식을 나열한 많은 이론에 눌려서 자신의 생각과 주장을 내세우지 못하는 경우입니다. '어떤 유명한 사람이 한 말인데……'라든지, 전통적으로 그래 왔다는 말에 현혹되는 경우입니다. 특히 종교적인 미신이 여기에 속합니다.

프랜시스 베이컨
재상의 임무를 맡았던 생애의 절정기 때 횡령 혐의를 받아 공직에서 추방된다.

이러한 우상을 극복하기 위하여 베이컨은 귀납법을 주장합니다. 이 방법은 우선 관찰과 실험에서 출발해, 수집한 자료를 비교한 뒤 결론을 내리는 것입니다. 따라서 우연히 일어나는 경험이 아니라, 계획적인 실험과 목적 있는 관찰을 전제로 합니다. 자연과학과 기술 발전의 가치를 믿고 이를 위해 정치에도 뛰어들었던 베이컨은 한마디로 철학의 혁명을 주장했습니다. 한 사회가 걷게 되는 운명적인 길에 관한 주장이나 종교적 금지에 관한 비판도 이러한 배경에서 나옵니다. 즉 인간은 자연과 종교의 구속에서 해방되어야 한다는 것입니다.

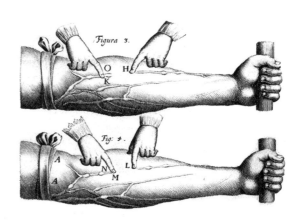

베이컨의 주치의였던 윌리엄 하비(1578~1657)는 혈액 순환 현상을 발견하는데 이 발견은 해부학과 생리학의 발전에 큰 영향을 끼친다.

베이컨은 인간은 자연을 효과적으로 변화시킬 수 있는 학문 방법을 탐구해야 한다고 주장합니다. 자연에 관한 지식을 증가시키기 위하여 우리는 체계적으로 접근해야 합니다. 우선 사실을 관찰하고, 그 내용을 기술하며, 신뢰할 수 있는 정보를 수집해야 합니다. 이러한 정보는 많으면 많을수록 좋습니다. 이러한 관찰 연구는 많은 사람이 함께 할수록 좋지요. 그래서 연구자 공동체와 연구소를 권장합니다. 연구하는 중에 조심해야 할 것은 사실만을 말하게 해야 한다는 것입니다. 사실을 우리의 생각으로 파악하려 하지 말고 사실을 있는 그대로 연구해야 합니다. 자료와 정보를 충분히 모으면, 자연을 지배하는 규칙과 모델을 알게 되고, 인과 관계를 파악하게 될 것이며 결국 우리는 자연법칙이 작용하는 것을 이해하게 될 것입니다. 이러한 작업을 성공적으로 하기 위하여 사물을 관찰하는 과정에서 다른 현상이 보여 주는 예를 놓쳐서는 안 됩니다. 사람은 흔히 자신이 이미 알고 있는 지식을 바탕으로 서둘러 결론을 내리려는 경향이 있기 때문입니다. 예를 들어 자신이 꾼 꿈이 현실화되는 것을 경험한 뒤, 꿈은 앞날을 말해 주는 것이라고 주장한다면, 이는 너무 섣부른 판단입니다. 왜냐하면 현실화되지 않은 다른 수많은 꿈을 고려하지 않았기 때문입니다. 따라서 우리가 올바른 결론에 이르려면, 긍정적인 경우를 포함하여 부정적인 사례를 충분히 고려해야 합니다. 이렇게 엄격한 훈련을 거쳐서 우리는 처음 가정한 것에 관하여

근거를 제시하여 보편적 법칙을 찾아낼 수 있습니다. 그다음 단계로 이 법칙이 맞는지 검토해야 합니다. 검토는 실험을 통하여 가정을 확인하는 일입니다. 가정이 실험을 통과할 경우 우리는 실제로 자연법칙을 알게 됩니다. 또한 이 법칙을 통해서 다른 경우를 도출해 낼 수 있습니다. 우리는 직접 자신이 경험하지 않은 다른 구체적 사례에 관해서도 이 법칙에 근거하여 그것이 어떠하다는 정확한 판단을 할 수 있게 됩니다. 즉 자연현상에서 일어날 수 있는 일을 미리 예측할 수 있습니다. 자연법칙을 발견하는 과정에서 우리가 구체적 사례로부터 보편적인 것으로 나아갔기 때문에 귀납법을 적용한 것입니다. 이와 반대로 보편 법칙을 사용하여 구체적 사례를 판단하게 되면 연역법을 사용하는 것입니다. 베이컨은 학문적 지식은 다른 지식과 다르다는 것을 강조함으로써 사실에 가까운 지식을 요구했습니다.

이러한 베이컨의 학문적 방법은 오늘날까지 많은 영향을 미치고 있습니다. 칸트는 그의 책 서문에서 베이컨을 인용한 바 있습니다. 볼테르와 백과사전학파도 베이컨의 방법적 사고의 영향을 받았습니다. 20세기 아인슈타인과 포퍼 역시 베이컨의 방법을 더욱 발전시킵니다. 베이컨은 실로 위대한 사상가였습니다. 베이컨은 학문을 형이상학으로부터 체계적으로 분리시켰습니다. 그는 우리가 무엇인가를 생각할 수 있기 전에 전제해야 하는 사물의 영역을 확실하게 제시한 것입니다. 또한 베이컨은 학문적 설명은 목적이나 목표가 아니라 본질적으로 원인 결과에 관한 설명이라는 것을 분명히 했습니다. 관찰과 실험이야말로 세계에 관한 지식을 얻을 수 있는 가장 핵심적인 것이라고 확언한 것입니다.

스콜라 철학

회의주의

아카데메이아   이데아

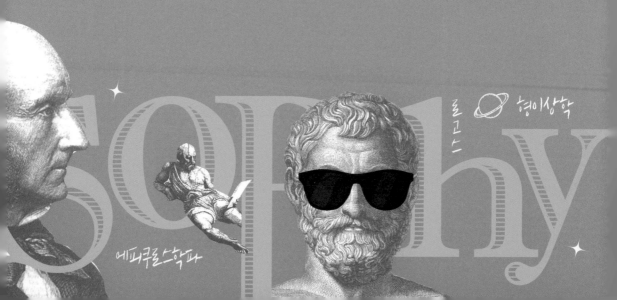

근대 철학
: 정신의 혁명에서 탄생한
자유의지는 혁명을 낳고

에피쿠로스학파

로고스

형이상학

21

17세기와 18세기 철학으로 들어가기

무지와 혼란의 세계에 계몽 질서를 정립하는 합리주의와 경험주의 철학

교회가 사람들의 생각하는 방식에 끼쳤던 영향력이 차차 약해지자, 이성을 사용하는 방법을 통하며 세계에 관한 지식을 얻어야 한다는 확신이 퍼져 나갔습니다. 이러한 철학 방향의 한 축이 합리주의입니다. 데카르트가 그 토대를 제공하며 뒤를 이어서 합리주의 철학자 스피노자, 라이프니츠가 등장합니다. 이들은 철학자이면서 동시에 천재적인 수학자로서 수학의 이상적 모델을 세계를 이해하는 확실한 지식으로 정립하고자 합니다. 그들은 세계는 이성으로 완전하게 설명할 수 있다고 주장합니다. 이성이 사유를 통하여 세계를 이해하는 방법만 찾아 낸다면 수학의 완벽한 모델처럼 세계는 완벽하게 설명될 수 있기 때문입니다.

17세기의 유럽 철학은 수학과 결코 분리될 수 없습니다. 철학과 수학은 르네상스 시기에 충분히 그 효용성을 인정받은 '이성'을 근본 원리로

5장. 근대 철학 : 정신의 혁명에서 탄생한 자유의지는 혁명을 낳고

사용하였습니다. 이성은 수학을 통하여 의심할 수 없는 논증의 확실성을 찾았고 이를 철학에 적용하여 철학의 이상적 모형을 추구하였습니다. 당시는 철학의 대가가 곧 수학의 대가였습니다. 데카르트, 라이프니츠, 파스칼은 수학의 천재였고, 네덜란드의 은둔 철학자 스피노자는 기하학적 방법을 이용하여 자신의 철학적 이론을 구성하였습니다. 보편타당하고 확실한 인식 방법을 발견하려는 자연과학적 방법은 철학에 그대로 영향을 미쳐 확실한 기본 원리에 근거하여 완벽한 철학 체계를 세우려는 노력이 경주되었으며 이러한 노력이 데카르트, 스피노자, 라이프니츠의 철학의 열매를 맺게 한 것이지요. 프랑스, 독일, 네덜란드를 중심으로 한 유럽 대륙에서 발전한 이들의 철학은 '합리론'이라고 부릅니다. 반면 영국에서는 유럽 대륙과 다른 경향의 철학이 꿈틀거립니다.

17세기 이전부터 천천히 형성되어 오던 실제적이고 현실주의적인 영국의 민족성은 철학에서도 '생각의 사변성'을 배제하고 '경험'을 근거로 하여서 모든 인식을 바로 세우려고 하였습니다. 이를 '경험주의'라 부릅니다. 베이컨은 지식의 근본을 이루는 것은 오직 실험과 관찰뿐이며, 그 목적은 인간에 의한 자연의 정복이라고 하였습니다. 사회 철학자 홉스 역시 사변에 의한 철학을 멀리하고 원인과 결과를 냉철하게 분석하여 관찰된 결과로부터 원인을 인식하는 것이 학문이라고 정의하였습니다. 영국의 경험론은 18세기 로크와 흄에 이르러 전성기를 누립니다. 로크는 경험에 의하여 우리의 오성* 능력이 어떻게 작동하는가 하는 물음을 던짐으로써 사유하는 수단과 그 가능성에 관한 물음을 제기하여 현대 인식론의 선봉에 서게 되었습니다. 영국 스코틀랜드 출신인 흄은 회의주의자로 널리 명성을 떨쳤습니다. 그는 인과법칙을 깊이 연구하여서 우리가 지각하는 여러 가지 사실이 서로 관련을 맺고 있는 것이 지식이라고 정의하고, 그러한 지식은 엄밀한 의미에서 지식이라고 할 수 없다는 주장을 하였습니다.

＊오성
사람의 다섯 가지 성정. 기쁨, 노여움, 욕심, 두려움, 근심을 이른다.

계몽의 시대 : 노예에서 주인으로

"계몽이란 인간 스스로 한 잘못으로 빠진 미성숙 상태로부터 벗어나는 것입니다. 미성숙이란 다른 사람의 도움 없이 혼자서는 생각하는 힘을 사용할 줄 모르는 것을 말합니다." - 임마누엘 칸트

이제 철학의 역사는 맹목적이고 억압적인 중세의 종교적 생각에 관해 사람은 사람다워야 한다는 깨달음으로 그 방향을 바꿉니다.

계몽사상은 서양의 17, 18세기에 걸친 철학의 중요한 목표였으며 또한 교육 내용이었습니다. 계몽에 관한 고전적이고 정확한 정의는 위에 인용한 칸트의 어구일 것입니다. 칸트는 "계몽이란 무엇보다 스스로한 잘못으로 인해 빠지게 된 미성숙의 상태를 극복하는 것이다."라고 말합니다. 미성숙은 다른 사람의 도움 없이는 스스로 생각하지 못하는 것이라고 덧붙이지요.

스스로 생각하지 못하는 것은 남의 책임이 아닌 자신의 책임이며, 스스로 생각하지 못하는 사람이 곧 미성숙한 사람이라는 뜻입니다. 칸트는 이 유명한 정의를 〈계몽이란 무엇인가〉라는 논문에서 내리는데, 이 논문은 프랑스 혁명(1789)에 앞서서 발표되었습니다.

이 정의에 따르면 우리에게는 생각할 수 있는 능력이 이미 있으므로우리는 이 능력을 스스로 사용하려고 해야 합니다. 미성숙은 우리의 정신적인 게으름에서 비롯된 결과이며, 이는 자신에 관한 무책임한 행위인 것입니다. 이는 정신적인 노예 상태를 뜻하지요.

노예는 스스로 생각할 필요가 없습니다. 생각은 주인이 하는 것이고 노예는 오직 복종하면 됩니다. 그러면 주인이기 위해 우리는 어떻게 무엇을 하며 살아야 할까요? 이 물음에 관해 우리는 스스로 답할 수밖에 없습니다.

계몽의 의미는 생각할 수 있는 능력이 실천으로 이어지는 것을 말합니다. 계몽이란 생각과 행위에 있어서 강제가 아닌 자유와 주인 의식의 강조입니다. 계몽의 방법은 합리론적 혹은 이성적 방법과 경험론적 방법으로 나뉩니다. 합리론은 독일과 프랑스 중심의 철학 이론으로 세계는 논리적이고 이성적인 구조로 이루어졌으며, 우리는 세계를 이해하기 위하여 먼저 논리적 구조를 알아야 한다는 것입니다. 경험론은 영국을 중심으로 발전한 철학 방법입니다. 우리의 감각기관에 의한 경험을 통하여 우선적으로 세계를 알게 되며, 그 결과로 세계의 질서에 관해서 알게 된다는 것입니다.

이 계몽의 시기에 사회·경제적으로 시민 계급이 급성장하고 대중 교육과 자유 무역이 촉진되는 것은 자연스러운 일입니다. 정신의 자유만이 아니고 실생활의 자유주의가 요구되면서, 개인의 권리와 자유를 보장하려는 법조문이 잇따라 발표되고 국가 권력과 국민의 권리에 관한 많은 이론이 등장합니다. 1689년 영국의 〈권리장전〉을 비롯해서, 1776년 미국의 〈인권선언〉 1789년에는 '모든 것을 국민을 위해!'라는 프랑스 혁명으로 그 절정을 이룬 민주주의는 더는 막을 수 없는 국민의 권리로 자리 잡았습니다.

홉스 : 근대 최초의 물질주의자

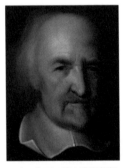

토마스 홉스는 영국 엘리자베스 1세 시대에 태어나 칼 2세 치하에서 살았다. 이 시대에는 개혁, 왕과 귀족 사이 갈등과 전쟁 등 유별나게 많은 도전과 위협이 있었다. 프랜시스 베이컨의 경험주의를 계승한 홉스는 대단히 박식하고 자유로운 사상가였다. 그는 목사의 아들로 태어나서 무신론자의 자유로운 삶을 추구했고 물질주의적인 유물론 사상을 가졌다.

"물질만이 존재한다. 오직 움직이는 물질을 통해서만 모든 것을 설명할 수 있다." "인간의 정당성, 인간의 가치는 다른 모든 사물과 마찬가지로 그 자신의 가격이 결정한다." "현명한 사람들에게 언어는 한 푼의 용돈에 불과하지만, 어리석은 사람에게는 황금과 같다." "권력이 뚜렷하게 나타나면 곧 선이다. 힘은 우리에게 생명의 안전을 위한 수단을 제공해 주기 때문이다."

- 토마스 홉스

토마스 홉스(1588~1679) 사상의 배경에는 그가 어머니 배 속에서 겪은 공포의 경험이 있다는 주장이 있습니다. 그는 자신에 관해 다음과 같은 말을 했습니다. "내 어머니는 이 땅에 쌍둥이를 내보내셨다, 나와 공포를." 전쟁과 내란이 일으키는 공포가 홉스에게 있어서 큰 문제가 되고 있음을 보여 주는 대목입니다. 당시 영국을 공격했던 에스파냐의 무적함대에 관한 두려움으로 그의 어머니는 홉스를 조산했다고 합니다.

이 공포는 그의 정치 철학의 핵심적인 동기가 됩니다. 그는 많은 정치적인 변화를 겪었고, 직간접으로 이에 관여했습니다. 독일에서는 30년 전쟁 (1618~1648)이 진행 중이었고, 영국에서는 왕과 국회 사이의 내전이 한창이었습니다.

홉스는 14살에 옥스퍼드의 막달렌 홀에 입학하여 공부를 시작했습니다. 여러 차례에 걸친 유럽 대륙 여행은 그에게 철학적 관심을 일깨우는 계기가 되었고, 또 많은 대륙의 철학자를 직접 만날 수 있는 기회가 되었습니다.

널리 알려진 대표작 《리바이어던》은 1651년에 출판되었는데, 홉스의 반대자들은 그가 올리버 크롬웰*의 도움을 받으려는 생각으로 이 책을 썼다고 주장하였습니다. '리바이어던'은 구약성서에 나오는 거대한 동물의 이름이지만 여기에서는 교회 권력에서 벗어난 국가 권력을 의미합니다. 홉스는 스튜어트가 왕권을 잡자 멀어졌던 왕당파의 재신임을 얻어 매년 연금을 받았습니다. 이로 인해 경제적 걱정 없이 많은 분야에, 심지어 문학에 이르기까지 자신의 관심을 추구하다가 91살의 나이로 세상을 떠났습니다.

홉스는 이기적인 자기 보존 본능과 공포를 인간의 근본 본능으로 보는 성악설을 지지하는 입장을 취했습니다. 이로 인해서 홉스는 비난받은 정치가가 되었습니다. 구교는 그의 글을 금지했고, 신교는 그의 글을 불태웠습니다.

최고의 가치는 종족 보존의 욕구다

홉스의 《리바이어던》은 사회계약 이론을 담고 있는데 국가론에 가장 많은 영향을 미친 저서 중 하나입니다. 그에게 있어서 철학은 원인과 결과의 관계를 알려는 학문이며 많은 현상적인 물체, 즉 대상 뒤에 숨어 있는 원인에 관한 연구를 뜻합니다. 홉스는 철학을 포함한 모든 영역에서

* **올리버 크롬웰(1599~1658)**
영국의 정치가이자 군인으로, 1642~1651년의 청교도 혁명에서 왕당파를 물리치고 공화국을 세우는 데 큰 공을 세웠다.

모든 사실을 기계론적으로 설명하는 방법을 사용합니다.

홉스는 사람의 내면적 정신, 즉 감성과 의지 등은 외부의 어떤 대상이 주는 자극을 받아서 생겨나는 반사작용이라고 보았습니다. 우리가 어떤 사람에게 호감을 느낀다든지 하는 경우입니다. 이 중 기쁨과 관심을 느끼게 하는 일은 정신의 활동을 증가시키기 때문에, 홉스는 이러한 것을 좋은 대상이라고 보았습니다.

홉스에게는 무엇이 어떤 정서를 일으키며 가치를 갖는가 하는 문제가 중요한 기준이 되며 가장 근원적인 것은 자기 보존의 가치입니다. 각 개개인과 개체는 자기 보존의 욕구를 최고의 가치로 여긴다고 보았습니다. 홉스의 의견에 따르면 모든 유기체와 인간은 이기적입니다. 이기적인 본능이 최고의 척도가 된다는 것이지요. 누구를 막론하고 자신에게 좋은 것을 스스로 결정하려고 하며, 이렇게 되면 갈등과 불화가 심해져 전쟁도 피할 수 없게 된다는 주장입니다. 여기에서 그의 국가론이 나오는데, 홉스는 사람이 본능적으로 사회적인 존재라는 전통적인 입장을 거부합니다.

만인의 만인에 관한 투쟁

국가의 형성이 사람들의 편의와 이익을 위해서 이루어졌다는 주장을 하기 위하여 홉스는 '자연 상태'라는 개념을 사용합니다. 이 개념은 국가의 법에 의해 다스려지는 안정된 사회와 반대되는 개념으로 무질서하고 힘에 의해서 지배되는 상태를 말합니다. 이 자연 상태에서는 모든 사람은 누구나 무엇이든 원하는 일을 행하고 가질 권리를 주장하기 때문에 목적을 위한 어떤 수단도 정당합니다. 홉스에게 자연은 통제되고 지배되어야 하는 '무법천지'일 뿐입니다.

이러한 자연 상태는 우리에게 진정한 평등과 권리를 보장할 수 없습니

참혹한 처형

홉스의 견해에 따르면, 국가 권력은 범법자를 엄격한 형벌로 다스려야 한다. 이 그림은 찰스 2세가 다시 왕권을 장악하여 구체제를 부활시킨 뒤 1660년, 찰스 1세를 살해한 살인자에 관한 처형을 보여 준다.

5장. 근대 철학 : 정신의 혁명에서 탄생한 자유의지는 혁명을 낳고

다. 왜냐하면 모두가 자신의 이익을 위해 다른 사람에게 해를 끼칠 수밖에 없기 때문입니다. 홉스는 투쟁은 피할 수 없는 뻔한 일이라고 생각합니다. "사람이 국가를 이루기 전의 자연 상태는 전쟁, 즉 만인의 만인에 관한 투쟁이었다."라는 것입니다. '만인의 만인에 관한 투쟁'은 홉스를 자연스럽게 떠올리게 하는 대표적 구절인데, 이러한 전쟁 상태를 끝내기 위해서, 자신을 전쟁으로부터 보존하기 위해서 국가가 필요하게 되었다는 주장입니다. 곧 자기 보존의 욕구가 국가를 탄생시켰으며 자기 보존을 위해 사람들은 자신의 권리 일부를 양보하고, 또 다른 사람의 권리를 제한하면서 모두에게 적당한 계약을 맺는다는 것입니다. 이것이 곧 '사회계약설'입니다.

왕자 시절의 찰스 2세
토마스 홉스는 찰스 2세(1630~1685)의 수학 교사였다. 찰스 2세는 국회가 왕정을 복권한 뒤 왕이 되었다.

　이렇게 해서 성립된 국가는 제도와 의지입니다. 이 의지는 개인의 의지이지만 통치자에게 이양된 주권자의 의지입니다. 그러므로 사회계약에 참여하는 사람은 통치자의 의지를 자신의 의지처럼 받아들여야 하며 복종해야 합니다. 이러한 국가의 권력은 제한이 없으며 분리되지도 않는 것으로, 이 절대 권력을 홉스는 《리바이어던》으로 상징했습니다. 또 그는 국가의 최대 의무는 국민의 안녕을 책임지는 것이기 때문에, 법을 어긴 자를 혹독하게 처형하는 것이 국가의 책임이라고 보았습니다. 이러한 홉스의 국가론은 영국의 정치에는 실질적인 영향을 미치지 못했으나, 네덜란드의 공화 헌법과 독일의 법철학에는 상당한 영향을 미쳤습니다.

23

데카르트의 의식 철학
: 더는 의심할 수 없는 것을 찾아서

더는 의심할 수 없는 철학의 기초를 찾아라!

"내가 '모든 것이 오류다.'라고 생각할 때, 그것을 생각한 나는 필연적으로 어떤 존재입니다. 그래서 나는 '나는 생각한다, 그러므로 나는 존재한다.'라는 사실은 명백한 진리라는 것을 깨달았습니다." - 르네 데카르트

'나는 무엇을 알 수 있나요?'라는 물음과 완벽한 지식에 관한 열정은 데카르트와 함께 앞으로 300년 이상 동안 서양 철학의 중심이 됩니다.

르네 데카르트(1596~1650)가 살았던 시기는 30년 동안 치러진 종교전쟁 등 사회적으로 어수선한 때였는데, 그는 이때 전쟁에 참가하기도 하고 유럽 여러 나라를 여행하면서 많은 경험을 쌓습니다. 1625년부터는 다시 파리에 머물면서 수학자, 자연 학자와 사귀면서 새로운 학문에 관해 깊이 생각하는 시간을 갖습니다. 그러다가 데카르트는 자신의 이론을 의심하는 신학자와의 갈등을 피해 32살의 나이로 1628년 프랑스를 떠나 네

생각하는 행위와 존재하는 것의 불가분의 관계를 제시한 르네 데카르트는 프랑스 투렌 지방 법조인의 아들로 태어나서 왕립 학교를 다녔다. 그곳에서 그는 철학, 수사학, 수학, 기하학을 일찌감치 끝낸 것은 물론, 자연과학 분야까지 터득한 천재적인 인물이다.

스웨덴의 크리스티네 여왕과 데카르트

여왕은 새벽 5시, 일주일에 세 번 강습을 원했고 한 번 시작한 강의는 5시간이나 계속되었다. 이른 기상과 스웨덴의 겨울 날씨는 데카르트의 건강을 해쳤고 결국 폐결핵에 걸려 1650년 사망한다.

덜란드로 이주합니다.

네덜란드에서 20년을 머물렀는데, 이 시기에 그는 시골에 은둔해 살면서 학문적으로 많은 업적을 남겨 근대 철학의 기초를 마련합니다. 데카르트의 깊은 관심은 확실한 진리 탐구의 방법을 찾는 데 있습니다. 이때에 출간된 《방법서설》과 《성찰》은 새로운 철학의 시작을 알립니다. 1649년에 스웨덴 여왕의 초청을 받고 그해 가을에 스톡홀름으로 떠나지만, 북극의 기후에 적응하지 못하고 그곳에서 1650년에 죽음을 맞이합니다.

의심은 어떻게 생각으로 변하나요?

데카르트는 사회적인 혼란은 학문과 철학의 그릇된 발전에서 오는 결과라고 생각했습니다. 특히 스콜라 철학은 끝없는 말싸움에 지나지 않으며 종교전쟁 같은 극도의 혼란을 가져오는 쓸모없는 것이라고 비판합니다. 그는 경우와 상황에 따라 달라지는 알쏭달쏭한 주장이 아니라, 모두가 이해할 수 있는 확실한 것만을 보여 주고자 했습니다.

확실한 것을 얻기 위하여 수학자이기도 한 데카르트는 철학에서도 인식하는 주체인 '나'를 먼저 확실하게 세움으로써 지식의 확실성을 얻고자 했습니다. 어떤 것을 분명히 알고 깨닫기 위해서는 '나'라고 불리는 주체가 있어야 하며, 이 '나'는 확실한 근거 위에서만 실제로 존재할 수 있기 때문입니다. 데카르트는 확실성의 문제를 학문의 본질로 보았습니다. 이를 위하여 《방법서설》에 제시된 방법은 다음과 같습니다.

우선 더는 의심할 수 없을 정도로 분명한 것만을 참이라고 인정합니다. 데카르트는 성급하게 새롭고 그럴듯한 것을 따라가기보다는 차라리 잘 알고 익숙한 것을 택해야 한다고 말합니다. 새로운 것이 옛것보다 낫다는 확신이 없는 바에야 세상을 바꿀 필요가 없다는 것이지요. 둘째로 문제를 잘 해결하기 위해 가능한 한 작은 부분으로 분석합니다. 셋째는 단순한 것으로부터 출발해 복잡한 문제로 나가야 한다는 것입니다. 오늘 한번 만난 사람과 '결혼해서 몇 명의 아이를 가질 것인가' 하는 문제를 고민할 필요가 없다는 것입니다. 그보다는 '내일도 만나야 하는가'라는 문제가 더 급한 일입니다. 넷째는 위의 것들을 하나씩 열거해 하나의 완벽한 체계를 이루도록 합니다.

수학에서 빌려 온 이와 같은 방법을 통해서 문제가 되는 것을 직접적으로 알 수 있으며, 이러한 지식은 확실하고 명백한 것으로 더 복잡한 대상들을 이해하는 데 도움을 줍니다. 그렇게 해서 전 과정에 잘못이 없다면 우리는 완벽한 인식의 체계를 완성하게 된다고 데카르트는 믿었습니다.

데카르트처럼 철저하게 경험적 인식에 자신의 앎을 의존할 때도 문제가 발생합니다. 나는 내가 본 것, 들은 것, 만져 본 것을 완전히 믿을 수 있을까요? 이것들은 확실하고 명백한 것인가요? 우리는 한번쯤 '어! 내가 사람을 잘못 봤군.' 또는 '이게 그때는 이 맛이 아니었는데……'라고 느낀 적이 있을 것입니다. 이러한 경험은 어떻게 설명할 수 있을까요?

우리가 의심의 숲으로 가야 하는 이유

우리가 직접 겪은 경험마저 우리를 배신하는 일은 드물지 않습니다. 데카르트 역시 우리의 감각적 경험에 머물라고 말하지 않습니다. 그에게 있어서 모든 것은 일단 의심의 대상이 되어야 하며, 심지어 수학적 진리마저 내가 착각하고 있는 것이 아닌가 하고 의심해 봐야 한다고 말합니다.

의심은 데카르트에게 철학의 출발점이며 방법입니다. 즉 다시는 의심할 수 없이 확실한 것을 얻기 위한 의심을 말합니다. 데카르트는 이 '의심하라'는 말을 항상 주저하며 믿지 말라는 뜻으로 사용하는 것이 아니고, 한 번 내린 결정은 정말 의심스러운 것이 나타날 때까지는 바꾸지 말아야 한다고 말합니다. 하나의 의심으로부터 또 다른 의심에 빠지는 것은 의미 없는 일이기 때문입니다.

어떤 대상을 의심할 때, 더는 의심할 수 없는 사실이라도 이 '의심하는 사람'이 의심하는 순간에 분명히 의심이 존재한다는 사실입니다.

이 의심하는 사람 없이는 의심하는 행위가 이루어질 수 없으므로, 의심은 여기에서 사유의 방식을 넘어서 존재의 방식이 됩니다. '의심하는 나'는 확고부동한 것으로 더는 의심의 여지를 남기지 않습니다. 여기에서 데카르트의 유명한 '나는 생각한다, 그러므로 나는 존재한다.'가 도출됩니다. 곧 의심은 그에게 있어서 '나의 존재'를 증명하는 자아의식으로서 최초의 확실성인 것입니다.

데카르트가 의심이라는 방법을 통해 확실한 원리로 얻은 것은 '생각하는 존재로서의 나'입니다. 그렇다면 데카르트가 말하는 '나'는 무엇을 뜻할까요? 육체와 정신을 모두 지닌 '전체로서의 나'를 말할까요? 그렇지 않습니다. 그에게 있어서 '생각하는 나'는 곧 '이성을 지닌 존재로서의 나'를 말하는 것입니다. 그리고 '이성'이란 의심하고 긍정하거나 부정하는 인간의 사유 능력을 말합니다.

데카르트의 생리학적 사고

데카르트는 인간에 관한 논문에서 최초로 생리학적 사고를 한다. 이 논문은 감각적 지각과 근육 운동 사이의 관계를 설명한다. 대상에 관한 상(像)은 눈을 통하여 내부 기관(송과선)으로 전달되며 대상의 상과 송과선 사이에서 생기는 반응이 운동하는 행위를 규정한다.

이와 대립되는 개념이 '물질로 있는 존재'입니다. 이는 외적이고 신체적인 특징을 갖고 있으면서 공간을 차지하고 운동하는 존재입니다. 모양과 크기, 수를 가지며 공간과 시간의 제한을 받지요. 사람이란 생각하는 존재와 물질을 가진 존재로 양분되면서, 이들이 전체를 이룬다는 주장입니다. 신과 통하는 정신과 신체라는 물질은 서로 분리되어 존재하며 서로 다른 영역을 갖습니다. 데카르트는 이렇게 서로 다른 두 영역이 우리 목 뒷부분을 통해서 연결된다는 다소 엉뚱한 해부학적 주장까지 했습니다.

이렇게 정신과 물질로 나누어 보는 시각을 이원론이라고 하며 정신의 본질은 곧 생각 및 이성 활동에 있다고 보는 것에서 합리주의는 출발합니다. 이원론에 의하면 물질세계는 자연법칙의 지배를 받지만 정신은 자유라는 것입니다. 자유를 성급하게 사용할 때는 물론 임의적인 판단, 즉 판단의 착각을 일으키지만, 진정으로 사용한 자유는 무엇이 옳고 확실한 것인가를 결정하게 한다는 것입니다. 이에 비해 자연의 지배를 받는 물질세계, 즉 감각은 우리에게 '사실'과는 전혀 다른 '보고 싶은 것'만을 보여 줄 수 있습니다.

데카르트에서 본격적으로 출발하는 이성과 연역의 방법은 서양 철학에 말 그대로 결정적인 영향을 미칩니다. 그럼에도 정신과 육체의 분리를 말하는 그의 입장은 이 두 세계의 상호 작용을 단지 물리적인 것으로만 파악하는 게 아닌가 하는 의문을 남깁니다. 신체와 자연을 하나의 기계 장치로만 본다면, '생각하는 내'가 갖는 '영혼의 고독'은 여전히 해결되지 않은 문제로 남습니다. 사랑의 감정이나, 우리의 의사소통에 관한 갈망은 어떻게 설명할 수 있을까요? 또 생각만이 나의 존재를 증명하는 것이라면 나의 존재는 항상 있는 것이 아니고, 생각하기를 멈추면 존재도 사라지는 것인가요? '미친 생각'을 하는 나는 '미친 존재'인가요? 데카르트는 참으로 흥미로운 의문을 남겼습니다.

이성을 잘 지도하고 학문에서 진리를 찾기 위한 방법에 관한 글을 소개합니다.

데카르트, 《방법서설》 제1부

이 세상에서 그 어느 것보다도 평등하게 분배되어 있는 것은 양식입니다. 우리들 각자는 자신이 양식을 많이 갖고 있다고 생각하고 있고, 다른 문제와 관련해서는 좀처럼 만족하기 어려운 사람조차도 대개 자신이 이미 갖고 있는 것 이상으로 양식을 갖고자 하지는 않습니다. 이 점에서 사람들이 잘못 생각하고 있는 것 같지는 않습니다. 오히려 이는 제대로 판단하고 참과 거짓을 식별하는 능력, 즉 사람들이 양식 또는 이성이라고 고유하게 부르는 이 능력이 모든 인간에 자연적으로 평등하다는 것, 또 우리 의견 간의 다양성은 어떤 사람이 다른 사람보다 더 이성적이기 때문에 발생하는 것이 아니라 단지 우리가 사유를 다양한 방식으로 이끌고 있기 때문에, 또 고찰 대상이 다르기 때문이라는 것을 알려 줍니다. 좋은 정신을 갖는 것만으로는 충분하지 않으며 중요한 것은 이 정신을 적용하는 것입니다. 가장 위대한 영혼은 가장 커다란 덕을 행할 수도 있지만 가장 커다란 악을 행할 수도 있습니다. 천천히 걸어가는 사람이라고 해도 올바른 길만 좇아간다면 올바른 길을 멀리하고서 달려가는 사람보다 더욱 앞으로 전진할 수 있습니다.

데카르트의 두개골?

데카르트는 스웨덴 스톡홀름에 매장되었으며 나중에 그의 사체가 파리로 운반되었다. 그러나 그의 두개골은 함께 따라오지 못했다. 스웨덴의 한 책임자가 다른 두개골로 바꿨기 때문이다. 데카르트의 두개골은 자주 그 소유주가 바뀌었다고 한다.

24

스피노자의 세계관
: 만물에 깃든 영혼

만물에는 영혼이 깃들어 있습니다

"세계가 내일 멸망한다 해도, 나는 오늘 한 그루의 나무를 심겠다."
- 바뤼흐 스피노자

바뤼흐 스피노자(1632~1677)는 1632년 네덜란드 암스테르담에서(종교적 박해를 피해 포르투갈에서 네덜란드로 이주한 유대인 가정에서) 태어났습니다. 이러한 까닭에 그는 암스테르담에서도 포르투갈 사람들의 유대인 공동체 학교에 다녔으며 포르투갈어를 사용했습니다.

라틴어 수업을 통해서 그리스도교에 깊은 관심을 갖게 되었는데 그로인해 유대인 공동체로부터 파문을 당합니다. 이 시기에 스승의 딸을 사랑했으나 결혼으로 이어지지는 않았고, 평생을 독신으로 지냅니다.

파문 뒤 암스테르담 근처에 은둔한 채 혼자 공부를 계속하면서 개인적인 후원금과 스스로 렌즈를 갈거나 가정교사로 얻은 수입으로 검소하게 생활합니다. 나중에 네덜란드 헤이그로 옮겨가 살면서 독일 하이델베르크대학의 교수직을 제의받았으나 거절하고 오직 학문 연구에 몰두하다가 1677년에 헤이그에서 세상을 떠납니다.

스피노자가 누구보다도 철학자다운 삶을 살았다고 이야기하는 이유는, 그가 신앙의 자유와 학문의 자유를 위해 명예나 지위를 포기하고 스스로 현실의 고통을 선택했기 때문입니다. 스피노자가 교수직을 거절한 이유도 그 당시 사람 누구도 자신의 철학을 이해할 수 없다는 것을 알았기 때문입니다. 이러한 그의 삶을 많은 철학자가 존경하고 있으며 영국의 철학자 러셀도 존경의 표시로 스피노자의 초상화를 갖고 있었다고 합니다.

신은 곧 자연이다

스피노자의 대표작 《기하학적 방식으로 다룬 윤리학》은 제목처럼 윤리에 대해서만 다루고 있지 않습니다.

이 책은 오래 전 원고 정리가 끝났지만, 계속 교정 작업을 했기 때문에 그가 죽은 해에야 출판되었습니다. 그 이유는 스피노자가 이 책을 쓰기 위해서 선택한 유클리드의 기하학적 방법과 무관하지 않습니다. 그는 자신의 이론을 수학적 증명처럼 확실하고 더 의심할 수 없는 것으로 만들려고 했지만, 사실 '본질', '인식', '정념'과 같은 단어는 수학 공식과 달리 정의되기보다는 설명되어야 하기 때문에 오랜 시간이 걸린 것이지요. 그럼에도 그의 시도는 대단한 것이며, 서양 윤리학의 전통에 커다란 공헌을 세웠습니다.

우선 스피노자는 신의 문제에서 시작합니다. 신의 문제는 사람의 문제를 다루는 데 핵심적이기 때문입니다. 신의 존재란 사람의 전제 조건으로서 신에 관한 것을 제대로 알지 못하고는, 우리는 우리를 분명하게 이해할 수 없다고 스피노자는 생각합니다.

의견의 자유

스피노자 시대의 네덜란드는 자유로운 영혼을 위한 피난처였다. 스피노자에게 많은 사상적 영향을 준 데카르트도 즐겨 이 나라를 찾았다. 스피노자도 자신의 나라가 철학적으로 생각하기 아주 적합한 나라라고 생각했다. 음악적 분위기를 담고 있는 얀 스테인(1626경~1679)의 그림은 자유스러운 분위기를 잘 전한다.

스피노자는 이 세계가 '창조하는 실체'로부터 생겨났다고 말합니다. 창조하는 실체는 다른 어떤 것의 도움도 필요 없이 스스로 존재하면서 다른 것을 창조하는 능력을 가집니다. 이러한 스피노자의 주장은 자세히 보면 아주 특별한 의미를 갖고 있습니다.

다시 말하면 신은 존재하기 위해 필연적으로 우주와 인간을 창조해야 한다는 것입니다. 따라서 신이 갖고 있는 창조 능력은 신의 '존재의 조건'이 됩니다. 그가 만일 창조할 수 없다면 신이라고 할 수 없다는 의미입니다.

이렇게 볼 때 이 세계는 신적인 것이 시간과 공간을 통해서 우리가 볼 수 있는 모습으로 드러난 것입니다. 즉 이 세계 만물은 신의 모습이 물리적으로 나타난 것으로, 스피노자는 이것을 '연장'이라고 말합니다. 연장이

5장. 근대 철학 : 정신의 혁명에서 탄생한 자유의지는 혁명을 낳고

란 어떤 물질적인 것이 공간을 차지하는 성질을 말합니다. 즉 한 책상이 존재하려면 공간을 차지하는 성질, 연장을 가져야 하는 것입니다. 따라서 이 세계의 모든 만물은 신의 창조물답게 영혼을 지니게 됩니다. 이 논리에 따르면 신은 곧 자연이고, 자연은 신의 존재를 증명하는 것이 됩니다. 스피노자는 자연 그 자체를 신이라고 보는 범신론까지 이릅니다.

자연의 모든 것, 식물, 동물에도 영혼이 있다고 보는 그의 견해는 그리스도교에서는 받아들일 수 없는 범신론으로 그리스도교에서는 스피노자의 의견을 미신으로 취급합니다. 세계 만물에 신의 입김이 스쳤다는 스피노자의 주장은 그리스도교의 유일신을 믿는 입장에서 보면 불경스러울 수밖에 없습니다.

평행선을 가는 정신과 육체

만물에 영혼이 있다는 스피노자의 생각은 존재하는 모든 것은 신 안에 있고, 어떤 것도 신 없이는 존재할 수 없다는 의미입니다. 모든 만물을 통해서 나타나는 신의 신성함과 무한함을 표현한 것이지요. 이것이 바로 스피노자 철학의 핵심입니다. 이 신의 무한함은 유한하고 물질적인 세계의 모습으로 나타나고 이들의 관계는 대등한 관계가 됩니다. 즉 영혼은 신적인 것이 되고 육체는 영혼이 물질로 표현된 것으로 이 둘은 평등한 관계를 이룹니다. 정신과 육체(대상)는 둘 다 신의 속성을 나타내고, 육체와 영혼은 상하의 관계가 아닌 평행선의 관계로 봅니다.

인간의 육체는 곧 신의 속성이 시간과 장소를 통해 연장된 것이고, 정신은 의식이라고 하는 신의 속성에서 나온 것이기 때문입니다. 스피노자는 우리의 정신과 육체의 관계는 두 개의 서로 다른 선이 평행으로 가고 있는 것처럼 이해합니다. 이러한 '심신평행론'은 기계주의적이긴 하지만 스피노자는 이 방법을 통하여 만물에 영혼이 깃들여 있다는 주장을 하여 당시의 신학에 파문을 던집니다.

스피노자는 자신의 이론을 통하여 한 사람 속에 마치 두 개의 다른 존재가 공존하거나, 영혼마저도 기계적으로 보는 것은 아닌가 하는 느낌을 남기기도 합니다. 영혼과 육체는 나란히 가긴 하지만 만나지 못하는 평행선이라면, 그들이 만나는 교차로는 결코 없는 것인가요? 정신적인 욕구가 육체적으로 표현되는 것은 무엇을 의미할까요? 우리에게 많은 생각할 거리를 남깁니다.

열정으로부터 자유

스피노자는 모든 참된 개념과 바른 인식은 신과 관계를 맺을 때 비로소 가능하다고 말합니다. 즉 우리의 생각이 신 안에 있는 개념, 즉 선이나 덕과 일치할 때 참된 앎을 갖는 것이라고 봅니다. 이 덕, 선의 개념이 무엇이 좋고 나쁘며 이롭고 해로운 지를 결정합니다. 우리에게 이롭다고 확신할 수 있는 것은 좋은 것이며, 해로운 것은 곧 나쁜 것이 됩니다. 이렇게 그는 아는 것과 윤리를 함께 봅니다.

최고의 윤리적·도덕적 행위는 가장 올바른 앎에 도달하는 일입니다. 우리의 마음에서 일어나는 열정은 크게 욕망, 기쁨, 슬픔으로 나뉩니다. 이때 욕망이 영혼과 관련되면 의지이지만, 육체와 관련될 때 충동이 됩니다. 영혼이 능동적으로 활성화될 때 기쁨이 되지만, 영혼이 수동적이 되고, 자기 보존의 노력이 포기되는 것은 슬픔이라고 봅니다.

수동적 감정은 외부 원인에 의하여 일어나고, 수동적 열정이란 고통을 주는 것이므로 우리의 영혼이 활동 작용을 하기보다는 밖으로부터 오는 자극에 관한 무능력 내지는 종속을 가리키는 것입니다. 스피노자가 극복해야 한다고 말하는 열정은 곧 이 수동적이고, 우리를 종속시키는 무능력한 열정에 한정되어 있습니다.

이러한 열정의 극복이 스피노자에게는 덕이 되고, 이 덕에 도달할 때 '행복스러움'을 경험하게 된다고 스피노자는 생각합니다. 이러한 덕의 개념에서는 자기 보존의 노력이 대단히 긍정적으로 평가되기 때문에, 다른 사람과 더불어서 공존하는 것을 바람직한 삶의 조건으로 봅니다. 반면에 자살이라든지 자포자기하는 것은 부덕한 행위가 됩니다. 이러한 수동적 열정은 사람을 서로 두려워하게 하며 떼어 놓습니다.

이성은 위험에 관하여 공동으로 자신을 보존하려는 유용하고 선한 의지로 사람을 묶어 줍니다. 열정에 좌우되는 사람은 자신이 원하지도, 이해하지도 못하는 것을 행하는 반면, 이성에 인도되는 사람은 덕을 통해서 이 열정을 지배하면서 최고의 자유를 누린다는 의미입니다. 우리가 흔히 말하는 '뭔가에 미쳐서'가 바로 이 열정의 상태라고 말할 수 있습니다.

25

라이프니츠의 모나드 이론
: 왜 모나드에는 창이 없을까?

"모든 인간은 그 자신의 세계 또는 그가 자신의 방식대로 통치하는 그의 소우주 안에서는 하나의 작은 신입니다." - 고트프리트 라이프니츠

라이프니츠는 모든 진리를 두 가지 논리로 분류합니다. 이성 진리와 사실 진리입니다. 이러한 구별은 현대 철학에까지 중요한 역할을 하고 있습니다.

독일의 천재적인 철학자 고트프리트 라이프니츠(1646~1716)는 독일의 계몽주의에 결정적인 역할을 한 사람입니다. 그는 독일 라이프치히에서 법률가이며 철학 교수인 아버지와 법학자의 딸인 어머니 사이에서 태어났습니다. 이미 12살에 논리학에 대해 생각하기 시작했고, 15살에 철학적 연구에 몰두했습니다. 21살에 박사 학위를 받은 논문은 교수직을 제안받을 만큼 뛰어난 것이었습니다. 하지만 라이프니츠는 이 제안을 거절했습니다.

라이프니츠는 전공은 법률이었지만 모든 분야의 학문에 큰 관심과 업적을 남겼습니다. 흥미롭게도 그는 '황금십자단'이라는 17세기의 연금술

사 모임의 사무관으로도 일했습니다. 정신과 말, 기호로서의 로고스에 관한 연구를 보다 깊이 하고 싶어서였다고 합니다.

또 비슷한 시기에 뉴턴과는 별개로 독자적으로 미분법과 적분법을 발견하기도 하고 계산기를 개발하기도 했습니다. 그의 유명한 '모나드 이론', 즉 세계의 가장 근본적인 모습은 모나드(단자)로 이루어졌다는 주장과 '예정조화설'은 1714년에 윤곽이 드러나기 시작했습니다. 라이프니츠는 사회 전반에 걸친 관심도 대단해서 여러 제후나 성직자와도 깊은 교류가 있었으며, 유럽 여러 곳을 여행했습니다.* 심지어는 신교와 구교를 합하는 일이나 이집트 침공 문제, 궁정의 역사를 기록하거나 광산에 관한 일까지 실로 다양한 일에 관여했습니다. 스피노자를 방문한 적도 있는 라이프니츠는 여러 층의 지식인과 서신 교류를 하면서 3만여 통의 편지를 남겼는데 그중 일부가 독일의 하노바 도서관에 보관되어 있습니다. 1700년에는 그가 제안한 프로이센 아카데미가 창설되고 그는 종신 회장에 임명되지만 다른 곳에 세우려던 아카데미는 실현되지 않았습니다. 역설적으로 하노바와 러시아의 비밀 고문관이었고 궁정 고문관이었던 라이프니츠의 장례식에는 한 사람의 궁정 대표도 참석하지 않았다고 합니다.

라이프니츠와 프로이센의 여왕 소피 샬롯테
라이프니츠는 자신의 저서를 헌정할 정도로 프로이센의 샬롯테 여왕과 친교를 유지했다. 여왕의 지원으로 1700년 베를린에 프로이센 학술원이 세워졌다.

* 잦은 여행으로 라이프니츠가 섬기던 뒷날 영국의 조지 1세가 되는 루트비히는 월급 지불을 거부할 정도였다.

핑계 없는 무덤은 없다

라이프니츠는 데카르트처럼 아무런 전제 없이 출발하지 않습니다. 라이프니츠가 던지는 첫 질문은 어떻게 앎, 즉 인식이 가능하며, 어떻게 세계를 이성으로 파악할 수 있는가 하는 것입니다. 이 질문에 관한 그의 대답은 확실하고 분명합니다. "그 어떤 것도 충분한 근거 없이는 존재하지 않는다." 라고 대답합니다. 이 원리는 우리의 모든 인식이 그 근거를 가져야 한다는 의미입니다. 아무것도 이유 없이, 즉 원인 없이 있을 수 없다는 의미입니다. 만일 이 원리가 옳지 않다면, 근거 없이도 어떤 것이 있을 수 있게 됩니다.

이 원리를 '일반적인 근거율'이라고 합니다. 그렇다고 해서 이 일반적인 근거율이 곧 진술의 참과 거짓을 판가름하는 것은 아닙니다. "나는 너의 강한 개성 때문에 너를 좋아한다."라고 한다면 호감의 근거는 밝혔지만, 이 진술이 참인지 거짓인지 우리는 알 수 없습니다. 그래서 라이프니츠는 이 일반 근거율을 다시 모순 및 동일률, 충족 이유율로 나눕니다.

모든 진술과 주장은 참이거나 거짓입니다. 모순을 포함하면 거짓이며, 모순되지 않으면 참입니다. 이는 다시 존재하는 것이 동시에 존재하지 않을 수 없는 것과 같습니다. 위의 예에서 보는 호감의 근거가 강한 개성에 있다면, 이 '나'라는 사람은 '강한 개성'을 긍정적으로 봐야만 그 문장에는 모순이 들어 있지 않습니다. 이런 경우에 위의 진술은 참이 됩니다. 그러나 개성이 강한 사람을 싫어하는 사람이 강한 개성 때문에 호감을 느낀다고 주장하면 이는 모순된 것이기 때문에 거짓이 된다는 뜻입니다.

동일률이란 이러한 모순을 갖지 않고 주어와 술어가 동일한 명제를 의미할 때를 말하는데, 이것은 항상 참이 됩니다. 빨간색은 빨강이라든지, 소크라테스는 철학자다 같은 경우가 이에 해당합니다. 충족 이유율은 일반 근거율과 유사하게 설명할 수 있습니다. 원인과 결과 없이는 어떤 것도 일어날 수 없기 때문에 이는 인과 관계로 이해할 수 있으며, 이 인과 관계는 보이지 않는 내적 상태도 포함합니다. 세계는 이 인과 관계의 연속적인 현상이라는 것입니다. 이 원리는 신에게도 적용됩니다. 신도 역시 이 세계를 선택했기 때문에 좋아하는 것이 아니라, 좋아하기 때문에 선택한 것입니다. 따라서 이 세계는 최선의 선택이라는 주장입니다. 이 경우는 논리적 필연성보다는 도덕적 필연성이 더 강조됩니다.

모나드가 창을 가질 수 없는 이유

라이프니츠의 철학에서 핵심 주장은 '모나드 이론'입니다. 라이프니츠는 모나드*는 넓이나 형체를 가지지 않으며, 무엇으로 더는 나눌 수 없는 모든 존재의 기본이 되는 것이라고 주장합니다. 데카르트는 실체를 둘로 나누는데(인간은 정신과 육체로 된 존재로 보는 것처럼) 라이프니츠는 이에 반대합니다. 라이프니츠는 실체의 근본은 물질적 부분을 가져서는 안 되며, 실체의 근본이 스스로 영향력을 행사하는 것이 모나드라고 생각합니다.

＊모나드
넓이나 형체를 가지고 있지 않으며 무엇으로도 나눌 수 없는 궁극적인 실체

이 모나드는 영혼과 유사한 것으로 신이 창조했으며, 이 모나드의 표상이 우리가 보는 물체 세계가 됩니다. 표상이란 내적인 것이 외적인 것에 포함되어 드러나는 것으로 모나드는 그 자신이 갖고 있는 단순함에도 불구하고 이 표상 과정을 통해서 세계의 다양한 모습으로 나타납니다. 모나드 자체는 하나의 통일체이며, 생명체를 통하여 - 인간·동물·식물 등 - 육체화될 수 있습니다.

라이프니츠의 모나드 설에 따르면 모나드는 다음과 같이 정의됩니다.

- 모나드는 모습을 갖지 않는 '힘의 점'입니다.
- 모나드는 실체이므로 생산하거나 제거할 수 없습니다.
- 모나드는 독립적이고 개별적입니다. 모나드는 서로 다른 성질을 갖고 있습니다.
- 모나드는 서로 상관하지 않기 때문에 창이 없습니다.

이러한 특징을 가진 모나드는 끊임없이 내적인 변화를 시도하고, 또 변화의 과정에 놓여 있습니다. 이러한 상태를 지각이라고 부릅니다.

덧붙여 지각하는 모나드는 다시 두 종류로 나뉘는데, '잠자는 모나드'와 '통각의 모나드'입니다. 통각의 모나드는 자의식이 있고 반성적인 생각과 영혼을 가진 것으로 우리가 정신이라고 부릅니다. 라이프니츠는 모나드 설로 인간과 같은 의식이 없는 개에게도 기억과 고통을 경험하는 동물적 영혼이 있다고 말합니다. 개들이 자기를 싫어하거나 좋아하는 사람을

알아보는 것은 이 모나드가 있기 때문이라는 주장입니다. 더욱이 데카르트의 넌센스, 즉 잠자는 사람은 그가 잠자는 순간 생각하는 것을 멈추므로 그 존재 자체가 부정되는 사태를 라이프니츠는 모나드 설로 해결합니다. 인간은 잠자고 있을 때도 모나드 덕분에 계속 존재하는 것입니다.

더는 좋을 수 없는 이 세상을 위해

모나드 설에 따르면 우주는 모나드 영혼으로 가득 차 있습니다. 모든 실체는 영혼이며, 그 표상이 육체라는 주장으로, 이제 영혼과 육체는 다시는 '어울리지 않는 한 쌍'으로 취급되는 일은 없겠지만, 문제는 영혼이라고 불리는 모나드가 서로 영향을 주고받을 수 없는 실체라고 보는 것입니다. 창이 없는 모나드가 서로 상관하거나 간섭하지 않는다는 것은 앞서 말한 대로입니다. 그렇다면 어떻게 이 영혼적인 모나드가 육체적인 존재가 갖는 활동성과 피동성에 발을 맞출 수 있는가요? 이에 관한 라이프니츠의 대답이 '예정 조화설'입니다.

모든 모나드는 각각의 다른 관점에서 서로에게 영향을 주지 않고도 앞으로 진행될 세계의 운행에 맞춰서 움직인다는 주장입니다. 창이 없기는 하지만 예정에 의하여 모나드는 전 우주를 반영하고 표현한다는 것입니다. 미리 조절된 모나드는 한 번 조절된 시계처럼 계속해서 그 영향을 받아 움직이며, 신은 말하자면 훌륭한 프로그래머가 되는 것입니다. 이렇게 모든 것이 예정된 계획표에 따라 움직인다면, 자유는 어떻게 가능할까요? 라는 의문이 생깁니다. 라이프니츠는 자유를 포기할 이유가 없다고 말합니다. 자유란 주어진 여러 가지 상황과 조건에서 최선의 가능성을 선택하는 것입니다. 우리가 무엇을 선택하도록 미리 결정된 것이 아니라, 신은 자유로운 우리의 결정을 미리 안다는 뜻입니다. 따라서 인간의 자유의지는 예정 조화설 안에서 모순 없이 실천될 수 있습니다. 모든 것이 결정되고 예정되어 있으므로 자유는 의미가 없다고 생각하는 것은 오히려 최선의 세계를 설계한 신의 계획에 어긋나는 일이므로, 우리의 자유의지는 신이 원하는 것과 일치한다는 뜻입니다. 따라서 인간의 자유 문제는 무신론적인 주장이 결코 아닙니다. 왜냐하면 신은 이 세계를 자신에 관한 살아 있는 거울로서 창조하고자 했기 때문입니다. 라이프니츠의 세계관은 지금의 이 세계보다 더 좋은 세계는 있을 수 없다는 긍정적이고 낙천적인 세계관으로 볼 수 있습니다.

라이프니츠의 계산기
1673년 라이프니츠는 계산기를 발명했다. 그의 계산기는 프랑스의 학자이며 저술가인 파스칼이 발전시킨 계산기보다 더 빠르다. 라이프니츠는 1673년 영국에서 체류하던 중 상류층 사람들에게 자신의 계산기를 선보였다.

라이프니츠, 〈모나드 이론〉

1. 우리가 여기서 말하려는 모나드는 복합된 것 속에 포함되어 있는 단순한 실체에 다름 아닙니다. 단순하다 함은 부분이 없다는 뜻입니다.

2. 복합된 것이 존재하므로 단순한 실체가 존재하지 않으면 안 됩니다. 왜냐하면 복합된 것은 단순한 것의 집적 또는 집합체에 다름 아니기 때문입니다.

3. 그런데 부분이 없는 곳에서는 연장도, 형태도, 분할도 불가능합니다. 따라서 모나드는 자연의 진정한 원자이고 사물의 요소입니다.

4. 또한 그들의 해체를 염려할 필요도 없습니다. 단순한 실체가 자연의 과정에서 어떻게 소멸하는지는 전적으로 이해할 수 없습니다.

5. 동일한 이유에서, 단순한 실체가 집적을 통하여 형성되어질 수 없기 때문에, 하나의 단순한 실체가 자연적 과정에서 생성될 수 있다는 것도 이해할 수 없습니다.

6. 이에 따르면, 모나드는 단지 한 번에 생성되거나 소멸될 수 있다고, 즉 그들은 단지 창조를 통해서만 생성되고 파괴를 통해서만 소멸된다고 말할 수 있습니다. 복합된 것은 부분으로부터 생성되고, 부분으로 소멸됩니다.

26

로크의 경험론
: 먹어 봐야 맛을 안다

로크 철학의 위대한 점은 자신의 시대에 영국을 지배하고 있던 혼란으로부터 드러난 사회적 정치적 원리를 분명히 언어화했다는 것이다. 아울러 그는 인간 인식의 문제를 정립한다. 로크는 철학사에서 최초의 경험론자로 간주되지는 않지만, 경험론을 완벽하게 정초하고 방향을 설정한 사상가로 인정받고 있다.

"모든 인류가 누구나 동의하는 본래적인 원칙이란 없습니다." – 존 로크

홉스의 뒤를 이어 영국의 경험주의를 체계화시킨 존 로크(1632~1704)는 정치사상가이며 교육자로서 18세기 계몽주의와 정치적 자유주의의 기초를 다진 사람입니다. 그는 영국의 서머싯 링턴에서 스피노자가 태어난 같은 해에 태어나 웨스트민스터 학교에서 라틴어와 그리스어를 비롯한 인문 과학의 기초 교육을 받은 뒤, 1652년에 옥스퍼드대학에 입학합니다.

지병인 천식 때문에 로크는 1675~1679년 사이에 프랑스에 머물면서 프랑스의 지식인과 사상을 접하게 됩니다. 로크는 깊은 교류를 하던 샤프츠버리 백작의 영향을 받아 1667년부터는 국가 이론에 있어서는 지금까지의 국가 지향적인 입장에서 자유주의적 입장으로 돌아서고, 자신의 저서를 통해 이 새로운 방향을 강하게 펼칩니다. 이를 위해 로크는 1683년에 자유스러운 분위기를 보장하던 네덜란드로 망명해 가명을 사용하면

서 많은 저서를 남깁니다. 대표작 《인간오성론》도 이 시기의 것으로 1690년에 발표하였습니다. 로크는 수학과 교육학은 물론이고 성서의 주석에서부터 프랑스의 포도주 제조법에 이르기까지 실로 광범위한 분야에서 저작 활동을 했습니다.

의사로서도 큰 명성을 얻었던 그는 말 그대로 백과사전적인 '만능' 철학자였습니다. 로크의 위대한 공헌은 무엇보다도 인류 역사에서 최초로 자유의 개념을 법의 아르키메데스 점*으로 만들었다는 것입니다. 로크가 18세기 철학과 사상에서 갖는 의미는 다 말할 수 없을 만큼 크지만 특히 자유에 기반을 둔 그의 실천철학은 앞으로 다루게 될 루소나 칸트의 철학에 큰 영향을 미칩니다.

외부에 관한 지식

로크는 우리가 감각을 통하여 외부 세계에 관한 지식을 얻을 수 있다고 믿는다. 감각을 통하여 외부 세계에 있는 대상에 관한 생각을 얻을 수 있기 때문이다.

* 아르키메데스 점

관찰자가 탐구 주제를 총체적 관점에서 객관적으로 지각할 수 있는 유리한 가설적 지점을 가리킨다.

'나'는 내가 한 경험의 합계이다

로크의 철학은 철저한 경험 철학입니다. 우리가 아는 모든 것은 우리의 경험에서 나오며, 이 경험을 어떻게 통제·관리하느냐에 따라 좌우된다고 보는 것입니다. 이러한 관점에서 정리된 국가·종교적 관용과 교육에 관한 그의 생각은 자유와 계몽의 문제에 막대한 영향을 끼쳤습니다. 로크의 철학적 핵심은 《인간오성론》에서 다루는 인식에 관한 이론입니다.

로크는 자신의 철학적 과제를, 인식 능력은 어떤 일을 하는가 하는 문제에 두고 인식의 출발점, 인식의 토대와 오성이 갖는 인식 능력의 한계를 알고자 했습니다. 이에 반하여 홉스와 데카르트는 세계를 설명하는 것에 관심을 두었지요. 로크는 인식을 누가 하느냐는 문제에 관심을 갖습니다. 데카르트식으로 '사고하는 나'를 '존재'의 조건으로 본다면 생각을 멈춘 순간에 '나'는 어떻게 되느냐에 관해 고민한 결과이지요.

이러한 문제를 해결하기 위해 우선 로크는 우리 의식 속에 모아진 특정한 생각들, 즉 관념을 자세히 분석합니다. 관념이란 정신이 자각하는

로크는 우리 정신은 태어날 때 하얀 백지와 같은 상태라고 주장한다. 정신이 발전하는 것은 누가, 어떻게 교육하느냐에 따라서 달라진다. 이러한 급진적인 생각은 인간은 누구나 양육과 교육에 의하여 자유로워질 수 있다는 신념으로까지 나아간다. 얀 스테인이 그린 〈소년 소녀 학교〉속 교실 풍경은 로크가 철학적 작업을 시작한 시대와 거의 유사하다.

것, 사유와 오성의 대상을 말합니다. 그러면 이 관념은 어떻게 생겨날까요? 그것은 오직 경험을 통해서 이루어집니다. 경험하기 전에, 태어나면서부터 갖고 있는 인식이란 아무것도 없다는 입장입니다.

우리는 태어날 때 '하얀 백지'와 같은 상태입니다. 이것이 로크의 '백지이론'입니다. 이 백지는 경험이 쌓임으로써 내용이 채워집니다. 오성은 경험이 백지 위에 무엇을 그리느냐에 따라 서로 다른 내용으로 채워진다는 것입니다. 우리가 누구나 같은 내용을 의미한다고 생각하는 '사랑'이라는 단어는 하나의 이름에 지나지 않으며, 우리 각자의 경험이 '사랑'이라는

5장. 근대 철학 : 정신의 혁명에서 탄생한 자유의지는 혁명을 낳고

단어를 관념으로 바꾸어 놓으며, 중세의 '사랑'이나 아프리카인의 '사랑'의 관념은 우리의 것과 다를 수 있다는 결론을 낼 수 있습니다.

로크는 우리가 어떤 것을 안다는 데는 한계가 있다고 주장합니다. 우리의 앎은 우리의 관념을 뛰어넘지 못하고 또한 관념들 사이에 있는 서로 다른 차이를 다 파악할 수 없기 때문입니다. 즉 앎의 정도에 따라 사물의 실제를 조금 더 알거나 덜 알거나 하게 된다는 뜻입니다. 로크에게 있어서 진리란 사물을 얼마나 정확히 알며, 그것을 어떻게 묘사하고 표기하느냐에 좌우되는 문제입니다.

누가 우리를 이기적이라고 하나요?

사람은 이성과 지식에 따라서 행동하는 존재로 행복을 추구하는 것이 삶의 목적입니다. 행복을 얻기 위하여 우리가 어떤 행동을 하느냐가 로크의 실천철학의 중심입니다. 사람은 누구나 기쁨을 원하고 고통은 피하려고 합니다. 로크는 이 당연한 현상에서 선악의 기준을 봅니다. 기쁨을 주는 것은 선이고, 고통을 주는 것은 악이라는 주장입니다. 이것이 곧 행위의 기준이 되어서 도덕과 법이 생겨난다고 말합니다. 로크가 말하는 도덕과 법은 세 가지로 분류됩니다.

- 신의 법 : 신이 정한 의무의 기본으로, 내세의 벌과 상에 관하여 말합니다.
- 시민의 법 : 국가가 정한 규칙으로 국가 권력이 행사합니다.
- 공공의 법 : 대중의 의견에 따르는 법칙으로 이를 철학적 법칙이라고도 합니다. 오늘날의 여론 개념입니다. 존경과 혐오의 기준이 됩니다.

로크도 국가 성립의 기원을 설명하기 위하여 홉스처럼 '자연 상태'라는 개념을 도입합니다. 그러나 로크는 홉스와는 달리 인간은 원래 자연 상태에서 완전한 자유와 평등을 누렸다고 주장합니다. 각자는 사유재산과 자신에 관한 모든 것에 무조건적인 권리를 가지며, 또한 신이 내린 인간의 본성을 지키는 것도 자연법에 속합니다. 따라서 자연법에 따라 아무도 다른 사람의 목숨, 자유, 소유물을 빼앗거나 파괴할 수 없습니다. 이러한 자연법이 지켜지지 않을 때 홉스와는 달리 로크는 원래 평화로운 자연 상태가 깨진다고 주장합니다.

자연법이 깨진 상태에서는 누구나 자신만의 이익을 위하여 싸우게 되며 이로 인해 전쟁이 시작된다는 것입니다. 평화와 자기 보존을 위해서 사람은 사회 계약을 맺고, 이 계약을 지키기 위해서 권력 기관이 필요하게 되었다는 주장입니다. 이 권력 기관이 곧 국가입니다.

그런 까닭에 국가 권력은 자연법에 어긋나서는 안 되며, 개인의 자유와 소유권을 보장해야 한다는 것입니다. 이를 어기는 통치자에 대항해 싸울 권리와 의무가 국민에게 있으며, 독재의 방지를 위하여 권력이 분산되어야 한다고 말합니다. 통치자는 통치의 권력이 아니라 통치의 의무만이 있을 뿐이고 권력은 국민에게 있기 때문입니다.

또한 로크는 자유를 지키기 위해서 종교적인 관용과 사유재산권이 보장되어야 한다고 주장합니다. 로크는 무신론자는 아니었지만, 전통적인 그리스도교 신앙 대신 누구나 받아들일 수 있는 이신론을 주장하면서 각 개인이 선택한 종교는 보장되어야 한다고 생각합니다.

로크, 《관념의 기원》

1권 1장 : 정신 속에는 어떤 본유적 원리도 없습니다.

1. 우리가 지식을 얻는 방법이 증시된다면, 그것이 본유적이지 않음은 충분히 증명됩니다. 어떤 본유적 원리들, 즉 영혼이 맨 처음 생겨날 때

에 받아서 세계 속으로 가지고 들어오는 약간의 일차적 개념, 공통 개념, 말하자면 인간의 정신에 찍힌 문자와 같은 것이 있다는 것은 일부 사람들 사이에서는 확립된 견해입니다. 그러나 이러한 가정의 그릇됨을 선입견 없는 독자에게 설득하는 것은, 어떻게 사람이 자신의 자연적인 능력만을 사용하여 어떠한 본유적인 인상의 도움 없이 자신이 가진 모든 지식을 획득하며, 그러한 근원적인 개념이나 원리 없이도 확실성에 도달하는지를 보이는 것만으로(나는 이 논구 이후의 부분에서 이렇게 하려고 한다) 충분할 것입니다. 신이 시각을 부여했고 눈을 통해 외적 대상으로부터 색을 받아들이는 능력을 부여한 피조물에게 색의 관념이 본유적이라고 가정하는 것이 부적절하리라는 것은 누구나 쉽게 인정할 것이라고 생각하기 때문입니다. 그리고 어떤 진리들을 마치 그것들이 정신에 각인되어 있는 것처럼 쉽고 확실하게 인식할 수 있는 적절한 능력이 우리 속에서 관찰될 수 있음에도 불구하고, 그러한 진리들을 자연적이고 본유적인 문자의 덕택으로 돌리는 것도 마찬가지로 불합리할 것입니다.

버클리의 관념 실재론
: 나의 책상이 있는 곳은?

"내가 앉아서 글을 쓰고 있는 책상이 존재한다고 나는 말합니다. 즉 나는 그 책상을 보며 손으로 만진다는 뜻입니다. 그러나 내가 그 순간 어딘가 다른 곳에 있다면, 내가 말할 수 있는 것은 다만 다음과 같은 것입니다. '내가 지금 서재에 있다면 그 책상의 존재를 지각할 수 있을 텐데……' 따라서 그러한 사물은 그 사물을 지각하는 정신 밖에서는 존재할 수 없습니다."

 - 조지 버클리

조지 버클리(1685~1753)는 아일랜드의 남부에서 태어나 더블린에서 대학 공부를 했습니다. 졸업 뒤 성공회의 성직자로 생활하면서 자신의 철학적 관심을 좇아서, 무엇보다도 데카르트와 로크의 이론에 몰두했습니다. 그가 갖는 철학사적 의의는 로크에서 흄으로 넘어가는 과정에서 나타나는 새로운 시도에 있습니다.

버클리는 자신의 철학을 다음과 같은 짧은 말로 요약합니다. "나는 새로운 사상을 세우려고 하지는 않습니다. 다만 지금까지 세상의 보통 사람과 철학자가 알고 있던 진리를 통일하고 이를 보다 더 밝은 빛 속에 드러나게 하려고 합니다. 이 진리의 첫 번째는 우리가 직접 지각하는 것이 실재한다는 것이요, 두 번째는 직접 지각된 것은 관념이고 관념은 오로지 마음속에만 존재한다는 것입니다. 이 두 가지 생각을 합친 것이 결국 내가 내세우려는 주장의 핵심입니다." 버클리가 추구하는 철학의 방향은 실재론과 관념론을 통일하려는 것입니다.

1724년 버클리는 런던 데리대학의 학장이 된다. 그는 당시 미국 버뮤다에 대학을 설립할 생각으로 꽉 차 있었다. 버클리는 마침내 1728년 미국으로 배를 타고가 3년 동안 대학 설립을 위해 노력하다가 실패하고 돌아와서도 결코 이상적 대학 건설과 버뮤다를 잊지 않았다고 말했다.

존재는 지각된 것이다

버클리는 우선 관념이란 외부적인 것을 감각적으로 이해하는 것이라는 물질주의적 사고를 거부합니다. 그는 오직 관념만이 의식 활동의 직접적인 대상이 된다고 하는 데서 시작합니다. 버클리의 기본 입장은 사물의 존재는 지각된 것이고, 주체는 이를 지각하는 사람이라는 것입니다.

그에게는 관념과 정신만이 실제로 존재하며, 물질이란 존재하지 않습니다. 버클리는 정신과 관념을 구별하는데, 정신의 활동은 관념의 관계나, 관념을 기억하고 확인하는 데 있습니다. 물질이 존재한다는 주장은 추상적인 관념이 있다고 생각하는 데서 비롯되는데, 이것은 잘못된 것이라 봅니다.

예를 들면 '운동'이라는 관념은 감각적 특성을 갖고 있는 느리고 빠른 것에 관한 상상 없이는 할 수 없고, '연장'에 관한 관념은 색깔이나 크기에 관한 상상을 통해서 이해됩니다. 따라서 버클리에게는 '청소년'이라는 관념은 '고민하는 청소년'이라든지 '문제 많은 청소년'이라는 어떤 구체적인 생각과 더불어 이해되는 관념입니다.

주관에 의해 인식되지는 않지만 실제로 외부 세계에 존재하는 감각으로 파악되는 사물은 어떻게 되는 것일까요? 버클리는 우선 이 외부 세계의 사물은 감각적이라고 해도 곧 물질적인 것은 아니라고 주장합니다. 또

질에 관한 지각

버클리의 세계 안에는 오직 주관과 경험만이 존재한다. 버클리는 우리가 사물을 지각하는 것이 아니라, 색과 같은 질(質)을 지각한다고 믿었다. 질은 지각하는 주관에 의존한다. 위의 천을 염색하는 그림에서처럼 하나의 색은 다른 색과 유사하거나 유사하지 않는 구별을 통해서 지각할 수 있다.

한 인간 정신에 의해 파악되지 않은 것이라 해도 다른 어떤 정신에 의해서 지각된 것이라고 말하지요. 버클리는 "나의 정신과는 상관없이 존재하는 한 나무는 무한한 신의 정신에 의해 지각된다."라고 말합니다. 사물이란 그에게 있어서 신에 의해서 지각되고, 인간의 정신에 의해서 생겨난 복합적인 관념입니다.

버클리가 눈으로 볼 수 있는 외부 세계가 있음을 부인하는 것은 아닙니다. 그가 인정하지 않는 것은 이 세계의 '물질적인 성질'입니다. "나는 눈으로 보고 손으로 만지는 그 사물이 실제로 있다는 것은 전혀 의심하지 않습니다. 내가 부인하는 것은 바로 철학자가 말하는 물질 혹은 물질적 실체입니다."

다시 말하면 우리가 어떤 것을 감각을 통해서 알게 되더라도 그것은 주관적이며, 우리가 알게 되는 것은 그것의 물질적 실체가 아니라는 것입니다. 내가 열광적으로 좋아하는 음악을 듣기만 하면 머리가 아프다는 친구가 있다면 어떤 쪽이 이 음악을 제대로 이해하는 것인가 하는 의문이 여기에 맞는 예가 되겠지요.

로크가 주관적 합리론을 '땅으로' 끌어내려 인간의 실천적 문제를 다루었다면 버클리는 다시 '하늘로' 날아오르는 철학을 펼쳤다고 볼 수 있습니다. 성직자였던 그가 신앙과 도덕의 편에서 철학을 다루고자 했던 것은 어찌 보면 당연한 일입니다. 버클리는 유물론에서 무신론의 원인을 보았기 때문입니다.

인식론

인식론은 철학의 가장 근본적인 분야로서 인식에 관한 근원과 조건, 원리와 방법, 목적과 한계에 관한 물음을 다룹니다. 오늘날 인식론은 논리학, 언어철학, 해석학을 포함하여 상대적으로 자립적인 영역에 속합니다. 인식론은 처음에 '앎' 혹은 '지식'이란 말이 무슨 뜻인지? '아는 것', '믿는 것', '생각하는 것'을 엄격하게 구분하였습니다. 일반적으로 인식은 참된 의견이라든가 믿음에 해당하는 것으로 간주합니다. 그러나 엄밀한 철학적 의미에서 인식은 확실해야 하며 그 인식을 확인하고 정당화할 수 있는 분명하고 좋은 이유를 갖춰야 합니다. 그래서 인식론은 어떤 것을 인식이라고 할 때 좋은 이유는 무엇인가요? 혹은 어떤 조건에서 '참이다'는 술부가 적합하게 사용되었나요?(모든 인식은 'X는 참이다.'라고 표현될 수 있기 때문에)라는 물음이 제기됩니다. 18세기 후반부터 인식론은 주관으로부터 독립적인 인식이 가능하다는 생각과 반드시 주관이 함께 작용해야 한다는 생각으로 나뉘었습니다. 이를 '실재적 인식론'과 '관념론적 인식론'이라고 합니다. 이와 같은 현대적 구별은 고대 그리스의 파르메니데스의 생각을 크게 벗어나지 않습니다. 파르메니데스는 "사유와 존재는 동일한 것이다."라는 말을 남겼습니다. 실재론과 관념론이 결국은 하나라는 뜻입니다. 고대 사람들은 존재의 측면에 더 관심을 갖고 '사물이란 실재로 무엇인가요?'라는 물음에 더 집중하였습니다. 이때 그 사물을 인식하는 주체가 되는 사람은 별개의 문제였습니다. 근대에 들어서 인식의 주된 문제가 '인식하는 주체'의 문제로 바뀝니다. 이러한 과정을 형이상학에서 인식 이론으로의 전환이라고 합니다. 칸트는 이러한 인식의 문제에 새롭게 접근하여서 합리적 입장과 경험적 입장의 대립을 종합하려고 하였습니다. 그는 경험론이 주장하는 감성과 합리론이 주장하는 오성이 서로 의존적이라는 사실을 밝혔습니다. 나아가서 인간의 인식이 가능한 한계를 말하고자 하였습니다. 칸트 주장의 핵심은 인식되는 것이 인식하는 주관에 의하여 어떤 형태로든지 만들어져야 한다는 생각입니다. 우리가 가진 감각기관에 의해서 감각적 자료들이 한정될 수밖에 없다는 것입니다. 오성이 갖고 있는 '지금', '여기'라는 개념에 의해서, 크기 혹은 무게라는, 오성이 가진 개념에 의해서 인식되는 것, 즉 인식의 대상이 만들어진다는 것입니다. 칸트에 따르면 우리는 인식의 '현상'을 아는 것이지, 인식의 '대상 자체'는 알 수 없습니다.

28

흄의 회의론
: 당구공은 어디로 구르는가?

인식은 어떻게 나타날까요?

"인간의 가슴을 사로잡고자 하는 사람은 가슴의 법칙이 무엇인지를 먼저 알아야 합니다." - 데이비드 흄

데이비드 흄(1711~1776)은 1734년에 프랑스로 건너가서 1737년까지 머물면서 《인간본성론》을 출판하지만, 이 저서는 전혀 주목을 받지 못합니다. 흄이 "이 책은 인쇄기에서 죽은 채로 태어났습니다."라고 표현할 정도 였지요. 그런 뒤 1758년에 그는 잘 알려진 《인간오성연구》를 펴냅니다. 이 책은 인식론, 윤리학, 정치학, 종교에 관해 광범위하게 다루고 있습니다.

흄은 영국 애딘버러와 글래스고에서 교수 자리를 얻으려고 노력하지만 실패하고, 1752년에 애딘버러변호사협회 도서관의 사서로 일하기 시작하면서 역사가로서의 생활을 시작합니다. 그가 여러 해에 걸쳐 집필한 《영국사》는 이 시기의 성과입니다.

흄은 1776년 8월 세상을 떠납니다. 세상을 떠나기 얼마 전 그는 자신에 관해 다음과 같은 글을 남겼습니다.

"나는 부드러운 성격을 지닌 사나이였으며, 내 자신의 주인이었고, 개방적이고 사교적이며 친절했습니다. 다른 사람을 좋아하기는 쉬워도 적대감을 갖기는 어려운 성격이기도 합니다. 감정상으로 나는 온유한 편입니다. 작가로서 명성을 떨치고 싶다는 소원이 내 삶을 지배하는 열정인데, 적잖이 실패하기는 했지만 그렇다고 내 유쾌한 기분이 상한 적은 없습니다."

세계적인 경제학자인 애덤 스미스는 흄의 친구였으며, 사회 윤리에 관해 같은 생각을 가진 학문적 동료였습니다. 스미스 역시 애딘버러에서 공부했습니다.

당구 실력은 경험이 좌우한다

흄은 경험론자이면서 동시에 회의론을 철학적인 방법으로 사용합니다. 그의 철학적 의도는 인식의 한계를 경험론적이며 비판적인 시각에서 제한하는 것입니다. 이러한 뜻에서 그의 철학은 철저한 회의론적 경험론입니다. 흄이 말하는 경험론을 잘 이해하기 위해서는 그가 어떤 의미의 회의론자였는가를 알아보는 것이 중요합니다.

우선 흄은 데카르트를 비롯한 지금까지의 회의주의자를 가리켜, 그들은 진정한 회의주의자가 아니라고 비판합니다. 왜냐하면 회의주의 자체가 전제가 되어 버린 회의주의 안에서는 어떤 회의주의도 반박할 수 없기 때문입니다. 이러한 회의주의는 현실에 아무런 영향을 주지 않는다고 흄은 주장합니다. 경험론자답게 흄에게는 이론 자체보다는 한

흄에 따르면 모든 인과 결과는 다른 인과 결과에 의존하지 않는다. 흄은 원인 혹은 결과 관계를 표상하기 위하여 당구공의 충돌을 예로 든다.

이론이 어떤 영향을 주느냐가 중요합니다.

흄의 회의주의는 진지한 회의를 통하여 독단에 빠지지 않고 누구나 이해할 수 있는 타당성 있는 것을 발견하겠다는 검증 정신에서 출발합니다. 이 검증된 타당성의 발견에는 경험이 중심이 됩니다. 이에 관해 칸트는 흄이 자신을 독단론에서 깨우쳐 준 사람이라고 말합니다.

경험은 우리의 의식 내용이 되고, 의식 내용은 다시 인상과 생각하는 관념으로 나뉩니다. 인상은 우리가 흔히 말하는 '인상이 좋다 나쁘다' 하는 바로 그 인상으로, 감각적 지각을 통하여 얻어진 것이 다시 정신에 직접적으로 나타나는 현상입니다. 이러한 현상이 다시 생각이나 기억에 의해 정신세계에 정리되어 떠오르면 관념이 됩니다. 인상과 관념은 둘 다 직접적인 지각을 통하여 얻어지지만, 이 두 종류의 의식 작용은 생각의 집중력 정도에 따라 달라집니다. 어딘가에 부딪혔을 때 느끼는 고통은 인상이지만, 이 경험으로 우리는 고통에 관한 관념을 갖게 되는 것입니다.

누구나 이러한 인상과 관념을 묶어서 생각할 수 있는 능력을 갖는데, 이 결합은 '연상의 법칙'에 따라 이루어집니다. 이 연상 작용으로 우리는 원인과 결과를 알게 되며, 사물 간의 관계도 이해하게 됩니다.

예를 들어 치통의 경험을 통해 다른 부분에 관한 고통이 어떨 것인가를 이해한다든지, 내가 겪은 정신적 고통을 통해서 남의 고통을 상상할 수 있는 것 등이 여기에 속합니다. 한 당구공이 다른 공 쪽으로 굴러가는 것을 보면, 우리는 지금까지의 당구 경험에 의해 어떤 결과가 나올 것인가를 예상할 수 있습니다. 그래서 힘을 어느 정도로 하며 어떤 방향으로 때릴 것인가를 결정한다는 것이지요.

흄에 따르면 원인과 결과의 관계는 사물 속에 있는 필연적인 관계가 아니기 때문에 경험 없이는 알 수 없습니다. 인과 관계는 합리적인 사고에 의해서 끌어낼 수 있는 문제가 아니라는 주장입니다. 예를 들어 우리는 A와 B라는 두 사람이 늘 함께 있는 것을 본(경험) 다음, 인과율에 의해서, 우리는 '아! 두 사람은 가까운 사이구나' 하는 결론을 내리게 됩니다. 그런데 이것은 우리의 경험적 습관에 의해서 내린 판단이지, 결코 이 두 사람 자신에게 이런 결론을 내릴 만한 어떤 것도 있지 않다는 뜻입니다. 결국 흄은 자신의 이러한 회의적 통찰을 통해서 다음과 같은 결론에 이릅니다. 인간은 자신의 주변에서 일어나는 일에 관해서 참된 근원과 원인을 알 수 없습니다. 따라서 흄의 도덕 철학은 어떤 선천적인 도덕적인 전제도 인정하지 않습니다. 그는 경험적 방법을 가지고 실제로 일어나는 도덕적 판단을 설명하려고 합니다. 도덕 문제는 이성과 감정이 깊이 관련되어 있고 감정 중에서 특히 도덕적 감정을, 즉 어떤 일을 하거나 거부하는, 또 어떤 사람이 되고자 하는 결심에 나타나는 감정을 인간의 '도덕감'이라고 말합니다.

장 라우의 '거울 앞 여인'

흄은 우리가 자신을 들여다보면, 생각과 감정처럼 경험이 우리에게 드러난다고 말한다. 하지만 결코 이러한 경험을 체험하는 나를 만날 수 없다. 흄에 따르면, 우리는 결코 체험하는 내가 존재한다고 말할 수 없다.

　이러한 도덕감은 그 성격상 실천적 의미를 갖고 있어서 행동으로 이어지며, 유용하고 적절한 행동이면 긍정적으로 평가됩니다. 이때 느껴지는 주관적 감정은 자기애와 호감에 좌우되는 것으로, 사람은 자기만족만이 아니라 다른 사람의 감정과 관심도 중요하게 생각하기 때문입니다. 흄은 도덕의 기본은 감정과 호감이라고 생각합니다. 사람들은 누구나 남의 맘에 들고 싶어하기 때문입니다. 이 점에서 흄은 한 사람의 감정이 다른 사람에게 전해지는 상호주관성이 곧 도덕적 가치를 만들어 낸다고 봅니다.

　우리가 갖는 도덕감과 가치는 나 자신에 관한 애정과 남에 관한 배려에서 출발한다는 것이 흄의 입장입니다. 흄은 또한 선의를 위선으로, 우정을 사기로, 정직함을 내숭스러운 미끼로 몰아 부치는 도덕적 허무주의를 거부합니다. 정의의 개념도 그에게는 간단명료합니다. 정의란 다름 아닌 각자에게 자기의 정당한 몫을 보장하는 것입니다. 이렇게 분명한 정의를 실천하는 것은 그다지 쉬워 보이지 않습니다. '너의 몫'이 자꾸 '내 몫'으로 보이거나 나의 몫은 언제나 작아 보이는 탓일까요?

흄, 《관념의 기원》

인상과 관념은 우리의 마음과 접하여 각기 상이한 힘과 활성을 갖고 사유나 의식의 대상이 되는데, 이때 그 힘과 활성이 어느 정도인지에 따라 양자가 구분됩니다. 힘과 활성의 강도가 가장 높은 지각을 인상이라고 부르는데, 우리의 모든 감각적 지각, 정열과 감정 등이 이에 속합니다. 이에 반하여, 관념이란 일단 마음속에 들어온 인상이 사유 과정이나 추리 과정이 다시 나타날 때 생기는 희미한 상을 의미합니다. 예컨대, 내가 지금 논의하고 있을 때, 시각과 촉각에 의하여 직접적으로 발생한 지각이나 때에 따라 일어날 수 있는 직접적인 쾌락, 불쾌감 등을 제외한 모든

흄은 사람의 태도는 감정에 의하여 정해진다고 믿었다. 욕망과 열정까지도 감정에 의해 정해진다고 주장했다. 이성은 열정의 노예일 뿐이며 이성은 이러한 욕망으로부터 해방을 원하지만 항상 성공하는 것은 아니다. 프랑스 화가 리겔은 인간의 열정과 욕망이 행위의 태도를 정하는 것을 명백하게 보여준다.

5장. 근대 철학 : 정신의 혁명에서 탄생한 자유의지는 혁명을 낳고

지각이 관념에 속합니다. 인상과 관념 간의 이러한 차이점을 설명하기 위하여 많은 말을 늘어놓을 필요는 없으리라고 믿습니다. 모든 사람은 쉽게 느낌과 생각하기의 차이를 지각할 것입니다. 느낌과 생각하기가 서로 가깝게 접근될 수 있다는 것이 특별한 경우를 제외하고는 불가능하지 않지만, 양자의 정도 차는 쉽게 구분할 수 있을 것입니다. 우리가 잠을 잘 때, 고열을 앓고 있을 때, 극히 노해 있을 때, 어떤 격렬한 감정에 휘말려 있을 때 갖게 되는 관념은 인상과 크게 다를 것이 없으며, 한편으로 인상이 너무 희미하고 그 강도가 너무 낮아 관념과 구분할 수 없을 경우도 가끔 생길 것입니다. 몇몇 극소의 경우에 인상과 관념이 매우 유사함에도 불구하고 일반적으로는 분명히 구분되기 때문에, 그 차이점을 분명히 하기 위하여 각기 상이한 이름을 붙였고 또 이렇게 다른 이름을 붙여 인상과 관념을 구분하자는 데 불만을 품는 사람은 없을 것입니다.

프랑스의 계몽철학
: 미성숙의 극복을 위해

"철학을 경멸하는 것, 그것이 바로 철학하는 일입니다." - 블레즈 파스칼

알기 위해 되묻는 몽테뉴

프랑스의 회의적 철학가로 불리는 미셸 몽테뉴(1533~1592)는 상당히 특이한 경력을 가진 사람입니다. 몽테뉴는 대학에서 법률과 기타 연주를 공부했고, 포도주로 유명한 보르도의 시장을 지냈습니다. 그가 남긴 유명한 말은 "나는 무엇을 알까요?"입니다. '그것을 누가 알 수 있나요?' 이 물음에 관한 대답은 오직 '나'만이 할 수 있고, '나'는 이 물음에 답하기 위해서 생각해 보지 않으면 안 됩니다. 곧 '나'에 대해서 알고 싶어하는 사람은 스스로 생각하는 수밖에 다른 방법이 없다는 결론이 나옵니다.

몽테뉴의 가장 큰 철학적 관심은 '스스로 사고하는 일'이었습니다. 이 스스로 사고하는 일은 '나는 무엇을 알까요?'라는 질문이 보여 주듯이 당연하다고 생각하는 일에 의문을 던지는 것으로 시작됩니다. 여기에서 보여지는 의혹은 부정적인 의심, 즉 불안에서 나오는 것이 아니고, 보다 확실한 답을 끌어내기 위한 탐구의 실마리가 되는 의혹입니다. 확실히 스스로 묻고 검토해서 스스로 대답해 보는 방법은 불확실한 많은 일을 확실하고 선명하게 만들어 줍니다.

나는 정말 아무것도 할 수 없나요? 대부분의 경우에 우리는 뜻밖에도 우리가 많은 것을, 그것도 남보다 더 낫게 할 수 있다는 것을 알게 됩니다. "나는 정말 세상을 재미없다고 생각하나요?"라는 질문도 같은 경우가 아닐까요? 이 물음이 채 끝나기도 전에 즐거운 일이 떠오르면서, "참, 어리석은 질문을 했군." 하고 말하지 않을까요? 이 책의 여러 곳에서 예로 들었던 '사랑의 문제' 역시 마찬가지입니다. 내가 누구를 사랑하는지 아닌지 알쏭달쏭할 때, '나' 외의 다른 누구도 대답해 줄 수 없습니다.

심지어 몽테뉴는 코페르니쿠스의 지동설을 어떻게 믿을 수 있느냐고 물었습니다. 1,000년 이상을 지배한 천동설이 하루아침에 무너지는 것을 보면 지동설이 영원한 진리라고 누가 보장할 수 있느냐는 것입니다. 그러나 그의 회의와 의문은 단순히 의심을 즐기기 위한 불신에서 나오는 것이 아니고, 참되고 영원한 것을 찾으려는 열정에서 비롯됩니다.

가슴으로 철학을 하는 파스칼

어려서부터 수학에 천재적인 소질을 보인 블레즈 파스칼(1623~1662)은 대단히 흥미로운 삶을 산 사람으로 17세기의 지성을 대표하는 철학자로 손꼽힙니다. 그는 정치적으로 중요한 역할을 담당했던 권력층의 가문에서 태어났는데, 그의 아버지는 세무 법원 판사였고 어머니는 그가 3살 때 세상을 떠났습니다. 12살 때 이미 유클리드 기하학의 원리를 발견한 것으로 알려진 파스칼은 1646년에 처음으로 얀선주의 종교 운동 – 아우구스티누스의 사상을 토대로, 인간의 자유의지보다는 신의 예정설과 구원을 위한 신의 은총설을 강조하는 종교 운동 – 을 접하는데, 이는 그의 일생에 적지 않은 영향을 미칩니다.

파스칼은 서로 다른 입장에 선 데카르트를 만나서 이틀에 걸쳐 토론한 적도 있습니다. 영주와 세력가와도 가까이 지냈던 파스칼은 1652~1654년 사이에 많은 여행을 했으나, 곧 상류 사회에 염증을 느끼고 학문의 세계로 돌아옵니다. 1654년 11월 23일 밤에 그는 종교적 체험 – 은총의 불 – 을 경험함으로써 결정적으로 종교에 귀의하게 됩니다. 그는 이날 밤의 경험을 기록해 죽을 때까지 안주머니에 지니고 다녔다고 합니다.

그의 대표적인 저서는 《팡세》입니다. 오랫동안 앓아 온 병으로 건강이 급속도로 나빠진 가운데 그는 가난하고 금욕적인 생활을 이어 가면서 자신의 모든 재산을 병원과 요양소에 기부하고 1662년에 세상을 떠났습니다.

파스칼은 흔히 합리주의자와 경건주의자로 구분되는데, 합리주의자로서는 청년 파스칼이, 경건주의자로서는 그리스도교에 귀의한 후기 파스칼이 이야기됩니다. 파스칼 철학의 핵심을 한마디로 말하자면 역시 '인간'이라고 해야 정확할 것입니다.

파스칼의 유명한 신앙 고백인 《팡세》에서 그는 인간의 모습을 이 거대하고 무한한 우주 속에 불안정하게 내던져진 불안한 존재로서 파악하고 있습니다. 파스칼은 우리 인간은 '우주 공간의 무한하고 영원한 침묵에 두려움을 느낀다.'라고 주장합니다. 인간은 무한한 것과 유한한 것의 중간 존재입니다. 우리는 바로 이 인간 조건 속에서 허무, 무력함, 공허함 등을 감지하며, 이러한 것으로부터 탈출하기 위해 생각하기를 피하거나 두려워합니다. 우리가 처해 있는 실존적인 존재 상황은 불확실함과 불안으로 가득 차 있기 때문에, 생각을 하자마자 우리는 아무 데서도 위로받을 수 없음을 알게 된다는 것입니다.

여기에서 주목할 것은 파스칼의 이성에 관한 시각입니다. 우리를 휩싸고 있는 불안과 공허함은 생각하는 힘을 통해서 우리에게 더 강하게 감지되기 때문입니다. 이성을 통해서만이 우리는 우리가 누구인가를 알 수 있다는 의미이기도 합니다. 이러한 진실을 직시하게 하는 이성은, 즉 생각하는 능력은 역시 위대할 수밖에 없다는 것입니다.

파스칼은 "나는 우주를 생각할 수 있어도 우주는 나를 생각할 수 없기 때문에 나는 우주보다 위대하다."라고 말합니다. 그러나 동시에 "지극히 작은 벌레 한 마리가 위대한 철학자의 깊은 생각을 중단시킬 수 있다."라고 말함으로써 이성의 한계와 나약함을 동시에 지적합니다.

파스칼은 왜 이렇게 이성적 학문에 대해 회의적일까요? 이성은 분명히 위대하며, 학문(수학)은 가장 아름다운 활동입니다. 그러나 인간의 행복 문제는 기하학적 방식으로 푸는 수학 문제가 아니라는 것입니다. 즉 우리는 학문이나 다른 어떤 지속적인 일을 통해서 결코 우리의 절망적인 불안한 상황과 유한함에서 스스로 벗어날 수 없다는 뜻입니다.

우리의 이성은 이러한 유한한 학문 영역과 인간적인 사고 안에서만 유용한 가치를 발휘한다고 파스칼은 말합니다. 그러나 영원한 진리는 이성을 통해서가 아닌 '가슴'을 통해서 얻어지며, 이 가슴의 원리가 삶의 제일의 원리로, 구원과 속죄를 통해서 얻는 종교적 희망을 뜻합니다.

'가슴'이 해야 할 가장 중요한 일은 신앙을 받아들이거나, 거부하는 것입니다. 이에 관해 파스칼은 '내기'라는 표현을 쓰는데, 그에 따르면 신이 존재하느냐, 하지 않느냐 하는 문제는 유한한 우리로서는 어차피 알 수 없는 일입니다. 그런 까닭에 유한한 우리가 무한한 신의 존재를 믿는 것은 손해 보는 '내기'가 결코 아니라는 주장입니다. 우리로서는 증명할 수 없는 신의 존재 쪽에 거는 것이 잃을 것 없는 현명한 선택이 되는데, 그 이유는 유한한 우리의 이성을 보다 실천적으로 만들며, 결단에 이르게 하는 '내기'이기 때문입니다. '신이 없는 비참함'보다는 '구원의 가능성'을 선택하는 편이 더 낫지 않느냐는 의견입니다.

이처럼 파스칼은 방법에서 회의주의를 택하지만 신앙을 통하여 인간이 처한 절망에서 빠져 나오고자 했던 경건주의라는 길을 선택했습니다. 그러나 그는 신앙의 길을 합리적으로 사유하는 과정으로 보여 줌으로써, 이성의 나약함까지 직시하는 이성의 능력과 실존철학의 시작을 개척합니다.

독단은 못 참는 볼테르

볼테르(본명 : 프랑수와 마리 아루에, 1694~1778)는 프랑스의 대표적 계몽사상가입니다. 특히 그는 '말이 안 되는 소리'를 유난히 견디지 못하는 성격이었습니다. 많은 철학자, 소설가가 그의 조롱의 대상이 되었습니다. 볼테르는 2번이나 바스티유 감옥에 투옥되는 등 파란만장한 삶을 살았습니다.

당시 영국의 선진 발전에 관한 철학 서한을 펴낸 일로 파리를 피해 도망간 적도 있습니다. 프로이센의 프리드리히 대왕의 초청으로 정치적 영향력을 행사할 기회가 있었으나, 왕과의 사이가 나빠진 뒤 그 기회를 잃었습니다. 아직도 포츠담에 있는 프리드리히의 궁전에는 그의 이름을 딴 '볼테르 방'이 있습니다.

그 뒤 스위스에서 볼테르는 전성기인 '볼테르의 시기'를 맞습니다. 그를 따르는 백과전서파에 의해 그의 사상은 적극적인 사회 계몽 운동에 영향을 줍니다. 볼테르는 풍자·소설·드라마·역사 등 다양한 방면에 많은 저서를 남겼습니다.

볼테르는 특히 로크와 뉴턴의 영향을 받아서, 모든 독단론에 저항하며 무엇보다도 자유를 옹호했습니다. 또 경험론에 입각해 형이상학적 선입견을 비판하면서 탈레스를 비롯한 형이상학자들은 아무것도 확실하게 보여 준 것이 없다고 역설합니다. 독단적인 종교에 관해서 그는 한층 거세게 비판하는데, 종교야말로 모든 부자유와 억압, 불의의 온상이라고 질

타합니다. 볼테르는 이러한 "파렴치한을 타도하라!"라고 주장합니다. 그는 지금까지의 종교는 미신이었으며, 이제 종교도 이성적 종교로 탈바꿈할 때라고 말합니다. 선악의 문제는 이 세상의 사회를 떠나서는 아무런 의미가 없기 때문이라고 볼테르는 주장합니다.

삼권분립을 말하는 몽테스키외와 루소

샤를 몽테스키외(1689~1755)는 프랑스의 절대주의 말기 왕권에 대항해 개혁적인 귀족층을 대표한 철학자입니다. 최고 재판소의 재판관을 역임하면서 사회 질서와 그 토대, 즉 법에 관해 관심을 갖습니다. '삼권분립설', '입헌군주제도론'이 그의 주된 사상이고, 주요 저서는 《법의 정신》입니다. 몽테스키외에 따르면 사회에 종교, 지역성, 기후 등 자연적으로 주어진 다양한 요소가 그 사회의 정치 형태를 구성하는 요인으로 작용합니다. 몽테스키외가 구분하는 국가의 세 가지 형태를 보면 다음과 같습니다.

- 독재정 : 독재 정치의 원리는 공포입니다.
- 군주정 : 군주 정치의 원리는 존경입니다.
- 공화정 혹은 민주정 : 이들의 원리는 덕입니다.

국가 형태와 상관없이 국민이 자유를 보장받기 위해서는 권력이 다른 권력에 의해 제한받아야 하는데, 이것이 그의 유명한 권력에 의한 권력의 분리 사상입니다. 이 삼권분립은 입법부·행정부·재판부로서 오늘날의 국가 대부분이 이 원칙을 받아들이고 있습니다.

'더러운 손'을 거부하는 루소

"모든 것은 조물주의 손으로부터 나올 때는 더할 나위 없이 선하나 인간의 손에 들어오면 타락합니다." - 장 자크 루소

프랑스 계몽기의 천재적 사상가로서, 혁명적인 교육 철학으로 유명한 장 자크 루소(1712~1778)는 대단히 독창적이고 자유분방한 입장을 다방면에 걸쳐 주장했습니다. 시계 기술자의 아들로 태어나 16살에 가출하는 등, 그의 생애도 그의 주장만큼이나 다채롭습니다.

루소의 유명한 저서 《에밀》이 불온서적으로 지목되었고 루소는 파리를 탈출하기도 했습니다. 루소는 성격적으로도 무난하지 않고 약간은 병적이었던 것으로 알려져 있지만, 그는 정규 교육을 받지 않고도 프랑스 문화원의 현상 논문에 당선될 만큼 뛰어난 재능이 있었습니다. 루소가 관심을 갖지 않은 분야는 거의 없다고 할 만큼 사회 전반에 걸쳐서 비판과 혁명적인 주장을 내놓습니다. 그가 주장한, 모든 권리는 국민에게서 나온다는 주권재민, 자유평등 사상은 미국의 독립운동과 프랑스 혁명의 기초가 되었습니다.

루소는 특히 인간의 자유의지 - 사람은 자유로운 상태에서 자연의 규칙에 따라 구속받지 않고 감정과 느낌에 따르며 산다 - 를 강하게 옹호합니다. 인간은 사회 속에서 살면서 오히려 잘못되기 시작해 본래의 모습을 잃었다고 주장합니다. 루소는 문화와 사회는 사람의 선한 본성을 해치는 결과를 가져왔고 사람들은 이기적으로 변했는데, 그 원인이 노동의 분업과 사유재산에 있다고 봅니다.

루소는 "인간의 소유욕은 모든 것에서 경쟁하게 하며, 경쟁하기 위해서 서로 투쟁을 피할 수 없게 된다."라고 주장합니다. 약한 사람은 이 생존 경쟁에서 늘 강한 사람의 '희생물'이 되며, 강한 사람은 더 많은 권력을 갖

게 되는 사회 모순이 일어나게 됩니다.

우리가 본래의 모습을 회복하고, 잃어버린 자유를 되찾는 방법은 교육이라고 루소는 역설합니다. 《에밀》에서 드러나는 자신의 교육관을 루소는 다음과 같이 말합니다. "참된 교육은 아이들이 사회로부터 나쁜 물이 드는 것을 최우선으로 막는 것입니다." 이러한 교육관에 의하면 강요와 지시에 따른 교육은 아이들을 틀에 맞게 '길들이'는 비인간적인 교육 방법입니다. 따라서 아이들은 사회라는 '더러운 손'으로부터 보호되고 격리되어 교육받아야 한다고 루소는 주장합니다. 아이들은 자연 속에서 경험에 의해 스스로 배워 가야 한다고 역설한 것이지요. 이를 위해서는 좋은 자연 교육 환경과 신체적 운동도 한몫을 차지합니다.

자유를 회복하기 위한 또 하나의 방법은 루소의 사회 철학에서 찾을 수 있습니다. 루소가 주장하는 사회계약설이 그것입니다. 개인이 자신의 의지를 사회 공동체의 뜻에 맞추는 만큼, 사회 공동체는 개인의 자유와 평등을 보장해야 합니다. 주권은 국민에게 있습니다. 국가법은 국민의 뜻이 모아져서 된 것이며 통치자도 국민의 한 사람이기 때문에, 통치자 역시 법 위에서 군림할 수 없다고 루소는 주장합니다.

역사 철학

진실을
사랑하라.

프랑스의 계몽주의 철학자 볼테르는 역사 철학을 역사 현상에 관한 철학적 관점에서 이해합니다. 역사의 의미로서 받아들이는 것인데, 이것은 역사를 그 전체에서 파악하는 것으로 감추어진 의미나 역사적 과정을 보편적 법칙의 작용으로 설명하는 것입니다.

그리스도교의 역사 신학이 대표적인 예인데 그 목적은 신의 작용과 권한을 역사 속에서 보여 주기 위함입니다. 그래서 중세의 신학자 아우구스티누스는 인간의 역사를 신의 영역과 지상의 권력 사이의 투쟁으로 이해했습니다.

종교개혁에 의해서 신앙과 지식 사이의 구별이 가능해지면서 역사 철학은 과거의 신 중심의 역사에서 벗어나서 인간을 자신의 고유한 역사를 만들어 가는 존재로 생각하게 됩니다. 이러한 생각은 '지암바티스타 비코'에서 유래하는데, 그에 따르면 역사는 문화의 성장과 몰락이 일어나는 시기가 낮은 단계에서 더 높은 단계로 이행하는 과정입니다. 이때 신의 섭리는 발전을 위한 힘으로서 인정되었습니다. 이들 계몽주의자는 역사를 낙관적으로 이해하여서 어두운 미신과 불혹에서 이성으로 발전해 나아가고 있다고 보았습니다.

임마누엘 칸트도 역사적 발전에서 인류의 완벽한 시민적 연대를 미리 보았고, 요한 헤르더는 '역사의 발전'이라는 말을 인간 본성이 조직적으로 발전되는 것이라고 하였습니다. 독일 철학은, 특히 프리드리히 헤겔은 역사의 발전 가운데서 그 원동력이 되는 법칙을 발견하였습니다. 헤겔은 세계사는 정신이 변증법적 발전을 통하여 점점 자신을 실현하여 '자유'에 도달하는 것이라고 설명하였습니다(변증법). 칼 마르크스는 헤겔의 변증법적 발전의 생각을 이어받아 역사의 운동 법칙을 발견하였는데, 그에 따르면 현실적 개인들이 그들을 억압하는 계급과 투쟁을 통하여 지배가 없는 사회를 향해 나가는 것이 역사의 길이라고 하였습니다.

오거스트 콩트와 허버트 스펜서는 역사 철학을 다시금 변증법으로부터 되찾아 왔습니다. 그들이 볼 때 유럽의 역사는 발전이라기보다는 혼란의 소용돌이 속에 있는 것이었습니다. 그런 이유에서 오스발트 슈펭글러는 문화의 몰락과 성장의 법칙을 다시 말했습니다.

역사 철학에 관한 또 다른 이해는 역사 서술을 위한 방법론으로서 역사 철학을 비판적으로 보는 입장입니다. 이 주장에 따르면 역사에서 개인 혹은 개별적 사건은 보편적 법칙의 산물이 아니라 다시 반복될 수 없는 일순간의 사건입니다. 그래서 게오르그 짐멜과 빌헬름 딜타이는 이를 설명할 수 있는 역사 기술의 방법으로서 '체험'과 '감정 이입'의 방법을 촉구하였습니다.

막스 베버는 '의미로서의 역사'와 '체험으로서의 역사'를 연결하고자 했습니다. 객관적 역사의 사실을 감정적으로 체험할 만큼 세련되어야 하지만 주관적 해석이나 개인적인 가치 판단이 역사 이해를 위한 원리가 되어서는 안 된다고 막스 베버는 역설합니다.

주관이 역사 이해를 위한 원리가 되어서는 안 된다.

아카데메이아   이데아   스콜라 철학   볼테르

6장

생각의 혁명은
절대정신을 낳고

에피쿠로스학파

로고스 형이상학

독일 관념론 미리 보기
: 혁명은 혁명을 낳고

18세기 독일의 계몽주의는 혁명의 불꽃을 태운 프랑스와 비교해서 상대적으로 천천히 기지개를 켰습니다. 당시 문학이나 철학의 영역에서 독일어는 볼테르나 루소의 활달한 필체를 업고 세련미와 완벽성을 자랑하는 프랑스어에 비해서 걸음마 수준에 머물러 있었습니다. 학자들은 외래어를 다분히 혼용하여 사용했습니다. 독일어는 괴테에 이르러 불어와 같은 수준으로 발돋음할 수 있었습니다. 칸트에 조금 앞서 활동한 크리스티안 볼프(1679~1754)의 공헌에 의하여 독일의 철학은 비로소 모국어를 자유롭게 구사할 수 있게 되었습니다.

정치적으로 '상수시의 철인'이라는 칭호를 가진 프리드리히 대왕이 국내외 학자들을 초빙해서 학문의 부흥을 꾀했습니다. 우리는 프리드리히 대왕을 위에서부터 개혁을 시도한 계몽 군주라고 부릅니다. 프리드리히 대왕 시기에 젊은 학자가 그 천재성을 유감없이 발휘했는데 그가 바로 고트홀트 에프라임 레싱(1729~1781)입니다. 레싱은 문학자와 철학자로서 자유와 개방성을 추구하고 인류애와 종교적 관용을 부르짖었습니다. 레싱은 종교가 편협해지면 얼마나 극심한 파멸적 결과를 가져오는가를 여실히 보여 주며 인간의 계몽을 유도하였습니다.

독일의 관념론은 게오르크 헤겔에 의해 완성됩니다. 조숙했던 천재적인 철학자들과는 달리 헤겔은 끈질기게 파고드는 노력형의 철학자였습니다. 그의 사상은 원숙하게 되기까지 많은 세월을 필요로 했고, 이윽고 그의 사상이 전체적으로 통일성을 갖추면서 명실공히 독일의 국가 철학자로 공인됩니다. 1831년 그가 생을 마감할 때까지 법철학, 미학, 역사 철학 등을 담은 저서를 남김으로 해서 그는 칸트학파를 능가하는 수많은 제자를 배출하였고 자신의 깊은 영향을 현대에까지 깊숙이 미치고 있습니다.

계몽철학이 얻은 가장 큰 수확은 '이성'과 '자유의지'입니다. 인간성을 되찾고 한걸음 더 나아가서 잘못된 사회로부터 '자연으로의 복귀'를 외치는 계몽주의는 의심의 여지없는 혁신적인 시대정신이었습니다.

인간의 이성과 자유는 이제 시대적 요청으로 발전하면서 더는 순수한 철학적 주제로 남아 있지 않습니다. 구제도와 억압적인 통치, 내세적인 종교로부터 어떻게 벗어날 수 있는가에 관한 물음이 시작된 것입니다. 이와 관련해서 계몽이 무엇이며, 왜 필요한가 하는 질문은 철학의 영역을 넘어서 정치 사회의 핵심적인 문제가 되었고, 자유와 평등은 새로운 사회 교육의 이념이 되었습니다. 이러한 사회적 변화에 결정적인 안내자 역할을 하면서 충격적 자극을 주는 철학의 역할이 독일의 관념론에서 다시 한번 두드러지게 나타납니다.

18세기와 19세기 초에 걸쳐서 일어나는 많은 세계사적인 사건은 직간접으로 '이성과 자유'라는 새로운 철학적 화두와 깊은 관련을 맺고 있습니다. 자유·평등·박애로 표현되는 프랑스 혁명(1789)과 인권과 자유를 위한 투쟁으로 불리는 미국 독립 전쟁의 결과인 독립 선언(1776), '시대의 아들'이라고 불리는 나폴레옹의 등장과 그의 유럽 지배는 독일 관념론의 역사적 배경이 되는 사건들입니다. 이 시기는 스스로 미성숙을 극복하라는 칸트의 철학적 요청이 정치적 현실로서 나타나고, 이성과 자유가 프랑스 혁명을 통해서 추구되었던 변혁과 혁신의 시대였습니다. 이러한 혁명 정신과 자유의 실현이 절대군주체제를 타파하고, 새로운 정치 제도의 도입과 권력의 분산이라는, 당시의 통치자들에게는 용납할 수 없는 요구로 이어지면서, 권력을 갖고 있는 보수 세력의 억압은 당연히 커집니다. 이 보수적 집권 세력은 빈 회의(1814~1815)를 통해 결속을 다짐하면서, 혁명 이전의 정치 체제를 고집합니다.

경제적으로 볼 때도 이 계몽적 사상은 산업화와 더불어 성장한 시민 계급의 의식에 막대한 영향을 미칩니다. 새로운 시민 계급은 막 시작된 자본주의를 중심으로 물질적 평등뿐만 아니라 정치 참여와 권력을 주장하기 시작한 것입니다.

독일의 사정도 유럽 전역에서 전개되는 상황과 별 차이를 보이지 않습니다. 다만 독일의 프로이센은 민중의 봉기, '밑으로부터의 혁명'을 막기 위해, 어느 정도의 정치적 개혁을 시도합니다. 이를 가리켜 '위로부터의 혁명'이라고 말합니다. 그러나 이 정치적 개혁은 제한된 것이었으며, 다른 한편에서는 빈 회의가 보여 주는 것처럼 억압 정치가 계속되었습니다.

독일의 괴테와 헤겔 같은 지식인들은 이러한 상황에서 분열된 모습을 보이는데, 그들은 프랑스 혁명 초기에는 찬사와 존경을 보내지만, 혁명이 좌절되었을 때에는 지나치게 실망하거나 냉랭한 태도를 보입니다. 독일의 대표적인 철학자들의 혁명에 대한 태도도 엇갈리는데, 이 태도는 그들의 철학에도 반영된다는 점에서 이론(철학)과 현실(혁명)의 관계를 엿볼 수 있는 좋은 기회이기도 합니다.

봉건제도의 귀족 계급이 차츰 시민 계급에 의해서 사회 전 분야에 걸쳐서 강한 도전을 받기 시작하면서 계몽은 이제 개인과 사회가 동시에 해 나가야 하는 현실적인 과제가 되었으며, 사실상 지금까지도 계속되고 있는 인류의 운동이 되었습니다. 자신에 대한 새로운 인식과 자유의지는 또한 민족의 자아의식을 깨우치는 계기가 되었습니다. 국민 자신이 국가의 주인이라는 의식이 생기면서 더욱더 곳곳에서 민족주의를 외치게 되었습니다.

프랑스에 인접한 독일에서 이 민족주의 운동이 거세게 일어나는데, 이것은 프랑스 혁명 정신과 관련된 것입니다. 프랑스의 혁명 정신에 대항해 개인과 자유보다는 국가와 민족을 위한 감정을 고취하려는 의도 역시 민족주의를 통하여 표현되었습니다. 그 유명한 예가 요한 고트리이트 피히테의 〈독일 국민에게 고함〉이며, 이로써 민족주의 운동은 특히 교육 문화 운동으로 전개됩니다. 이 시대에 고전주의 문학을 꽃피운 괴테와 실러, 베를린대학을 세운 훔볼트, 칸트와 헤겔은 물론 셸링 등 기라성 같은 인물들이 나타났습니다.

31

칸트 철학 : 자기 스스로를 재판하는 이성의 힘

"인식이 대상의 기준 아래 생기는 것이 아니라, 대상이 인식에 준해야 합니다." - 임마누엘 칸트

임마누엘 칸트(1724~1804)는 '이성'의 동의어로 생각될 만큼 '이성'하면 떠오르는 이름입니다. 칸트는 관념 철학의 기본 조건을 제시함과 동시에 계몽철학을 완성했습니다. 그의 철학이 미친 엄청난 영향 때문에 그는 역사상 '키 작은 세 거인' 중 한 사람으로 불립니다. 다른 두 사람은 나폴레옹과 베토벤이지요. 사실 칸트는 대단히 볼품없이, 작은 체구와 굽은 등 때문에 늘 한마디씩 듣곤 합니다. 그러나 놀랄 만한 의지력, 엄격한 건강관리, 철저한 시간 배정 등에 있어서는 그를 따라갈 사람이 없을 만큼 남달랐다고 합니다.

탁월한 강의와 연구로 엄청난 양의 학문적 업적을 남긴 그는 동프로이센의 수도인 쾨니히스베르크에서 태어나서 한평생 그곳을 벗어나 본 적이 없었습니다. 칸트는 그곳에서 대학을 다니고, 역시 그곳에서 대학 강사를 거쳐 교수가 되는 평이한 삶을 살았습니다. 1770년에 교수가 되면서 본격적인 연구 작업을 시작하는데, 그의 문체는 지루하고 어렵기로 악명이 높았지만 강의는 상당히 재미있었다고 합니다.

1781년에 칸트는 철학의 역사를 바꿔 놓았다는 그 유명한 《순수 이성 비판》을 출판했는데, 이 책은 너무 어렵게 씌어져서 그의 친구 헤르츠는 이 책이 주는 두통을 견디다 못해 끝까지 읽지 못하고 돌려보냈다 합니다.

칸트는 1804년에 "아! 좋다!"라는 마지막 말을 남기고 뇌졸중으로 세상을 떠났습니다. 얼마나 만족스러운 생애였기에 이런 말을 남기고 세상을 떠날 수 있었는지 부러울 정도입니다.

칸트는 시계처럼 정확하고 규칙적인 일상생활을 한 것으로 널리 알려져 있다. 그는 하루도 거르지 않고 정확히 15시 30분에 하는 산책 시간을 지켜서, 동네 사람들은 그가 산책에 나서면 시계를 보지 않고도 으레 그 시간인 줄 알았다고 할 정도였다. 단 한 번 그가 산책 시간을 지키지 못한 적이 있는데 그 이유는 루소의 《에밀》을 읽다가 그렇게 된 것이라고 한다. 이런 그가 평생을 독신으로 지냈다는 것은 별로 이상해 보이지 않는다.

칸트의 묘비명은 그의 철학을 이해하기 위해 적지 않은 도움이 될 것입니다. '우리가 더 자주 더욱 꾸준히 반성하면 할수록, 저 하늘의 빛나는 별과 내 마음 안의 도덕 법칙에 대해 항상 새롭고도 점점 커져가는 감탄과 경외를 느끼게 됩니다.' 가까운 친구조차도 무엇을 연구하는지 알 수 없을 정도로 조용하게 자기 일만 했던 칸트는 세계 철학의 역사에 하나의 큰 획을 긋고 새로운 전환점을 제시합니다. 그의 철학은 지금까지의 형이상학적 철학이 더는 의심의 여지가 없이 명백하고 분명하게 주장하는 원리에서 불확실하고 애매한 것을 발견하고 그 원인이 무엇인가를 알려고 하는 데서 시작합니다.

칸트는 기존의 형이상학이 불확실한 이유를 인간 이성의 본성에서 찾아냅니다. 인간 이성은 사물의 드러난 현상 뒤에 있는 배후까지는 힘이 미치지 않으며 이 문제는 '우리는 무엇을 아는가?' 하는 문제로 정리됩니다. 우리의 이성이 아무리 뛰어나다 할지라도 경험적인 영역 밖에서 일어나는 일에 관해서는 알 수 없다는 주장입니다. 이 말은 곧 우리가 이성을 통해서 대상을 다 알지 못하는 원인은 대상에 있는 것이 아니라, 인식하고 생각하는 '주관'인 내게 있다는 주장입니다. 지금까지 완전하다고 생각해 온 선천적인 이성의 인식 능력은 사실은 제한되어 있으며 이성 혼

종교 대부분은 물질 대상의 세계가 모든 현실의 전부가 아니라고 믿는다. 두 남자가 달이 뜨는 시각에 바닷가에 서 있다. 카스파르 프리드리히의 '달이 뜨는 바닷가의 두 남자'는 시공의 저편에 있는 또 하나의 다른 세계를 그린다. 칸트는 이 세계를 '선천적 세계라고 명명한다. 우리가 경험할 수 없는, 그러나 생각할 수 있는 다른 또 하나의 세계를 말한다.

자의 힘으로는 대상을 다 파악하지 못한다는 것입니다. 이제 이성에 관한 새로운 설명이 필요하게 된 것입니다. 이것이 그의 《순수 이성 비판》의 핵심 문제입니다. 순수 이성에 관한 새로운 그의 주장은 행위하는 존재로서의 인간에 대해서도 큰 관심을 일깨워 줍니다.

칸트는 행위하는 존재로서의 인간에게 필요한 물음, '우리는 무엇을 할 것인가?'를 《실천 이성 비판》에서 다룹니다. 위의 두 문제 외에 남은 또 하나의 중요한 문제는 '우리는 무엇을 희망할 수 있는가?'입니다. 이것이 그의 저서 《판단력 비판》의 주된 내용입니다. 그는 이 세 가지 문제를 자신의 철학적 중심으로 삼았습니다.

철학의 혁명은 왜 코페르니쿠스적인가?

'우리는 무엇을 아는가?'라는 질문으로 칸트는 인간이 지닌 인식 능력의 한계를 물음으로써, 인식의 분야에서 근대 철학의 새로운 방향을 개척합니다. 이러한 의미에서 그의 《순수 이성 비판》은 프랑스 혁명이 정치사에서 갖는 의미를 철학사에서 갖는다는 뜻에서 철학의 혁명이라고 말합니다.

순수 이성의 의미는 경험이나 심리적 의식 작용이 아닌 선천적인 이성으로, 태어날 때 이미 우리에게 주어지는 능력입니다. 이는 경험 이전을 의미하는 뜻에서 '선험적'이라고 하며, 칸트는 이와 관련한 또 하나의 물음을 던집니다. "선천적 종합 판단이 가능하다면 어떻게 해서 가능한가?" 칸트는 우선 선천적 종합 판단이 가능하다고 말합니다. 종합 판단이란 분석적 판단과 반대되는 것으로 새로운 인식을 끌어내는 데 필요한 판단입니다.

분석적 판단은 예를 들면 '원은 둥글다.'라고 할 때, '둥글다'는 개념이 이미 '원'이라는 개념 속에 포함되어 있기 때문에 주어의 뜻이 둥글다는 술부를 통해 더 넓어지지 않습니다. 다만 주부에 이미 포함된 내용이 더 확실하게 설명될 뿐입니다. 그러나 종합 판단이란 주어에 들어 있지 않은 내용이 술어를 통해서 도출되어 우리의 인식이 새롭게 확장되는 것을 말합니다.

칸트는 이 경우 '7+5=12'라는 예를 듭니다. 7과 5는 12라는 새로운 숫자를 어디에도 포함하고 있지 않지만 12는 맞는 답이며, 동시에 이것은 새로운 도출이므로 선천적 종합 판단입니다. 선천적 종합 판단이란 각자의 경험을 통해서만 알 수 있지만, 위의 예에서 보듯이 누구나 이해할 수 있는 보편적인 타당성을 갖는 판단을 말합니다. 경험에만 좌우되는 판단은 경험마다 다른 내용을 판단할 수 있기 때문에 모든 사람이 인정하는 내용을 끌어낼 수 없습니다. 따라서 선천적인 능력과 경험적인 판단이 합해질 때, 개인의 경험을 떠나서도 타당한 일이 나의 경험을 통해서 '나'에게도 옳다고 판단될 때 새로운 인식이 이루어지게 됩니다.

이렇게 칸트는 선천적 종합 판단이 가능하다고 대답함으로써 곧 학문으로서의 형이상학도 가능하다고 답합니다. 이제 형이상학은 새로운 인식 방법으로 연구되어야 하는 것입니다. 이 새로운 인식 방법은 지금까지 주류를 이룬 철학의 두 방향, 합리주의와 경험주의를 종합하는 것입니다. 칸트는 지금까지와는 달리 외부의 자극을 받아들이는 감각적 경험과 능동적인 사유 능력이 종합적으로 작용해 우리의 인식이 가능하게 된다고 말합니다. 내용 없는 사고는 공허하고, 개념 없는 직관은 맹목이기 때문입니다.

이 정도의 새로움으로 칸트 철학이 가히 철학의 혁명이라고 할 수 있을까요? 여기에서 칸트는 한 걸음 더 나가는데, 이 한 걸음이야말로 획기적인 전환입니다. 칸트 이전의 철학자들은 이 세계는 사실 어떤 것이냐 하는 의문에 관해 설명하는 데 주력해 왔습니다.

이 세계에 관한 설명은 대상에 따라 달라지는 것으로 즉, 대상을 가운데 놓고 우리는 알기 위해 그 대상의 주변에 있다고 생각해 온 것이지요. 다시 말하면 지금까지의 방법이 천동설과 같은 것으로 대상을 지구처럼 중심에 놓고 우리의 인식은 태양처럼 그 주위를 돌면서 이해하려고 노력해 왔다면, 칸트는 대상을 알기 위해서는 대상이 우리가 갖고 있는 생각하는 능력과 맞아떨어져야 한다고 본 것입니다. 따라서 대상 자체가 기준이 되는 것이 아니고, 생각하는 능력인 오성이 중심에 서게 됩니다. 아무리 대단한 대상도 우리 인식 능력의 범위 안에 들어와야 인식이 된다는 것입니다. 이 방법은 사유 방법 전체의 전환 없이는 불가능한 일입니다.

이 인식의 전환을 칸트 자신은 '코페르니쿠스적 전환'이라고 표현합니다. 칸트의 주장은 '철학의 지동설'인 셈입니다. 곧 우리의 생각하는 능력이 철학의 우주에서 중심에 놓이고, 그 주변에 세계의 대상이 있다는 전환에 칸트 철학의 역사적 혁명성이 있습니다. 칸트가 주장하는 인식의 전환은 곧 '순수 이성', 합리주의가 주장하는 이성 자체에 관한 비판이며,

동시에 재판입니다. 또 철학에 관한 '운명적 질문'이기도 하지요. 이 '이성에 의한 이성의 재판'이 철학이 독자적인 학문이 될 수 있는가에 관한 답을 내리기 때문입니다.

칸트는 지금까지의 이성의 독재를 비판하지만 거부하지 않고, 경험을 높이 평가하지만 이성과의 '공동 작업'을 명함으로써 이성과 경험은 '헤어질 수 없는 운명적 관계'로 판정이 되고 철학은 구제를 받게 된다고 답합니다. 여기서 주목할 것은 이성을 비판하고 재판하는 재판관 자신이 다름 아닌 이성이라는 점입니다. 스스로 엄중한 자기비판을 하면서 법정을 여는 이성은 역시 대단합니다.

칸트에 따르면 인간은 자유의지를 갖는다. 그렇지 않다면, 다른 사람이 나쁜 일 혹은 법에 어긋나는 일을 했다고 비난하는 것은 아무런 의미가 없다. 자유의지가 전제되지 않는다면, 바로 그 행위가 아닌 다른 행위를 할 수 없기 때문이다.

나의 주장이 옳다면, 너의 주장은 그른 것인가?

칸트의 실천철학에서 다루는 주된 문제는 '나는 무엇을 해야 하는가?'입니다. 이 문제는 그의 《실천 이성 비판》을 통해서 다루어지는데, 그는 우선 도덕적 회의주의를 부인하면서 도덕적 법칙을 제시하고자 합니다. 사람은 누구나 행위하는 실천적인 이성을 가지고 있기 때문에, 스스로를 규정하고 어떤 일을 하고자 하는 의욕을 느낀다는 것입니다. 이와 같은 이유에서 그는 도덕적 의지, 도덕적 이성을 실천 이성과 같은 의미로 사용합니다.

도덕적으로 선한 행위를 하기 위해서는 먼저 무엇이 선한 행위인가를 알아야 합니다. 칸트에 따르면 사람의 도덕성은 행위의 결과에 의해서가 아니라, 행위의 동기에 의해 결정되어야 합니다. '우리가 어떤 의지와 동기를 가지고 행위했는가'가 문제라는 것입니다.

선한 행위란 당연하고 마땅히 해야 하는 인간의 의무입니다. 의무란 개개의 경험적 제약과 전혀 상관이 없는 것으로, 칸트는 이 의무는 무조건적으로 타당한 것이라고 말합니다.

우리의 감성적인 욕구, 충동, 관심 등은 도덕적 의무에 영향을 끼쳐서는 안 됩니다. 도덕적 의무는 도덕 법칙인 것입니다. 칸트는 이 법칙을 '정언명법'이라고 부릅니다.

정언명법이란 왜 그러한지 설명할 필요도 없는 그 자체로서 어길 수 없는 명령과도 같은 '무조건 지켜야 하는 법칙'입니다. 따라서 이 정언명법에 의해서 행해져야 하는 도덕적인 행위는 우리의 개인적인 기분이나 인간관계로 판단해서는 안 됩니다. 이런 이유로 칸트는 인격적인 인간성을 목적으로 삼되, 결코 수단화하지 말라고 강조합니다. 그러나 이 정언명법에 따라서 행동하기 위해서는 행위의 자유가 보장되어야 합니다. '나'는 어떤 도덕적 행위를 하는 도덕적 주체로서 스스로 판단하고 결정하는 자유, 경험과는 상관없는 선천적 자유가 있다는 것입니다.

이 도덕 법칙에 의한 도덕적 행위는 영혼의 불멸과 신의 존재에 관한 문제로 이어질 수밖에 없습니다. 신을 가장 완전하고 최선의 존재로 볼 때 이는 곧 도덕의 문제가 됩니다. 이러한 이유로 그 당시에 신의 존재에 관하여 의문을 갖는다는 것은 상상하기 어려운 일입니다. 칸트는 서슴없이 신은 증명할 수 없다고 말합니다. 신의 증명은 이성의 한계를 넘어서는 일이기 때문입니다. 칸트의 유명한 '신은 존재 증명이 불가능'하다는 주장은 '신의 문제'로서만이 아니라, 이성이 지닌 인식의 한계를 보여 준다는 점에서 중요합니다.

칸트는 신의 존재는 인간의 이성으로는 증명할 수 없다고 말합니다. 신은 완전성과 영원함의 개념으로서 의심할 바가 없다 하더라도, 우리의 이성은 신이 실제로 존재함을 보여 줄 수 없다는 뜻입니다. 칸트가 신의 존재를 증명할 수 없다고 말한 것이 곧 신은 없다는 뜻으로 해석되어서는 안 됩니다. '내'가 옳다고 해서 '네'가 틀린 것이 아니듯이. 칸트의 주장은 실제로 존재한다는 것을 보여 주면서 논리적으로 확인시켜 줄 수 없다는 뜻일 뿐이지, 개념으로 우리의 머리나 가슴속에 있는 것마저 부인하는 것은 아닙니다. 우리는 거의 예외 없이 누구나 '사랑'에 관한 개념을 갖고 있지만, 내가 갖고 있는 사랑의 개념이 내가 '사랑하는 사람'을 실제로 나타나게 할 수 없는 것처럼 말입니다.

신의 존재를 증명할 수 없다는 칸트의 말은 당시 사람에게 날벼락 같은 엄청난 충격이었습니다. 칸트의 이 주장은 많은 사람에게 '신은 없다'로 들렸기 때문입니다. 그래서 많은 사람이 '신의 처형'은 니체가 아니라 칸트가 한 일이라고 말하기도 합니다.

합의에 이른 논증
영국 웨스트민스터의 구성원이 자신의 주장이 옳다고 논증한다. 논증을 통하여 어떤 논증이 좋은 논증인가 아닌가를 구별한다. 좋은 논증은 일반적 지지를 받게 된다.

칸트는 이러한 주장으로 신의 문제만이 아니라, 불완전한 이성의 한계를 지적함으로써, 지금껏 통해 온 모든 가치를 뒤집습니다. 그래서 독일의 시인 하인리히 하이네는 그를 '철학의 로베스피에르'*라고 표현했습니다. 곧 정신의 혁명이 칸트에 의해 일어났으며, 이 정신의 혁명은 정치의 혁명보다 한발 앞섰던 것입니다. 이는 의식의 혁명이 정치적 혁명보다 앞서 일어나야 하는 것을 지적하기도 하지만, 또 철학의 중요성을 뜻하기도 합니다.

이러한 과격함에도 칸트는 그의 묘비명처럼 '하늘의 반짝이는 별들처럼 가슴에는 빛나는 도덕 법칙'이 있다는 것을 말함으로써 도덕적 의지를 우리가 따라야 할 최고의 법칙으로 놓습니다. 즉 칸트는 종교를 도덕의 시작으로 보는 것이 아니라 '너의 의무에 관한 굳은 신념으로 행동하라'를 도덕적 법칙의 결과로 보는 것이지요. 이는 '구원의 은혜'나 '내세에 관한 두려움' 때문에 우리가 도덕적 행위를 하는 것이 아니고, 우리 스스로가 도덕적임으로 종교를 원하게 된다는 의미입니다.

위와 같은 인식 이론과 행위 이론을 기초로 하는 칸트의 비판 철학은 서로 대립되어 전개되던 영국의 경험론과 대륙의 합리론의 문제를 단숨에 한 단계 높여 하나의 종합적 체계로 만들었습니다.

* **맥시밀리앙 드 로베스피에르**
프랑스 혁명기의 정치가이자 자코뱅의 지도자인 로베스피에르(1758~1794)는 왕정을 폐지하고, 1793년 6월 독재 체제를 수립하여 공포 정치를 행하였으나, 1794년 테르미도르의 쿠데타로 타도되어 처형되었다.

1808년 피히테는 독일 국민 앞에서 연설한다. 그는 단합하지 못한 독일인을 비판한다. 당시 일부 독일인은 나폴레옹 군대가 승리하도록 돕는 일을 했다. 피히테의 연설은 독일인이 단합할 수 있는 실천적 방안을 제시한다. 피히테는 독일 국가주의의 기초를 세운 사상가로 평가된다.

뒤이어 민족주의자인 요한 피히테(1762~1814)는 칸트의 사상을 보다 더 완성하려는 시도를 했고, 이로부터 독일 관념론이라는 철학적 사조가 시작됩니다. 피히테는 '나'와 '나 아닌 것'과의 관계를 통하여 '나의 존재'를 정리하려 했습니다. 그 뒤 헤겔을 거치면서 인간은 유한하지만 절대정신을 가진 존재로 새롭게 규정됩니다.

1870년에서 1900년에 걸쳐 독일 철학을 지배한 신칸트주의는 '칸트로 되돌아가자!'를 외치며 하나의 오류도 없는 엄밀한 철학을 시도합니다. 엄밀한 철학을 정초하려는 신칸트주의의 이론은 현대 철학의 후설, 하이데거 등에 큰 영향을 미칩니다. 또한 칸트의 큰 파급 효과는 니체, 프로이트, 야스퍼스, 비트겐슈타인, 롤스 철학에서도 언급됩니다. 칸트의 철학은 오늘날까지 계속해서 체계적인 담론의 중심 화제입니다.

칸트, 《순수 이성 비판》

들어가는 말

1. 순수 인식과 경험적 인식의 차이에 관하여

우리의 모든 인식은 경험과 함께 시작한다는 것에는 의심의 여지가 없습니다. 만약 우리의 인식 능력이 대상을 통해서가 아니라면 무엇을 통해서 활동할 수 있도록 일깨워지겠습니까? 우리 감관을 자극하여, 부분적으로는 표상 자체를 생겨나게 하고, 부분적으로는 우리 지성 능력으로 하여금 이 표상들을 비교하여 이들을 결합하거나 분리하고 경험이라고 불리는 대상 인식을 위해서 감성적 인상의 원재료를 가공하는 활동을 하도록 하는 것이 대상이기 때문입니다. 따라서 우리 중에 있는 어떠한 인식도 시간상으로 경험에 선행하지 않고 경험과 함께 모든 인식은 시작됩니다.

그러나 우리의 모든 인식이 경험과 함께 시작된다고 해도 모든 인식이 전적으로 바로 경험에서 생겨나는 것은 아닙니다. 우리의 경험 인식 자체는 우리가 인상을 통해 받아들이는 것과 우리 고유한 인식 능력이(감성적인 인상을 통해 순전히 야기되어) 자기 자신으로부터 건네주는 것을 결합했기 때문입니다. 저 근본 재료로부터 우리가 덧붙여 첨가한 것을 구별하게 하는 것은 오랜 연습으로 인식 능력이 건네준 것을 주목하여 이것을 적절하게 분리하게 될 때입니다.

헤겔 철학 : 절대정신으로 완성하는 세계의 역사

"이상은 발전에서 나타나는 모든 필연적인 변형과 단계를 포함하는 전체적인 한 그루의 나무입니다." - 게오르크 헤겔

1806년 나폴레옹의 승리로 예나대학이 폐쇄되자, 헤겔도 공부를 중단했다. 그 뒤 헤겔은 신문 발행인과 교장으로 일했으며 1816년 다시 대학 강단에서 강의하기 시작했다.

칸트가 관념론의 창시자로서 인식의 전환을 제시한 뒤, 피히테는 칸트 이론을 수용하는 가운데 세계를 '나'와 '내가 아닌 것'의 관계를 통해서 파악하려는 자아 이론을 주장하고, 뒤이어 게오르크 헤겔(1770~1831)은 독일의 관념론을 완성시킵니다. 헤겔은 남부 독일의 슈투트가르트에서 태어났는데, 그의 아버지는 재무 관리를 보는 사람이었습니다.

헤겔은 1788년 대학 공부를 튀빙겐신학교에서 신학으로 시작하는데, 이 시기는 그에게 있어서 많은 의미를 갖습니다. 이때 헤겔은 독일의 시인 프리드리히 횔덜린과 또 한 사람의 철학자 프리드리히 셸링을 만나게 되는데, 이들은 '삼총사'라고 불릴 만큼 절친한 사이로 가까워집니다. 이 튀빙겐 삼총사는 1789년에 일어난 프랑스 혁명에 열광적인 찬사를 보내면서 함께 혁명을 위해 일할 것을 맹세하지만, 혁명의 열기가 식자 이들의 태도에도 변화가 옵니다. 그렇게 가까웠던 세 친구는 서로 다른 길을 가게 됩니다. 헤겔은 셸링과 나중에 학문적 경쟁으로 인해 적대 관계가 되지요. 헤겔에게 많은 영향을 준 횔덜린은 나중에 정신 이상으로 병원에 수감되면서 한때 비밀의 맹세를 했던 친구들은 제각기 갈 길을 갑니다.

횔덜린의 실루엣
횔덜린이 고통스럽게 시를 쓰던 튀빙겐에는 정신 이상 상태로 갇혀 살았던 탑, 그가 말년에 보냈던 안식처 등 그의 발자취가 많이 남아 있다.

반평생

노랑 배 열매와 들장미 가득하여
육지는 호수 속에 매달려 있네
너의 사랑스러운 백조들
입맞춤에 취하여
성스럽게 깨어 있는 물속에
머리를 담그네

슬프다, 내 어디에서
겨울이 오면 꽃들과 어디에서
햇별과 대지의 그늘을 찾을까?
성벽은 말없이 차갑게 서 있고,
바람결에 풍향기는 덜컥거리네

당시 지식인들 대부분이 그랬던 것처럼 헤겔은 생업을 가정교사로 출발해서 1800년에 예나대학에 이미 가 있던 셸링의 도움으로 강의를 하게 됩니다. 예나대학 시절 바로 그의 대표적인 저서이자 셸링과의 관계가 끊어지는 직접적인 동기가 되는 《정신현상학》을 출판합니다. 1806년에 예나는 나폴레옹에게 점령되었고, 헤겔은 예나를 떠나야 했습니다. 이때 입성하는 나폴레옹에 관한 헤겔의 감동적인 기록은 대단히 인상적입니다.

헤겔은 나폴레옹을 인간화된 세계 정신으로 표현히는데, 이는 헤겔 철학을 잘 드러내지요.

"나는 말을 탄 세계 정신(나폴레옹)이 도시를 지나가는 것을 보았습니다. 실제로 그 위대한 존재를 보는 것은 놀라운 경험입니다. 그 존재는 말에 탄 채로 한 점을 응시하면서 세계를 장악하고 세계를 지배하고 있습니다."

이 세계 절대정신의 문제는 곧 헤겔의 철학의 중심 주제입니다. 그 뒤 헤겔은 하이델베르크대학에서 잠시 철학을 강의하고 1818년에 피히테의 후임으로 베를린대학으로 옮겨서 법철학과 역사 철학을 강의합니다. 베를린대학은 여러 가지 면에서 독일을 대표하는 대학으로 이곳에서의 강의는 그에게 커다란 명성과 권위를 가져다 줍니다. 또 수많은 영향력 있는 제자를 길러냄으로써 명실공히 철학과 문화계의 지배자가 됩니다. 헤겔은 명성이 한창 높을 때 당시 유행하던 콜레라로 1831년에 세상을 떠납니다.

변증법이라는 모순의 해결사

헤겔은 분명히 관념주의자로서 칸트주의자이지만, 가장 강력한 칸트 철학의 비판자이기도 합니다. 헤겔은 칸트 이론의 불완전함을 비판하면서 절대적 관념론을 체계화시킵니다. 헤겔은 자신의 철학을 체계화하기 위해 인간이 지니는 사고의 형식을 먼저 비판적으로 검토할 필요를 느꼈고, 그러한 이유로 논리학의 확립에 우선적으로 힘을 기울였습니다. 여기에서 헤겔은 '변증법'이라고 불리는 유명한 사유 형식의 법칙성을 제시합니다. 변증법이라는 용어를 헤겔이 처음 사용한 것은 아닙니다. 변증법은 원래 '담화하는 방법'이라는 뜻으로 플라톤은 변증법을 관념을 인식하는 방법으로 생각했고, 칸트는 변증법을 '위선적인 철학하기'라고 혹평했습니다. 변증법은 꼭 필요한 경험과 직관적인 이해 없이 이성만으로 이루어지는 것이기 때문이지요. 변증법은 헤겔에 이르러서 사고의 본질에 이미 들어 있는 법칙성 자체라고 새롭게 규정됩니다. 다시 말해서 변증법이란 사고의 본질과 현실의 근본이 갖고 있는 법칙이라는 뜻입니다. 이렇게 볼 때 칸트의 입장에서는 변증법*이란 자신이 말하는 '순수 이성'의 지나친 월권 행사가 되지만, 헤겔에게는 그야말로 연금술 같은 발견으로 많은 철학자가 풀지 못한 모순을 해결할 수 있게 합니다.

아리스토텔레스의 논리학은 명제가 참이 아니면 거짓이고, 참이면 궁극적으로 참이라고 가르치지만, 헤겔은 이러한 논리학에 만족하지 않습니다. 헤겔은 발전하는 사물과 변화하는 사건의 모습을 설명할 수 있는 논리학을 추구하면서 변증법을 통해서 새로운 논리학을 발전시킵니다. 이 변증법은 대립적 관계를 통해서 발전적 성과를 이루어 내는 세 단계의 과정입니다.

모든 주장은 그 논제 자체에 이미 이 논제에 모순되는 대립 주장 갖고 있으며, 이들은 다시 서로 영향을 주고받으면서 지양되어서 하나의 통일된 종합을 이루어 냅니다.

지양하는 것은 이전의 것이 갖는 특징을 보존하면서 동시에 전혀 다른 새로운 성질을 갖게 됩니다. 먼저 나온 주장과 이에 관한 모순된 주장이 갖는 부분적 진리는 모두 지양되어 종합 속에 보존되면서 하나의 통일체를 이룹니다.

이 통일체는 다시 대립을 통해서 변증법 운동을 계속하는데, 바로 이 운동 과정이 정반합 운동입니다. 이러한 변증법 운동은 헤겔에 있어서 정신적 작용의 결과이며, 한 단계 높은 이성적이고 반성적인 운동입니다. 우리의 이성은 이 전체를 파악하면서, 부분적 이해와 부정적 비판을 종합해 더 깊은 반성을 하게 하는데 중요한 것은 정과 반을 매개하는 이성의 역할입니다.

칸트에 있어서 이성이 스스로를 비판하는 이성으로서 자기 혁명을 일

* 때로는 변증법이 오용되기도 하고, 문제를 억지를 써서 해결하거나 조작한다는 부정적인 뜻에서 변증법을 '철학의 마법사'라고 부르기도 한다.

으킨다면, 이성은 헤겔을 통하여 자신에게 대립하고 모순되는 주장마저 수용함으로써 새로운 종합을 끌어내는 능력을 가진 절대자로서의 위치를 차지합니다. 인간은 곧 헤겔의 이러한 이성을 통하여 신과 같은 위치로 도약할 수 있게 된 것입니다.

정과 반을 매개한다는 것은 곧 '자기 자신 안에서의 반성'을 뜻합니다. 이러한 반성은 곧 질적 변화만이 아니고 도약을 뜻합니다. 확실한 목적을 가진 이성은 스스로를 바라보면서 비판하고 새로운 발전 단계로 나간다는 의미입니다.

헤겔은 변증법의 예로 도토리나무를 듭니다. 도토리 한 톨은 나무로 자라기 위하여 싹을 틔워 나무로 자라야 합니다. 이 나무에서 다시는 도토리의 모습을 볼 수 없지만, 도토리나무는 이렇게 해서 많은 도토리 열매를 맺게 됩니다. 도토리 한 톨은 '정'이 되고, 나무는 '반'이 되며 많은 도토리는 '합'이 됩니다.

이렇게 변증법을 이해하고 나서 주위를 살펴보면 여기에 합당한 많은 경우를 일상생활에서도 찾아볼 수 있습니다. 힙합만을 최고로 알던 사람이 어느 날 고전 음악을 듣고 음악에 관한 새로운 이해를 하게 된다면 이것 또한 정반합의 변증법적 발전으로 볼 수 있습니다.

이렇게 해서 생긴 음악에 관한 새로운 이해는 또 다른 음악을 경험할 때, 예를 들어 우리의 판소리를 통하여 다시 정과 반의 관계로 변해서 새로운 합을 이루어 내지요.

변증법은 곧 변화하면서 운동하는 하나의 체계이며 방식이라는 것을 알 수 있습니다. 현재 있는 위치로부터 다음 단계로 나갈 때 일어나는 변화는 질적으로 전혀 다른 것으로서 '없는 것'으로부터 '새로운 것'이 생겨나므로 물이 끓으면서 증기로 변하듯이 사유와 사물의 운동 단계가 질적으로 변화하는 비등점에 비교할 수 있습니다.

목적을 향한 이성의 변증법적 행군

헤겔은 이러한 변증법의 논리를 역사의 발전을 설명하는 데 응용합니다. 그에게 있어서 현상은 우연히 일어난 사건이 아니라, 거대하고 체계적인 시스템이 자신을 펼쳐가는 필연적인 과정입니다. 정확하게 말하면 역사는 정신이 목적을 가지고 이미 장치된 스스로에 관한 기억을 표현해내는 것입니다. 역사의 과정에서 정신은 자기를 드러내고, 이 외형적인 드러냄으로 인해 하나의 도토리에서 나무가 생겨나듯 정신 자신은 소외를 겪게 됩니다.

정신의 소외란 정신이 자기 스스로를 알아볼 수 없는 외적 형태로 표현된 상태를 말합니다. 이 소외의 과정을 거쳐서 정신은 자신의 소외된 모습과 화해하면서 스스로에게 돌아옵니다. 자신에게 돌아오는 이 운동의 반복을 통해 정신은 '자기 자신을 아는 정신'이 됩니다. 곧 자신과 동일하며 동일하지 않은 전체를 아는 '절대정신'에 이르는 것이지요.

헤겔 철학에서 정신은 자기 자신의 주체이면서 동시에 실체로 인식합니다. 즉 정신은 세계의 실체와 같고 세계는 절대정신이 만들어 낸 결과물이라는 것입니다. 헤겔은 역사적인 사건의 주인공이었던 사람의 행동에서 세계 정신이 실현되는 것이라고 믿었습니다. 그 예가 앞에서 이미 이야기한 나폴레옹이지요.

헤겔은 유럽을 뒤흔든 나폴레옹의 모습에서 세계 정신이 인간화되어 세계의 역사로 실현되는 것이라고 믿었습니다. 헤겔은 개인의 행복은 역사에서 중요한 문제가 될 수 없다고 생각합니다. 아니 개인의 행복은 희생될 수 있다고 헤겔은 주장하지요. 헤겔에 따르면 세계의 역사는 절대정신의 목적 있는 자기실현이므로 또한 역사는 자유를 향한 발전입니다. 정신은 대립 관계에 의하여 보다 더 잘 인식되는, 그 본질에 있어서 자유인 존재이며, 자신 안에 중심을 갖고 있으므로 아무것에도 종속되지 않습니다.

로마 신화에 나오는 지혜의 여신. 그리스 신화의 아테네에 해당한다.

미네르바의 올빼미는 왜 황혼에 날기 시작하는가?

헤겔이 요구하는 철학과 철학자의 사명은 순수한 형이상학적 사유에 머무는 것을 떠나서 자신의 시대를 파악하고 그것을 언어로 표현하는 것입니다. 이는 단순히 역사 발전을 바라만 보고 있어서는 안 된다는 의미이며, 자신의 눈으로 역사의 의미를 파악해야 하는 것을 뜻합니다. "만약 철학이 회색을 회색으로만 그린다면, 삶의 형태는 이미 낡아 버린 것입니다. 회색을 가지고 회색으로만 그리면, 삶의 형태는 다시는 젊어질 수 없고, 다만 인식될 수 있을 뿐입니다. 미네르바*의 올빼미는 비로소 황혼녘에 날기 시작합니다."

철학은 역사적 현상을 판단하여 의미를 찾아내서 주석을 다는 일이라는 주장입니다. 이러한 작업을 위하여 철학은 미리 해석을 위한 범주를 준비해야 한다고 말합니다. 미네르바의 올빼미가 황혼에 날기 시작한다는 의미를 여기서 찾을 수 있습니다. 철학은 행동을 통해서 역사를 끌어가지는 않지만 올빼미가 해가 지기를 기다리듯이 철학(자)은 준비된 해석의 원리를 가지고 일어난 역사를 해석하고 설명한다는 뜻입니다.

헤겔의 역사 철학은 앞서 말한 대로 절대정신의 자기 구현이며, 이성이 이 세계를 지배한다는 생각입니다. 세계의 역사는 결국 이성적으로 발전하는 것이며, 제대로 되어 가고 있다는 의미이지요. 헤겔은 자신의 이러한 주장을 다음과 같은 유명한 말로써 뒷받침합니다. "이성적인 것은 현실적이며, 현실적인 것은 이성적입니다." 스스로를 반성할 줄 아는 정신으로서의 이성이 결국 현실로 나타나며, 현실로 나타난 것은 또한 이성적인 것이라는 뜻입니다. 현실로 나타난 것이 곧 이성적인 것의 표현이라면, 이 눈앞의 현실은 가장 보편적이고 옳은 것이 되며, 개인의 사사로운 목적이 현실에서 무시된다 하더라도 개인은 이것을 받아들이고 역사를 실현하는 영웅적인 개인에게 복종해야 한다는 주장입니다. 영웅적인 개인 역시

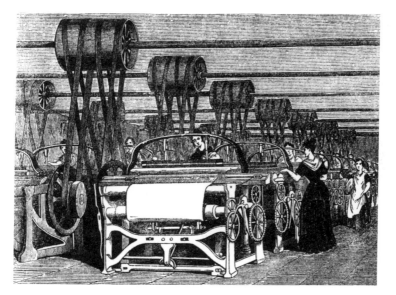

소외 개념

효율적인 기계에게 자신의 자리를 빼앗기는 노동자. 노동자는 한 사람으로서의 본질로부터 멀어진다는 헤겔의 소외 개념은 마르크스에 의해서 더 극대화된다.

이성의 실천을 위해서 일하는 것뿐이기 때문입니다. 이를 가리켜 헤겔은 '이성의 간계'라고 표현합니다.

이러한 헤겔의 역사 해석 방식은 문제로 지적될 수도 있습니다. 현실이 이성적인 것이라면, 우리의 현실은 최선의 모습이므로 개선되거나 변화해야 할 이유가 없다는 뜻으로도 이해할 수 있기 때문입니다. 이러한 경우라면 통치자의 부당한 통치 행위까지도 정당화될 수 있는 위험이 있고, 사실 헤겔은 이러한 주장으로 인해 친정부적인 어용학자라는 비난을 받았습니다. 이것은 젊은 헤겔이 보였던 프랑스 혁명에 관한 호의적인 태도와는 분명히 모순됩니다.

어쨌든 사람들은 헤겔의 역사 철학은 아우구스티누스 이후 처음 나온 주목할 만한 것이라고 평합니다. 이러한 의미에서 헤겔의 철학사적 의미는 강조할 필요가 없을 만큼 큰 것이 사실입니다.

헤겔 사상의 다양성은 신적 관념론과 무신론적 유물론으로 나눌 만큼 해석과 이해의 어려움을 갖고 있습니다. 특히 정신적 측면을 강조하는 우

1803년 크리스마스이브

프로이센의 황제 프리드리히 빌헬름 3세가 그의 여러 아들에게 제복을 선사하고 있다. 헤겔의 사상은 그가 죽은 뒤에도 철학뿐만 아니라 정치와 역사 등 많은 영역에 영향을 주었다. 보수적 헤겔주의자는 그의 철학을 일정한 의도를 가지고 해석한다. 당시 프로이센이야말로 가장 전형적인 국가의 모습을 갖추고 있기 때문에 더는 변화가 필요 없을 것이라고 주장할 정도였다.

파 헤겔주의와 물질적 측면을 중요시하는 좌파 헤겔주의 간의 긴장 관계는 헤겔 이후 철학의 경향을 크게 두 가지로 나누어 놓았습니다. 헤겔의 변증법은 마르크스주의에 의해서 사회적·경제적·역사적 과정을 설명하는 방법이 되면서 정치 발전과 깊은 관련을 맺습니다. 또한 헤겔 철학의 체계성은 이를 비판하는 다른 철학자들(예를 들면 키에르케고르)에 의해 현대의 실존철학이 탄생하는 직접적인 계기가 됩니다.

오늘날 헤겔 철학이 갖는 의미는 무엇일까요? 철학의 방법으로서의 변증법, 이 방법을 통해 세계 안의 모든 것을 포괄하는 체계를 세우려고 한 철학의 체계성과 이 체계의 골격을 이루는 절대정신 등은 아직도 다 해결되지 않은 문제로서 여전히 철학적 탐구의 주제가 되고 있습니다.

헤겔, 《논리학》

1부 : 규정성(성질)

존재는 비규정적인 직접적인 것입니다. 그것은 본질이 자신 안에서 획득할 수 있는 모든 규정성을 가지고 있지 않듯이 본질에 대해 규정성도 지니고 있지 않습니다. 이러한 무반성적인 존재는 그것이 직접적으로 단지 자신에 즉해 있듯이 그러한 존재입니다. 그것이 비규정적이기 때문에 그것은 성질이 없는 존재입니다. 그것 자체에게는 단지 규정적인 것 또는 어떤 성질적인 것과의 대비 속에서만 비규정성의 성격이 귀속됩니다. 존재 일반에게는 규정적인 존재가 대립됩니다. 그와 더불어 그의 비규정성 자체가 그의 성질을 결정하지요. 따라서 첫째, 일차적인 존재는 그 자체로 규정된 것이라는 사실이 밝혀질 것이며 이에 따라 둘째, 일차적인 존재는 현존으로 이행하며, 현존은 유한한 존재로서 지양되어 존재하는 자기 자신과의 무한한 관계로 지향된다는 사실이 밝혀질 것이고, 셋째, 현존이 대자 존재로 이행해 간다는 사실이 밝혀질 것입니다.

불행한 의식
신은 많은 인간에게 가장 완벽하고 힘이 센 존재다. 반면에 인간 자신은 무기력하고 무지한 존재라고 폄하한다. 신은 인간이 갖지 못한 본성을 가지고 있기 때문이다. 헤겔은 우리 자신은 신과 하나가 될 수 있다는 믿음을 가졌다.

Philo

아카데메이아　이데아　스콜라 철학　경험주의

7장

흔들리는 이성의 제국과 새로운 철학의 등장

에피쿠로스학파

로고스

형이상학

19세기의 철학 미리 보기
: 불안과 행복의 의미

　자유와 평등을 실현하려는 18세기 말에 일어난 프랑스 혁명 정신은 19세기에 이르러서 개인주의로 나타납니다. 계몽의 시기를 거친 19세기의 사람들은 개인은 자유롭게 생각하고 행동할 수 있는 권리를 가졌다고 생각하기 시작했습니다. 개인은 타인의 권리를 침해하지 않는 한 자기가 옳다고 생각하는 것을 행동으로 옮기는 것이 정당하다고 여기게 됩니다. 이러한 경향 속에서 사람들은 자신의 자유를 더 확장하기 위하여 투표권과 헌법을 요구하였으며 자신의 대표자를 중심으로 사회를 변화시키기 위한 힘을 모았습니다.

　사람들은 점차 자유에 관한 권리를 강하게 정치적으로 표현하면서 자치 의회를 주장하였는데, 이것은 지금까지의 구속에서 벗어나기 위한 준비 단계였습니다. 정치의 발전과 더불어 진행된 과학의 발전은 생활 방식과 구조에 큰 변화를 가져오면서 정신적 가치의 추구보다는 물질적 삶에 중요성을 두는 세속화 과정이 급속하게 일어나게 합니다. 이 시대에는 자유와 평등이라는 개념 외에도 민족, 진보, 진화의 개념이 강조되었고(황금

시대를 줄곧 과거의 전통에서 찾았는데, 이제 황금시대가 저 앞에서 우리를 부르고 있다. – 생시몽) 예술, 과학, 정치에 관하여 적극적 기능을 요구하는 사상가가 생겼으며, 많은 사람이 노동, 자본, 민중의 중요성을 미리 내다 보았습니다.

자유와 사회의 발전을 믿었던 19세기 사람들은 예상하지 못한 새로운 악마를 만나게 됩니다. 그것은 과학의 산물인 기계라는 악마였습니다(요 즘 기승을 부리면서 사람들의 숨통을 죄는 기계라는 악마는 더없이 고약한 녀석입니다. 하늘을 보아도 땅을 보아도 눈에 보이는 것이라곤 온통 기계뿐이 니, 이제 아무것도 무서워하지 않고 아무것에도 희망을 걸지 않습니다. – 토머 스 칼라일). 자유 이념은 자유로운 경제 활동을 확산시켰고, 자본주의를 더욱 발전시키면서 도시의 인구는 급격히 증가하고 대량 생산으로 엄청 난 상품이 물밀 듯 몰려오면서 나아질 것이라던 생활은 근본적으로 달라 지지 않으면서 사회는 또다시 혼란에 빠지게 됩니다. 심지어 노동자는 이 러한 혼란 속에서 자신의 삶이 더욱 비참해지고 있다고 여겼지요. 이러한 사회적 위협을 극복하기 위해 사람들은 민족주의를 부르짖고 노동 운동 에 관심을 갖게 됩니다. 이를 지켜본 독일 시인 하인리히 하이네는 19세 기 이후의 유럽은 자기 민족의 우월만을 주장하는 폐쇄적 민족주의에 휩 싸인 독일과 노동자의 혁명과 해방을 꿈꾸는 공산주의라는 양대 위협에 관하여 경계해야 한다고 말했습니다.

"모든 억압은 그것이 억압인 한 악입니다." – 존 스튜어트 밀

19세기가 갖는 시대적인 특징은 근대에서 현대로 넘어가는 과도기라 는 점입니다. 모든 분야에서 아직 근대적인 면을 지닌 채 현대라는 새로 운 시대의 문을 여는 이중적인 면을 보이면서 새로운 가치와 도덕을 추 구하는 변화의 시기입니다. 프랑스 혁명은 유럽의 정치적 분위기에 결정적인 변화를 가져왔는데, 가장 두드러진 것은 유럽의 각 나라들이 통일된 민족 국가로서 독립을 꾀하는 한편, 국민은 자신의 정치 참여를 통한 자유민주주의를 강하게 요구하기 시작한다는 점입니다. 이러한 자유주의 이념은 경제와 사회의 각 분야에 영향을 끼칩니다. 자유로운 경제 활동은 자본주의를 더욱 강화하는 결과를 가져왔고, 동시에 이러한 현상을 비판하는 사회주의가 등장합니다. 영국의 산업혁명은 삶의 조건을 크게 변화시켰지만 다른 한편으로는 소수의 자본가가 많은 노동자(프롤레타리아)를 지배하는 결과를 초래했습니다. 이러한 사회적 갈등이 사회주의가 호응받을 수 있는 좋은 조건을 만들게 됩니다.

또한 자연과학과 기술이 폭발적으로 발달하면서, 더 나은 세계를 기대하는 낙관적인 분위기가 형성되고 종교의 권위가 흔들릴 수 있는 자유로운 학문 연구가 활발해진 것도 이 시기의 일입니다. 그 좋은 예가 찰스 다윈의 《자연 선택에 의한 종의 기원에 관하여》입니다. 인간의 진화론을 말하는 것은 종교가 말해 온 창조설에 관한 명백한 도전이었습니다. 19세기 말 프로이트가 쓴《꿈의 해석》역시 가려져 있는 무의식의 의미를 새로운 차원에서 발견함으로써, 충동과 욕망은 인간의 삶에 있어서 중요한 요소로 새롭게 평가되기 시작합니다. 철학에서도 헤겔의 죽음 이후 주목할 만한 변화가 일어납니다. 관념론에 관한 거센 반발이 전개되고 헤겔의 제자는 좌파와 우파로 극명하게 나뉩니다. 루드비히 포이어바흐를 위시한 헤겔 좌파는 헤겔의 국가론, 종교 철학을 비판하면서 유물론의 방향을 선택합니다. 그 뒤를 잇는 칼 마르크스는 지금까지의 철학 전반에 관해 "철학은 지금까지 세계를 다만 다양하게 해석해 왔습니다. 그러나 이제 철학이 해야 할 중요한 일은 세계를 변혁하는 일입니다."라고 역설합니다. 마르크스는 친구 프리드리히 엥겔스와 함께 사회 전반에 걸친 문제를 변증법적 유물론의 입장에서 분석·비판함으로써 20세기에 가장 막대한 영향을 끼친 과학적 사회주의를 발전시킵니다. 헤겔의 철학에서 사회주

7장. 흔들리는 이성의 제국과 새로운 철학의 등장

의 이론을 발전시켜 나간 헤겔 좌파는 청년헤겔주의자로 불리면서, 헤겔의 국가론과 법철학을 계승해 간 제자들과 구분됩니다. 이 제자들은 노년 헤겔의 보수적인 주장을 이어 나갔다고 해서 '구헤겔주의자'라고 부릅니다. 다른 한편 자연과학의 발전에 영향을 받은 철학은 자연과학적 방법을 철학에 도입하면서 새로운 논증법을 도출하려는 시도를 합니다. 프란츠 브렌타노가 자연과학의 방법을 철학의 참된 방법이라고 주장한 것과 어거스트 콩트의 실증주의가 그 예입니다.

또 하나의 중요한 방향으로서 쇠렌 키에르케고르에 의해 실존철학이 그 시작을 알리고, 생의 철학으로 표현되는 프리드리히 니체의 철학이 등장합니다. 낡은 가치와 비현실적인 사고에서 벗어나서 새로운 시대가 요구하는 철학을 제시하고자 했던 이들에게서 특히 세기말적인 특성이 두드러지게 나타납니다. 이제 철학은 절대적인 이성과 사유의 시대를 접고 인간 소외와 극복, 존재의 실존적 의미라는 새로운 물음을 향하여 나가기 시작합니다.

쇼펜하우어의 의지와 표상의 세계
: 이보다 더 우울할 수는 없다

"삶이란 의심스러운 문제입니다. 그래서 그것에 관해서 사유하는 데 나의 삶을 보내기로 작정했습니다." - 아르투르 쇼펜하우어

　헤겔에 관한 경쟁심과 질투 때문에 자신의 개를 '헤겔'로 불렀다는 이야기가 전해지는 아르투르 쇼펜하우어(1788~1860)는 특히 염세주의적인 철학으로 널리 알려진 철학자입니다. 쇼펜하우어는 그의 철학보다는 이름이 더 알려진 사람이기도 합니다. 그는 자유의 도시 단치히(오늘날 폴란드의 그다니스크)에서 부호 상인인 아버지와 작가 생활을 하면서 괴테와도 교류를 가졌던 어머니 사이에서 프랑스 혁명이 일어나기 한 해 전인 1788년에 태어났습니다. 쇼펜하우어 자신은 인문학교에 가기를 원했으나, 그의 아버지는 아들이 상인으로 성공하기를 바랐던 까닭에 일찍부터 부모와 갈등을 겪습니다. 돌아오면 상업 교육을 마친다는 조건으로 2년 동안 유럽을 여행하는 도중 쇼펜하우어는 프랑스 한 도시에서 갈레선의 죄수들이 겪는 고통을 보고 결정적인 영향을 받습니다. 여행에서 돌아와

7장. 흔들리는 이성의 제국과 새로운 철학의 등장

상업 교육을 받던 중 아버지가 세상을 떠나자 (자살이라고 추측된다) 유산을 가지고 원하던 철학 공부를 시작합니다. 이때 대학에서 만난 스승으로부터 플라톤과 칸트를 공부하라는 권유를 받습니다.

1831년 베를린에 콜레라가 크게 유행했을 때 염세주의자인 그는 남부독일로 피해 무사했고, 인기가 절정이던 헤겔은 콜레라에 감염되어 세상을 떠납니다. 자유주의가 탄압받는 상황 속에서 현실에 큰 환멸을 느낀 대중은 쇼펜하우어에게 점점 동조하면서 그는 큰 명성을 얻고, 생전에 자신에 관한 대학 강의가 열리는 기쁨을 경험합니다.

쇼펜하우어의 까다롭고 비판적인 성격을 두고 전형적인 '철학 교수의 원조'라고 이야기하지만, 그는 누구보다도 강하게 '강단 철학자(예를 들면 헤겔)'를 비난한 사람입니다. 이들이 철학을 하는 것이 아니고, 철학으로 '밥벌이'를 함으로써 철학을 수단으로 타락시킨다는 비판입니다. 쇼펜하우어는 칸트를 제외한 모든 철학자를 비난했지만, 스스로는 인기 있는 철학 교수로 인정받고 싶어했습니다. 이러한 모순된 모습은 그의 유명한 '여성 혐오증'에서도 비슷하게 나타납니다. 여자는 태어나면서부터 모자라며 '불행의 근원'이라고 주장했지만, 실제로는 많은 여자와 교제를 했던 사람입니다.

이렇게 모순된 쇼펜하우어의 성격과 염세주의의 원인을 사람들은 흔히 개인적인 배경에서 찾습니다. 그는 사실 철학자 대부분과는 달리 교양 있는 집안에서 태어나지 않았고, 일찍부터 현실에 뛰어들어 상인 수업을 받은 덕분에 남보다 빨리 세상 돌아가는 법을 배운 상당히 예외적인 철학자에 해당합니다. 자신의 철학 논문을 비웃는 어머니와 평생 절연할 만큼 자존심 강한 그가 대중 앞에 허리를 굽히지 않은 것은 이상한 일이 아닙니다. 그뿐만이 아니라 어린 시절부터 겪은 아버지의 우울증과 죽음, 불화가 잦았던 부모 사이나 프랑스에서 본 죄수의 고통은 분명히 그에게 힘든 일이었을 것입니다. 그렇다고 해도 이러한 경험을 아무런 여과 없이

쇼펜하우어의 대표적인 저서 《의지와 표상으로서의 세계》가 출판되고, 그 이듬해 베를린대학에서 교수 자격을 획득한다. 그가 베를린대학의 교수로 취임하기 위해 했던 시범 강의는 공교롭게도 먼저 교수로 재직 중이던 헤겔이 사회를 보는 가운데 이루어졌다. 헤겔과의 악연은 이때부터 시작되어 헤겔은 그에게 최대의 사상적 적수가 된다. 쇼펜하우어가 헤겔의 명성을 시기한 나머지, 또 한편으로는 자신의 천재성을 믿어서 헤겔과 같은 시간에 강의를 했다는 이야기는 유명하다. 사람들 대부분은 헤겔의 강의에 몰려들어서 쇼펜하우어의 강의를 듣는 사람은 거의 없었다고 한다.

그의 철학에 연결시키는 것은 위험한 일입니다. 사실 쇼펜하우어의 철학은 많은 부분에서 오해를 받고 있을 뿐만 아니라, 사람들이 그의 철학적 주제를 모른 채 단지 그를 괴팍스러운 염세주의자로 기억하는 경우가 허다합니다. 이 세계는 고통으로 가득 차 있으며, 우리 인간은 불행한 존재라는 그의 철학은 염세주의적인 것은 사실이지만, 이 주장은 단순히 삶에 관한 비관이라기보다는 본능적인 의지 앞에서 무력한 인간의 한계를 깊이 인식하는 데서 비롯됩니다. 이 세계가 통제되지 않는 비이성적인 의지에 의하여 움직인다고 본 그의 이론은 특히 프리드리히 니체의 실존철학과 지그문트 프로이트 심리학에 많은 영향을 끼칩니다.

본능 앞에 무력한 이성은 가라!

쇼펜하우어는 저서인 《의지와 표상으로서의 세계》에서 의지의 철학을 전개합니다. 쇼펜하우어의 의지의 철학은 인식과 맹목적인 의지의 관계, 이 의지로 인해서 생기는 고통을 어떻게 극복하느냐 하는 문제를 중심으로 다룹니다. 우리를 둘러싸고 있는 이 세계는, 이 세계를 인식하는 사람의 표상(구체적 모습으로 드러나는 생각)이며, 이 표상의 근본 바닥에는 항상 무엇인가를 추구하려는 의지가 있습니다. 이러한 쇼펜하우어의 이론은 '세계는 나의 표상이다.'라는 말로 요약됩니다.

이 세계는 알려는 의식을 가진 사람에게만 이해되는 '대상'이고, 알려고 하는 '나'는 주체로서 이 외부 세계를 있는 그대로 이해하는 데서 그치지 않고 '나'의 주관적 활동을 동시에 함으로써 주관과 객관 모두를 포함해서 표상을 만듭니다. 즉 '나'의 주관적 인식과 '세계'라는 외부 대상이 만나서 표상을 이루어 내므로 주체인 '나'는 세계를 수동적으로만 받아들이지 않고, 능동적으로 이해함으로써 표상을 만들어 내는 창조자의 역할을 합니다.

쇼펜하우어에 따르면 세계는 주체만을 위해서 있는 것은 아니지만, 또한 주체가 없는 세계에 관하여 말하는 것도 의미가 없습니다. 우리가 지각하는 이 세계는 주관과 객관의 '공동 작품'인 표상이고, 이 표상의 근원에는 원인을 설명할 수 없는 의지가 작용합니다. 예를 들어 세계의 대상을 '너'로 표현하자면 '너'를 알려고 하는 '나'는 인식하려는 주체가 되고, '너라는 세계'는 나의 생각과 너라는 세계 자체가 뒤섞여 만들어 낸 것입니다. 이때 나의 생각의 밑바닥에는 '너'라는 대상에 관해 일어나는 충동과 같은 의지가 있어서 그 의지가 나의 생각을 결정한다는 주장입니다. 그래서 이 세계는 의지와 표상으로서의 세계라는 설명입니다. 의지와 표상의 깊은 관계는 인간의 '신체'에서 가장 잘 나타납니다. 우리의 신체는 우리에게 주어진 대상이면서 동시에 우리의 본능적인 의지에 의하여 독자적으로 움직입니다.

이럴 때 우리는 의지에 의해서 지배되고, '주체'와 '대상'은 우리의 몸을 통해서 나뉘지 않는 하나로 나타납니다. 따라서 쇼펜하우어는 의지는 사물의 근본적인 본질이라고 봅니다.

사물의 근원으로서 의지는 비이성적이고 맹목적인 충동으로 시간과 공간에 상관없이 나타납니다. 인간의 이성은 이 의지를 관철시키는 데 쓰이는 도구일 뿐입니다. 여기에서 쇼펜하우어의 철학적 핵심을 볼 수 있습니다. 그는 거침없고 맹목적인 의지를 지금까지 이성이 차지했던 왕좌에 앉힘으로써 이성을 의지의 노예로 만듭니다.

고통은 어디에서 올까요?

충동적인 욕구, 항상 채워지기를 원하는 욕망과 채워지지 않는 것에 관한 불만족으로 나타나는 의지는 한순간도 조용히 머무를 수 없는 것으로서 끊임없이 고통을 만들어 냅니다. 이 의지는 표출되어서 어떤 모습으

쇼펜하우어의 무덤

로든 형상화되고 싶어하는, 즉 충족되고 싶어하는 특성이 있기 때문입니다. 이러한 의지와 충동의 단계로서 쇼펜하우어는 물리적인 것, 자기 보존 욕구, 삶에 관한 집착을 가장 낮고 기본적인 것으로, 다시 말하면 강한 생명에 관한 의지와 성적 욕구를 삶의 본질적인 요소로 봅니다. 삶에 관한 본능적 욕구가 곧 모든 생명체가 갖는 공통점입니다. 이 자기 보호 본능이 세계와 자연을 지배하므로 이 세계는 결코 아름다울 수 없으며 싸움과 투쟁의 연속이라는 것입니다. 끊임없이 계속되는 이 세계의 잔인한 고통에 관한 인식이 그의 염세주의 철학입니다.

또 다른 문제는 한 번 채워진 욕망이 다시 일어난다는 데 있습니다. 이 끊임없이 일어나는 의지의 충동은 어떻게 해야 할까요? 쇼펜하우어는 그리스도교와 인도 철학에서 그 해법을 찾자고 제안합니다. 그의 염세주의 철학은 세계의 종말이나 인류의 몰락을 주장하지도 않고 자살을 권하지 않습니다. 또한 과학과 기술의 발전으로 이 고통의 세계를 이겨 낼 수 있다고 믿지도 않습니다. 쇼펜하우어는 신에 관한 믿음은커녕 신에 관한 혐오감을 보임으로써 강력한 무신론을 주장합니다. 쇼펜하우어는 신이라면 어떻게 이 고통의 세계에 대해 아무런 동정과 책임을 느끼지 않을 수 있나요? 하고 묻습니다.

쇼펜하우어는 인도 철학에서 이러한 충동적 의지를 철저히 절제하는 금욕주의를 발견합니다. 우리의 신체를 엄하게 다스리고 육체적 욕망을 절제하는 금욕주의를 통해서 영원한 해탈, 고통으로부터의 자유를 찾을 것을 말합니다(자신이 던진 철학적 주제를 인도 철학을 통해 해결하는 방법을 찾음으로써, 그는 서양 철학자로서 최초로 인도 철학을 적극적으로 수용합니다). 본능적인 욕망을 인정하고, 그 욕망의 충족을 위해 애쓰는 일은 무의미할 수밖에 없기 때문입니다. 어떤 식의 욕망의 충족도 지속적인 만족감을 줄 수 없고 어떤 욕망도 원하는 만큼 채워질 수 없기 때문에, 욕망의 충족은 '밑 빠진 독에 물 붓기'와 마찬가지라는 주장입니다. 실제로 쇼펜하우어는 자신의 성적 욕망을 매우 부끄러워했습니다.

35

키에르케고르의 실존철학
: 고독 앞에 경건하라

"나의 고뇌는 나의 기사의 성, 독수리 둥지처럼 구름 사이로 높이 솟아 있는 산 정상에 있다. 아무도 이 성을 무너뜨릴 수 없다. 이 성으로부터 나는 현실로 내려와서 나의 먹이를 사냥한다. 그러나 나는 그곳에 머물지 않고 먹이를 가지고 내 집으로 돌아온다. 이 노획물은 그림이다. 나는 이 그림을 내 성의 벽에 걸려 장식되어 있는 천에 짜 넣는다. 바로 그곳에서 나는 죽은 자처럼 그렇게 살고 있다. 나는 내가 겪은 모든 것을 망각의 세례를 통해서 상기라는 영원한 삶 속에 묻는다 (중략) 이것은 말한다. 그러니 말하게 해 다오."

— 쇠렌 키에르케고르

19세기가 배출한 철학자 가운데 쇠렌 키에르케고르(1813~1855)는 니체와 더불어 실존철학의 기초를 다진 사람으로 꼽힙니다. 그는 전통적인 형이상학과 독일의 관념론은 구체적인 삶에 아무런 도움을 주지 않는다고 비판합니다. 이 비판의 목적은 철학이 한 개인으로서 단독자의 문제를 다루어 나의 '구체적인 현존재'가 핵심인 실존철학이 되어야 함을 요구하

7장. 흔들리는 이성의 제국과 새로운 철학의 등장

는 데 있습니다.

키에르케고르는 가정 배경과 성장 과정이 어떻게, 또 얼마나 개인의 사상에 영향을 미치는가에 관한 하나의 좋은 예가 될 수 있습니다. 키에르케고르의 아버지는 자신의 가난을 한탄하며 하느님을 원망한 적이 있는데, 그 이후 갑자기 부를 쌓게 되었다고 합니다. 그의 어머니와의 결혼은 아버지에게는 재혼이었는데, 어머니는 집안일을 하던 친척이었습니다. 혼전 임신을 죄악 중의 죄악으로 여기던 그 당시에 어머니는 나중에 목사가 되는 키에르케고르의 형을 임신한 채 결혼하는데, 이 일은 두고두고 그의 가족에게 고통스러운 일이 됩니다. 그 뒤 그의 부모는 5남매를 더 두어 7남매가 되지만 동생들은 모두 일찍 죽습니다. 이 일로 인해서 줄곧 그의 아버지는 고통과 죄의식으로 괴로워했고, 키에르케고르 자신도 그의 가정이 신의 버림을 받은 것이라고 생각하면서 죄의식과 우울증에 시달립니다. 그는 아버지를 용서할 수 없는 죄인으로 보면서 아버지와의 갈등과 불화가 깊어집니다. 키에르케고르의 죄의식은, 아버지는 자신이 지은 죄에 관한 형벌에 대한 대가도 자식들보다 더 오래 살 것이며 형과 자기는 34살을 넘지 않을 것이라고 믿을 정도였습니다. 그러나 아버지의 죽음 뒤에 그는 아버지의 사랑을 깨닫고 화해합니다.

1830년 키에르케고르는 아버지의 소원대로 덴마크 코펜하겐대학에서 신학을 공부하기 시작하지만 곧 흥미를 잃어버립니다. 당시는 신학에서도 합리주의가 우세를 보였는데, 이러한 신학에 관하여 키에르케고르는 매력을 느끼지 못했고, 당시 유행하던 헤겔 철학에 더 많은 관심을 보입니다. 그러나 키에르케고르는 헤겔 철학을 수용하기보다 헤겔을 공부해 그와 대결하고자 했던 것입니다. 키에르케고르는 대학에서 공부보다는 노는 데 더 열중하면서, 한때 대단한 사교 솜씨를 보였지만, 1838년 아버지가 세상을 떠나자 다시 신학 공부를 시작합니다.

1840년 키에르케고르는 3년 전에 만나서 기다려 온 17살인 레기나 올

센과 마침내 약혼을 합니다. 그러나 1년 뒤에 약혼을 취소하지요. 이 '레기나 사건'은 그가 자신을 얼마나 저주받은 운명이라고 생각하는지를 잘 보여 줍니다. 파혼의 이유는 레기나에 관한 마음이 변해서 파혼한 것이 아니라 오히려 그녀에 관한 사랑에서 파혼을 결정한 것입니다. 그는 자신처럼 저주받은 사람이 행복한 결혼 생활을 할 수 없을 것이라고 생각한 것입니다. 키에르케고르는 죽을 때까지 레기나에 관한 변하지 않는 사랑을 간직하면서, 그녀가 다른 사람과 결혼했을 때 깊은 상처를 받았다고 일기에 기록했습니다.

한때 키에르케고르는 베를린에서 프리드리히 셸링의 강의를 듣지만 형편없는 잔소리꾼이라고 비난하면서 코펜하겐으로 돌아와 저술과 일기 쓰기에 열중합니다. 그의 대표적인 저서 《이것이냐 저것이냐》는 1843년, 《불안의 개념》은 1844년, 《죽음에 이르는 병》은 1849년에 출판되었습니다. 그는 저서 대부분을 익명으로 출판하였는데, 그 이유는 독자가 키에르케고르라는 저자의 권위보다는 독자의 고유한 능력으로 책을 읽어 가도록 아무런 정보를 제공하지 않기 위해서였습니다.

그 뒤 그는 목사가 되고자 했으나, 교회의 주교를 비판한 이유로 격렬한 논쟁에 말려들게 되면서 포기해야만 했습니다. 키에르케고르는 당시의 잘못된 교회와 그릇된 신앙의 문제점을 그의 철학적 주제로 깊이 다루면서 그리스도교와 마찰을 빚었습니다. 이러한 비판을 통해서 절망을 넘어서는 보다 경건한 실존적 신앙을 위해 고민했지만, 아무도 그를 이해하지 못했습니다.

20세기 철학에 결정적인 방향을 제시하는 키에르케고르의 철학이 갖는 본질적인 문제는 '실존하는 주체로서의 나는 어떻게 해서 신과 관계를 맺게 되나요?' 하는 물음에서 출발합니다. 이 물음을 통해 한 개인으로서 구체적인 실존이란 무슨 의미를 갖는 가에 관해 답하려 하는 것이며, 그에 의하면 독일 관념론(특히 헤겔)은 이 문제를 철학적 사고에서 제외

왼쪽 그림은 뭉크의 〈죽음〉이
다. 키에르케고르는 자신의 형
에게도 이단자 취급을 받는 고
독 속에서 자신의 길을 고집스
럽게 갔지만, 자신의 죽음을 조
용히 준비하고 평화롭게 받아들
인 경건한 신앙인이었다.

시킴으로써 '추상적인 사색가'를 만들어 냈다고 비판합니다. 인간을 영원
한 시각에서 보는 추상적인 사고는 실존하는 것의 구체성, 유한, 발전 과
정을 보지 못함으로써 그 자신이 구체적인 존재이면서도 자기 자신을 보
지 못하는 꼴사납게 웃기는 모습이 됩니다. 이러한 추상적인 존재와 내용
없는 사고는 결국 유령에 지나지 않는다고 키에르케고르는 본 것입니다.

　이와는 반대로 주관적인 사고는 곧 인식하는 사람과 그가 새롭게 얻은
인식이 직접 관계를 맺는 것입니다. 이 인식하는 사람에게 절대적인 관심
사는 현실로서 거기에 실제로 존재하는 자신입니다. 곧 내가 여기에서 실
제로 생각하고 느끼며 행동함으로써 존재하고 있는 내가 나에게 가장 구
체적인 현실이며, 이 사실이 나에게는 그 어떤 것보다 큰 의미가 있다는
주장입니다. 인간의 실존이 철학의 핵심이 되면서 '인간이란 무엇이냐?'
를 결국 물을 수밖에 없게 됩니다. 인간은 무한과 유한, 필연과 자유의
종합이지만 이것은 정확한 답은 아닙니다. 인간의 실존이란 이와 같이 단

순한 개념적인 종합이 아니라 사유하고, 욕구하고, 느끼면서 행위 하는 '나'라는 '자기'로서, 스스로와 관계를 맺으면서 자기를 새롭게 만나는 것입니다.

우리 각자를 이론적인 설명에서 벗어나서 바로 '자기'가 되게 하는 것은 '스스로 자기 자신과 관계를 맺는 그 관계 자체' 또는 '그 관계 안에 있음'을 말합니다. 이 까다로워 보이는 문장의 의미는 인간이 유한과 무한, 정신과 육체의 종합적인 존재라고 말하는 것은 '나'인 자신을 설명하는데 도움이 되지 못한다는 것입니다. 그것은 개념일 뿐입니다. 나는 무한하고 유한한 존재인 나와 어떤 관계를 맺느냐를 분명한 의식을 갖고 결정해야 한다는 주장입니다. 곧 '나 자신과의 관계'를 말합니다. 나의 실존은 '이것이냐 저것이냐' 사이에서 하나를 선택하는 행위로서 어떤 것을 선택하느냐의 자유입니다. '자기 자신으로 있음' 곧 '실존'은 우리에게 그냥 주어진 것이 아니라, 자유의 실현이라는 과제를 통해서 주어진 것을 나타냅니다.

실존한다는 것은 자유가 가진 본래적인 위험 때문에 실패할 수도 있습니다. 자유란 내가 결정하고 책임지는 것으로, 결정 자체까지 포기하는 자유를 포함하기 때문입니다. 그럼에도 우리 각자는 이 실존이라는 선택을 해야만 합니다. '나' 이외에 어떤 누구도 '나'를 대신할 수 없기 때문이며, 자유는 타율이 아닌 자율이기 때문입니다. 이렇게 할 때 '나'는 삶에서 부딪히는 갈등과 모순을 '나 스스로 맺은 나와의 관계'를 통하여 점차적으로 받아들일 수 있습니다.

이러한 실존을 키에르케고르는 실천적 자기실현을 이루는 '비약'으로 설명합니다. 이 비약은 종교적으로 설명하면 인간이 신과 만날 수 있는 존재의 길이며 이 길을 통해서 우리는 마침내 신 앞에서 '자기'로 설 수 있습니다. 키에르케고르는 이를 신앙이라고 표현합니다. 반면에 자기의 실존을 이해하지 못해 '자기 스스로'가 되지 못할 때 우리는 절망에 빠지게 되며, 이 절망이 곧 죽음에 이르는 병이라고 키에르케고르는 말합니다. 절망이란 곧 자유의 선택을 위해서 자신을 책임 있게 던지지 못하는 곳에서 생깁니다. 또한 관계를 거부함으로써 삶에 관한 책임을 피하는 태도는 인간의 조건을 부인하는 자기포기입니다. 이를 키에르케고르는 죄악이라고 말합니다. 결국 실존이란 우리에게 주어진 자유 속에서 책임 있는 자신의 결정을 통해서만 실천 가능하며, 절망이라는 병에서 벗어날 수 있는 삶의 방식인 것입니다.

실증주의 철학(콩트)
: 확실한 사실만 사실이다!

"인간은 더는 종교나 신화에 사로잡힐 필요가 없습니다. 헛된 철학적 토론에 빠져서도 안 됩니다. 학문은 이제 사실만을 말하는 실증과학이 되어야 합니다." - 오귀스트 콩트

19세기 철학의 또 하나의 특징은 실증주의라고 하는 사회학의 시작입니다. 실증주의란 의심의 여지없이 확실하고 주어져 있는 것에 관해 연구하며, 이에 관한 서술도 사실적인 것으로 제한하는 이론입니다. 이러한 방향의 철학 체계는 오귀스트 콩트(1798~1857)로부터 시작되어서 존 스튜어트 밀(1806~1873)에게로 이어집니다. 그 당시 대륙과 영국은 제각기 프랑스 혁명과 영국의 산업혁명을 겪으면서, 정치·경제에 있어서 급격하고 근본적인 변화를 겪습니다. 자연과학의 발달은 인간 삶의 조건을 바꾸어 놓습니다. 이러한 변화 속에서 사회와 개인이 이전과는 전혀 다른 관계를 갖는 것은 당연한 일입니다. 권위 있는 한두 사람이 정신적 가치를 추구하는 시대는 끝이 나고, 이제 사람들은 자연과학적 방법의 유용함을 알게

7장. 흔들리는 이성의 제국과 새로운 철학의 등장

됩니다.

이러한 시대적 요청을 콩트는 자신의 철학적 체계 안에서 해결하려고
합니다. 그는 저서인 《실증철학의 논문》에서 모든 것을 사실로부터 출발
함으로써 자연과학의 실증적 방법으로 학문의 발전 구조, 기능에 관해
설명하려고 합니다. 그의 이론적 토대는 세 단계의 법칙으로 요약되는데,
이 법칙은 개체의 발전 단계에도 적용이 된다고 콩트는 주장합니다.

- 신학적 단계 : 자연의 여러 현상을 초자연적인 힘의 작용으로 봅니다.
  이성과 과학적 사고가 없는 시기입니다.
- 형이상학적 추상적 단계 : 이성의 발달로 철학의 단계에 들어섭니다. 그
  러나 이 단계는 허구와 비생산적 시기입니다.
- 실증과학의 단계 : 있는 사실, 유용한 것, 확실한 것이면서 수정 가능한
  상대적인 것을 관찰해 사물의 원인과 법칙을 찾아내는 마지막 단계입
  니다. 이 단계에서 비로소 이론과 실제는 통합이 되면서 인간 정신은 최
  고의 발전을 이룹니다.

이 세 단계는 사회와 개인의 발전 설명에도 적용됩니다. 콩트는 인간관
계에 관한 학문으로 가장 중요한 사회학은 삶의 조건을 개선하기 위해서
앞으로 진행될 사회의 발전을 예견하고 예방할 수 있어야 한다고 주장합
니다. 그러기 위해 사회학은 실증적 학문이 되어야 한다는 의미입니다. 이
목적을 달성하기 위해서 노력하는 것이 철학의 중요한 과제라고 봅니다.
실증적 학문에 가까운 순서를 수학, 천문학, 물리학, 화학, 생물학, 사회학
으로 봅니다. 이러한 주장을 내세운 콩트는 사회학의 창시자로서, 또 사회
학의 체계를 쌓은 사회 학자로 오늘날 두루 인정받고 있지만, 그 당시에
는 거의 알려지지 않은 사상가였고 이론도 주목받지 못했습니다. 콩트의
이론의 중요성을 발견한 사람은 영국의 철학자 존 스튜어트 밀입니다.

37

밀의 공리주의
: 최대 다수의 최대 행복을 위해

"만족한 돼지가 되기보다는 덜 만족한 인간이 되는 편이 나으며, 만족한 바보가 되기보다는 불만족한 소크라테스가 되는 편이 낫다."
- 존 스튜어트 밀

콩트의 영향을 받아서, 프랑스의 실증주의로부터 영국의 공리주의라는 당시로서는 상당히 개혁적인 철학을 전개한 존 스튜어트 밀(1806~1873)은 아버지 제임스 밀에게 대단히 엄격한 교육을 받으면서 자랐습니다. 그의 아버지는 특별한 방법으로 밀을 교육시켰습니다. 밀의 아버지는 루소의 교육 철학에 영향을 받아 스스로가 아들의 교육을 맡았습니다. 밀은 아주 일찍부터 아버지에게서 고전어와 수학, 국민경제학을 배웠고, 밀은 다시 이것을 누이동생에게 가르쳐야 했습니다. 제임스 밀은 심리학자이며 국민경제학자로 인정받은 사람으로 '최대 다수의 최대 행복'을 목표로 하는 공리주의를 제창한 제러미 벤담(1748~1832)과는 절친한 친구 사이였습니다.

존 스튜어트 밀

이러한 환경 덕분에 밀은 일찍부터 공리주의적 교육을 받으면서 성장했습니다. 공리주의적 교육이란 '교육은 모든 것을 할 수 있다.'는 슬로건 아래 당시 교육 체계를 비판하면서 철저한 교육을 통해서 사람을 유용한 인간으로 키울 수 있다고 확신하는 이론입니다. 이러한 아버지 덕분에 그 자신은 "또래의 사람보다 무려 25년이나 앞서서 인생을 살았다."라고 술회한 적이 있습니다. 그는 17살의 나이로 동인도 회사에서 일하기 시작해서 35년을 성실하게 근무했기 때문에 경제적인 안정을 누릴 수 있었고, 경제적으로 시달리는 콩트에게도 물질적인 도움을 준 적이 있습니다.

밀은 자신이 젊은 시절 벤담의 공리주의 테두리 안에 갇힌 '사유하는 기계'가 되었다고 자기비판적인 입장을 취하면서 벤담의 공리주의 교육을 받은 사람이 겪을 수 있는 문제를 제시합니다. 특히 밀이 20살에 겪은 심각한 '정신적 위기'는 우리에게 많은 생각을 하게 합니다. 지나치게 엄격한 아버지의 이성주의에 눌려서, 밀은 정서적인 불안을 겪게 됩니다.

'아무에게서도 사랑받은 적이, 누구도 사랑한 적이 없다.'라는 절망감에 빠지게 된 것입니다. '머리만을 위한 교육'을 받은 사람이 부딪히는 '가슴의 문제'를 절실하게 드러내 보입니다.

이를 계기로 밀은 낭만주의에 관심을 갖게 되고, 이를 통해 인간의 다양한 감정과 욕망에 관한 폭넓은 이해를 하게 됩니다. 밀이 공리주의에서 멀어진 것이 아니라, 더욱더 체계적으로 보완된 이론으로 성숙시킴으로써 공리주의는 대중 다수로부터 호응을 얻게 됩니다. 밀의 철학은 단순한 실증주의적 공리주의가 아니고, 여기에 자유주의를 포함하는 것으로 무엇보다도 전체주의를 거부합니다. 귀족 특권과 정치적 권력을 비판하고, 여성의 해방과 모든 면에서 남녀의 동등성을 주장했습니다. 이러한 여성관을 갖게 된 가장 큰 이유는 그가 평생 존경하고 사랑했던 그의 아내해리엇 테일러를 만났기 때문입니다. 그녀는 밀의 어머니와는 전혀 다른자립적이고 적극적인 여성으로 밀은 그녀를 '영혼의 친구'라고 말할 정도

해리엇 테일러

였습니다. 아내가 죽은 뒤에 밀은 그녀의 무덤이 내려다보이는 곳으로 이사해서 평생을 그곳에서 살았습니다.

밀의 사상은 당시에는 상당히 급진적인 것이었지만 자본주의 체제를 거부하는 마르크스의 사회주의와는 다릅니다. 밀은 자본주의 사회 체계를 무너져야 할 것으로 비판하지는 않았습니다. 흥미로운 사실은 그와 마르크스는 거의 20년을 런던에서 살았음에도 서로 모르고 지냈다는 것입니다. 공리주의자와 사회주의자의 길은 운명적으로 달랐던 모양입니다.

양보다는 질이 좋은 쾌락을!

밀은, 인간은 이기주의자로서 자기를 위한 행복과 쾌락에만 관심을 갖는다는 벤담과는 달리 보다 더 생산적이고 긍정적인 인간상을 주장합니다. 누구나 도덕적인 이상과 완전성을 추구할 수 있고, 더 나아가서 도덕적 아름다움까지도 생각한다는 것입니다. 따라서 사람은 무엇이 진정한 행복이며, 고귀한 것인지 구별할 수 있습니다. 밀은 양적인 행복을 말하는 벤담과는 다르게, 질적인 쾌락을 주장합니다(여기서 행복과 쾌락은 거의 같은 의미로 생각하는 것이 좋습니다).

그러면 우리는 무엇으로 질과 양적인 쾌락을 구별할까요? 밀에 따르면 우리는 경험에 의해 고상한 행복과 저열한 만족을 구별할 줄 안다는 것입니다. 대충 아는 사람 열 명보다 진정한 친구 한두 명이 우리를 더 행복하게 한다는 것입니다. 그래서 밀은 '만족한 돼지가 되기보다는 불만족한 소크라테스가 되는 것'이 더 질이 좋은 행복이라고 말합니다.

밀은 《자유론》을 통해 개인의 자유를 강력하게 옹호하며 대중과 여론의 횡포에 대항합니다. 개인의 행위는 남에게 해를 끼치지 않는다면 본질적으로는 자유롭다는 생각입니다. 개인의 자유가 제한되어야 하는 경우는 타인에 관계되는 행위를 할 때입니다. 이들이 갈등을 일으키면 자

7장. 흔들리는 이성의 제국과 새로운 철학의 등장

유는 절충되어야 합니다. 그러나 어떤 국가도 개인 의견의 자유나 토론의 자유를 억압할 권한이 없다고 말함으로써 밀은 확고한 자유주의 입장을 선택합니다.

그럼에도 밀의 주장은 실제로 적용할 때 많은 어려움을 갖게 합니다. 누구나 '나의 자유'가 '너의 자유'보다 중요하다고 생각하므로 절충을 끌어내기가 어렵습니다. 더 중요한 것은 내가 남에게 해를 끼치지 않으면 나는 정말 무엇이든 할 자유가 있을까요? 하는 문제입니다. 함께 사는 공동체란, 한 마리의 물고기가 썩어 가면 다른 물고기도 함께 썩어 가는 연못 같은 것이 아닐까요?

윤리학 혹은 도덕 철학

인간은 어떤 규범과 목적에 따라서 행동해야 하나요? 하는 문제를 다루는 윤리학은 도덕 철학과 유사한 뜻으로 사용됩니다. 위와 같은 문제를 제기한 사람은 이미 어떤 특정한 규범과 목적 아래 살고 있는 사람으로서 사회나 그룹 혹은 개인 자신에 의하여 실제적으로 인정하고 있는 규범과 목적(도덕)에 따라 살아가고 있습니다.

윤리학의 문제를 생각하는 사람은 첫째, 자신이 따르는 도덕이 타당한 것인지 묻거나 둘째, 모든 윤리적 이론의 중요한 순서를 결정할 수 있는 가장 높은 단계의 도덕 원리를 발견하거나 셋째, 위의 노력을 통해서 더 나은 삶을 살려는 생각을 합니다.

윤리 혹은 도덕은 행동과 관련되기 때문에 항상 실천적인 것입니다. 그래서 윤리학은 다음과 같은 기본적인 전제에서 출발합니다. 인간의 행동은 어떤 형이상학적 원칙이나 역사를 이끄는 필연성이나 생물학적 본능 혹은 사회적 관계에 의하여 완전히 결정되어 있는 것이 아닙니다. 즉 인간은 자유롭게 행동할 수 있는 동물입니다. 자유롭게 행동하기 위해서 인간은 규범과 목적을 필요로 하고 인간의 이성은 그러한 목적과 규범을 찾을 수 있는 능력을 가졌습니다. 위에서 열거한 윤리학의 기본 전제 중 한 가지라도 거부된다면 윤리학의 의미는 혼란에 빠지게 됩니다. 역사를 신의 섭리로 보거나 어떤 역사 철학적 원리에 의한 법칙적 발전이라고 보는 입장이나 동물의 태도 연구에 관한 결과를 인간에게도 그대로 적용할 수 있다고 하는 사람은 윤리학의 자유 전제를 부정하게 됩니다. 윤리적 상대주의는 동일한 전제를 거부하고 인간은 자신이 살고 있는 사회적·민족적·지형적·경제적·언어적 조건에 따라서 실제적으로 도덕이 차이가 날 뿐만 아니라 차이가 나는 도덕을 필요로 한다고 주장합니다. (상대주의 참고)

윤리학을 위한 전제가 비판 및 거부되는 경우가 있습니다. 인간 이성이 보편적 인식에 도달할 능력이 부족하다든지(회의론), 적어도 행동의 목적과 규범을 합리적으로 증명할 수 없는 경우가 그 예입니다(결정론, 감정주의).

반면에 윤리적 문제를 다양한 방법으로 해결하려는 입장도 있습니다. 가치윤리학은 불변의 이상적 가치를 최고의 가치로 받아들입니다. 사람은 이상적 가치를 특별한 인식 능력, 예를 들면 직관이나 양심에 의해서 파악할 수 있다고 합니다(직관론, 가치철학). 선윤리학은 인간의 본성 안에 있는 최상의 선을 따라야 한다고 주장하는 입장입니다. 최고의 선은 신, 행복, 기쁨, 쾌락, 자아 보존, 자아 발전으로 생각하고 이러한 선은 인간에 관한 합리적 분석을 통해서 알 수 있다고 합니다.

윤리학은 다양하게 전개됩니다. 형식윤리학은 칸트의 이성에 따른 합리적 정언 명령이나 의지의 자유에 기초한 행동을 요구합니다. 그래서 의무론적 윤리학이라고도 합니다.

윤리학은 규범과 목적의 적용 영역에 따라서 개인윤리학이나 사회윤리학으로 구분됩니다. 전자는 행위하는 개인을 위한 규범과 목적을 다루고, 후자는 개인과 그룹 사이의 상호 작용에 관한 규범과 목적을 그 대상으로 합니다. 책임윤리학은 환경 보호나 의료 윤리의 윤리적 요구가 무조건적으로 수행되어야 하는 것을 주장합니다.

위에서 다룬 모든 윤리학은 행위와 관련되기 때문에 규범윤리학이라고 하는데, 이와 달리 도덕 문장과 윤리적 주장을 위해 사용된 도덕적 언어를 연구하는 분야를 메타윤리학이라고 합니다. 메타윤리학은 언어철학과 밀접한 관계를 갖습니다.

헤겔 좌파와 마르크스 : 철학을 거꾸로 세우면 세계가 보인다

"지금까지 철학자는 세계를 단지 다양한 방식으로 해석해 왔을 뿐입니다.
이제 철학의 중요한 문제는 세계를 개혁하는 일입니다." - 칼 마르크스

헤겔이 절대정신과 변증법을 가지고 완성시킨 관념 철학은 그의 제자가 다르게 해석하고 계승함으로써, 좌파와 우파로 나뉘게 됩니다. 이 학파가 나뉘게 된 직접적인 동기는 슈트라우스가 1835년에 쓴 《예수의 삶》이었습니다. 이 책에 관한 제자들의 서로 엇갈린 반응은 헤겔을 어떻게 이해하고 해석하느냐에 관한 논쟁이었습니다. 구파라고 불리는 보수적인 우파는 노년 헤겔이 종교와 철학을 종합함으로써 현실을 인정했다고 보면서 이를 계승하려고 했습니다.

반면에 청년 헤겔 학파로 불리는 좌파는 헤겔의 철학을 급진적으로 해석하면서, 현실을 혁명적으로 개혁하려는 입장이었습니다. 이들은 현실 정치를 비판하고 혁명의 필요성을 주장함으로써 강단보다는 사회 활동을 하거나 망명 생활을 했습니다. 이 중 청년 좌파의 대표자격인 마르크스

와 엥겔스는 철학을 통하여 노동 세계의 현실을 변화시키려고 했습니다.

이러한 사회 비판이 가능했던 것은 당시 사회 분위기와 무관하지 않습니다. 헤겔 철학에서 중심을 이루는 정신 개념은 이미 완성을 이룸으로써 더는 발전을 기대할 수 없게 되어 새로운 시작이 필요하게 된 것입니다. 또한 1815년부터 1848년까지는 프랑스 혁명 정신이 전 유럽에 확산되었고, 낡은 정치는 더는 유지될 수 없었습니다. 1848년 독일은 '3월 혁명'을 겪으면서 정치적 혁명에 관한 관심이 그 어느 때보다 높아집니다. 억압적인 정치 제도를 비판하고 새로운 사회를 이루기 위해서는, 그 당시 강력한 통치 권력으로 군림하던 종교를 우선 비판해야 했습니다.

종교 비판을 통해서 사회를 변화시키려고 한 대표적인 헤겔 좌파 철학자가 루드비히 포이어바흐(1804~1872)입니다. 그는 종교로서 그리스도교를 부인하지 않으나, 그리스도교의 횡포와 억압을 비판하는 가운데 종교는 종교가 가진 본래의 인간주의적 원리로 돌아가야 한다는 주장을 합니다. 곧 교회의 근본적인 혁명을 외치는데, 그의 혁명적 입장은 철학의 새로운 사명과 역할을 말합니다. 철학은 추상적인 사고에서 벗어나 감정과 느낌을 갖고 노동을 하면서 살아가는 구체적인 인간의 문제로 관심을 돌려야 한다는 주장입니다. 이는 헤겔의 관념 철학을 유물론적으로 변화시킨 것입니다. 이러한 유물론적 전환은 포이어바흐가 말한 "인간이란 다른 것이 아니고 바로 그가 먹는 것이다."라는 구절에서 잘 나타납니다.

잃을 것은 쇠사슬, 얻을 것은 새로운 세계

"급진적이라고 함은 어떤 일의 근원을 파악하는 일입니다. 인간의 근원은 바로 인간 그 자체입니다." - 칼 마르크스

플라톤부터 헤겔에 이르기까지 수없이 제기된 논쟁과 비판에도 불구

공산당 선언을 쓴 칼 마르크스

하고 철학은 언제나 현실 세계와는 한 걸음 떨어져서 자신의 고유한 영역, 즉 생각하는 영역 속에 머물러 왔습니다. 현실에서 일어나는 다양한 삶과 직접적인 관계를 맺는 것은 철학이 한 단계 낮아지는 것처럼 생각한 것입니다.

삶의 현장에서 멀리 떨어진 순수한 생각을 고집했던 철학은 칼 마르크스(1818~1883)에 의하여 역사상 가장 강력한 도전을 받게 됩니다. 그의 도전은 세계 정치에 미친 영향으로 볼 때 20세기 역사상 가장 큰 사건 중 하나로 꼽을 수 있습니다. 마르크스는 그 어떤 철학자보다 현실을 바꾸어 놓았다는 점에서 순수 철학에 관한 성공적인 도전자입니다.

마르크스는 독일 라인 주 트리어 시에서 태어나 본과 베를린에서 법학을 공부합니다. 이때 그는 헤겔주의자의 모임에 들어갈 만큼 헤겔 철학에 열중했고, 일찍부터 독일의 관념 철학과 초기 사회주의인 생시몽과 푸리에의 이론을 접합니다. 1841년 마르크스는 고대 유물론에 관한 논문으로 예나대학에서 박사 학위를 받았습니다. 1842년 10월부터 시작한 쾰른 〈라인신문〉의 주필 일은 언론 검열 때문에 1843년에 그만두고 그 해, 오래 사귀어 온 제니 폰 베스트팔렌와 결혼 뒤 혁명의 중심지인 프랑스 파리로 이주합니다.

파리에서 마르크스는 프랑스의 사회주의자, 특히 피에르 조셉 프루동, 미하일 바쿠닌, 하인리히 하이네 등과 교류하면서 그의 평생 친구인 프리드리히 엥겔스와 '철학의 혁명적 실천'을 위한 긴밀한 공동 작업을 해 나갑니다. 마르크스는 프러시아의 압력 때문에 1845년 어쩔 수 없이 파리를 떠나 벨기에 브뤼셀로 이주합니다. 이곳에서 마르크스는 정치적 조직 활동을 시작하면서 1848년에 엥겔스와 함께 《공산당 선언》을 작성합니다. '만국의 프롤레타리아여 궐기하라!'로 시작하는 이 선언문은 공산당의 정치적 투쟁문이며, 자신의 역사적 유물론 입장을 공식화한 것입니다.

브뤼셀에서 다시 추방된 마르크스는 독일 국적을 이미 포기한 상태였기 때문에, 런던으로 망명을 떠나서 많은 경제적 어려움 속에서 자신의 작업을 계속하다가 그곳에서 세상을 떠났습니다. 런던에서 마르크스는 친구이자 동지인 엥겔스의 도움으로 지독한 가난 속에서도 연구에 전념할 수 있었습니다. 이러한 어려움 속에서 자본주의의 핵심적인 문제점을 지적한 대표작《자본론 정치 경제학 비판》의 개요가 1867년에 출판됩니다.

역사는 투쟁이다

마르크스는 헤겔의 변증법적 발전 체계를 뒤집음으로써 자신의 유물론을 탄생시킵니다. 그는 헤겔이 말하는 역사의 주체인 절대정신을 철저하게 부정하고, 정신이 아닌 물질이 우리의 삶을 결정한다고 주장합니다. 정신이 물질을 지배한다고 주장하는 헤겔의 철학을 뒤집고 물질이 우리의 의식을 지배한다고 말합니다. 우리가 무엇을 먹고 입으며 무슨 일을 하느냐가 우리의 생각과 정신을 좌우한다고 보는 이 이론을 '변증법적 유물론'이라고 합니다.

물질의 양과 질 또한 서로 변증법적인 관계를 갖는데, 양은 질을 개선하고 질은 다시 양을 변화시킵니다. 하나의 씨앗은 싹이 생길 때 씨앗은 부정되고, 이 씨앗의 부정으로 돋아난 싹은 열매를 맺음으로써 다시 새로운 씨앗을 통해서 부정됩니다. 여기에서 마르크스가 말하는 '부정의 부정'이 일어나고, 그 결과는 더 많은 씨앗으로 나타납니다. 자연현상에서 볼 수 있는 이러한 발전 단계는 인간의 역사 발전 단계에도 그대로 적용된다고 보는 입장이 곧 '역사적 유물론'입니다.

인간의 역사 역시 비판과 현실 부정을 통하여, 곧 투쟁을 통해서 발전한다고 마르크스는 역설합니다. 즉 경제를 지배하는 사람이 사회를 지배하고 역사를 좌우한다는 주장입니다. 자본주의 체제 속에서 경제 활동을 통해서 만나는 자본가와 노동자는 서로 다른 의식을 가질 수밖에 없

마르크스 동상

마르크스주의는 구 소련과 동 유럽 여러 국가의 이념이 되면서 철학이 실제 정치를 끌어가는 역사상 최초의 예가 되었다. 지금도 중국과 북한에서는 변화를 어느 정도 수용하면서도 이 이념에 관한 실험을 계속하고 있다. 하지만 마르크스주의와 이를 실제 적용한 공산주의는 서로 상당한 차이가 있다. 어쨌든 마르크스는 철학 체계를 새롭게 세웠기 때문이 아니라, 철학을 현실 속으로 끌어들임으로써 어떤 의미에서는 철학을 파괴했고, 그 까닭으로 20세기의 사상과 정치 현실에 최대의 영향을 준 또 하나의 거장 철학자로 평가된다.

고, 이들의 대립은 피할 수 없기 때문에 이 관계는 처음부터 '잘못된 만남'이라는 것입니다. 이들이 지배자와 피지배자의 투쟁 관계로 만날 수밖에 없는 이유는 잘못된 '생산 관계'에 있다고 마르크스는 주장합니다. 자본주의의 생산 관계는 처음부터 착취와 억압을 통해서 얻어지는 이윤을 목적으로 한다고 마르크스는 말합니다. 자본주의 사회에서 자본가는 자신의 육체 이외는 아무것도 가진 것이 없는 값싼 노동자의 노동력을 통해서 더욱더 많은 자본을 모으게 되는 반면, 노동자끼리는 더 치열한 경쟁을 하게 됩니다. 이러한 생산 관계는 '인간 소외'라는 가장 비인간적인 현상을 일으킵니다. 사람을 사고 팔 수 있는 노동력으로만 계산함으로써, 노동자는 자신의 노동력을 가능한 한 싸게 팔 수밖에 없으며, 그 결과 착취는 피할 수 없는 일이 되고 맙니다. 소외 현상은 결국 상대방을 '당신은 얼마짜리인가요?'라고 묻는 물질만능주의에서 그 절정을 이룹니다.

마르크스는 이러한 인간 소외 현상이 자본주의 사회에서 필연적으로 일어날 수밖에 없는 것이며, 종교 또한 예외가 아니라고 보았습니다. 그래서 마르크스는 종교를 아편이라고 비난합니다. 자기를 위해서 시작한 인간의 행위가 오히려 사람을 구속하고 억압하는 도구가 되는 소외 현상을 극복할 수 있는 유일한 방법은 혁명을 통해서 자본주의적인 생산 관계를 무너뜨리고 공산주의적 생산 관계로 돌아가는 것이라고 마르크스는 역설합니다.

7장. 흔들리는 이성의 제국과 새로운 철학의 등장

마르크스주의

마르크스주의는 마르크스와 엥겔스의 사상과 이들의 후계자가 이 두 사람의 이론을 해석하고 계속 발전시키거나 실천에 적용하려는 입장을 말합니다. 마르크스주의 이론의 핵심은 변증법을 자연과 역사의 상호 관계하는 운동 법칙으로서 설명하는 것입니다. 카를 카우츠키는 변증법적 역사관을 더욱 강화시킵니다. 그는 자본주의 경제와 사회 제도가 역사의 변증법에 의하여 필연적으로 붕괴할 것이라는 생각에서 노동자의 혁명을 사실상 포기하였습니다. 그러나 자본주의가 자기 정화 능력에 의하여 적응력을 키워 가자 혁명을 필연적인 일로 주장하는 정통 마르크스주의가 생겨납니다. 1917년 러시아에서 10월 혁명이 일어나고 수정주의자를 이겨 낸 과격한 볼세비키당은 레닌의 영향 아래 소비에트 마르크스주의를 실천합니다. 정권을 잡은 스탈린은 1924년부터 마르크스, 엥겔스, 레닌의 사상을 체계적이고 권위적으로 수행하여 소비에트의 공산당을 과학적 사회주의와 프롤레타리아를 위한 세계관을 대변하는 주체라고 역설합니다(마르크스 레닌주의).

마르크스 레닌주의는 세 가지 교리로 이루어져 있습니다.

1. 역사적이고 변증법적인 유물론 – 역사 발전은 물질 중심으로 변증법적으로 이루어집니다.

2. 정치적 경제론 – 정치와 경제는 불가분의 관계에 있습니다.

3. 과학적 사회주의, 공산주의 운동의 전략과 전술 – 사회주의는 최고의 과학적 단계로서 모든 수단을 동원하여 발전되어야 합니다.

1920년대부터 독일(루카치, 블로흐), 프랑스(사르트르), 폴란드, 유고슬라비아를 중심으로 소비에트의 독단적 사회주의에 반대하는 네오마르크스주의가 활동합니다. 제2차 세계대전 뒤 정통 마르크스주의를 비판한 프랑크푸르트학파의 비판 이론(호르크하이머, 아도르노, 마르쿠제)은 유럽의 새로운 좌파와 학생운동에 정신적 영향을 주었습니다. 오늘날 위르겐 하버마스는 의사소통 행위 이론이라는 자신의 독특한 방식으로 위의 비판 이론을 계승하고 있습니다.

미국의 실용주의 : 실험하라,
그러면 너희가 알게 되리라

"프래그머티즘은 어떤 실제 문제의 해답도 주지 않습니다. 프래그머티즘은
단지 문제라고 여긴 것이 사실은 문제가 아님을 보여 줄 뿐입니다."
 - 찰스 퍼스

　흔히 실용주의라고 말하는 프래그머티즘은 미국의 대표적인 철학입니
다. 19세기의 이론과 실천을 핵심적으로 다루는 실천철학적인 특징을 잘
드러내지요. 실천 이론으로 프래그머티즘 외에도 마르크스주의, 실존주
의를 들 수 있는데, 이들의 공통점은 이론과 실천을 실질적으로 연결함
으로써 구체적인 현실 상황에 보다 더 잘 대처하도록 하는 것입니다. 하
지만 이 세 이론은 다른 방법을 선택함으로써 그들이 내리는 결론 또한
전혀 다르게 나타납니다. 프래그머티즘은 다른 두 입장과는 달리 과학적
이고 실험적인 사유 방식을 통해서 실생활의 구체적인 문제를 해결해야
한다고 말합니다. 미국의 특수한 역사적 조건상 자연스럽게 영국의 경험
주의와 공리주의를 많이 받아들인 실용주의는 대표적인 철학자 세 사람

7장. 흔들리는 이성의 제국과 새로운 철학의 등장

인 찰스 퍼스, 윌리엄 제임스, 존 듀이를 통해서 발전하는데, 이들 모두 실용주의자라고 불리기는 하지만 서로 상당한 차이가 있는 이론을 내세웁니다.

이들 세 철학자 중 퍼스의 주장은 특히 눈여겨볼 만한 것으로, 그가 말하는 실용주의는 우리의 생각 속에서 실험을 통해 얻어진 결과를 개념으로 보는 이론으로 현대 철학에서 계속적인 발전과 영향력을 보이고 있습니다. 직관적인 이성 활동에만 의존해 온 전통적 사유 방식과는 달리 과학적인 방법을 도입해서 개념을 설명해야 한다는 퍼스의 주장은 특히 언어철학과 논리학에 새로운 방향을 제시했고, 의사소통 연구에서도 많은 부분이 수용되어 발전되었습니다. 그러나 프래그머티즘은 목표에 관한 반성이 없는 이론이며, 자본주의에 관해서 지나치게 호의적이라는 비판을 받기도 합니다.

"다이아몬드의 단단함을 우리는 어떻게 알까요?" - 찰스 퍼스

찰스 퍼스(1839~1914)의 핵심 문제는 '어떻게 우리의 관념을 명백하게 만들 수 있을까?' 하는 간단하고 확실한 질문이지만, 그 설명은 그리 간단하지 않습니다. 우선 그의 이론을 이해하기 위해서는 퍼스가 정의하는 개념의 의미를 알아야 합니다. 퍼스는 한 대상에 관한 개념을 명백히 하기 위하여, 우리가 생각하는 대상이 어떤 결과를 실제로 갖게 될 것인지 생각해 봐야 한다고 말합니다. 왜냐하면 이 결과에 관해 구체적으로 아는 것이 개념을 정확하게 이해하는 것이기 때문입니다. 이것을 '퍼스의 격률'이라고 합니다. 다시 말하면 어떤 대상이 무엇을 뜻하는지 제대로 이해한다는 것은 이 대상이 실제로 어떤 결과와 영향을 갖는가에 대해 아는 것입니다.

예를 들어서 사랑이라는 개념을 우리가 제대로 이해하려면, 사랑이라

찰스 퍼스

는 개념이 실제 행위로서 어떤 결과를 갖게 되는지를 생각해 보아야 하며, 이러한 생각이 사랑이 갖는 개념의 의미를 결정한다는 것입니다. 퍼스는 실험적이고 경험적인 사유 과정을 거친 결과를 말하며, 실제 행위를 통해서 내려진 개별적인 결론을 말하는 것은 아닙니다. 오히려 그 반대로 충분히 생각해서 검토하고 분석한 연구 과정을 거쳐서 내려진 개념(결과에 관한 구체적인 생각)을 누구나 납득하고 이해할 수 있는 행위의 규칙으로 삼으려는 것입니다. 생각 속에서 이루어지는 연구 과정은 곧 회의와 의심을 통해서 대상에 관한 개념을 다시 정리하고, 이렇게 얻어진 개념에 대해 확신을 갖는 것입니다. 곧 사랑이라는 개념을 행동에 옮겼을 때 어떤 결과를 가져오는가 미리 깊게 생각하고 나서 신념이 생겼을 때 행동으로 옮겨야 한다는 뜻입니다.

퍼스가 말하는 실용주의적 개념이 개인의 개별적 경험을 통한 제각기의 개인적인 개념이 아니라, 구체적이지만 이성적이고 실험적이며 과학적이지만 지적으로 더욱 확장된 일반적인 개념을 의미합니다. 퍼스는 자신의 입장이 '지식의 쓸모'만을 생각하면서 진리의 기준을 실용적인 가치에만 두는 것으로 오해받는 것을 원하지 않았습니다. 그래서 자신의 철학을 프래그머티즘과 구별하기 위해 '프래그머티시즘'이라고까지 말한 적이 있습니다. 퍼스가 말하는 실용주의는 ('프래그머틱'이라는 단어를 칸트에게 빌려 쓰면서) '생각의 실험'을 말합니다. 이 실험은 우리의 머릿속에서 이루어지는 것으로 곧 '실험실'을 머릿속에 차리자는 의미입니다. 그는 프래그머티즘은 '어려운 단어와 추상적 개념의 의미를 알아내는 방법'이라고 정의합니다.

하지만 머릿속의 실험을 통해 얻어진 우리의 인식이 누구나 이해하는 보편적인 것이 되기 위해서는 공동체적인 사유 과정을 거쳐야 합니다.

퍼스의 공동체적인 개념에 있어서 언어가 커다란 역할을 하는데, 언어(기초 언어로서 의사소통을 위한 언어·상징·몸짓 등)는 주장과 개념을 전달하고 받아들여서 분석하는 중요한 수단이기 때문입니다. 이러한 이유로 그의 이론을 '의미론'이라고도 합니다. 퍼스에 따르면 하나의 기호는 다리와 같은 역할을 하면서, 일종의 '삼각관계' 속에 있습니다. 한 단어는 사용하는 사람의 생각(해석)과 이 단어가 지시하는 대상을 서로 연결시킵니다. 예를 들면 사랑이라는 기호 언어는 이 말을 사용하는 사람의 생각과 이 단어가 뜻하는 모든 것을 표현합니다. 이 경우 대상은 주어진 것이지만 사용하는 사람의 해석은 퍼스가 말하는 결과에 해당하는 것으로, 이것은 바뀌거나 달라질 수 있습니다. 이때 바로 실험적이고 과학적인 사유 방식이 필요한 것입니다. 개념은 단순히 어떤 고정된 성질을 말하거나 단어를 뜻하는 것이 아니므로, 새로운 개념은 회의를 통한 연구 과정을 거쳐 도출되어야 한다고 퍼스는 주장합니다. '다이아몬드가 단단하다.'라고 할 때, 이 '단단하다'는 표현은 어떤 조건과 상황 속에서 이루어진 실험(긁는 실험)을 통해서 드러난 결과를 말하는 것이므로, 이 표현을 사용하는 우리는 무의식적이라고 하더라도 같은 실험을 할 준비가 되어 있다는 의미입니다. 이러한 의미에서 위의 문장은 검증해 볼 수 있습니다. 생각의 실험을 통해서 얻어진 확실한 개념은 '행위의 확실성'으로 이어지면서 논리적이고 도덕적인 의미에서 사회적인 행동 규칙을 만들어 냅니다. 퍼스의 과학적 사유 방법은 특히 '설명가언'을 통해서 더욱 확실해지는데, 이 방법은 연역법이나 귀납법과는 달리 어떤 일의 결과를 통해서 거꾸로 규칙을 유도해 내는 방법입니다. 예를 들면,

- (결론) 이 구슬은 희다.
- (규칙) 이 주머니에서 나온 모든 구슬은 희다.
- (경우) 그러므로, 이 구슬은 이 주머니에서 나온 것이다.

그러나 설명가언을 통해서 도달하는 결론은 '단지 그럴지도 모른다.'

윌리엄 제임스

내지는 '그럴 것이다.'는 추정에서 끝나는 개연적인 것입니다. 그러므로 퍼스의 설명가언은 과학적 추정을 통하여 하나의 새로운 아이디어를 제공하고 또 다른 실험적 구상에 더 큰 의미를 두는 방법입니다.

좋은 것이 좋은 것이다 : 제임스의 주관적 실용주의

과학적 설명과 실험성에 근거한 사유 방식으로서의 실용주의는 윌리엄 제임스(1842~1910)에 와서는 주관적이고 개인적인 삶에 연관된 생 철학적인 방향으로 발전합니다. 제임스에 따르면 우리의 모든 인식과 행위는 개개인의 주관에 근거를 둔 실천적 관심에서 나옵니다. 누구에게나 적용되는 진리의 기준이 없다는 뜻이지요. 제임스는 어떤 사물에 관하여 믿고 있는 생각이 참이냐 거짓이냐 하는 것은 이 질문이 나에게 실질적으로 영향을 미치는지 그렇지 않은지에 따라 달라진다고 봅니다. 주관적인 결정과 자신의 책임을 강조하는 그의 철학은 실존주의적인 색채를 강하게 갖습니다.

예를 들어서 내가 만일 '신이 존재한다.'라는 확신을 갖고 있고 이 확신이 내 삶을 만족하게 한다면 이 확신은 참이라는 주장입니다. 제임스에게 있어서 진리란, 그것이 나에게 얼마나 유용한 것이냐에 따라 좌우됩니다. 그는 삶의 조건이 다양해지면서 수없이 많은 진리가 공존할 수 있으며, 다양한 삶의 조건 자체가 항상 변할 수 있기 때문에 절대 불변의 진리란 있을 수 없다고 봅니다.

'나에게 어떤 유용한 가치를 갖느냐'를 진리의 기준으로 보는 그의 이론은 진리의 문제를 '현금 가격'과 같은 유용성의 측면에서만 본다는 비난을 받기도 합니다.

꿰지 않은 구슬을 어디다 쓰랴? : 듀이의 도구적 실용주의

실용주의를 교육학과 정치·사회 분야에 적용시켜 '도구주의'라고 불리는 또 다른 방향을 제시한 존 듀이(1859~1952)는 논리학으로서 제시된 퍼스의 실용주의 이론과 제임스의 윤리적 원리를 결합하여 실용주의를 더욱 발전시킵니다. 듀이는 퍼스의 기술적이고 논리적인 개념의 의미에다 제임스의 주관적인 유용성을 접목해 자신의 사회 평가와 비판의 방법을 발전시킵니다.

듀이는 인식은 문제를 성공적으로 해결하는 도구라고 주장합니다. 인식한다는 것은 실제로 문제가 되는 것을 알고 그에 따르는 해결 방법을 알게 됨을 뜻하기 때문입니다. 도구주의에서 말하는 인식은 문제 상황과 조건에 관한 것만이 아니라 일어날 수 있는 결과를 미리 예측할 수 있는 사고 능력을 말합니다. 다시 말하면 지식은 도구에 지나지 않으며, 도구의 가치는 도구 속에 있는 것이 아니라 그것을 잘 사용하는 결과에 있다는 뜻입니다. 아무리 '구슬이 서 말'이나 되어도 '꿰어야' 멋진 목걸이가 된다는 이론입니다.

이러한 사고 능력의 훈련이 곧 듀이의 실용주의적 교육 이론입니다. 학생이 배움의 대상이 아니라 배움의 주체가 되어야 한다는 것입니다. 따라서 정해진 계획대로 하는 수업이 아니라 해결되어야 할 문제가 제시되고, 이 문제 해결을 위하여 그룹을 통해 프로젝트가 만들어지고, 스스로 해결하는 수업 방식입니다. 이러한 방식을 듀이는 '실험실 학교'라고 말합니다. 교육 또한 민주 국가와 마찬가지로 스스로를 실현하는 과정이기 때문입니다. 그의 교육 철학은 시행착오를 통해서 '머리와 손'이 분리되는 것을 막고 우리의 삶 전체를 학습 과정으로 봐야 한다는 이론입니다.

니체의 실존철학
: 위버멘쉬를 말하다

"만물은 가고, 만물은 다시 돌아옵니다. 존재라는 바퀴는 영원히 굴러갑니다. 만물은 사라지고, 만물은 다시 꽃을 피웁니다. (중략) 존재의 동일한 집은 영원히 지어집니다." - 프리드리히 니체

세기의 천재라고 불리는 프리드리히 니체(1844~1900)는 그의 천재성 못지않게 기인적이고 흥미로운 삶을 살았습니다. 그의 열렬하고 급진적인 그리스도교 비판은 그의 집안 내력과 무관하지 않아서 운명적으로 보이기까지 합니다. 철학사상 가장 강력한 그리스도교 비판자인 니체는 공교롭게도 할아버지, 아버지는 목사이고, 할머니, 어머니는 목사의 딸인 철저한 그리스도교 집안에서 태어났습니다. 이러한 집안 분위기에서 니체가 남보다 더 일찍 그리스도교 문화를 이해한 것은 당연한 일이라고 하겠습니다. 니체는 아버지가 세상을 일찍 떠났기 때문에 할머니, 어머니, 누이동생 등 온통 여자들 속에서 자랐습니다. 니체의 예술과 음악에 관한 애정 또한 이러한 그의 성장 과정과 무관하지 않습니다.

독일 본에서 문헌학과 신학을, 라이프치히에서 다시 문헌학을 공부한 그는 24살의 나이로 바젤대학의 고전 문헌학 교수가 되면서 그의 천재성을 유감없이 발휘했습니다. 그때 니체는 대학이 요구하는 모든 분야의 학문을 가르칠 수 있는 사람이라는 칭찬을 받을 정도였습니다. 이 무렵 니체는 30살이 더 많은 음악가 바그너를 사귀면서 삶에 큰 의미를 갖는 교류를 하지만, 결국 좁혀지지 않는 의견 차이로 나중에는 결별합니다.

프리드리히 니체

알려진 대로 니체는 11년이라는 긴 세월을 정신착란에 시달리는데, 이 병은 그가 1870~1871년에 자원 위생병으로 근무하던 중 뇌에 생긴 병의 후유증이었습니다. 이 때문에 그는 교수직을 사퇴하고 여러 곳을 옮겨 다니며 요양 생활을 하면서 지내다가 1900년에 바이에른에서 세상을 떠났습니다. 자신을 한 시대의 끝에 태어나서 '신세대의 시작'을 알려야 하는 사람으로 본 그는 철저하게 전통을 거부한 반항아였습니다. 그의 생은 병마와의 싸움 외에도 인간적인 외로움과 단절로 가득 찬 것이었습니다.

니체는 존재의 본질을, 남보다 더 강하려는 의지와 남을 지배하려는 권력 의지라고 말합니다. 그는 인간이면 누구나 이러한 권력 의지를 갖고 있다는 주장을 하면서 서양 문화 전체에 관한 전반적이고 급진적인 비판을 합니다.

니체의 철학이 갖는 또 하나의 특징은 철학적 주제를 문학적으로 표현함으로써 일반적인 철학과 예술의 차이를 극복하려고 했다는 점입니다. 사실 그는 자기 자신을 독일이 낳은 최고 문필가로 보는데, 이것은 사상(이성)은 예술(감성)로 표현되어야 한다고 보는 그의 생각을 뒷받침합니다.

니체가 아직 살아 있을 때 나타나기 시작한 서양 정신사에 미친 그의 영향력은 이루 다 말할 수 없을 만큼 큽니다. 특히 지나치게 이성적인 인식 방법이나 그리스도교 전통에 의해 지배되는 사회를 비판하고 문화와 인간의 실존 문제를 새롭게 해석하려고 한 니체를 사람들은 '현대 철학의 전환점'이라고 말합니다. 또 유럽 문명에 관한 비판가로서 니체에 도전하는 철학자는 아직도 없다고 말합니다.

니체의 철학은 그 중심을 이루는 문화 비판에 초점을 맞추어 세 단계로 나눌 수 있습니다. 초기는 1869~1876년으로 바젤에서 교수로 활동하기 시작한 때입니다.

《비극의 탄생》을 통하여 니체는 그리스 고대 문화의 근원적인 힘이 어디에서 오는가를 설명하면서 동시에 서양의 정신문화가 어떻게 해서 역사적으로 삶의 기쁨과 아름다움으로부터 멀어졌는가를 설명합니다. 그리스 문화의 특징은 서로 도저히 어울릴 수 없을 것 같아 보이는 두 가지의 대립된 힘을 융화시켜서 하나의 예술 형태로 표현한 데서 생겼다고 니체는 말합니다. 곧 아폴론과 디오니소스의 대립적인 요소를 바탕으로 탄생된 것이 그리스의 비극입니다.

이것은 신화에 나오는 두 신의 이름으로, 아폴론은 태양의 신으로 질서와 형식, 냉철한 이성의 힘에 의한 절제를 말하는 반면 디오니소스는 아폴론과는 전혀 다른 힘을 상징합니다. 디오니소스는 모든 질서와 형식을 파괴하며 광란에 이르는 정열과 자유롭고 감성적인 힘을 나타냅니다. 디오니소스는 자주 '술잔치'를 하는 포도주의 신입니다. 한마디로 술 마시고 춤추며 놀기 좋아하는 신으로 끝없는 생명력과 무한한 창조력을 의미합니다.

아폴론은 스스로 자제하며 규칙을 만들어 내는 힘으로 우리의 삶 속에서 여러 가지 시스템과 형식으로 표현되는 요소입니다. 디오니소스는 이 형식을 파괴하는 혼돈으로 바로 이러한 혼돈 속에서 창조가 이루어지는데, 삶의 풍요로움과 질서를 위해서는 이 두 가지 힘 모두가 필요합니다. 이 두 가지 힘은 그리스 비극에서, 특히 비극의 합창을 통해서 예술로서 형상화되었다고 니체는 말합니다. 그러나 이성 철학, 아폴론의 힘이 강력해짐에 따라서 그리스의 비극은 몰락의 길을 갈 수밖에 없었고, 생명을 탄생시키는 디오니소스는 그리스의 비극과 함께 쇠하고 맙니다. 이는 곧 '정열과 창조의 잔치'는 끝나고, 질서와 지배만이 남게 되어 삶의 방식 전체가 달라진다는 것을 의미합니다.

니체는 그 원인이 소크라테스에 있다고 주장합니다. 이성을 과도하게 숭배함으로써 또 다른 삶의 축이 무너지고, 혼돈 속에서 창조의 힘을 발휘하던 서양 문화는 속물적 소시민의 역사로 전락하였다는 주장입니다. 니체는 소크라테스를 '다시 태어난 악마'라고 말합니다. 니체는 '소시민으로 가득 찬 세계'는 병들고 퇴폐적이며 삶에 적대적인 문화이며, 이 병든 세계를 치료하는 방법은 디오니소스의 부활이라고 생각했습니다. 병든 세계의 치료가 바그너의 음악을 통해서 이루어질 수 있다고 믿었지요.

중기는 니체 자신이 '오전의 철학'이라고 말하는 시기로 1876~1882년 사이입니다. 이 시기에 니체의 특유한 문체, 잠언적이고 암시적인 문체가 두드러지고, 도덕과 종교(그리스도교)에 관한 비판이 한층 더 강렬해집니다. 그는 지금까지의 모든 철학과 시스템을 거부하고 기존의 가치와 의미를 '폐기'할 것을 주장합니다. 지금까지의 옳고 그른 것에 관한 질문은 니체에게는 무의미합니다. 왜냐하면 누구나 인정할 수 있는 객관적인 도덕 기준이 없기 때문입니다. 문제는 무엇이 삶을 더 촉진시키며 삶을 더 잘 보존하느냐 하는 것이지, 도덕이 무엇에 쓸모가 있느냐는 의견이지요.

니체에게 진리란 환상이고 말장난에 지나지 않습니다. 니체는 "이 세상에는 도덕적인 현상은 없습니다. 다만 도덕적인 해석이 있을 뿐입니다."라고 말합니다. 그러므로 제대로 된 철학자라면 '선과 악을 뛰어넘어야' 한다는 것입니다. 도덕은 '주어진 것'이 아니며, 철학자는 도덕을 절대적인 것으로 증명하려는 쓸데없는 말장난을 이제 그만두어야 한다고 니체는 역설합니다. 이것이야말로 철학자의 오만이라고 니체는 말합니다.

니체는 도덕이란 지배자를 위한 메커니즘이며 도구에 지나지 않는 것으로, 이러한 문제점을 깨달은 사람과 그렇지 않은 사람을 구별합니다. 즉 '주인의 도덕'과 '노예의 도덕'으로 나누어 말합니다. 노예의 도덕은 두려움과 부족함에서 생기며, 주인의 도덕이란 이에 대립하는 것으로 도전과 침착, 지배욕이라는 특징을 갖습니다. 주인이 '좋다'고 생각하는 것은 노예가 생각하는 '나쁜 일'이 됩니다. 이렇게 가치란 상대적인 것이고, 누가 어떤 입장에서 보느냐에 따라 좋고 나쁜 것이 결정됩니다. 그런데 어떻게 정해진 도덕과 가치가 있다고 말할 수 있는가 하고 니체는 반박합니다.

니체는 사람이 쓸데없는 일에 관심을 갖고 속물이 되어 버린 원인이 종교라고 말합니다. 종교(그리스도교)는 인간을 나약하게 만들었으며, 그리스도교적인 사랑은 사실은 증오에서 나온 것으로 '자선과 사랑'을 베풀라는 교리는 도리어 두려움과 증오만을 만들어 냈다고 역설하며, 그리스도교는 독선적인 사기라는 극단적인 비판을 하기에 이릅니다. 그리스도교는 실제로 없을 뿐만 아니라 처음부터 아무도 믿지 않는 내세를 내세워 현혹하며, 그리스도교인 스스로 신앙과는 상관없는 위선적인 삶을 산다는 것입니다. 마침내 니체는 짜라투스트라*를 통해 "신은 죽었다. 우리가 그를 죽였다."라고 외치기에 이릅니다.

이것은 말 그대로 '세상을 뒤집어엎는' 외침이었고, 신을 처형함으로써 그리스도교가 은밀히 확산시켜 온 '소시민의 도덕'도 처형시킴을 의미합니다. 그리스도교는 노예의 도덕을 가르쳐 왔고, 그 결과 삶의 참된 가치가 상실됨으로써 역사와 사회는 병을 앓게 되었기 때문에 이제 초인을 통한 새로운 도덕과 가치가 필요하다는 주장입니다. 마지막은 니체의 '초인에 관한 사랑'이 완성되는 시기로 대략 1882~1888년으로 봅니다. 초인은 누구이고 어떻게 해서 태어날까요? 니체는 짜라투스트라를 통해서 '초인'은 이 '세계의 의미'라고 말합니다. 우선 지금까지의 정신은 세 단계의 변화를 거쳐 새롭게 태어납니다. 우선 정신은 낡은 도덕의 짐을 진 낙

* **짜라투스트라**
짜라투스트라의 영어식 표기가 조로아스터다.

타의 모습에서 '나는 원한다.'를 나타내는 용감한 사자의 모습으로 변신합니다. '나는 원한다.'로서 의지를 나타내는 사자의 싸움 상대는 '너는 당연히 해야 한다.'를 말하는 용입니다. 니체는 "자유를 얻기 위해, 의무 앞에서 성스러운 '아니오'를 말하는 사자가 필요하다."라고 말합니다. 이러한 투쟁을 통해 자유를 얻은 사자는 다시 천진난만한 어린아이가 되어서 '놀이'에 빠지는 모습으로 변하는데, 이 '놀이'는 새로운 가치와 세계를 만들어가는 '창조적 놀이'가 됩니다.

타락하고 병든 서양 문화에 관해 니체가 말하는 '허무주의'는 그의 '초인에 관한 사랑'과 깊이 맞물려 있습니다. 니체의 허무주의는 지금까지의 모든 가치, 의미, 소망을 과격하게 거부하는 것으로, 허무주의는 나약한 그리스도교적 사상과 소크라테스를 계승해 무한한 이성을 앞세우는 철학이라는 '거짓된 날림 건물'을 동시에 파괴합니다. 이러한 철저한 파괴를 강한 자는 새로운 질서와 가치의 전환으로 보지만, 약한 자는 절망하고 두려워할 뿐입니다. 그러므로 니체의 허무주의는 세계에 관한 절망으로 끝나는 비관적인 염세주의와는 상관이 없습니다.

새로운 가치와 질서를 세우는 위대한 '초인'은 완전한 자유로움 속에서 내세가 아닌 현세적인 기준에 맞추어 행동합니다. 초인은 강력한 힘, 생명력, 권력 의지로 특징 지어집니다. 또 하나 초인이 갖는 중요한 특징은 금욕입니다. 약자와 강자의 차이는 금욕에서 볼 수 있다는 주장입니다. 초인을 통해서 강조되는 이 '권력 의지'는 니체 철학을 가장 핵심적으로 표현합니다.

니체는 "삶이란 살아남기 위한 것이 아니고, 지배하기 위한 것이다."라고 말합니다. 쇼펜하우어와 스피노자에게 자극을 받은 니체는 맹목적이고 본능적인 자기 보존 의지를 구체적인 목적을 가진, 생명력의 증대와 권력 획득을 위한 의식적인 권력 의지로 발전시킵니다. 곧 권력 의지가 새로운 시대의 원칙이며, 선과 악의 경계조차 이 의지 앞에서 무너집니다.

선함이란 이 의지를 높여 주는 것이고, 악함은 니체에게 있어서 나약함에서 나오는 모든 것이 됩니다. 초인의 반대 개념이 되는 '소인배'가 니체에게는 바로 '역사의 미래를 희생시키는 사악한 자'입니다.

초인과 소인배는 한 가지 점에서 공통의 운명으로 묶여져 있는데, 그것이 바로 '영원회귀설'입니다. 모든 존재는 영원히 되돌려지는 모래시계와 같은 운명을 갖고 태어남으로써 우리의 생은 영원히 반복해서 회귀합니다. 초인마저도 이 운명에서 벗어나지 못한다는 점에서 그도 역시 '인간적인 너무나 인간적인' 인간입니다. 초인에게 가장 힘든 시험은 바로 영원히 회귀하는 이 인간적인 운명을 견디어 내야 한다는 그 생각 자체입니다.

이것은 생각만으로도 견디기 힘든 일이며, 초인에게 허락되는 완전한 자유도 사실은 무거운 책임을 감당하기 위한 것이므로 니체는 지극히 적은 숫자의 사람만이 초인의 자격을 갖는다고 생각했습니다. 니체의 초인 사상은 독일에서 정치적으로 해석하면서 유대인 학살과 같은 인류사상 최대의 비극을 초래하는 데 악용되기도 했습니다.

현상학

현상학은 그리스어 Phaenomen(=나타나는 혹은 불을 밝히는 현상)과 Logos(=학문)로 원래는 나타나는 현상에 관한 학문이라는 뜻을 갖습니다. 헤겔은 이러한 의미에서 《정신현상학》이라는 책을 썼지요. 헤겔는 이 책에서 정신이 절대적 지식까지 이르는 현상을 설명했습니다. 이러한 현상은 외부 세계에 관한 물음을 배제하는 특징을 갖습니다.

20세기 초 현상학은 에드문트 후설에 의해서 가장 영향력 있는 철학으로 등장합니다. 후설의 현상학은 생각하는 의식에 관한 철학입니다. 현상학은 의식하는 행위를 분석함으로써 자신의 정당성을 찾으려 합니다. 이를 위해서 후설은 특별한 개념 지향성을 제시합니다. 지향성은 다양한 의식의 활동에 통일성을 주는 원리입니다. 그래서 현상학은 '의식은 항상 어떤 무엇에 관한 의식입니다.'라는 구호를 갖게 됩니다. 여기서 현상학은 의식만 대상으로 하지 않고 의식을 가능하게 하는 대상에 관하여 연구합니다. 대상은 단순히 독립적으로 존재하는 외부 세계가 아니라 대상에 관계하는 다양한 행위와의 관계 속에서 존재합니다. 예를 들면 우리는 책을 원하거나 싫어하는 행위와 함께 책의 현상을 이해합니다. 후설은 뒤에 현상학을 모든 학문을 위한 보편적 방법으로 제시합니다. 모든 대상은 그 대상에 관해서 의식이 구성하는 모든 것을 분석함으로써 설명할 수 있습니다.

현상학은 존재의 근원을 밝히는 학문이다.

스콜라철학

회의주의

아카데메이아 이데아

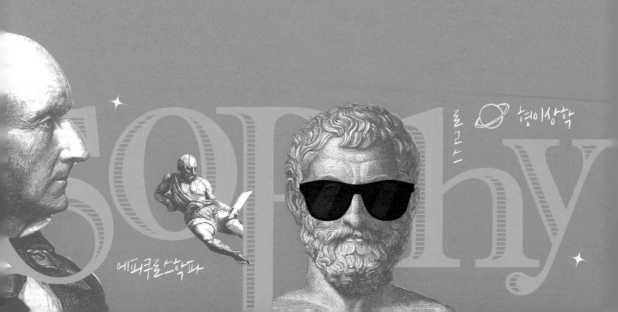

8장

현대 철학
: 진리의 다양함

20세기 철학 미리 보기
: 삶에서 진리를 구하라

20세기에 전개된 철학은 그 어느 시대보다 밀접하게 많은 학문과 관계를 맺고, 보다 적극적인 역할을 담당합니다. 이 관계는 서로에게 영향을 주거나 받거나 하며 전개되는데, 철학은 많은 학문에 자극을 주었고 많은 학문은 그 역으로 철학의 발전에 새로운 가능성을 열어 주었습니다. 가히 폭발적으로 증가한 20세기 과학의 영향 아래 물리학은 미세한 영역에서 세계에 관한 새로운 시각을 알려 주었고, 생물학은 진화론을 통해서 새로운 인간상을 보여 주었습니다. 심리학, 특히 프로이트의 정신분석학은 '인간은 무엇인가?'라는 물음에 관한 대답에 관하여 지금까지와는 완전히 다른 새로운 지평을 열었습니다.

20세기에 들어와 자연과학은 철학의 대상이 되며 동시에 철학적 척도의 역할을 하게 됩니다. 신실증주의는 자연과학적 명제의 정확성과 검증 가능성을 최고의 이상으로 여겼는데, 여기에 영향을 받은 철학은 개별 과학의 방법, 구조, 성과를 수용해서 과학 이론이라는 철학의 특징을 형성하게 됩니다. 이러한 상호 영향 아래서 현대 논리학의 방법과 인식 이론은 과학과 기술을 발전시키는 토대가 되고(컴퓨터의 발전) 20세기 수학의 발전은 철학(논리학)에 그 공헌을 돌립니다.

특히 20세기의 철학은 문화와 사회에 관한 날카로운 비판을 하면서 새로운 모습을 보입니다. 현대 사회에서 나타난 물질주의와 비역사성을 철학적 입장에서 비판하면서 기본적 삶의 조건을 제시하려고 노력합니다. 철학은 많은 과학 분야에서 주도되고 있는 왜곡된 현대 문명의 위험성에 강한 경고를 보냅니다. 보다 많은 풍요로움을 통해서 인간적인 것을 촉진하려는 의도로 시작한 과학과 사회 이론이 인간 존재와 가치를 망각하고 있음을 지적하는 것입니다. 특히 마르크스주의의 사회 비판은 세계 역사의 흐름과 정치·경제적 구조를 바꿔 버립니다.

역사, 문학, 언어도 철학과 밀접한 관계에 있습니다. 철학의 주제로서 중요해진 역사는 특히 해석학의 영역에서 역사를 알 수 있는 조건을 알기 위해서 부활합니다. 해석학은 문자에 의한 텍스트의 해석만이 아니라 개인이나 사회의 모든 현상에 관한 해석으로 관심을 넓힙니다. 언어학의 연구 또한 철학과 사회학적 이론에 큰 영향을 줍니다. 예를 들면 클로드 레비 스트로스와 미셸 푸코 철학의 기본을 이루는 구조주의는 페르디낭드 소쉬르의 언어학에서 출발하고 있습니다. 구조주의는 인간의 사유, 행위 같은 현상과 사회 질서의 토대가 되는 무의식 세계의 구조를 새로운 방법으로 조명하려고 합니다.

"계몽이란 인간 스스로의 잘못으로 빠진 미성숙 상태로부터 벗어나는 것입니다. 미성숙이란 다른 사람의 도움 없이 혼자서는 생각하는 힘을 사용할 줄 모르는 것을 말합니다." - 임마누엘 칸트

20세기에 와서 과학 기술과 학문은 질과 양에서 폭발적으로 증가했습니다. 이제 '창조론' 대신 다윈의 '진화론'이 상식화되었고, 자연과학 기술

은 '인간에 의한 인간의 생산'을 말할 정도가 되었습니다. 프로이트 이후 성 문제는 인간의 권리와 자유의 차원에서 논의되기 시작했고, 세계 정치·경제에서도 충격적인 변화가 일어났습니다. 20세기 말, 세계 각 나라는 그 사회의 기본 체제와 이념에 근본적인 변화가 일어났고 심지어는 새로운 국가가 생겨나거나 다른 국가와 통합되기도 했습니다. 이에 따른 새로운 분쟁이 21세기가 시작된 지금까지 여전히 해결의 실마리를 보이지 않은 채 계속되고 있습니다.

다양한 외적 상황과 과학적 학문의 발전이 맞물려서 발생하는 여러 가지 문제는 '인문학의 위기'나 '철학의 부재'라는 표현으로 대신되는 정신적 혼란과 가치의 변화를 가져왔습니다. 오늘날 사람들이 겪는 공허함은 이제 물질적 빈곤에서 오는 것이 아니고, 오히려 넘쳐 나는 물질에서 생겨나는 것이라고 말할 정도입니다. 이것은 무엇을 뜻할까요? 왜 모든 것을 앉아서 해결할 수 있을 만큼 편리해진 기술 문명과 안락한 생활에도 사람들은 서로 단절되고 공허해지며, 많은 불안을 겪는 것일까요? 사람 사이는 더는 인간적인 관계로 맺어지는 것이 아니고 물질적인 관계로 이루어진다고 말하는 것일까요? 이러한 문제와 관련지어 볼 때 철학의 실종이나 부재라는 말은 도리어 철학이 그 어느 때보다 긴급하게 필요하다는 의미는 아닐까요? 20세기의 철학자는 스스로 철학의 의미와 위치를 찾기 위한 노력을 그 어느 때보다 다양하게 시도했습니다. 그 결과 이 시대의 철학은 다양한 주제와 해법을 제안하고, 또 활발한 토론으로 자신의 주장을 알리려고 노력합니다.

20세기 철학의 큰 주제는 무엇보다도 인간 삶의 문제이며, 인간과 세계의 관계입니다. 앙리 베르그송에게서 출발하는 삶의 철학은 끝없는 '생명의 도약'을 말하며, 실존주의에 와서는 '나의 존재'의 의미가 여러 가지 방법으로 정의됩니다. 이들은 한결같이 실존의 의미를 자유의지에서 발견함으로써 결국 삶은 나의 선택이며 결단임을 말합니다. 어떤 기술 문명도 나의 삶을 대신해 주지 못합니다. 이것은 곧 나의 삶은 내가 책임질 수밖에 없다는 것을 의미입니다. 장 폴 사르트르는 이런 의미에서 "실존은 본질에 앞선다."라고 말합니다.

다른 또 하나의 철학적 관심은 언어입니다. 버트런드 러셀과 루드비히 비트겐슈타인을 통해서 언어는 철학적 대상으로 다루어지는데, 이들은 언어를 정확하고 분명하게 사용할 때 철학의 의미는 더욱 쉽게 전달될 수 있다고 강조합니다. 세계와 나의 관계는 어쨌든 언어를 통해 이해되고 전달되기 때문입니다. 이들의 철학이 언어철학과 분석 철학의 기초를 만듭니다.

마지막으로 사회 비판 이론과 담론 철학, 포스트모더니즘으로 나타나는 최근의 철학적 논쟁을 들 수 있습니다. 이 철학들의 공통점은 이성의 이름으로 추구되고 미화된 합리주의는 인간의 소외와 물질 만능 주의를 정당화했고, 또 인간의 억압을 담보로 하는 자본주의를 통해 더욱 폭력적인 힘으로 나타나게 되었다는 주장을 한다는 것입니다. 이러한 이성의 부정적인 측면을 비판하고 거부함으로써 역사와 철학의 새로운 방향을 찾으려 하는 것입니다. 그러나 방법에 있어서 이들은 큰 차이를 보이며, 그에 따른 제안도 다릅니다. 역시 비판의 대상은 지금까지 역사를 끌어왔다고 생각하는 이성이며, 이 이성이 지배해 온 억압적인 사회입니다. 다시 말하면 이성 속에 숨겨져 있는 비이성을 비판함으로써 이성의 역할을 촉구하는 것입니다. 이러한 역사 인식은 역시 이성에 기반을 둔 이성의 깨달음에서 온다는 점을 지적하지 않을 수 없습니다.

42

베르그송의 삶의 철학
: 삶은 결코 정지하지 않는다

"우리는 본능적으로 우리의 감각을 고정시키고 그것을 언어로 표현하려고 노력하지만, 그렇게 함으로써 점점 근본적인 자아의 모습을 잃어버리고 있습니다." - 앙리 베르그송

20세기 초 프랑스 철학을 주도적으로 끌어간 철학자인 앙리 베르그송(1859~1941)은 유대인의 아들로 파리에서 태어났습니다. 중·고등학교 시절 이미 수학에 관한 책을 쓸 정도로 베르그송은 수학에 뛰어난 재능이 있었습니다. 베르그송은 실용주의적 윤리학에서 이미 명성을 얻은 고등사범학교의 스승으로부터 큰 영향을 받았고, 그 뒤 미국의 실용주의자인 윌리엄 제임스와 교류하면서 실용주의에 대해 더 많은 관심을 갖게됩니다.

1889년에 박사 학위를 받은 베르그송은 그의 두 번째 철학 저서인《물질과 기억》을 통해서 철학자로서 확고한 위치를 다집니다. 베르그송은 세계적으로 유명한 연구 중심의 대학인 콜레주드프랑스에서 그리스 철학

8장. 현대 철학 : 진리의 다양함

과 중세 철학 교수가 되었고, 1904년부터 현대 철학을 강의하다가 1921년에 은퇴합니다. 1922년에 베르그송은 물리학자들의 초청으로 파리에 온 아인슈타인을 만나고, 그의 상대성이론과 시간 개념을 반박하는 저서를 냅니다. 베르그송은 1928년에 철학자로서 두 번째로 노벨 문학상을 받는데, 그 당시 그의 저서를 교황청이 금서 목록에 올렸기 때문에 더 많은 시선을 끌었습니다. 베르그송은 고령으로 제2차 세계대전을 경험하고 전쟁 중에 죽음을 맞이했습니다.

앙리 베르그송

유대인으로서, 독일에 점령당한 프랑스의 국민으로서 1941년에 노트르담 사원에서 펠탱 추기경이 집도한 그의 장례 미사는 독일 점령에 저항하는 정치적 상징이었습니다. 유대인인 그의 장례식을 그리스도교식으로 치른 것은 그가 죽기 2년 전에 그리스도교에 귀의했기 때문입니다. 베르그송의 대표적 저서로 《창조적 진화》와 《도덕과 종교의 두 원천》을 꼽습니다.

베르그송의 철학은 '삶의 철학'이라고 말합니다. 이것은 그가 철학적 주제를 역동적이고 살아 움직이는 인간의 삶 그 자체로 삼았기 때문입니다. 그는 과학 특히 생물학을 철학과 연결시켜서 새로운 형이상학을 발전시켜 나갑니다. 베르그송은 여러 학문이 이룩한 성과를 토대로 하되, 철학을 통해 사물을 '직관적으로 파악'하고자 했습니다. 베르그송에게 삶이란 직관적인 시선을 통하여 파악할 수 있는 것으로 지속적이고 창조적인 과정입니다. 왜냐하면 인간의 삶은 '삶의 도약'에 의하여 항상 새로운 모습으로 발전하며 세분화되기 때문입니다.

베르그송이 말하는 '삶의 도약'이란 곧 생물학적인 근원적 힘으로 이 우주에 본래 있는 삶에 관한 충동입니다. 삶의 도약이 곧 삶의 본질이며, 이로 인해서 삶은 기계론적인 변화가 아니라 창조적인 변화를 계속한다는 주장입니다. 이렇게 살아서 움직이며 숨 쉬는 영혼을 지닌 삶은 자연과학에 바탕을 두는 이성주의로는 이해될 수 없으며, 오직 자신의 내적 체험, 즉 직관을 통해서만 파악될 수 있다는 것입니다. 이성적 합리주의는 추상적이고 통계적인 방법으로 단지 삶을 밖에서 관찰하고 분석하는 데 그칩니다. 그렇게 해서는 역동적이면서 동시에 단 한 번뿐인 삶의 본질을 캐낼 수 없습니다. 또한 삶의 의미는 '지속성'으로 이해되는 살아 숨 쉬며 움직이고 변화하는 총체적인 삶으로 시간 속에서 계속됩니다. 현재의 나의 삶은 하나의 흐름으로 과거의 것을 간직하고, 다가오는 미래를 현재의 내가 이미 지니고 있는 것입니다. 이러한 삶은 자신의 내면을 순수하고 집중된 마음으로 들여다볼 때 이해된다는 주장입니다.

베르그송의 '엘랑 비탈' 즉, 삶의 도약은 세 가지 형식으로 나뉩니다. 이는 식물, 동물, 인간의 생의 도약을 말하는데, 식물은 스스로 아무것도 선택할 수 없는 무감각, 동물은 본능을, 인간은 지성에 의해서 행위하고 움직인다는 것입니다. 본능과 지성은 모두 행동을 위한 도구적인 수단이지만 서로 뚜렷한 차이가 있습니다. 본능은 삶의 근원에 연결되는 것으로 직접적인 것을 나타내지만, 자신에 관한 반성 능력이 없습니다. 반면에 지성은 물질적이고 숫자적인 영역에 속하며, 기술적인 명확한 일 처리에 필요합니다. 따라서 지성만으로는 창조적 삶의 충동을 실천하기에 부족하며, 본능과 지성이 결합될 때 우리의 삶이 재창조됩니다. 우리에게 단 한 번만 주어지며 깊은 내면적 통찰을 통해서만 파악할 수 있는 삶을 끊임없이 재창조하기 위해서 원초적인 본능과 분석적인 지성을 합한 직관적인 능력을 키워야 한다고 베르그송은 주장합니다. '사랑'은 본능적인 욕구이지만, 이 사랑을 어떻게 실현하느냐 하는 것은 '지성'의 힘을 빌어야 해결할 수 있습니다. 본능적인 감정과 반성적인 지성을 합해서 창조적인 차원의 사랑을 실현할 수 있는 것입니다. 베르그송은 본능과 지성을 동등하게 평가하면서 지나치게 과학적 합리주의나 정신의 의미를 부인하는 유물론적 입장을 거부합니다. 인간은 자신을 끊임없이 새롭게 창조하는 존재로 보는 그의 주장은 그리스도교 교회로부터 위험한 사상으로 취급받았으며, 그의 저서는 한때 금서로 지정되었습니다.

그의 중요한 저서 중 하나인 《도덕과 종교의 두 원천》을 통해서 베르그송은 자신의 종교와 도덕에 관한 입장을 밝히는데, 핵심적인 개념은 '열림'과 '닫힘'입니다. 베르그송은 한 사회를 열린사회와 닫힌사회로 나누어 보면서 이런 사회 안에서 사람들이 세계를 어떤 태도로 보느냐 하는 문제를 다룹니다. 열린 종교와 도덕, 즉 열린사회는 물리적이고 사회적인 구속과 억압을 극복하고 자유와 사랑으로 나아가는 사회입니다. 이러한 사회 속에서만이 우리는 내적인 자신으로 들어감으로써 신과 하나가 될 수 있다고 봅니다. 자신의 깊은 내면에 도달하는 것이야말로 '삶의 비약'이 완성된 창조의 상태입니다. 닫힌 종교와 도덕은 인간에게 억압과 강요를 뜻하는 것으로, 이런 사회 안에서는 발전과 창조 활동이 정지됩니다. 이런 상태에서는 사람은 여전히 자연 상태의 동물과 같은 수준에 머물러 있을 수 밖에 없습니다. 따라서 사람은 스스로 자신의 모습을 상실하고, 그만큼 신으로부터 멀어지는 것입니다. 베르그송이 삶을 바라보는 태도는 사실상 신비주의적입니다. 삶의 의미는 이성만으로 파악할 수 없다고 봄으로써 삶은 철학적인 분석보다는 예술적 창조를 통해 더 잘 이해된다고 말합니다. 이러한 삶의 철학은 실존주의 철학과 문학에 큰 영향을 미쳤습니다. 사회와 종교에 관한 그의 입장 또한 신앙과 지식의 일치라는 새로운 종교 철학으로 발전되었고, 동시에 그가 말하는 열린사회와 닫힌사회의 구분은 사회 철학에 큰 자극이 되었습니다.

43

프로이트 이론
: '그것'은 귀신도 모른다

"무의식의 세계란 의식에 영향을 미치기는 하지만, 꿈의 분석이나 정신 분석의 방법에 의하지 않고서는 알 수 없는 '어떤 것'을 말합니다."
– 지그문트 프로이트

지그문트 프로이트(1856~1939)는 사람들 대부분이 알고 있는 것처럼 철학자라기보다는 심리학자에 속합니다. 일반적으로 철학사에서 다루어지지 않는 사람이기도 합니다. 그런데 왜 이 책에서는 그를 거장 철학자들 사이에 세우려고 할까요? 고대에서 현대에 이르기까지 철학의 가장 핵심적인 주제는 '인간은 무엇이냐?' 하는 문제입니다. 이에 관한 질문 방법과 사용된 표현이 조금씩 다르고 내려진 결론이 다양하게 보이긴 하지만, 아무도 한마디로 명쾌하게 설명할 수 없는 이 질문은 여전히 열려 있는, 그래서 아직까지 의미가 있는 의문으로 남아 있습니다. '인간은 무엇이냐?' 하는 질문은 곧 '나는 무엇이냐?'라는 질문으로 되물어지는 까닭에 굳이 철학자뿐만이 아니라 누구라도 이 문제에 부딪힙니다.

이에 관해 플라톤 이후 이성적 철학자들은 인간의 본질은 내면에 있다고 말해 왔습니다. 이 내면적인 것, 동물적인 것과 확실하게 구별되는 것이 바로 사유 또는 순수한 정신적 인식이라고 보는 그들은 정신과 육체가 서로 대립되는 개념이라고 봅니다. 인간의 이성을 강조하는 철학은 그리스도교 문화권에서는 더욱 강력한 힘으로 사람의 의식과 도덕을 결정하게 되었습니다. 이에 따라서 육체는 우리의 정신을 어지럽게 하는 악의 근원으로 취급될 수밖에 없었습니다.

지그문트 프로이트

이러한 생각은 다윈이 인간의 본능적이고 동물적인 면을 연구하면서 흔들립니다. 그리고 프로이트가 '심리 분석'을 통해서 이성이 도리어 인간의 영혼을 억압한다는 주장을 함으로써 오랫동안 서양 정신문화를 지배해 온 이성 중심의 인간상이 철저하게 배격됩니다. 프로이트의 '정신분석학'이야말로 플라톤의 이론을 정면으로 반박하는 것으로 그의 이론은 현대 문화, 철학, 예술, 심지어 일반적인 사고방식에까지 큰 영향을 미치고 있습니다. 프로이트는 모라비아(현 체코) 지방 프라이베르크 마을에서 유대인으로 출생하였습니다. 3살 때 빈으로 옮겨 가서 1902년부터 1938년까지 그곳에서 신경병리학 교수로 일합니다. 그는 정신병 중에서도 주로 노이로제 현상과 히스테리에 많은 관심을 갖고 직접 환자를 치료하면서 임상 실험을 합니다. 그 임상 실험의 결과가 1900년에 출판한 《꿈의 해석》입니다. 여기서 그는 무의식, 특히 성적 욕구의 억압을 병의 원인으로 보는 학설을 주장합니다. 프로이트는 제1차 세계대전을 겪으면서 자신이 겪은 경험을 바탕으로 이론을 전개하는데, 성적 충동과 더불어 죽음과 공격 충동을 병의 중요한 요인으로 봅니다. 오스트리아가 독일과 합병된 뒤 프로이트는 나치스 정권에게 추방되어 런던에서 살다가 그곳에서 세상을 떠났습니다. 그런 까닭에 프로이트가 빈에서 오랫동안 환자를 심리 치료했던 그 전설적인 소파는 런던에 있고, 정작 빈에 있는 그의 생가에는 소파의 사진만이 걸려 있습니다.

프로이트는 영혼에 관해 알려진 것은 두 가지 사실이라고 주장합니다. 하나는 신체의 일부로서 뇌이고, 또 다른 한 가지는 무엇인가를 의식하는 우리의 행위입니다. 문제는 '인간의 뇌와 의식의 행위 사이에 하나의 관계가 있나요? 있다면 어떤 관계인가요?' 하는 것입니다. 이 관계에 관해 알 수 있다면 어떻게 해서, 또 어디서 인간의 의식이 일어나는지를 밝혀낼 수 있다는 주장이지요. 이러한 생각 자체가 새로운 시도로서 인간의 의식 활동을 지금까지와는 전혀 다른 방법으로 설명하려는 것입니다.

인간의 의식은 정신의 지극히 작은 일부분에 지나지 않는 것으로 마치 물 위에 드러난 작은 빙산과 같습니다. 의식과 연결되어 있지만, 물속에 잠겨 있는 것처럼 드러나지 않는 부분을 프로이트는 '무의식'이라고 말합니다. 무의식을 '그것(Es)' 또는 'id'라고 하는 용어로 표현하는데 우리말로는 '원자아'라고 합니다. 이 구체적으로 설명할 수도, 형태를 말할 수도 없는 '그것'은 본능적이고 무의식적이며, 이성과는 관계가 없는 충동과 욕구, 특히 육체적 자극에 민감한 반응과 같은 것입니다. '그것'은 힘과 정열의 근원이며 쾌락의 원리에 따라 움직입니다. 어린아이가 배고프면 울고, 기분 좋으면 웃는 것과 같이 태어나면서부터 갖는 원초적인 본능이 이에 속합니다. 성적 욕구가 '그것'에서 큰 비중을 차지하는데, 프로이트는 갓난아이도 성적 욕구가 있다고 말함으로써 많은 사람에게 충격을 주었습니다. 프로이트는 이런 이유로 식욕과 성욕을 같은 본능적 욕구로 봅니다. 이 본능적인 욕구는 사람이 성장하고 사회 속에서 살아가면서 조절되고 억제될 수밖에 없습니다. 사회가 금지하는 것과 쾌락에 관한 욕망은 서로 충돌하면서 이 둘 사이를 조정하는 중간자가 필요하게 되는데, 이 중간자가 바로 '나'라는 '자아'입니다. '자아'는 의식적이고 무조건적인 욕구를 통제하고 주변 환경에 적응하는 한편 자신을 관철시키고 주장하는 일도 합니다. 곧 어떤 욕구가 충족되어야 하고 무엇이 스스로에게 이로운 일인지 판단할 수 있는 능력입니다. 그럼에도 자아 자신도 억제보다는 쾌락을 원하며, 원하지 않는 일을 해야 할 때는 불쾌감이나 공포로서 그 일을 받아들입니다. 또 하나의 개념이 프로이트 이론에서 중요한 역할을 하는데, 이것은 제3의 기구로서 '초자아'라고 불립니다. 이 초자아는 특히 부모나 주변 환경의 영향을 강하게 받아서 만들어지는 것으로, 사회적이고 도덕적인 것으로 종교의 역할도 큽니다. 흔히 양심이라고 말하기도 합니다. 초자아의 핵심적인 기능은 우리의 욕망이 부끄럽고 옳지 않다는 것을 알려 주는 것입니다. 따라서 초자아는 특히 '그것'에 해당하는 성적 욕망과 큰 대립을 이룹니다. 부모로부터 엄격하고 금욕적인 교육을 받은 아이는 더 많은 죄의식을 갖게 되며, 따라서 무의식적인 욕망은 더 억압될 수밖에 없습니다. 억제된 욕망은 충족되지 않았기 때문에 여전히 무의식 속에 갇혀서 여러 가지 방법으로 충족될 수 있는 길을 찾습니다.

무의식 속으로 쫓겨난 억압된 욕구는 계속해서 의식 안으로 들어오려고 합니다. 그래서 계속 의식의 문을 노크하고 있는 것입니다. 이 무의식의 노크가 꿈속에서 나타난다고 프로이트는 말합니다. 꿈속에서 무의식과 의식이 연결되어 고의로 잊으려고 하는 욕망이나 상처를 남긴 고통스러운 오래 전의 일이 변장된 모습으로 나타나는 것이지요. 이때 꿈의 해석이 필요한데, 꿈이 전달하려는 본래의 '주제'를 찾기 위해서입니다. 이러한 꿈의 해석을 통하여 억압된 무의식을 풀어 주는 것이 프로이트 심리치료의 한 방법이었습니다. 프로이트에 따르면 지나치게 억압된 무의식은 상처를 남기고, 그 상처는 신경증 증세로 나타나기 때문입니다. 이러한 증세를 치료하기 위해서 꿈의 심리학적 해석 이외에도 그는 '자유 연상 기법'이라는 방법을 통해, 긴장을 풀고 자신의 무의식 속으로 들어가서 스스로 이야기하게 했습니다. 그 유명한 긴 소파가 바로 이러한 치료법에 사용되었던 것입니다.

프로이트가 치료에 사용하던 소파

44

실존주의 : 세상 속에 내던져진 삶에서 의미를 아는가?

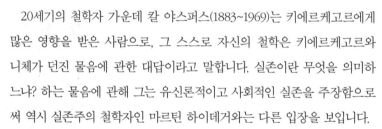

"실존이 존재를 앞선다는 말은 무엇을 뜻할까요? (중략) 인간은 우선 실존 해야 하며, 자신과 만나고 세계 안에 등장한 다음에 비로소 정의됩니다."
- 장 폴 사르트르

죽음을 넘어서는 존재의 발견 : 칼 야스퍼스

칼 야스퍼스

20세기의 철학자 가운데 칼 야스퍼스(1883~1969)는 키에르케고르에게 많은 영향을 받은 사람으로, 그 스스로 자신의 철학은 키에르케고르와 니체가 던진 물음에 관한 대답이라고 말합니다. 실존이란 무엇을 의미하느냐? 하는 물음에 관해 그는 유신론적이고 사회적인 실존을 주장함으로써 역시 실존주의 철학자인 마르틴 하이데거와는 다른 입장을 보입니다.

야스퍼스는 독일 오르덴부르크에서 태어나 정신병리학을 공부하고 하이델베르크대학의 교수가 되었습니다. 그는 평소에 깊은 관심을 가지고 철학을 연구하던 중 동료 교수의 후임이 되면서 철학 강의를 한 것이 인

연이 되어 철학자의 길을 걷게 됩니다. 그러나 히틀러의 나치스 정권은 그의 부인이 유대인이라는 이유로 그를 독일에서 추방합니다. 그 뒤 야스퍼스는 스위스의 바젤대학에서 강의를 합니다. 야스퍼스는 말년에 자신의 이론과 일치되는 행동을 위해서 사회적 참여를 주장하는 글을 쓰는 쪽으로 많은 관심을 보입니다.

야스퍼스는 실존의 문제에 다가가기 위해 먼저 자연과학적인 방법의 한계를 지적합니다. 자연과학은 모든 존재를 객관적 존재, 즉 대상으로 보기 때문에 그 방법 또한 밖으로부터 탐색하는 자세를 갖습니다. 그러나 '나'는 이러한 방법으로 '나 자신의 존재'를 알 수 없습니다. 어떻게 내가 나를 밖으로부터 관찰할 수 있을까요? 나는 나의 내면을 통해서만 이해될 수 있습니다. '나의 존재'는 외부 세계에 아무런 의식 없이 그냥 놓여 있는 의자나 볼펜과는 다른 의미와 가치를 갖습니다. 이러한 물건 역시 거기에 존재하지만 스스로 의식하거나 행동하지 않고, 오직 어딘가에 쓰여지는 목적을 위해 있기 때문에 객관적인 대상에 지나지 않습니다. 하지만 인간은 의식하고 행위합니다. 그냥 거기에 있는 것만으로는 아직 '나의 존재'에 관하여 말할 수 없습니다. '나의 존재'는 자유 속에서 선택한 사명을 다할 때 '실존'을 통해서 이루어집니다. 실존은 곧 외부적으로 나에게 속하는 것과 쉽게 남의 것과 교환할 수 있는 모든 것을 버리고 났을 때, 남은 나 자신만의 것을 말합니다. 모든 껍질을 벗겨 내고 어떤 다른 것과 혼동할 수 없는 '알맹이'로서의 '나'가 바로 '나의 실존'이라는 뜻입니다. 다른 사람과 비슷한 옷을 입고 비슷한 놀이를 하는 외적 모습이나, 내가 아니어도 친구가 대신할 수 있는 일을 통해서는 우리가 '실존'할 수 없습니다.

야스퍼스가 말하는 실존하는 존재는 하나의 외형적인 모습으로서가 아니라 거기에 존재해야만 하는 필연적인 것입니다. 살아가는 모든 삶의 조건, 환경, 역사를 - 예를 들면 부모 형제나 국가나 고향 등 - 우리 스

장폴 사르트르

스로 선택할 수는 없다 하더라도 우리 자신에 대해서는 결정하고 선택할 수 있다는 뜻입니다.

야스퍼스는 우리가 어느 때 자신의 실존에 관해 더욱 절실하게 되는가를 '한계 상황'을 들어 설명합니다. 한계 상황이란 우리가 죽음, 투쟁, 고통, 책임(잘못) 등과 부딪히는 경우로, 이때 우리는 자신에게 순수하게 돌아감으로써 자신의 실존과 마주하게 되고 비로소 실존을 확신하게 됩니다. 그중 특히 죽음이 가장 강력한 것으로 그냥 단순한 존재는 공포 속에서 사라집니다. 그러나 실존적인 삶은 죽음에 직면해서 더욱더 본질적인 것으로 남습니다. 즉 실존은 죽음에 이르러서 죽음을 두려워하거나 자신을 무의미한 것으로 보지 않음으로써 실존적인 삶이 보존되는 것이라고 야스퍼스는 말합니다. 이러한 관점은 그가 유신론적인 실존주의자임을 잘 나타냅니다.

인간은 자신의 실존을 역사적인 조건 안에서만 실현할 수 있습니다. 이것은 곧 실존은 자기실현에만 그치지 않고, 다른 사람의 실존적인 삶을 위해서 노력해야 한다는 의미가 됩니다. 야스퍼스는 단절된 개체로서의 실존이 아니라, 서로 간의 의사소통을 필요로 하는 사회적인 실존을 강조합니다. 사람은 남을 통해서 자신에 관해 보다 더 잘 알게 되기 때문입니다. 이러한 실존론적 의사소통을 위해서 자신이 알고 있는 진리의 의미를 서로 나눌 때, 진리는 더욱더 확실해지고 확산됩니다. 또한 그곳에서는 독단과 부조리가 사라지게 됩니다.

자유라는 이름의 형벌 : 사르트르의 실존주의

20세기의 행동하는 지성으로 불리는 장 폴 사르트르(1905~1980)는 프랑스 파리에서 태어났습니다. 그의 아버지는 해군 장교였는데, 사르트르가 출생한 지 얼마 되지 않아 세상을 떠났기 때문에 독일어 교사를 지낸 외할아버지에게서 어린 시절 교육을 받습니다. 말하자면 그는 책을 통해서 세상을 배운 것이지요.

1924년에 사르트르는 유명한 고등 사범학교에 진학함으로써, 그곳에서 문학을 공부하고 있던 시몬 드 보부아르를 만납니다. 이 두 사람의 만남을 많은 사람이 지성들의 만남으로 기억합니다. 그들은 서로 정식으로 결혼한 적은 없지만 보부아르는 평생 동료로서, 친구로서, 삶의 배우자로서 사르트르의 삶에 없어서는 안 될 비중을 차지했습니다. 그뿐 아니라 그녀역시 사회 비평가로서 여성 운동가로서 확고한 위치를 차지하는데, 특히 "여자는 태어나는 것이 아니고 만들어진다."라는 그녀의 주장은 현대 여성 운동에 결정적인 영향을 미쳤습니다.

1933~1934년 사이 사르트르는 베를린에서 공부할 기회를 가졌는데, 이때 후설의 현상학에 몰두했습니다. 1940년 6월부터 포로수용소 생활을 한 적이 있는 사르트르는 전쟁 뒤 작가와 지식인의 현실 참여를 주장하면서 공산주의를 선택합니다. 하지만 사르트르는 보부아르와 함께 1955년 당시의 소련과 중국을 여행한 뒤 공산당을 탈당합니다. 그럼에도 사르트르를 통해서 이루어진 실존철학과 마르크스주의의 '결혼식'이 무효화된 것은 아닙니다. 그 뒤에도 사르트르는 계속해서 쿠바를 방문하고 소련 작가를 돕기 위한 활동을 합니다. 사르트르가 1964년에 노벨 문학상을 거부한 일은 너무나 유명한 이야기입니다.

1968년 전 유럽을 휩쓴 학생운동에서도 사르트르는 시위대의 대변자로 거리에 나서서 체제 개혁과 반자본주의 운동에 앞장섭니다. 노년에 이른 그는 시력을 거의 잃고 자신의 마지막 생각을 녹음기를 사용해 기록해야만 했습니다. 사르트르는 분명히 20세기의 실존주의 철학에서 빠뜨릴 수 없

시몬 드 보부아르

카페에서 친구와 대화를 나누는
사르트르

는 이름이지만, 철학자로만 머무르지는 않았습니다. 강단 철학에만 전념
하지 않고 글과 행동으로써 자신의 철학과 삶의 간격을 좁히려 한 사람
입니다. 사르트르의 외적인 활동은 문학가와 문화 비평으로, 내적인 모습
은 철학자로 말할 수 있습니다. 사르트르는 자신의 사회주의적 실존주의
를 후설, 하이데거, 마르크스를 바탕으로 발전시켰습니다.

사르트르는 저서 《존재와 무》에서 존재의 의미를 크게 두 가지로 나눕
니다. 세상의 많은 사물처럼 존재하긴 하지만 아무런 의식이 없는 '자체
존재'와 존재하면서 의식을 갖는 '인간 존재', 곧 '대자 존재'로 나누지요.
대자 존재인 인간만이 의식을 통해서 '무'의 의미를 깨닫고 존재의 '무의
미'까지도 알게 됩니다. 곧 무를 생각할 수 있는 이 능력이 인간의 실존을
나타내는 것으로 사물의 자체 존재와 구별되는 점입니다. 우리는 자신이
아무것도 아님을 깨달음으로써 실존의 의미를 알게 된다는 주장입니다.
반면에 책이나 지우개 등의 존재는 결코 실존으로 나아갈 수 없습니다.

이 허무에 관한 깨달음은 악몽과 같은 것이고, 동시에 '역겨운' 깨달음
이기도 합니다. 아무런 의미가 없는 우리는 '이 세계에 내던져진 것'으로,
우리는 그저 우연에 의해서 태어난 것입니다. 아무런 목적도 계획도 없

이 태어난 우리 앞에는 다만 '무한한 자유'가 놓여 있을 뿐입니다. 따라서 이 자유는 어처구니없는 '빈 자유'입니다. 그런 까닭에 사르트르는 인간은 자유를 행하도록 유죄 판결을 받았다고 말합니다. 이러한 상황에 관한 인간의 첫 반응이 '역겨움'입니다. 자유를 갖고 있으므로 우리는 무엇인가를 할 수밖에 없기 때문에 선택하고 결단해야만 합니다.

다시 말하면 우리를 끌어 주고 감싸 줄 '신'은 이 세상 어디에도 없으며 우리가 가진 것은 무한한 자유뿐입니다. 이 때문에 나 자신에 관한 책임은 더욱 커질 수밖에 없습니다. 무의미한 삶에 우리 스스로 의미를 줄 수밖에 없습니다. 우리는 곧 보호자도 동반자도 없이 혼자서 자신의 길을 가야 하는 '자유인'인 것입니다. 이렇게 스스로 목적과 방향을 결정함으로써 자신을 설계할 수밖에 없는 인간의 조건을 분명히 알고 책임 있는 행위로 나가는 것이 사르트르가 말하는 자유의 운명입니다. 사르트르는 자유와 함께 이 세상에 내던져진 우리의 삶은 총체적인 사회 참여를 통해서만 의미 있는 삶, 즉 실존을 실현한다고 믿었습니다. 총체적인 사회 참여는 그에게 무엇보다도 하나의 지식인으로서 사회·정치적 문제에 참여하는 일이었습니다. 따라서 그의 실존주의는 '현실 참여'를 무엇보다 중요시합니다.

운명은 비웃음을 두려워한다 : 카뮈의 실존주의

사르트르와 친분이 있었던 알베르 카뮈(1913~1960)는 사실 철학자라기보다는 문학 작가이지만 그의 실존주의적 문학 작품은 실존주의 철학을 이해하는데, 적지 않은 공헌을 했습니다. 작가인 그가 체계적인 철학 이론을 발전시키지 않은 것은 당연한 일입니다. 카뮈가 핵심적인 주제로 다루는 '무의미함'과 '저항'은 실존주의 철학에서 결정적인 의미를 갖는 개념입니다. 대표 작품인 《시지프 신화》에서 그는 '삶의 부조리함'에 관한

알베르 카뮈

경험을 신화에 나오는 시지프를 통해서 다룹니다. 이 부조리함은 곧 '나' 와 '세계' 사이에는 건널 수 없는 깊은 심연이 놓여 있음을 뜻합니다.

일상생활에서 전혀 느끼지 않던 이 문제는 어느 날 갑자기 세상이 낯설고 적대적인 모습으로 다가올 때 비로소 커다란 충격으로 우리에게 엄습합니다. 카뮈의 표현에 따르면 우리와 세계의 관계는 다음과 같습니다. "낯선 느낌이 우리를 덮칩니다. 세계가 내게 문을 닫고, 그 세계는 마치 돌처럼 단단해 도저히 뚫고 들어갈 수 없다는 것을 알 때, 이 세상 모든 것이 강력하게 우리를 부인할 때, 이 세계는 우리로부터 미끄러지듯 빠져나갑니다."

문제는 우리 인간은 오래전에 이미 잃어버린 삶의 조화로움과 의미를 끊임없이 그리워한다는 점입니다. 이 잃어버린 세계와 가치를 되찾으려는 인간의 노력과 이러한 노력을 받아주지 않는 세계 사이에 바로 삶의 부조리가 놓여 있습니다. 이 세상에서 가장 확실한 것은 이 부조리한 삶이 인간의 운명이라는 사실입니다. 그렇다면 우리는 이 운명에 관해 어떤 태도를 가져야 할까요? 카뮈는 인간은 내세에 관한 부질없는 희망이나 막연한 형이상학적인 정신세계를 거부하고, 바로 이 운명과 대결하는 데서

8장. 현대 철학 : 진리의 다양함

존재의 의미를 찾아야 한다고 말합니다. 바로 이러한 영웅이 신화에 나오는 시지프입니다.

신은 시지프에게 무의미하고 고통스러운 벌을 내림으로써 산꼭대기에 끊임없이 돌을 올려 가야 하지만 시지프는 운명을 이겨 냅니다. 굴러 떨어지는 돌을 다시 올리는 것은 바보 같은 일이지만, 그는 포기하지 않고 계속함으로써 그에게 주어진 운명을 비웃음으로 견디어 낸 것입니다. 카뮈는 "비웃음을 이겨 낸 운명은 없다."라고 말합니다.

운명을 이겨 내는 유일한 길은 굴복하지 않고 운명에 저항하는 것이며, 동시에 다른 사람과 연대하는 일입니다. 인간적인 운명은 어느 개인의 것이 아니고, 모든 사람에게 공통되는 운명이기 때문입니다. 운명에게 저항하는 삶은 '연대'를 통해서 완성되는 것으로, 그 모습을 카뮈는 인간에게 신의 세계에서 불을 훔쳐서 가져다 준 프로메테우스에게서 발견합니다.

실존철학

실존철학은 20세기 초 유럽에서 다양한 형태로 전개되었습니다. 실존주의 철학자의 기본 입장은 인간 자신을 세계 안에 주어진 단순한 사실로서 받아들이는 것에 만족하지 않는다는 점입니다. 이들은 자신이 존재하는 것에 관하여 무슨 의미가 있는가를 묻고 이에 대하여 분명한 설명을 하려고 합니다. 인간의 특징에 관한 자연과학적 설명을 넘어서서 사유하는 존재로서 정신적인 것에서 인간의 특성을 찾으려고 합니다. 그래서 실존주의 혹은 실존철학은 기존의 철학적 전통에 대해서 비판하면서 인간에 관하여 새롭게 이해하려고 합니다.

실존철학은 인간을 고정적이고 체계적인 틀 안에서 설명하는 것을 거부합니다. 인간에 대한 체계적 사고는 인간에 관한 일반적 설명은 될 수 있지만 개인이 가진 특수성을 충분히 표현하지 못하기 때문입니다. 인간은 개인으로서 자신의 환경에 따른 개별성을 갖는 존재입니다. 즉 인간은 개별적으로 구체적 존재 상황 아래 놓여 있습니다. 실존철학은 개인의 실존적 체험에 관심을 둡니다. 개인은 불안, 고통, 삶의 무의미함에 시달리고 있습니다. 이러한 내면적 정신적 문제는 합리적 설명이나 충고에 의하여 해결되는 것이 아닙니다. 그러므로 철학은 생각을 이론으로 말하려는 것을 거부하고, 즉 논증하려는 것을 버리고 인간의 삶 그 자체를 체험해야 한다는 주장입니다.

파스칼이나 니체와 같은 실존주의 철학자는 인간을 각성시키는 방법을 사용하였으며, 일부 프랑스 철학자는 드라마나 소설을 통해서 해결점을 찾으려고 했습니다. 도스또예프스끼, 키에르케고르, 마르셀은 신을 향해 나아가는 데서 인간의 실존 문제를 해결하려고 했습니다. 독일에서는 하이데거와 야스퍼스 주도하에 실존주의 철학이 1920년대 유행하기 시작하여 40년대에 절정기에 이르렀습니다. 이어서 실존주의는 사르트르와 카뮈에게 전승됩니다.

니체의 실존철학은 인간에게서 나약함을 거부하고 강함을 주장하는 초인을 말합니다. 니체에 따르면 인간에게 속해 있는 힘, 초연함, 강력함과 같은 특성이 인간을 참된 인간으로 성숙하게 할 수 있습니다. 이를 위해서 인간은 참된 생을 방해하는 전통, 도덕, 규범, 문화를 파괴해야 합니다. 니체는 인간은 자신이 가진 편견(현실을 지배하고 있는 도덕과 규범)을 제거할 때 비로소 인간다워진다고 역설합니다. 하이데거는 실존주의의 발전에 많은 공헌을 한 철학자입니다. 그는 실존적 삶에 염려 혹은 역사성의 개념을 부여하였습니다. 인간은 태어남과 동시에 이 세계 속에 던져졌습니다. 그래서 누구나 특정한 역사성과 사회성에 속하게 되고 매일 주변과 다른 사람 사이에서 염려하고 걱정하면서 관계를 맺고 삽니다. 이러한 염려와 걱정 속에서 사람은 수없이 많은 다른 사람과 차이가 없는 사람으로 살아가면서 자신의 불안을 잊으려고 합니다. 그러나 차이가 없는 사람이란 일상적인 삶에 안주하면서 자신의 본래 사람으로부터 멀어진 사람을 뜻합니다. 이러한 삶이란 자신의 현존재를 외면하는 것이므로 하이데거는 본래의 자신에게로 돌아가야 한다고 말합니다. 본래의 자신에게로 돌아가서 존재의 의미를 알기 위해서 존재는 죽음의 의미를 알아야 합니다. 존재는 자신 앞에 놓인 죽음을 분명히 알게 될 때 실존의 참된 의미를 깨닫게 되기 때문입니다.

실존철학자 사르트르의 기본 경험은 구토(메스꺼움)입니다. 사르트르에게 있어서 구토는 인간이 의미 없는 세상에 살고 있다는 것(무의미)과, 무의미한 삶에서 인간에게 주어진 것은 자유라는 것을 알 때 느끼는 감정입니다. 사르트르는 자유의 개념에서 인간이 가져야 할 책임을 이끌어 냅니다. 무신론자인 사르트르는 자유로부터 가치의 질서가 아니라, 스스로 자신의 고유한 의미를 찾아야 한다고 말합니다. 자유는 곧 인간의 운명이고 본성이므로 자신의 삶에 관한 선택을 스스로 해야 한다는 주장입니다. 사람은 자유와 함께 태어나는 것이 아니라 자기 스스로 만들어 가는 것이라는 뜻입니다. 인간의 자유 선택이 곧 실존적 삶을 만들어 가고, 자신의 의미는 다른 사람의 삶에 참여함(현실 참여)으로써 가능합니다. 사르트르는 실천의 차원에서 정치 참여를 강조합니다. 이러한 의미에서 사르트르는 자신의 실존주의가 휴머니즘이라고 말하며, 사회 변화를 위한 지식인의 역할을 강조합니다.

45

하이데거의 존재론
: 고향은 이 세상 어디에도 없다

"언어는 존재의 집이다. 인간은 그 집 안에서 살면서 감춰진 존재의 진리를 엿듣고 자신을 드러낸다." - 마르틴 하이데거

20세기의 뛰어난 사상가 중 한 사람으로 꼽히는 마르틴 하이데거(1889~1976)의 철학은 철학만이 아니라 신학, 심리학, 문학에 이르기까지 폭넓은 영향을 미칩니다. 하이데거는 광범위한 영향으로 이미 고전 철학자로 평가되는 인물이기도 합니다. 하이데거는 남부 독일의 작은 마을에서 농사와 마을 교회에서 잔일을 맡아보던 부모 사이에서 태어났습니다. 그는 처음에 신학을 시작했다가 뒤에 철학에 전념합니다.

1916년에 교수 자격을 획득한 뒤 1919년에 프라이부르크대학에서 후설의 연구 조교가 되지만, 후설의 학문적 방향에 대해서는 동의하지 않습니다. 그 뒤 하이데거는 1923~1924년 사이에 마르부르크대학의 정교수가 되었고, 1927년에 대표적인 저서《존재와 시간》의 제1부를 발표하여 철학자로서 유명해집니다. 그는 이 책을 후설에게 헌정합니다.

마르틴 하이데거

1929년에 《형이상학이란 무엇인가》를 발표하면서 프라이부르크대학에 취임해 한동안 강의에 전념하지만, 총장으로 선출된 뒤 히틀러 정권을 옹호하는 연설을 해 철학자로서, 사상가로서 큰 오점을 남겼습니다. 이 문제로 그는 1946년에 교수직을 박탈당하고 1957년을 마지막으로 다시는 강의하지 못했습니다. 엄청난 양의 저술을 전집으로 간행하기 시작한 지 얼마 뒤에 그는 세상을 떠나서 고향에 묻혔습니다. 그의 대표적인 저서 《존재와 시간》은 여전히 완성되지 않은 채로 남아 있습니다.

하이데거는 《존재와 시간》에서 인간을 '지금', '여기에' 사는 '현존재'라고 말합니다. 이 현존재는 곧 실존을 뜻하며, 인간이 가장 자기다운 선택을 할 때의 모습입니다. 하이데거에 따르면 사람이 살아가는 방법은 결국 두 가지인데, 하나는 자신의 고유한 선택을 함으로써 자신만의 삶을 실현하는 것이고, 다른 하나는 자신의 것이 아닌 타인의 모습으로 살아가는 것입니다. 지금 여기에 있는 나의 '현존재'란 통일된 모습을 갖지 않기 때문에 누구에게나 적용되는 방식으로 설명할 수 없습니다. 그것은 다만 각자의 삶에 의하여 이해될 수밖에 없습니다.

다시 말하면 이 실존적인 모습은 '이 세계 속의 존재'로서 사는 나의 모습입니다. 이 세계 속의 존재란 무엇을 뜻할까요? 우선 나의 현존재는 또 다른 현존재를 만나고 관계를 맺습니다. 다른 사람과의 관계는 '남에 관한 배려'를 통해서 이루어지는 사회적 관계입니다. 그러나 남에 관한 배려에 매이다 보면 현존재는 자신의 고유함을 잃어버리고 남이 살아가는 방식을 쫓아가게 되는 것이 문제입니다. '나'는 다른 사람에게 맞추어 행동하고 웃고 슬퍼함으로써 나의 '현존재'를 포기하고 모든 것을 남처럼 하려고 노력합니다. 이를 가리켜 하이데거는 '보통 사람'이라고 말합니다. 이 보통 사람은 '튀는' 것을 가장 두려워합니다. 그 이유는 책임지지 않으려는 데 있습니다. 남이 입는 것을 입고 남이 웃을 때 웃는다면, '나'는 문제가 있을 때 언제나 '남'을 핑계 댈 수 있기 때문입니다. 이렇게 '남'을 핑계로 사는 것이 세상을 무난하게 사는 것 같지만, 그것은 사실 자신이 그 '누구도' 아니라는 뜻이 됩니다. 나의 존재는 남의 방식에 의해서 지배되기 때문입니다. 이 보통 사람의 모습으로 사는 삶은 자신의 현존재를 포기하는 삶입니다.

또 다른 모습의 현존재는 '이해하는 능력'을 가집니다. 이 '이해하는 현존재'는 자신의 고유함을 이해하고 자기가 세계와 어떤 관계에 놓여 있는지를 생각합니다. 따라서 이해란 곧 자신의 고유한 실존, 인간이 이 세계에 내던져졌다는 냉정한 현실, 보통 사람으로서 타락을 염려하고 걱정하는 것을 뜻합니다. 염려하고 생각하는 능력을 통하여 현존재는 자신의 고유함에 맞는 계획을 세우고 구상함으로써 '평범한 일상'에서 벗어나서 자신의 모습을 찾습니다.

우리가 진정한 자신을 발견하고, 가장 자기다운 가능성을 찾아내는 상황은 '불안'에 직면할 때입니다. 불안이란 어떤 대상으로부터 오는 공포와는 달리, '세계 속의 존재'로서 인간이면 누구나 느끼는 감정으로, 우리 삶에 관한 불안은 우리를 평범한 사람으로부터 아무런 가식 없는 자신에게로 돌아오게 만듭니다. 이 불안이 인간의 무력함과 유한함을 알게 함으로써, 우리는 다시는 남에 맞춰 웃고 떠들며 살아갈 수 없는 것입니다. 왜냐하면 불안은 이 세계에 던져진 존재인 우리가 스스로 세상을 배워가야 함을 일깨워 주기 때문입니다. 게다가 우리는 삶에 있어서 길을 잃거나 완전히 실패할 수도 있습니다. 불안을 통해서 인간은 결국 자신이 '죽음을 향해서 있는 존재'임을 알게 되고, 삶의 무의미와 허무함을 절실히 느끼게 됩니다. 이제 이 세상은 '현존재'에게 더는 편안하고 익숙한 집이 아니라 기이하고 낯설게 느껴지는 곳이고, 현존재는 편안함 대신 '죽음'이 엄습해 오는 것을 보게 됩니다. 이 죽음으로 향하는 불안 속에서 '현존재'는 철저하게 혼자이며 아무도 곁에 없음을 알게 됩니다. 삶의 끝에 놓인 죽음을 피할 수 없다는 사실을 받아들일 때 비로소 우리는 자신의 현존재를 전체적으로 이해할 수 있으며, 무엇을 위해 자유로워져야 하는가를 묻게 됩니다.

이러한 불안과 정면으로 마주 서서 자신의 모습을 바라보는 것은 결코 쉬운 일이 아닙니다. 누구도 나를 불안에서 건져 줄 수 없고, 누구나 혼자 가야 하며 어디에도 우리가 머무를 수 있는 '나의 집'이 없다는 것을 인정해야 하기 때문입니다. 그래서 많은 경우 사람들은 그럴수록 더욱 '보통 사람'으로서, '자기 자신'이 아닌 타인의 삶을 살기 위해서 일상 속으로 도망치거나 착각 속에서 머무르려고 합니다. 하이데거는 불안이야말로 실존을 원하는 사람에게는 진정한 자신을 발견할 수 있는 결단으로 나아가는 길이며 기회라고 말합니다. 그에게 있어서 인간의 실존은 '결단'의 의미가 됩니다. 이렇게 하이데거는 누구의 도움도 보호도 없이 혼자서 결단하고 책임지는 '현존재'를 주장하므로 무신론적이고 고독한 실존주의자에 속합니다.

하이데거의 실존주의에서 언어는 대단히 중요한 자리를 차지합니다. 그에 따르면 존재는 언어로 가는 도중에 자신을 밝은 곳으로 드러냅니다. 그래서 하이데거는 "언어는 존재의 집입니다. 인간은 이 존재의 집 안에서 살면서 감춰진 존재의 진리를 엿듣고, 또 존재는 자신을 드러냅니다."라고 말합니다. 언어를 통해서 존재의 의미가 이야기되고 전달되므로, 언어가 없는 존재란 생각할 수조차 없는 것입니다. 이때 하이데거가 말하는 언어는 단순히 어떤 것을 전달하는 도구가 아니기 때문에 언어를 통해서 세계의 모든 것을 이해한다는 의미는 아닙니다. 존재 자체가 '말로써 표현할 수 있는 부분'과 '이야기할 수 없는 부분'이라는 양면을 갖고 있습니다. 그러므로 존재를 보다 더 잘 드러내고 밝혀 줄 수 있는 언어는 인간 삶의 생생한 현장으로부터 오는 언어이고, 이러한 언어는 시적 언어입니다. 하이데거는 철학적 개념보다는 '시를 통한 이야기'가 보다 인간의 깊은 내면을 보여 주며, 삶의 의미를 참답게 간직한다고 주장합니다.

46

버트런드 러셀
: 단순함으로 명쾌함을 얻는다

"하나의 문장은 그 세계에 대응합니다." - 버트런드 러셀

철학자로서 뿐만 아니라 정치적인 저술가로, 신념을 양심적으로 지켜나간 도덕가로서 널리 알려진 버트런드 러셀(1872~1970)은 할아버지가 상원의원을 지낸 적이 있는 영국의 명문 가정에서 태어났습니다. 러셀은 부모가 일찍 세상을 떠났기 때문에 형과 함께 조부모 집에서 성장했습니다. 그 뒤 케임브리지의 트리니티 칼리지에서 수학과 철학을 공부하면서 미국을 대표하는 현대 철학자 알프레드 화이트헤드를 만납니다. 이 두 사람은 나중에 《수학원리》라는 현대 논리학에서 가장 큰 영향력을 미친 책을 공동으로 저술합니다.

러셀은 1900년경부터 제1차 세계대전까지 왕성한 저작 활동과 학문적 성과를 보입니다. 그는 1909년에 왕립협회의 회원으로 선출된 뒤 1910년부터 5년 동안 케임브리지에서 논리학과 수학을 강의했던 시기에 현대 철학사에서 흔들리지 않는 위치를 차지하는 루트비히 비트겐슈타인을 가르

버트런드 러셀

칩니다. 제1차 세계대전을 경험한 러셀은 전쟁을 인류의 재앙으로 여기면서 평화 운동을 시작하고 병역 의무에 반대함으로써 반년 동안 투옥 생활을 합니다. 이후 러셀은 한동안 학문 연구보다는 정치적 강연과 소련과 중국을 방문하는 여행을 활발히 하는데, 이때 그의 명성이 일반 사람에게 널리 알려지기 시작합니다. 이 시기의 관심은 유아 교육과 성 윤리에 관한 것까지 매우 다양했습니다. 미국에서 1944년에 돌아온 러셀은 다시 케임브리지에서 강의를 맡았고, 1950년에는 영국의 메리트 훈장과 노벨상을 받았습니다. 철학자로는 보기 드물게 장수한 그는 그 당시 누구도 따라갈 수 없는 대중적인 인기와 존경을 받는 국제적인 인물이었습니다.

러셀의 탁월한 명성이 정치 활동과 사회적인 윤리 문제를 토론하는 데 적지 않게 도움을 준 것은 사실이지만, 러셀의 지성적 활동에 관한 평가는 별도로 내려야 할 것입니다. 그는 자신의 독립성을 위하여 외교관이나 하원 의원으로서 정치가의 길을 가지는 않았지만, 제1차 세계대전의 경험에서 출발한 평화에 관한 신념을 노년까지 잃지 않았고 국제적인 군비 축소, 핵무기 포기, 베트남 전쟁의 종식을 위해 젊은이들과 더불어 거리에 나서서 투쟁하는 것을 망설이지 않았습니다. 러셀의 반핵 운동은 오늘날 국제 사회의 많은 문제를 볼 때, 또 그 당시의 냉전 분위기를 생각하면 더욱더 큰 의미를 갖습니다.

대중적인 인기를 누린 러셀은 철학자로서 보기 드물게 사생활 대부분이 노출된 인물이기도 합니다. 4번의 결혼 경력은 그의 개인적인 생활에서 이야깃거리를 제공하는 부분입니다.

철학자로서의 러셀은 논리학에서 큰 비중을 차지하는데, 그는 관념 철학의 대가인 칸트와 헤겔의 이론을 '쓸데없는 쓰레기'로 간주하면서 자신은 과학적이고 분석적인 방법으로 철학하기를 한다고 말합니다. 그의 저술은 두 가지 원칙으로 이루어집니다. 첫째, 철학적 문제를 다룰 때 정신활동만으로 판단하지 않고 최근의 과학적 결과를 참고한다는 원칙입니다. 둘째, 필요 이상의 것을 덧붙이지 않는다는 원칙입니다. 러셀은 철학이라는 학문이 과학에 의해서 알려진 것을 진지하게 받아들임으로써 더많은 문제를 해결할 수 있다고 생각했습니다. 다시 말하면 철학은 과학보다 한발 앞서서 과학적 문제를 다루어야 한다는 것입니다. 이때 러셀이말하는 과학은 논리학과 수학 같은 형식 과학입니다. 그의 의문은 '이성을 가진 사람에게 확실하게 믿을 만한, 전혀 의심할 수 없는 지식이 과연있을까요?' 하는 것입니다.

우리가 분명하고 확실하다고 생각하는 것을 자세히 관찰한다면 전에보지 못하던 많은 모순을 보게 됩니다. 이러한 문제는 사람이 기호 언어를 정확하게 사용하지 않고 애매하게 표현하는 데서 온다고 러셀은 보았습니다. 러셀의 관심은 언어의 논리적 분석 방법으로, 확실하다고 생각한것이 잘못되어 있음을 밝혀내는 것입니다. 러셀의 이러한 방법을 '기술 이론'이라고 말합니다. 철학적 내용을 가진 진술이 복잡하고 어려운 것은 기술(어떤 것을 언어로 표시하는 기술) 방법에서 잘못된 것이므로 복잡한 언어 사용을 단순하게 함으로써 잘못을 드러내 보인다는 주장입니다. 하지만 복잡한 문제를 선명하게 설명하기 위한 그의 논리학은 유감스럽게도이해하기가 쉽지 않습니다.

러셀은 하나의 사물을 기술하기 위하여 알아야 할 것은, 우리가 기술하려는 이 사물은 어떤 조건에서 보느냐에 따라 달리 보인다는 것을 아는 것이라고 주장합니다. 기술하기 위하여 사용하는 표현은 동시에 모든것을 기술할 수 없기 때문에 언어 사용은 구체적이고 제한된 의미로 사용되어야 합니다. 기술하기 위하여 사용한 언어 표현은 그 스스로는 의미를 갖지 않는 상징에 불과하며 문장 속에서 한 부분으로서 전체와 모순되지 않아야 합니다. 아래와 같은 문장으로 예를 들어 봅시다.

'스코트는 《웨이벌리》의 저자입니다.' 이 문장은 스코트를 A라고 하고《웨이벌리》의 저자를 B라고 하면, 'A는 B이다.'라는 형식이 됩니다. 전통적인 논리학에서는 이 문장이 옳다면 A와 B의 위치가 달라져도 이 문장의 옳고 그름에는 영향이 없다고 생각해 왔습니다. 그래서 'B는 A이다.'라고 바꾸어 놓을 수 있다는 것입니다. 그러나 이 예문의 경우 'B는 A'가 될 경우, 이 문장은 아무런 뜻이 없을 뿐만 아니라 사람들이 알고 싶어하는 것을 알려 주지 못합니다. 사람들이 알고 싶어하는 것은 누가 실제로 저자인가 하는 점입니다. 'B는 A이다.'로 예문을 바꿀 경우, 실제로 스코트는 이 책의 저자이므로 내용에 있어서는 '스코트는 스코트다.'라는 해괴한 문장이 됩니다. 그래서 러셀은 위의 복합 문장을 단순하게 하기 위해서 다음과 같은 세 가지 진술로 분석합니다.

분석 문장 1. 《웨이벌리》라는 책을 쓴 사람 x가 실제로 있어야 한다.
분석 문장 2. 어떤 y라는 사람이 있고, 만일 이 y가 실제로 《웨이벌리》를 저술했다면 y는 x와 같다.
분석 문장 3. x가 《웨이벌리》를 저술했다면, x와 스코트는 동일인이다.

처음 문장은 《웨이벌리》의 저자가 존재하고, 그 사람은 스코트라는 사람이다.'라는 의미입니다. 위의 예문에서 알 수 있는 문제는 《웨이벌리》의 저자라는 표현을 고유명사로 생각한 데서 생깁니다. 철학이, 특히 형이상학이 갖고 있는 문제는 고유명사를 잘못 사용함과 동시에 명사가 지시하는 대상을 정확하게 제한하지 않은 데서 생긴다는 주장입니다.

47

비트겐슈타인 언어철학
: 말할 수 없는 것은 말하지 마라!

"나는 어떠한 학파도 세울 수 없거나, 혹은 어떤 철학자도 될 수 없지 않나
요? 나는 본래 모방되기를 원하지 않기 때문에 어떠한 학파도 세울 수 없습
니다. 어쨌든 나는 철학 잡지에 논문을 발표하는 사람들 가운데 하나는 아닙
니다. 말할 수 없는 것에 관하여 우리는 침묵해야 합니다."
– 루트비히 비트겐슈타인

침묵해야 할 경우에 침묵하는 것도 하나의 철학하는 행위입니다

현대 철학사에서 루트비히 비트겐슈타인(1889~1951)은 신화적인 인물
로 꼽힙니다. 그는 철학적 업적에 있어서나 개인적인 삶에 있어서 많은
사람에게 여전히 경이로운 철학자로 불립니다. 비트겐슈타인은 오스트리
아의 빈에서 태어난 유대인이었습니다. 뒷날 영국인으로서 케임브리지에
서 세상을 떠났지요. 그의 성 '비트겐슈타인'은 전통 있는 영주 집안의 것
으로, 그의 아버지는 막강한 영향력을 지닌 대기업가였으며, 예술가의 중

요한 후원자였습니다. 그의 집을 드나들던 예술가는 구스타프 말러와 요하네스 브람스 등이 있습니다.

루트비히 비트겐슈타인

비트겐슈타인 역시 이 영향을 받아서 예술 쪽에도 많은 관심을 가졌지만, 그의 분석적인 두뇌와 엄격한 극기는 누구도 꺾지 못하는 고집스러움과 함께 일찍 눈을 떴습니다. 그는 중학교를 자퇴하고 집에서 독학하다가 베를린의 기술 학교를 마친 뒤, 1908년에 기계 공학을 공부하기 위하여 영국 맨체스터로 갑니다. 그러나 철학을 공부하기 위해서 공학을 중단하고 케임브리지로 옮겨서 러셀을 찾아갑니다. 비트겐슈타인의 천재성을 알아본 러셀은 서로 다른 성격을 지녔음에도 비트겐슈타인을 대등한 상대로 인정합니다. 러셀은 비트겐슈타인을 가리켜 '가장 완전한 천재'라고 말할 정도였습니다.

비트겐슈타인은 제1차 세계대전 중에 이미 많은 재산을 라이너 마리아 릴케를 비롯한 시인에게 기부했고, 전쟁이 끝났을 때는 '단순한 삶을 위해서' 유산으로 받은 많은 재산을 포기합니다. 그 뒤 비트겐슈타인은 수도원에서 정원사로 일하거나 시골의 교사로 일하면서 생활했습니다. 비트겐슈타인은 누이 집을 설계하기 위해 잠시 빈에 머무르는 동안 철학자의 모임인 '비엔나* 서클'을 방문하기도 하지만 깊게 관여하지는 않습니다. 비트겐슈타인은 다시 1929년에 케임브리지로 돌아와, 이미 1921년에 출판한 《논리 – 철학 논고》로 박사 학위를 취득하고 케임브리지의 특별 연구원으로 5년 동안 일합니다.

1939년에 비트겐슈타인은 조지 에드워드 무어의 후임자로 케임브리지의 특별 명예 교수로 임명되지만, 제2차 세계대전으로 인하여 전쟁 뒤에야 세미나를 할 수 있었습니다. 그러나 비트겐슈타인은 자신이 사람들과 어울려서 살아가기 어렵다는 것을 깊이 깨닫고, 아일랜드로 떠나 그곳에서 은둔하면서 철저한 고독 속에서 살다가 죽기 2년 전에 다시 케임브리지로 돌아옵니다. 1951년에 친구의 집에서 "나는 경이로운 삶을 살았다.

* 비엔나
비엔나는 빈의 영어 이름이다.

그들에게 전해 달라."라는 마지막 말을 남기고 세상을 떠났습니다.

비트겐슈타인이 남긴 이 마지막 말은 사실상 누구도 기대하지 않은 것이었기에 더욱 깊은 인상과 감동을 남겼습니다. 그는 어떤 의미에서 자신의 삶과 철학의 완전한 일치를 추구한 완벽주의자였고, 자신에게 매우 엄격한 사람이었습니다. 케임브리지의 연구 시절 그는 '명예로운 식탁'에서 동료와 식사를 하던 도중, 그들이 나누는 천박한 대화에 격분해 귀를 막고 홀을 뛰쳐나갔다고 합니다.

타협할 줄 모르는 강직함과 도덕적인 성격을 지닌 비트겐슈타인은 자신의 능력에 관해서도 완벽함을 요구했던 까닭에 생전에는 단 한 권의 책을 출판했을 뿐입니다. 또 학생에게는 철학 공부를 포기하라고 말했습니다. 비트겐슈타인은 비판에 몹시 민감하여 자신에 관해 비판하지 않는다는 조건으로 '비엔나 서클'의 대화에 참가했습니다.

이러한 예민함은 그의 글 쓰는 방법에서도 드러납니다. 비트겐슈타인은 전통적 철학 용어를 전혀 쓰지 않았고, 어떤 전통 이론과 논쟁하려 하지도 않았습니다. 그의 책에서는 자신의 주장에 관한 논리적 근거가 확실하게 드러나지 않습니다. 그의 문체는 시적이기도 하기 때문에 그의 이론에는 체계가 없는 것도 사실입니다. 이렇게 빈틈없는 완전함을 원하면서도 결코 완전해질 수 없다는 갈등 속에서 그는 큰 고통을 겪어야 했습니다. 비트겐슈타인은 생전에 죄의식과 절망감에 시달렸고 자주 자살을 생각했는데, 그 원인을 사람들은 부모의 지나치게 높은 기대감 때문이라고 추측합니다. 하지만 믿을 수 없을 만큼 강한 희생정신과 정직함은 그의 높은 자존심에서 나오는 것으로 보아야 할 것입니다. 이러한 성격은 강의에서도 잘 드러납니다. 그의 세미나는 지식 전달을 위한 것이 아니고, 자신의 생각을 정리하는 고통스러울만큼 힘들고 긴 시간이었다고 합니다. 분명한 것은 비트겐슈타인은 오늘날에도 여전히 엄청난 영향을 미치고 있으며, 많은 추종자를 거느리고 있다는 사실입니다. 저서로는 생전에 출판한 《논리-철학 논고》와 죽은 뒤에 출판한 《철학 탐구》 등이 있습니다.

세계의 한계는 언어의 한계다

비트겐슈타인의 철학은 전기와 후기로 나뉩니다. 전기는 《논리-철학 논고》를 중심으로 전개되는 이론으로, 그는 이 책을 제1차 세계대전 때 쓰기 시작했습니다. 비트겐슈타인은 군대에 자원입대했다가 포로 생활을 했는데, 그때 쓰기 시작한 철학 일지가 완성된 것이 바로 이 책입니다. 이 책은 80쪽 정도의 분량이지만 그 내용은 이해하기가 대단히 어려우며, 내용의 중요성을 십진법에 의해 소수점으로 번호를 붙였습니다. 핵심을 이루는 철학적 주제를 7가지로 제시하는데, '1. 세계는 경우의 집합이다.' 로 시작해 끝으로 '7. 말할 수 없는 것에 관해서 우리는 침묵해야 한다.'로 정리합니다.

이러한 주제를 통해 비트겐슈타인은 언어와 세계, 묘사와 묘사된 것 사이의 관계를 설명하려고 한 것입니다. 비트겐슈타인에 따르면 언어와 세계 사이에는 세 종류의 관계가 있는데 i) 언어는 세계를 대변하고 ii) 묘사하며 iii) 서술하는 관계를 갖습니다. 이 세계는 사물로 이루어졌지만 단순히 사물로서만이 아니라, 어떤 일정한 관계 속에 있는 사물, 즉 '경우'로서 이루어졌다는 뜻입니다. 예를 들면 한 권의 책은 '너의 책'이거나 '지루한 책'으로 일정한 경우를 나타냅니다. 이 관계 속의 경우가 세계를 이루며, 그 형식은 'a는 b와 관계된다.'로 표현되므로 곧 'aRb'로 말할 수 있습니다(R은 여기서 관계라는 뜻의 Relation을 말합니다). 언어는 곧 이 세계를 이루는 경우를 모방해서 우리에게 악보가 악곡을 전달하듯이 세계를 이루는 경우를 전달합니다. 비트겐슈타인은 이때 언어가 경우의 그림을 그려 낸다고 말합니다. 이것이 그가 말하는 '명제의 그림 이론'입니다. 비트겐슈타인이 모든 문제를 언어가 해결한다고 보는 것은 아닙니다.

바로 그의 끝 주제가 이것을 말해 줍니다. 말할 수 없는 것을 말하는 것은 논리적으로도 도덕적으로도 무의미한 짓이며, 또 세계에는 말할 수 없는 것이 있는 것도 사실입니다. 비트겐슈타인은 이 말할 수 없는 세계의 한계가 곧 언어의 한계라고 보았습니다. 비트겐슈타인의 후기는《철학 탐구》를 통해서 '새로운 철학'을 시도한 것으로 특징지어집니다. 이 시기의 중심 개념은 '언어 게임'입니다. 이 후기의 이론은 자신의 초기 이론을 비판하면서 시작합니다. 한 단어는 항상 한 대상을 모방하는 것이 아니라 언어 안에서, 즉 문맥 안에서 다르게 이해될 수 있습니다. 일정한 사용 규칙을 가진 언어 게임 안에서 한 단어는 의미를 갖습니다. 말하는 것은 하나의 행위이며 동시에 삶의 표현 방식이기 때문에 말하는 것으로써 개인과 세계를 또는 개인과 공동체를 연결시킵니다. 언어의 의미는 사용 규칙에 의한 것이며 이 규칙은 하나의 언어를 공동으로 사용하는 사람끼리의 언어 문법입니다. 마치 장기의 말이 규칙에 의해 움직이는 것처럼.

언어는 결코 개인적인 것일 수 없습니다. 예를 들면 흔히 인사할 때, "식사하셨어요?" 또는 "어디 가세요?"라고 하는데, 한국이라는 언어 공동체에서는 당연히 인사로 이해하기 때문에 아무도 '왜 이 사람은 내가 밥을 먹었는지 궁금해 하는걸까?'라고 생각하지 않습니다. 하지만 다른 언어 공동체 사람에게는 대단히 이상한 물음이 됩니다. 내가 밥을 먹었거나 어디를 가거나 자기가 무슨 상관인가 하고 말입니다. 이러한 사용법을 비트겐슈타인은 '언어의 문법'이라고 말하며, 이 문법을 이해할 때 언어의 의미를 제대로 파악한다고 비트겐슈타인은 역설합니다. 비트겐슈타인은 우리가 철학의 혼란한 언어를 사용함으로써 마법에 걸린 것이며, 이제 다시 언어를 바른 도구로 사용함으로써 철학이 제 역할을 되찾아야 한다고 주장합니다. 철학은 세계를 이해하기 위한 것이고, 세계는 언어에 의하여 측량되기 때문입니다. 이런 의미에서 철학은 말할 수 있는 것과 말할 수 없는 것을 있는 그대로 보여 주는 언어의 행위입니다.

언어철학

언어철학은 언어의 근원, 본질, 사회적·문화적·정신적 기능, 논리, 심리 등을 그 대상으로 합니다. 철학의 출발과 동시에 철학에서는 언어를 다룹니다. 아리스토텔레스에 따르면 언어는 인간만이 사용하는 인간의 고유한 것입니다. "우리는 다른 동물에게서도 고통과 쾌락의 소리, 기호를 봅니다. 그러나 인간의 언어는 좋은 것과 나쁜 것, 옳은 것과 그른 것을 말합니다. 이것이 인간을 다른 동물과 구분해 줍니다." 아리스토텔레스는 인간이 사용하는 고유한 언어 능력은 다른 동물이 사용하는 소통 능력과 근본적인 차이가 있다고 보았습니다. 데카르트에 의하면 인간은 언어를 통해서 자신이 사고하는 존재라는 것을 증명합니다. 그에게 있어서 언어는 인간의 내면 혹은 정신 활동을 밖으로 표출하는 기호입니다. 칼 훔볼트는 언어는 민족의 영혼이며 정신의 기관이라고 주장합니다. 페르디낭 드 소쉬르에 따르면 언어는 기호에 의한 차이의 체계입니다. 즉 언어는 사회적 약속이며 합의입니다.

하이데거에 의하면 언어는 존재의 집으로, 한 존재는 언어를 통해서 드러나고 표현됩니다. 언어와 존재의 관계에 대해서 하이데거는 언어는 단지 말하는 데서 그치는 것이 아니라, 언어 없이는 존재가 불가능하다고 말합니다. '나'는 언어를 통해서 나의 존재를 드러내고, '너'와 '나'의 상황을 이해하며, 해석하게 됩니다. 다시 말하면 우리는 언어적 행위를 통해서만 다른 누군가를 이해하고 의미를 부여하며 관계를 맺게 됩니다. 그래서 존재는 곧 언어적입니다. 우리는 언어를 통해서 타인을 만나고, 세계 안에서 살아갈 수 있습니다.

20세기의 가장 중요한 언어철학자 비트겐슈타인은 언어는 세계에 관한 그림으로서 언어의 의미는 그 쓰임에 있다고 보았습니다. 언어가 하는 일은 세계에 관한 그림을 그리는 일이라는 주장입니다. 이를 '언어그림이론'이라고 하는데, 언어가 그려 내는 그림을 통해서 우리는 세계와 관계를 맺으며, 사실 관계가 참인지 아닌지를 구별합니다. 즉 언어는 사물이 어떻다는 것을 말해 줄 뿐입니다. 언어가 그려 내는 부정확함 때문에 우리가 어떤 대상에 대하여 혼란스러워 하는 것입니다. 우리가 언어를 정확하게 사용하는 방법을 아는 것은 언어의 쓰임을 아는 것으로, 이것은 곧 언어의 생명이며, 인간 사이의 의사소통을 결정짓습니다.

48

비판 이론
: 이성과 계몽의 어둠의 그림자

"사회는 있는 그대로 반드시 존재할 필요는 없습니다. 인간은 그 사회의 모습을 바꿀 수 있는 존재입니다." - 막스 호르크하이머 / 테오도르 아도르노

일반적으로 '비판 이론' 또는 프랑크푸르트학파로 불리우는 1930년대의 사회비판적 철학의 대표 철학자가 막스 호르크하이머(1895~1973)와 테오도르 아도르노(1903~1969)입니다. 이 두 사람이 일했던 사회연구소는 그 이전에 이미 에리히 프롬과 헤르베르트 마르쿠제가 일했었고, 이외에도 많은 다른 연구가가 합류하지만, 이 두 사람의 공동 작업이 결국이 연구소와 학파를 키웠다고 말할 수 있습니다.

막스 호르크하이머는 대단한 자본가인 유대인의 아들로 독일 슈투트가르트 근처에서 태어났습니다. 그는 문학, 심리학, 철학에 큰 관심을 가졌지만 아버지의 기업 경영을 물려받습니다. 경영자로서 호르크하이머는 노동자의 비천한 삶을 알게 되면서 양심의 가책을 받게 됩니다. 이 양심의 가책이 뒷날 그가 가난한 집안의 여자와 결혼을 결심하게 된 동기라

막스 호르크하이머

8장. 현대 철학 : 진리의 다양함

테오도르 아도르노

고 사람들은 말합니다. 그는 그 뒤로 철학에 관한 관심을 계속해서 키워 나갔고 1923년에는 칸트에 관한 논문으로 박사 학위를 취득했습니다. 호르크하이머는 1930년부터 교수로 임명되면서 연구소 운영에 참가합니다.

유대인인 그는 1933년 나치즘을 피해 제네바로 갔다가 다시 미국의 뉴욕으로 망명해 적극적으로 사회연구소 활동을 계속하면서 아도르노와 공동 저작인 《계몽의 변증법》을 1942년부터 1944년까지 집필했습니다. 전쟁이 끝난 1949년에 호르크하이머는 프랑크푸르트 시의 초청으로 다시 독일로 돌아오는데, 그의 평생 친구인 아도르노도 동행했습니다. 그는 그 뒤 대학 총장을 지냈고, 여론의 많은 관심을 받은 가운데 1959년에 정년퇴직과 함께 사회연구소 운영을 아도르노에게 물려주었습니다. 그는 그 뒤 스위스에서 살다가, 78살에 독일 뉘른베르크에서 임종을 맞습니다.

테오도르 아도르노 역시 유대인으로 프랑크푸르트에서 포도주 거상인 아버지와 가수였던 어머니 사이에서 태어났습니다. 그는 어머니와 피아니스트인 이모 덕분에 일찍 음악에 관한 관심을 가졌고, 이 관심은 일생 동안 지속됩니다. 아도르노는 심리학, 철학, 음악을 공부하기 시작했고, 1922년에 8살 위인 호르크하이머와 만났습니다. 그 뒤 아도르노는 호르크하이머와 평생에 걸쳐 학문적 길을 동행합니다. 한때 그는 본격적으로 음악(피아노)을 공부하기 위해 오스트리아의 빈에서 생활하기도 합니다. 교수 자격을 획득한 뒤 시작한 강의는 유대인이라는 이유로 중단되었습니다. 1938년에 호르크하이머의 초청으로 뉴욕으로 간 아도르노는 사회연구소의 정식 연구원이 되었고 1949년 그는 호르크하이머와 프랑크푸르트로 돌아와 1956년에 정식 교수가 되면서 문화 비판가로서 본격적인 활동을 시작합니다. 그의 말년 교수 생활은 평탄하지 않았습니다. 학생들의 시위 때문에 대학 강단에서 물러난 아도르노는 1969년에 스위스에서 휴가를 보내던 중 세상을 떠났습니다.

프랑크푸르트학파의 이론이 '비판 이론'으로 불리는 이유는 1937년 《사회연구지》에 실린 〈전통적 이론과 비판적 이론〉이라는 논문 때문입니다. 비판 이론은 무엇보다도 전통적인 형이상학적 철학과 과학주의 철학과 이러한 철학을 바탕으로 발전해 온 자본주의 사회를 비판하고 분석하기 위한 것입니다. 이 학파는 마르크스의 이론을, 즉 자본주의의 비판과 분석을 자신의 방법으로 선택합니다. 호르크하이머와 아도르노는 공동 저서인 《계몽의 변증법》을 통해서 계몽은 지금까지 사회 발전에 어떤 역할을 해 왔으며, 계몽에 의한 역사는 인간에게 무슨 의미를 갖는가 하는 것을 되짚습니다. 이런 뜻에서 이들의 이론을 '계몽에 관한 계몽'이라고 합니다.

이들은 계몽은 인간에게 진보와 더 좋은 삶을 가져온 것이 아니라 오히려 엄청난 재앙을 일으켰으며, 계몽이 자유가 아니라 더 큰 억압의 수단이 되었다고 주장합니다. 이 엄청난 재앙이 현실로 나타난 것이 곧 자본주의적 파시즘으로, 히틀러 정권이라고 이들은 봅니다.

희망과 행복을 약속했던 계몽은 이제 동물적인 야만성으로 돌변하고 역사는 진보하는 것이 아니라 퇴보하는 것이라고 주장합니다. 계몽의 주체는 이성적인 인간, 즉 생각하고 비판하며 판단하는 이성이고, 이 이성은 역사의 해방이 아니라 오히려 지배의 수단으로 이용되어 왔다고 이들은 말함으로써 이성이 누구를 위한 것인지 묻습니다.

초기의 계몽은 인간을 공포에서 벗어나서 스스로 주인이 되게 하기 위해서 시작되었고, 이 세계를 신화의 요술로부터 벗어나게 하는 것이 계몽의 목적이었습니다. 계몽이 터무니없는 미신과 상상 대신 과학적 지식을 강조하면서부터 지식은 최고의 가치를 갖게 됩니다. 사람들은 알 수 없거나 낯선 사물을 분석하고 실험하여 통계를 내는 방법으로 지식을 쌓았고 과학(수학)과 이성은 '완전한 하나'가 되고 맙니다. 그러나 계몽과 합리성을 지나치게 강조하면서 이성은 지식을 위한 도구가 되고, 두려움의 대상이었던 자연은 이제 지배의 대상으로 전락합니다.

인간이 모든 것을 지배할 수 있다고 생각하기 시작하면서 참된 인식에 관한 욕구는 사라지고, 오직 직접 확인할 수 있는 사실만이, 표면적인 것만이 옳은 것으로 인정되었습니다. 이 과정에서 이성은 또 다른 미신을 만들어 내고 사람들은 이 미신을 믿게 됩니다. 이성의 이름으로 행하는 것은 모든 것이 통하는 이성만능주의에 이르게 된 것입니다. 결국 계몽은 역사를 다시 신화의 시대로 되돌려 놓고, 인간은 자기 소외만이 아니라 정신이 물질이 되는 불행을 경험하게 됩니다.

사람은 이제 무엇을 소유하고 있는가를 통하여 자신의 가치를 인정받게 되고, 사람과의 관계를 맺을 수 있게 될 만큼 물질은 인간을 지배하기 시작했습니다. 이러한 사회 구조 속에서 개인의 존재는 사라지고 단지 집단과 대중의 힘만이 통하게 되며, 이들은 자기 보존과 관철을 위해서 폭력적인 권력을 – 소수 그룹이든 약자든 반대자이든 대항하는 모든 사람에게 – 휘두르게 됩니다. 계몽은 역사적으로 볼 때 비록 미신적인 신화에서 인간을 끌어냈지만, 또다시 파시즘과 같은 폭력적인 야만성의 씨앗을 뿌렸습니다. 계몽은 발전된 과학 기술로 지구상에 더 많은 파괴와 불행을 일으켰으며, 인간은 철저하게 이기적인 동물로 타락했다고 호르크하이머와 아도르노는 봅니다. 곧 인간의 이성이 인간 스스로를 파괴한 원인이 된 것입니다. 결국 '아는 것이 병'이 되는 셈입니다.

프랑크푸르트학파는 후기에 들어서 사회 개혁과 더 나은 미래 사회에 관한 희망을 버리고 비관주의가 됩니다. 호르크하이머는 '전혀 다른 어떤 것에 관한 그리움'에 대해 말합니다. 아도르노는 예술 활동을 통해서 '너는 어떤 인간으로 어떻게 살아야 한다.'는 식의 강요된 정체성에서 해방될 수 있으며 철학에서 미학의 중요성을 강조합니다.

49

포스트모더니즘 : 이성이여! 이제 가면무도회는 끝났다

"전통적인 철학적 대립에서 우리는 대면하고 있는 것의 평화로운 공존이 아니라 폭력적 위계질서를 다룹니다. 두 요소 중에 하나가 다른 것은 가치적·논리적으로 명령하거나 다른 것의 위에 섭니다. 이러한 대립을 해체하는 것은 특정 시점에서 위계질서를 뒤집는 일입니다."

 - 자크 데리다

현대 프랑스 철학을 대표하면서 지금까지도 이에 관한 토론이 진행 중인 사상의 흐름을 말하라면 누구나 주저 없이 '포스트모더니즘'을 생각할 것입니다. 포스트모더니즘은 철학적 개념보다는 화제를 일으키는 유행처럼 매스컴을 통해서 소개되기 시작하면서 우리에게 익숙해진 용어로, 사회의 다양한 분야에서 흔하게 사용하고 있지만, 누구도 정확하게 설명하기 어려운 특이한 철학입니다.

포스트모더니즘은 'post'와 'modernism'이 결합한 단어로, post는 '나중에', '후에' modernism은 '현대주의(근대주의)'를 뜻합니다. 따라서 이 단어를 우리말로 옮기면 '후기현대주의'가 되겠지만, 그 내용은 대단히 복잡하고 다른 많은 역사적인 사실과 연결되어 있습니다.

포스트모더니즘은 1968년 전 세계로 확산되었던 사회 개혁적인 학생운동과 깊은 관련을 갖고서 탄생했습니다. 포스트모더니즘을 대표하는 사람인 리오타르, 라캉, 데리다, 푸코 등이 처음에는 학생운동을 직·간접으로 지원하고 격려하면서 이들과 연대를 맺다가 사회주의적 노선과 결별하고 자신의 독자적인 이론을 세운 결과가 포스트모더니즘이기 때문입니다. 특히 포스트모더니즘의 개념을 정의하고, 이 이론을 다른 철학과 구별했던 장 프랑수아 리오타르의 경우에서 분명하게 드러나는 사회주의 비판은 포스트모더니즘의 중요한 계기가 되는데, 이것은 직접적으로 겪은 구 소련의 스탈린주의에서 비롯됩니다. 리오타르는 한때 사회주의적 잡지의 편집위원으로 일했습니다.

이들의 이론은 1980년대에 이르러 본격적으로 주목받기 시작했고, 우리나라에는 미국으로 건너간 포스트모더니즘이 그곳에서 큰 인기와 호응을 얻은 뒤에 소개되었습니다. 한 철학적 이론의 지나치게 빠른 확산은 매스컴을 통하여 필연적으로 그 이론의 부정적인 면을 보이게 마련입니다. 철학적 사상이 진지하게 논의되고 토론되기 전에 이미 '시장 상품'으로 등장함으로써 제대로 이해되지 않는 것은 물론이고, 심지어 오용될 수도 있기 때문입니다. 철학의 위기를 지적하려는 새로운 철학마저 또다시 위기에 빠지게 되는 위험을 포스트모더니즘의 유행과 같은 빠른 확산에서 보게 됩니다.

포스트모더니즘은, 포스트라는 단어를 쓰면서 현대에 관한 개념을 스탈린주의를 기점으로 '그 이전의 역사'와 '그 이후의 역사'로 나누어서 봅니다. 이들은 그 이전의 역사와는 작별을 고함으로써, 이전의 역사를 설명하는 모든 원리와 원칙, 즉 종교·철학·정치를 거부합니다. 이것은 다시 서양 계몽의 전통에 반기를 드는 것으로 이성이 역사 발전의 주체라는 전통적 철학을 비판하는 것입니다. 데카르트 이후 인간의 이성은 신의 자리를 대신해 진리를 판단하고 질서를 결정함으로써 인간의 주인은 곧 생각 그 자체가 되어 버렸습니다. 이성의 독재와 폭력이 시작된 것입니다.

이렇게 볼 때 포스트모더니즘에서 문제가 되는 현대란 16세기 이후에 시작된 근대화 과정에서부터 지금까지 계속되는 긴 과정입니다. 이들의 비판은 생각하는 것으로서의 주체(생각하는 나)와 생각되어진 대상(나의 생각)이 만들어 낸 관계로 세계를 보는 16세기의 철학으로 거슬러 올라갑니다. 이러한 모델은 헤겔 등 많은 철학자에 의해서 조금씩 다르게 설명되긴 했지만 주체를 중심으로 하는 점은 달라지지 않았습니다. 특히 헤겔의 주체 중심적인 체계는 자연과 자신에 관한 완전한 지배 욕구를 정당화하는 결과를 가져왔습니다.

한편 자연과학과 기술은 이러한 철학적 배경과 상관없이 독자적인 발전을 거듭합니다. 정신과학과 자연과학 양 분야에서 합리적 이성은 이제 위험한 폭군이 된 것입니다. 자연과학의 발달은 지구의 존재 자체를 위협하게 되었고, 헤겔 식의 주체 중심적인 사고방식은 전체주의적인 지배 시스템을 굳혀 주었습니다. 이기적일 만큼 인간 중심적인 헤겔의 사고 체계는 마르크스가 뒤집어서 해석했다고 해도 그 모델 자체는 달라지지 않았습니다.

포스트모더니즘을 주장하는 이론가는 마르크스주의와 같은 전체주의적이고 과학주의와 같은 이성 중심적인 역사 발전이 계속되어서는 안 된다고 봅니다. 하나의 원칙, 완전한 이성, 절대적인 진리, 누구나 소속감을 느끼는 단일 공동체는 더는 있을 수 없다는 입장입니다. 이와 관련해 포스트모더니즘을 설명하는 중요한 용어가 '탈구조주의' 혹은 '해체'입니다. 구조주의란 포스트모더니즘 직전 프랑스의 지배적인 사상으로 역사 발전이 하나의 구조, 즉 정해진 틀 안에서 이루어진다고 보는 이론입니다. 이 사회적 구조주의는 언어학에서 비롯된 구조주의에서 많은 이론을 빌려

와서 사회 분석에 활용한 것입니다.

페르디낭 드 소쉬르(1857~1913)라는 프랑스의 언어학자는 언어는 세 가지 측면의 종합이라고 보았습니다. 언어는 i) 랑그(한국어·영어·중국어 등 하나의 언어 체계), ii) 파롤(말하는 행위), iii) 언어를 사용하는 능력의 종합이라는 주장입니다. 랑그는 하나의 언어 공동체 안에서 지켜지는 언어 기호 시스템으로 개인은 이 체계를 배워야 합니다. 즉 우리가 한글을 배울 때 자음과 모음이 어떻게 결합하며, 영어와 달리 동사는 문장의 맨 끝에 온다든지 하는 문법이 이에 속합니다. 반면 파롤은 개개인의 말하는 행위입니다. 언어 체계를 바탕으로 우리가 실제로 말하고 의사소통을 하는 행동입니다. 언어를 배운다는 것은 곧 언어의 틀을 배우는 것으로, 그 근거를 누구나 외국어를 배울 수 있다는 사실로 듭니다. 우리가 영어의 틀이나 중국어의 틀을 배우면 영어와 중국어를 할 수 있다는 것입니다.

이러한 구조주의 이론은 인류학과 민족학 분석에도 적용했는데, 특히 클로드 레비 스트로스(1908~2009)는 구조주의 이론을 가지고 인류학 분야에 큰 공헌을 남겼습니다. 레비 스트로스는 19세기 전통 철학이 자아도취에 빠진 공허한 주체 철학이며, 결국은 침략적인 제국주의를 부추겼다고 비판하면서 구조주의의 의미를 강조했습니다. 포스트모더니즘 이론가는 이러한 구조주의 이론에 머무르지 않고 비판과 수용을 동시에 하면서 탈구조주의를 말합니다.

포스트모더니즘이란 무엇인가에 관해 정의 내린 장 프랑수아 리오타르(1924~1998)는 무엇보다도 '다양함'을 주장합니다. 리오타르에 따르면 객관적인 통일된 하나의 역사란 없고, 또 이성이 이끌어가는 역사의 발전도 없습니다. 하나로 통일된 전체적인 것 때문에 우리는 너무나 비싼 값을 치렀다는 주장입니다. 이것에 관한 미련 때문에 많은 사람을 희생시킨 스탈린주의나 파시즘 같은 테러 시스템이 정당화되었다고 리오타르는 봅니다.

장 프랑수아 리오타르

리오타르는 계몽의 역사를 믿지 않고 역사의 발전도 부정하며 하나의 방법과 원칙만이 통하는 획일주의 대신 다원주의를 주장합니다. 다양한 삶의 방식과 이념, 여러 가지 형태의 역사를 인정해야 한다고 말합니다. 리오타르는 지금까지의 역사를 '거대한 이야기' 또는 '메타 서사'로 규정합니다. 이 거대한 이야기는 언제나 미래에 관한 약속으로 정당화되었지만, 이 약속은 한 번도 실현되지 않았다고 리오타르는 말합니다. 예를 들면 내세의 행복을 말하는 그리스도교나 계몽을 통한 인간의 자유, 사회주의를 통한 인간의 완전한 해방 등이 지금까지의 역사가 내세운 거대한 이야기라는 것입니다. 그러나 이러한 역사는 자신에게 유리한 원칙을 내세우면서 원하는 목적을 정당화하는 데 그쳤을 뿐입니다.

이에 관한 비판으로 리오타르는 다양한 관점에서 이야기되는 '작은 이야기'로서의 삶의 방식을 말합니다. 여기에서 많은 작은 이야기가 서로 충돌할 수 있지만, 어느 것도 더 나은 우위를 차지하거나 다른 이야기를 지배할 수 없습니다. '우리'라는 이름으로 미화된 '거대한 이야기' 속에서 억압된 '나'의 이야기도 정당화되면서 '너'의 이야기와 '나'의 이야기가 나란히 공존한다는 주장입니다.

이러한 의미에서 리오타르는 '소송'과 '충돌'을 구별합니다. 소송은 하나의 규칙을 놓고 옳고 그름을 판가름함으로써 소송에서 진 쪽은 이긴 쪽에 승복해야 하지만, 충돌은 어느 한쪽만 옳다고 할 수 없는 것으로, 서로 대등한 것의 부딪힘입니다. 따라서 이 '작은 이야기'는 결코 혼자서 중심에 서서 다른 이야기를 억압할 수 없습니다. 이것은 마치 하나의 문장이 여러 가지 시스템에 의하여 이루어지지만, 하나의 시스템이 다른 것보다 위에 있다고 말할 수 없는 것과 같다는 의미입니다. 예를 들어서 근거를 대거나, 의문을 나타내거나, 묘사하는 것 중 어느 것이든 대등한 가치를 가지고, 이야기하는 방법에 따라서 다르게 사용되어지는 것과 같습니다.

리오타르는 하버마스가 말하는 의사소통적인 담론이 아니라 전략적인 언어 게임을 주장합니다. 리오타르는 현대 후기 사회의 특징은 다양한 언어 게임이 벌어지고 있는 것이며, 이 게임은 아무것도 미리 정한 것이 없기 때문에, 계속해서 새롭게 만들어지고 변화하는 상황 속에서 그때그때의 상상, 판단 등이 중요한 요소가 된다고 주장합니다. 그는 이성적인 의사소통적 담론을 믿지 않습니다.

자크 라캉

포스트모더니즘을 이해하는 데 있어서 주의해야 할 점은 이 철학적 논쟁은 아직 진행 중이며, 매스컴에 의한 지나치게 빠른 상품화로 많은 점이 왜곡되었다는 사실입니다. 예를 들면 리오타르는 현대의 문제점을 신랄하게 비판하지만, 현대 사회가 추구하는 가치인 휴머니즘이나 자유의 가치 자체를 부인하지는 않습니다. 오히려 리오타르는 이러한 포기할 수 없는 가치가 실현되기 위한 방법으로 다양함을 인정하는 포스트모더니즘을 주장하는 것입니다. 리오타르는 철학의 위기를 지적함으로써 철학의 제 역할을 강조합니다.

자크 라캉(1901~1981)은 파리에서 태어나 의학과 정신병에 관해 파리 의과대학에서 공부했습니다. 라캉은 1936년 이후 점점 언어학 쪽으로 관심을 옮겨가면서 구조주의 언어학과 정신 분석을 접목시키는 작업에 몰두합니다. 그는 1963년 〈로마 보고서〉로 불리는 논문에서 전통적 프로이트 이론과 맞지 않는 지나치게 급진적인 주장을 했다는 이유로 국제정신분석학회에서 쫓겨납니다. 라캉은 그 뒤 직접 프로이트 학교를 세우고 강의를 시작했으며 그의 정신분석학 이론은 1968년에 큰 호응을 얻습니다. 그의 이론이 세계적으로 확산되던 시기에 라캉은 80살로 세상을 떠납니다.

라캉의 관심은 프로이트와 마찬가지로 인간의 '무의식'에 관한 것이었습니다. 그러나 그는 프로이트와는 달리, 무의식을 생물학적이고 성적인 것으로 보지 않고 언어 문제와 관련시킵니다. 무의식적인 욕망은 결코 채 워질 수 없다는 것이 라캉의 주장입니다. 라캉은 의식과 무의식의 구조 로 좁혀서 보면서 프로이트가 말하는 '그것(id, 원자아)', '자아(ego)', '초 자아(super ego)'를 인정하지 않습니다. 라캉은 그 대신 무의식이 언어처 럼 구조를 갖고 있으며 상징적인 것으로 되어 있다고 주장합니다. 이것을 기초로 라캉은 인간의 발달을 현실계, 상상계, 상징계로 나눕니다.

자크 데리다(1930~2004)는 알제리 근처에서 유대인으로 태어나서, 반 유대적인 환경에서 자랐습니다. 쉽지 않은 유년 시절을 보낸 것이지요. 결 석을 '밥 먹듯이' 했다고 하니, 어느 정도인지 짐작할 만합니다. 데리다는 문학과 철학에 큰 관심을 가졌고, 1948년부터는 철학을 공부하기 시작했 는데, 그 무렵 고등사범학교를 여러 번 떨어졌다가 1951년에야 입학했습 니다. 그 학교에서 데리다는 마르크스주의자이면서도, 교조적 사회주의 (예를 들면 스탈린주의)를 비판하던 루이 알튀세르를 만나고, 사회주의적 인 그룹과 사귀게 되면서 커다란 영향을 받습니다.

데리다도 역시 1968년 5월 시위에 참가하지만 비판적인 태도를 보입니 다. 데리다는 프랑스 국내에서는 큰 호응을 얻지 못했지만, 외국에서 한 활동은 다 꼽을 수 없을 만큼 적극적이었으며 또 대단한 인기를 끌었습

자크 데리다

니다. 동구권 반체제 인사를 돕기 위한 활동이나 국제학교 창설, 넬슨 만델라를 위한 협회 구성 등 이 그 예라고 할 수 있습니다. 그는 파리와 미국 을 왕래하면서 관심과 화제를 모으는 활동을 계 속했습니다.

데리다의 핵심적 주제는 '해체'와 '차이'입니다. 그는 전통적 서양 철학이 지금까지 이성, 동질성, 당장 눈앞에 보이는 현재에 의해서 진리를 결정

해 왔고 이러한 것이 절대적인 특권을 누렸다고 말합
니다.

데리다는 비이성, 차이, 부재를 억압으로부터 해방시
켜서 제자리를 찾아 주어야 한다고 말합니다. 비이성
적이고 차이가 있으며 현재 눈에 보이지 않는 것이 해
방되기 위해서는 기존의 구조를 '해체'하는 방법을 써
야 한다는 것입니다.

데리다는 지금까지는 철학의 진리에 권력의 전략이
숨겨져 있다고 봄으로써, 이 진리와 이성이 드러나는
텍스트를 파헤쳐야 한다고 주장합니다. 그러나 그 방법
은 처음부터 텍스트를 해체하는 것이 아니라, 정해진

미셸 푸코

규칙을 일단 받아들인 다음 텍스트 스스로가 속에 숨겨 둔 모습을 드러
내게 해야 한다는 것입니다. 즉 이성이 스스로의 모습을 드러내고 결국은
그 안에 들어 있는 '차이'를 인정하게 한다는 전략입니다. 이러한 의미에
서 데리다는 권위와 진리의 파괴자이며, 어떤 선입견도 인정하지 않는 '해
체'와 '차이'의 옹호자입니다.

미셸 푸코(1926~1984)는 다른 어떤 포스트모더니즘 이론가보다 잘 알
려진 사람입니다. 그의 독창적인 이론은 문예 비평, 미술 평론, 사회학, 심
리학, 정신 병리학에 이르기까지 광범위한 분야에 걸쳐서 영향력을 미칩
니다. 1955년부터 3년 동안 한 스웨덴 생활의 결과물이 바로 《광기와 문
명》으로, 이 저서는 가장 독창적인 이론서 중 하나입니다. 이 책은 출판
당시보다 푸코가 1968년 5월의 사회 개혁 운동에 앞장섰을 때부터 많은
주목을 받기 시작했습니다.

푸코는 이때부터 중심부에 있지 않은 사람, 죄수, 외국인 노동자 같은
'변두리 인생'의 문제에 적극적으로 관여하면서 사회주의적 사회 운동을
전개함으로써 현실 개선을 위해 노력합니다. 푸코는 계속해서 형벌 제도,

감옥과 처벌에 관한 연구를 했고, 이러한 제도와 권력의 연관성을 밝혀 나갑니다. 1970년부터 1983년 사이에 브라질, 일본, 미국 등을 여행하는데 미국에서 그의 인기는 말 그대로 폭발적이었습니다. 1984년 6월에 그는 파리에서 패혈증으로 세상을 떠났으며, 그의 중요한 저서로는《광기와 문명》외에도《사물의 질서 : 인문과학의 고고학》,《감시와 처벌》,《성의 역사 I》,《성의 역사 II, III》등이 있습니다.

푸코의 이론은 철학을 기성 사회에 관한 영원한 비판이라고 보는 데서 출발합니다. 그의 이론은 단순히 기존 질서나 가치를 거부하거나 비판하는 데 그치지 않고, 가려진 부분을 들춰 내서 그것이 서로 어떻게 연결되어 있고, 무엇을 위해 쓰여졌는가 하는 것을 밝히는 데 큰 의미가 있습니다. 아무도 의심할 수 없던 진리로 여겼던 것이 얼마나 허구인가를 보여 주기 위해 사람 대부분이 외면하거나 무심히 지나치게 되는 것을 분석합니다. 예를 들면 광기, 질병, 범죄, 성 등 구체적이고 일상적인 생활 속에서 일어나는 일을 통하여 지배 권력이 얼마나 은밀한 방법으로 자기 정당화를 위해 노력해 왔나를 보여 줍니다.

푸코는 권력 구조를 족보를 따져가고 파헤침으로써 권력의 정당성이 거짓에 지나지 않는다는 것을 말합니다. 이러한 권력의 족보를 밝히는 그의 방법을 '고고학과 계보학'이라고 합니다. 이 방법으로 그가 밝히려고 한 것은 권력과 지식의 관계입니다. 사람의 지식에 관한 욕구는 곧 권력을 잡으려는 의지에서 나온 것이며, 이 권력은 '정상적인 것(이성적인 것)'과 '비정상적인 것(광기)'을 계속해서 대립시키면서 유지된다는 주장입니다.

푸코는 처벌도 권력과 관련된 것으로 '규율'이라는 권력 수단을 동원해 우리를 '길들이기' 위한 것이라고 봅니다. 성 문제 역시 가부장적인 부르주아 사회에서 윤리와 도덕을 앞세워서 금지와 억압의 방패로 쓰여 왔다고 주장합니다. 이러한 것은 권력을 유지하는 전략이었기 때문입니다. 성의 억압은 프로이트가 논의하기 시작한 이래 1968년에 와서는 성의 해방까지 주장되었습니다. 푸코가 해방된 자유인의 참모습을 무책임한 해방 속에서 찾는 것은 아닙니다. 그는 자유인의 성 도덕은 성 문제에 능동적으로 대처하는 태도, 즉 절제, 극기, 사려 있는 행동으로 나타난다고 말합니다.

50

현대 독일의 담론 철학
: 이성을 심판하는 이성

"인식 이론은 비판적 사회 이론이 되어야 합니다. 비판 이론의 목적은 자아 반성을 통해 해방된 주체를 확립하는 일입니다." - 위르겐 하버마스

살아 있는 현대의 독일 철학자 중 세계적인 영향력을 지닌 사람 중의 한 사람이 비판 이론의 비판적 계승자인 위르겐 하버마스(1929~)입니다. 하버마스는 1996년 이후 한국 철학자에게 자주 초청되어 한국을 잘 아는 학자입니다. 1960년대 독일 철학과 사회에 큰 중심을 이루었던 비판 이론에 정신적 뿌리를 두는 한편 이 학파의 문제점을 지적함으로써 자신의 독자적인 철학 모델을 발전시킵니다.

하버마스는 독일 뒤셀도르프에서 태어나서 1955년에 프리드리히 셸링에 관한 논문으로 박사 학위를 받습니다. 1961년에 교수 자격 시험에 합격한 뒤, 하이델베르크대학에서 재직 중이던 한스 게오르크 가다머의 주선으로 그곳에서 1964년까지 있다가 프랑크푸르트대학으로 옮겨 갑니다. 하버마스는 1968년 시작된 학생운동을 비판한다는 입장을 표명하기 위

위르겐 하버마스

해 교수직을 사임합니다. 하버마스는 프랑크푸르트학파의 일원답게 마르크스주의에 기초를 두고 있지만 지나친 좌경화에 반대였던 그의 입장을 운동권이 격렬하게 거부하면서, 그는 스스로 교수직을 내놓습니다.

그 뒤 하버마스는 10년 동안 독자적으로 연구 생활을 한 뒤, 프랑크푸르트대학으로 돌아갔다가 1994년에 정년 퇴임을 합니다. 하버마스는 지금까지도 왕성하게 자작 활동을 하고 있습니다. 하버마스는 20세기 후반에 있었던 중요한 논쟁마다 자신의 입장을 적극적으로 밝히면서도 상대방의 근거 있는 이론은 주저 없이 받아들이는 성실한 철학자의 모습을 보였습니다. 이러한 의미에서 그의 행동은 이성적이고 의사소통적인 행위를 주장하는 자신의 이론과 일치한다고 말할 수 있습니다.

하버마스는 자신이 속해 있는 프랑크푸르트학파를 전체적으로 계승하면서도 그들의 역사비관주의를 거부하고 현대 사회에 맞는 다른 대안을 찾습니다. 그는 수단과 도구가 되어 버린 이성을 비판하고, 자기 소외의 대가를 치르는 계몽에 관해 반박합니다. 비판의 대상이 되는 이성은 언젠가 자신이 일깨워 준 인간성의 가치를 스스로 파괴하고, 스스로 도구가 됨으로써 학문의 권위는 무너지고, '예'와 '아니오'를 구별할 수 있는 능력을 상실한 이성입니다. 이 이성은 점차 자본주의 경제와 국가를 통해서 모든 문제를 목적을 위한 합리성에 맞춰서 보게 된 것입니다. 이성이 압력의 도구로 사용되었고, 목적은 방법을 정당화하고, 쓸모 있는 것만이 곧 가치 있는 것으로 취급되었습니다.

이러한 면에서 볼 때《계몽의 변증법》의 이성 비판은 충분히 근거를 갖는다고 하버마스는 봅니다. 그러나 학문 자체의 역동적인 힘과 반성 능력을 통해서는 '써 먹기 위한 지식'만을 쌓는 것을 막을 수 없다고 말하면서 하버마스는 기존의 비판 이론을 다시 비판합니다.

하버마스는 두 가지 점에서 인간 이성의 중요성을 말합니다. 우선 이성은 완전하지는 않지만, 제도를 통해서 국가의 헌법이나 민주적인 의사 결정 또는 개인의 정체성을 발견하도록 하는 큰 역할을 해 왔습니다. 둘째, 이성은 예술적인 경험을 통하여 지배적인 중심에서 떨어져 나와 자신의 이성은 주체성을 찾게 합니다. 이러한 예술적 경험은 어떤 목적을 위한 것이나, 일상적인 습관에서 벗어나서 새로운 것을 시도하는 전위 예술이나 예술에 관한 토론을 통해서 이루어집니다. 따라서 이성 그 자체를 전적으로 거부하는 비판은 옳지 않다고 하버마스는 말합니다.

하버마스는 다른 비판 이론가와 마찬가지로 일방적인 이성주의 원칙을 반대하지만, 다른 한편으로는 역사 발전에 관해 비관적인 입장도 비판합니다. 하버마스는 비판 이론 중심인 프랑크푸르트학파뿐 아니라 포스트모더니즘에도 찬성하지 않습니다. 그는 역사에 관한 비관 대신 스스로 비판적인 이성을 주장합니다. 하버마스는 현대 대중 사회에서 공적인 토론을 통하여 합의를 끌어내려면 자기 스스로 반성하는 이성 외에 더 나은 것은 없다고 말합니다. 오늘날에는 모든 사람이 믿을 수 있는 절대적 진리를 말할 수 없게 되었지만, 문제는 그럼에도 불구하고 사람들은 끈질기게 서로를 설득하려고 하기 때문입니다. 이것은 곧 이성이 필요함을 보여주는 사례이고, 사람들이 이성적 대화를 통해서 이루어 낸 성과를 하버마스는 민주적 헌법의 기초나 복지 사회 제도와 사회적 운동의 업적에서 찾습니다.

그렇다고 해서 이성에 반대되는 비이성이 이 세계에서 완전히 사라졌다고 보는 것은 아닙니다. 비이성은 현실 속에서 자연 파괴, 핵무기 개발, 제3 세계의 빈곤을 만들어 내는 원인으로 여전히 막강한 힘을 발휘하고 있습니다. 이 비이성을 해결하기 위해서 이성의 힘이 필요하다고 하버마스는 역설합니다. 하버마스는 이성은 비이성을 이성 안으로 끌어들여야 한다고 말합니다. 이를 위한 어떤 방법이 있을까요? 역시 이성을 가지고 서로 대화하는 방법밖에 없지 않을까요? 이제 철학은 서재에서 나와 여러 사람과 공동 작업인 대화, 즉 담론을 해야 할 필요성을 강하게 느끼기 시작하면서, 이성은 자신을 도구가 아니라 실천 행위로 보게 됩니다. 그러면 하버마스가 말하는 이성은 어떤 것일까요?

하버마스는 '여러 목소리를 내면서도 통일된 하나로서의 이성'을 주장합니다. 그는 지나친 이성 중심주의를 비판하면서도 포스트모더니즘 주장자와는 달리 철학적·정치적 계몽은 계속되어야 한다고 말합니다. 그가 강조하는 이성은 '의사소통적 이성'입니다. 한 사회의 발전은 서로의 주장을 제대로 듣고 그 근거를 묻고, 자신의 주장을 다시 검토하는 공공 담론(토론)이 성공하느냐, 실패하느냐에 달려 있다고 봅니다. 이때 필요한 것이 의사소통적 이성입니다. 즉 서로 대화할 준비와 성실하게 근거를 대려는 자세입니다.

하버마스가 앞서 말했던 자기반성적 이론은 담론 속에서 의사소통적 이성으로 나타납니다. 의사소통적 이성이란 서로의 주장을 듣고 논증함으로써 '나'와 '너' 사이의 의견 차이를 좁혀 갈등을 해결하려는 이성이며, 이것은 곧 행위이므로 '의사소통행위이론'이라고 말합니다.

'말하는 것'은 이미 하나의 행동이기 때문에 모든 행동이 그러하듯 대화자끼리는 일정한 윤리적 테두리 안에서 담론이 이루어져야 한다는 뜻입니다. 대화자끼리는 언제나 서로 이해할 수 있는 말과 참된 내용을 말해야 하며, 이 말을 지키겠다는 성실함이 있어야 한다는 주장입니다. 이것 못지않게 중요한 것은 대화하는 사람끼리 서로 올바른 관계를 가져야 한다는 것입니다. 이것이 곧 '담론 윤리학'입니다. 어느 한쪽이 다른 한쪽을 권위로 누르거나, 대등한 상대로 인정하지 않는 태도로는 서로 논의할 수 없다는 것은 너무나 당연한 일인데도 이러한 윤리가 강조되는 것은 실천이 어렵기 때문입니다.

하버마스의 '담론 윤리학'은 다양한 사람과 더불어 살아가는 공동생활과 다양한 문화가 공존하는 현대의 갈등을 어떻게 풀어야 할 것인가에 큰 의미를 갖습니다. 그러나 이러한 담론 윤리와 의사소통적 이성은 현실

칼 오토 아펠

에 있어서 대단히 어려운 것이 사실입니다. 오늘날 각각의 집단이나 국가 간의 문제가 이것을 증명하지 않나요? 힘센 국가가 작은 국가를 대등하게 대하지 않거나, 연장자가 손아랫사람을 권위로 누르는 일은 흔한 일입니다. 그럼에도 갈등을 푸는 데 있어서 대화보다 더 좋은 방법이 없다는 것 역시 분명합니다.

담론은 수다가 아니다 : 칼 오토 아펠

독일의 현대 담론 이론을 말하기 위해서는 칼 오토 아펠(1922~)을 빼놓을 수 없습니다. 아펠은 1998년에 한국을 방문해 강연한 적이 있습니다. 아펠은 1922년에 독일 뒤셀도르프에서 태어나 본에서 철학, 독문학, 역사학을 공부했습니다. 아펠은 대학 입학 전인 18살 때 입대했다가 미군의 포로 생활을 했습니다. 이때 겪은 전쟁 경험이 철학에 관심을 갖는 계기가 되었다고 합니다. 독일인으로서의 도덕적인 갈등과 상실감을 극복하기 위하여 역사와 현실에 관한 의식을 찾고 싶었기 때문입니다. 잘못된 애국심에 관한 반성과 역사에 관한 회의 속에서, 특히 나치즘에 속았다는 뒤늦은 죄책감에서 무엇이 참된 주장이며 무엇이 거짓인지 구별하고 판단하는 것을 배우기 위해 철학의 길로 들어선 것입니다.

하지만 아펠이 바라던 새로운 사상과 방향은 쉽게 찾을 수 없었고, 도대체 무엇이 잘못된 것인가 하는 의문에 관해 누구도 명쾌하게 대답할 수 있는 상황이 아니었습니다. 이러한 현실은 하이데거의 실존철학과 프랑스 철학을 크게 부각시켰지만 그에게는 이러한 철학이 그다지 큰 매력으로 다가오지 않습니다. 아펠의 관심은 타당한 실천적 규범을 찾는 것이었고, 하이데거는 나치즘에 동조하는 경향을 보였던 철학자였습니다. 그 당시 또 다른 중요한 사상은 신마르크스주의와 비판 이론이었는데, 하버마스를 통해 이 이론에 관해 많은 자극을 받았다고 아펠은 말합니다. 그러나 아펠은 비판 이론이 자유민주주의와 현대 산업사회의 대안이 아니라는 결론을 내렸습니다. 아펠은 실존주의도 비판 이론도 아닌 철학을 택합니다.

아펠은 1962년에 킬대학의 교수로 임명되었다가 자아브뤼켄대학을 거쳐 프랑크푸르트대학의 철학 교수가 되었습니다. 그의 대표적인 저서는 《철학의 변형》으로 칸트, 퍼스, 비트겐슈타인을 수용함으로써 자신의 철학을 전개합니다. 아펠은 진리의 기준을 정신이나 순수 의식보다는 설명과 해석에 사용하는 언어에서 찾아야 한다고 봅니다. 아펠의 퍼스 연구는 하버마스에게 많은 영향을 주었습니다. 아펠은 1980년에 독일에서 방송되어 커다란 반응을 일으킨 《방송 수업 : 실천철학/윤리학》의 중심적인 역할을 맡았으며 1990년에 정년 퇴임했습니다.

아펠의 핵심적인 작업은 칸트를 수용하되 변형시키는 것입니다. 칸트가 말하는 인간의 순수 주체는 아무런 도움 없이 단독으로 세계를 이해할 수 있고, 참이냐 거짓이냐를 판단할 수 있습니다. 그러나 아펠은 이것은 불가능하다고 말합니다. 어떤 내용이 참인지 거짓인지를 알기 위해서는 언어가 실제로 어떻게 사용되고, 이해되는지를 알아야 한다는 것입니다.

동양 사람의 '예'가 '아니오'를 뜻할 때도 있는 것처럼 언어의 의미는 언어를 함께 사용하고 이해하는 의사소통 공동체 안에서 이루어집니다. 따라서 하나의 의사소통 공동체 속에서 개인의 직접적인 경험이 없이도 이미 사용되고 있는 언어적 의미를 알아야 참과 거짓을 가려낼 수 있다는 주장입니다. 이 이론을 아펠의 '선험화용론'이라고 합니다. 이에 비해 하버마스의 이론은 '보편화용론'이라고 하지요.

두 사람 모두 '담론 윤리'를 주장하지만 아펠은 경험 이전의 '선험성'을 주장함으로써 객관적인 윤리를 강조합니다. 아펠은 누구에게나 적용되는 도덕의 타당성을 인정하지 않고 각 개인의 결정에 맡겨 버리는 객관적 과학주의와 상대주의에 반대합니다. '나 좋으면 그만'인 태도를 아펠은 용납하지 않습니다.

과학의 객관성도 도덕적 가치와 상관없는 일이 결코 아니라고 아펠은 역설합니다. 핵무기 기술 그 자체는 윤리와 관계없어 보이지만 그 기술을 어디에 쓰느냐 하는 것은 곧 윤리적인 일이 됩니다. 아펠은 이성적이고 합리적인 담론은 보편적이고 윤리적인 테두리를 인정하고 시작해야 한다고 주장합니다. 주장에 관한 근거가 옳고 그른지는 주장하는 사람이 결정하는 것이 아니라 의사소통 공동체가 검증하는 것이므로, 이 담론에 참가한 사람들은 서로에게 같은 윤리적 규칙을 적용할 수밖에 없습니다.

이 규범이란 '반드시 그래야 한다.'는 것만을 의미하지 않고 이미 현실에서 삶의 바탕을 이루고 있는 윤리를 말합니다. 즉 아무도 도둑질이나 살인 행위를 정당하다고 말하지 않으며, 또 이러한 것은 실제 생활에서 지켜지고 있습니다. 문제는 이 윤리적 규범을 어떻게 타당한 것으로 증명하느냐 하는 것입니다. 예를 들면 왜 도둑질이 나쁜 일이냐 하는 것을 증명하기 위해서 담론 윤리학이 필요하다는 것입니다.

이것은 곧 의사소통 공동체에 속하는 사람은 이성적인 근거를 가진 정당한 주장에 관하여 사심 없이 받아들이고 지키겠다는 태도입니다. 또 본인 자신도 최선을 다해서 담론에 참여하며 정당하게 상대방을 설득하겠다는 자세입니다. 모든 참가자는 동등한 자격으로 참여하며 또 동등한 권리가 보장되어야 한다는 것입니다. 이러한 아펠의 담론 윤리는 의사소통 공동체를 하나의 전제 조건으로서, 어떤 경험 없이도 누구나 다 받아들여야 한다는 윤리적 틀을 바탕으로 합니다. 그래서 아펠은 현실로 있는 의사소통 공동체만이 아니라 앞으로 있을 이상적인 의사소통 공동체를 고려하면서 담론을 전개해야 한다고 봅니다. 이때 이상적인 공동체는 더 나은 담론을 끌어가는 미래의 목표와 방향이 된다는 주장입니다. 예를 들면 지금 당장은 많은 수확을 위해서 많은 비료를 쓰는 것이 피하기 어려운 일이겠지만 5, 6년 뒤에는 어떤 후유증이 생길 수 있는가 하는 것도 현재의 담론에서 고려되어야 한다는 것입니다. 바로 이 부분에서 아펠과 하버마스는 다른 의견을 주장합니다. 하버마스는 이러한 이상적 담론을 미리 생각하는 것은, 현실의 당면 문제에 관한 담론이 형이상학에 빠질 수 있다는 이유에서 반대합니다.

아펠은 우리나라에서는 별로 알려지지 않은 철학자이지만 그의 담론 이론은 세계의 현실 문제에 직접 관련되는 것으로 새로운 평가를 받고 있습니다. 1990년대 동구권의 몰락으로 서로 간의 대화의 필요성이 더 커지면서 담론 윤리는, 곳곳에서 아직도 존재하는 제3 세계의 굶주림 문제나 생태계의 문제를 풀어가는 데, 또 국제적인 갈등에도 적용할 수 있는 규범이라는 주장입니다. 최근 들어 그의 담론 이론은 한 사회의 경제적·지역적 갈등에까지 적용되고 있습니다. 기업주는 이윤을 무한대로 남겨도 되는 것인가? 고용된 사람은 왜 회사 운영에 참여할 수 없는가? 같은 문제나 우리 사회에서 흔히 보는 경우처럼 물은 필요하지만, 모두가 자기 지역에는 댐 건설을 반대한다면 어디에 시급한 댐을 건설할 것인가? 등에 이러한 담론 윤리가 필요할 것입니다.

아카데메이아　　　이데아　　　스콜라철학　　　회의주의

지금, 여기에서 철학하기
: 주제와 문제들

에피쿠로스학파

로고스

형이상학

지금까지 우리는 철학자를 중심으로 그들의 사상을 역사적으로 살펴보았습니다. 마지막 장에서는 현대에 사는 우리의 관심을 불러일으키는 철학의 세 가지 주제를 생각해 보려고 합니다.

우리는 무엇을 아나요?
우리는 무엇을 해야 하나요?
인간이란 무엇인가요?

이 큰 주제는 다시 소주제로 나뉩니다. 우리는 무엇을 아나요? 에서는 인식, 진리, 언어 문제가 다루어집니다. 우리는 무엇을 해야 하나요? 에서는 옳은 행동이란 무엇인가요? 환경, 책임 문제를 어떻게 다룰 것인가로 나눌 수 있습니다. 마지막 주제인 인간이란 무엇인가요?는 인간학과 인간의 정신 문제를 다룹니다. 물론 위의 주제가 서로 엄격하게 분리되는 것은 아닙니다. 이들은 서로 중첩되는 부분도 있지만 주제가 갖는 특성에 따라서 현대를 사는 우리가 지금, 여기서 철학하는데 중요한 관심을 끄는 주제가 무엇일까요? 하는 데에 중점을 둔 것입니다. 이러한 문제에 관하여 철학자가 어떤 생각과 고민을 하였나를 살펴보는 것은, 우리가 처한 구체적 상황 속에서 이러한 문제에 대해서 생각해 볼 수 있는 기회가 될 것입니다.

중세와 근대를 거쳐 오늘날에 와서는 철학적 물음과 다른 학문 영역의 물음이 서로 비슷하거나 중복되는 경우가 많아지고 있습니다. 이런 현상은 철학과 다른 학문 사이의 관계가 급속하게 변화하고 있음을 보여 줍니다. 사실 철학은 처음부터 오랫동안 단순한 숙련 기술을 위한 기계적 지식이 아니라 모든 지식을 포함한 통합적 사고를 위한 훈련으로서 모든 학문의 정신적 기둥 역할을 해 왔습니다. 그런데 근대에 들어오면서 여러 학문이 서로 나뉘고 세분화되면서 철학으로부터 독립한 것입니다. 그렇지만 철학은 여전히 이러한 모든 영역을 탐구의 대상으로 삼고 있습니다. 자연과학 영역에서는 자연철학이, 법학 옆에서는 법철학이 활동하고 있습니다. 다만 소란스러운 도시 소음과 공장의 기계 소리에 철학의 목소리가 묻혔을 뿐입니다. 이제 다시 철학의 필요성과 가치를 깨닫고, 철학과 삶이란 서로 떨어질 수 없음을 인식하게 되면서 철학은 삶의 의미를 생각하고 반성하는 역할을 다시 맡게 된 것입니다.

자연과학의 경우를 보면, 과학자가 던지는 근본 물음은 철학의 물음과 전혀 차이가 없게 되었습니다. 시간, 공간, 우주에 대해서 우리는 무엇을 알 수 있나요? 물질이란 무엇인가요? 정신과 신체란 무엇인가요? 자연과 환경에 대해서 우리는 어떠한 태도를 가져야 하나요? 이러한 물음은 자연과학의 물음이면서 동시에 철학이 다루어 왔던 그리고 앞으로 계속해서 다루어야 할 문제입니다. 이러한 관점에서 보면, 해결되어야 할 근본 문제는 철학과 일반 과학의 공동 작업을 요청하고 있음을 알 수 있습니다.

이러한 요청은 철학이 이제까지 해 왔던 방식대로 모든 것을 철학이라는 묶음 속에서 해결하려는 독선적 사고에서 벗어나려는 반성을 전제로 합니다. 다시 말하면, 철학이 현대의 삶에서 제기되는 근본 물음에 답하기 위해서는 다른 학문의 주제와 방법에 관심을 가지고 연대하는 자세를 보여야 한다는 것입니다. 이제 철학은 자신의 경계를 넘어서는 노력과 보다 개방적인 토론에 참여해야 합니다. 지금, 현대인에게 필요한 중요한 물음은 더는 어느 특정한 학문이나, 전문가의 독단적 답을 원하는 것이 아닙니다. 오늘날을 살아가는 현대인은 서로 밀접한 관계를 맺고 함께 살아가는 지구촌의 거주자로서 서로의 현재와 미래에 큰 영향을 미치기 때문입니다.

51

인식론 : 우리는 무엇을
어떻게 알 수 있나요?

　'사람은 무엇을 알 수 있을까?'라는 질문은 '앎에 관한 앎'의 문제입니다. 즉 '안다는 것이 무엇일까요?'라는 물음을 던지는 근본적인 물음입니다. 칸트가 앎에 관한 문제를 획기적으로 정리한 뒤, 거의 백 년 이상 철학은 크게 달라지지 않았습니다. 이후 점차 인식의 문제는 두 개의 중요 관심사로 나타났습니다. 언어 문제와 지식 문제입니다. 현대에 와서 인식의 문제는 차차 지식의 문제로 바뀌어집니다.

경험과 관찰이 해법이다 : 신실증주의

　실증주의란 하나의 철학 학파에 속하기보다는 학문이나 철학에 임하는 기본적인 자세입니다. 즉 실증주의는 철학을 포함하여 학문에서 다루는 내용은 무엇보다도 감각적 경험으로 확인할 수 있는 것으로 채워져야 한다고 믿는 태도입니다. 경험할 수 없는 것은 헛일이라는 주장입니다.
　처음으로 실증주의라는 용어를 도입한 사람은 콩트와 생시몽입니다.

이들은 우리가 무엇인가를 안다는 것은 오직 감각 경험에 바탕을 두어야 한다고 주장합니다. 실증주의는 감각적으로 지각할 수 있는 것 외에 사물의 배후에 감각으로 알 수 없는 어떤 본질적인 것이나 형식(예를 들면 플라톤의 이데아 등) 혹은 법칙이 존재하고 우리가 그것을 인식할 수 있다는 주장에 반대합니다. 실증주의는 모든 종류의 형이상학을 거부합니다. 신실증주의는 19세기에 출발하여서 20세기 중반까지 활동한 철학 학파를 말합니다. 신실증주의는 '논리적 실증주의' 혹은 '논리적 경험주의'라고도 부릅니다.

신실증주의가 영향력 있는 철학 학파가 되는 데에는 수학과 물리학이 큰 공헌을 하였습니다. 독일의 천재 수학자 카를 프리드리히 가우스는 비(非)유크리드 기하학의 가능성을 주장합니다. 가우스는 고대로부터 내려오는 유클리드 기하학은 모순이 없는 기하학의 시스템이 아니라고 말하지요. 인간이 가진 공통의 이성에 근거하여서 오늘날까지 자명한 것으로 가정되고 있는 유클리드 기하학은 우리의 공간이 수직적으로 서로 서 있는 세 공간으로 이루어져 있으며, 이 공간 안에서 두 개의 평행선은 서로 만나지 않는다는 것입니다. 유클리드 기하학에 대해서 의혹을 가진 수학자는 이와 같은 수학의 공리는 절대적 의미에서 참된 것이 아니라 단지 그 단순하고도 목적에 들어맞는 특성 때문에 인정될 뿐이라는 결론을 내렸습니다. 유클리드의 주장과 같은 수학적 인식들은 '참되지도 거짓되지도 않고 다만 유용한 것'뿐이라는 의미입니다.

이와 같은 사고의 변화는 물리학에서도 일어났습니다. 헤르만 폰 헬름홀츠는 유클리드 기하학의 근본 명제를 거부하면서 경험의 영역과 독립되어 있거나 혹은 경험을 넘어선 타당성을 주장하는 원리를 모두 비판하였습니다.

이와 같은 수학과 물리학에서 생긴 생각의 변화는 철학에도 영향을 미칩니다. 철학도 이제 전통적인 형이상학적 흔적을 제거하고 모든 것을

'단순하게 기술함으로써' 진리에 더 다가갈 수 있다고 생각하는 경향을 보입니다. 신실증주의는 다음과 같은 특징을 가집니다.

1. 철학을 포함하여 모든 학문이 해야 하는 것은 관찰된 대상에 관하여 정확하고 가능한 한 모순 없이 기술하는 일입니다. 이렇게 해서 법칙을 만들면, 이 법칙은 자연현상을 지배하는 법칙이 아니라 편의상, 합리적인 기술을 하도록 해 주는 도구로서 일종의 '발명품'입니다. 즉 우리의 생각이 만들어 낸 구성물이지 절대적 진리가 아닙니다.

2. 신실증주의가 지금까지의 모든 형이상학을 거부하고 학문을 다시 세우기 위해서는 획기적인 방법을 필요로 합니다. 그래서 논리학은 신실증주의자들에게 매우 중요한 역할을 하게 됩니다.

사고의 틀은 논리를 만들어 낸다 : 기호논리학

20세기 들어와서 철학은 앎에 관한 문제를 새롭게 해결하기 위해서 논리학에 관한 연구에 집중하였습니다. 새로운 논리학(아리스토텔레스의 전통 논리학과 비교하여)은 극히 단순한 생각에서 출발합니다. 인간이 생각하는 방식과 뚝 떨어져서 혼자서 존재하는 논리적 법칙은 없습니다. 다시 말하면, 논리적 법칙은 인간의 사고를 떠나서 존재할 수 없습니다. 이러한 입장에서 시작하는 논리학은 인간이 주장하는 것에 대해서 참과 거짓을 다루는 과학으로 자리를 확고히 하였습니다.

논리학을 새롭게 정립하려는 많은 철학자 중에서도 특히 고트로프 프레게가 결정적인 토대를 마련하였습니다. 그가 제시한 새로운 과학은 기호논리학, 수학논리, 상징논리라고 부릅니다. 프레게는 언어와 실재 세계의 관계에 관하여 끝없는 물음을 제기하고 계속적으로 연구함으로써 기호논리학은 거의 독립적인 학문이 되다시피 하였습니다. 다른 사실 과학처럼 대상을 일정한 법칙을 통해서 설명하는 이론이 아니라 하나의 (가상적) 언어라고 할 수 있습니다. 기호논리학은 기호의 사용을 정하는 규칙을 포함한 기호 시스템을 의미하기 때문입니다. 더 정확히 이야기하면, 기호논리학은 한 언어의 체계에 필요한 언어의 뼈대 혹은 도식이라고 부를 수 있습니다.

논리적 결합의 상징으로서 기호는 이미 중세 이래 아리스토텔레스 논리학에서 사용되어 왔습니다. 술부 사이의 관계를 설명하기 위해서 기호 ā(라틴어 'affirmo'에서 온 '나는 긍정한다'는 뜻)와 기호 ē(라틴어 'nego'에서 온 '나는 부정한다'는 뜻)가 사용되었습니다. 'A ā B'가 가리키는 것은 'A는 모든 B에 해당합니다.'(포유동물이라는 술어는 모든 개에게 해당한다), 'A ē B'는 'A는 B에 해당하지 않는다'를 표현합니다. 명제논리학에서 어떤 명제는(하나의 전체 문장) 압축하여 표시하기 위해서 p, q, w 등을 사용합니다. 명제의 결합을 통하여 새로운 복합된 명제가 형성됩니다. 일상 언어적으로 '그리고'(and)로 표현되는 결합은 'p & q'로, '혹은'(or)의 결합은 'p v q'로 표현합니다('v'는 라틴어 'vel'='혹은'의 뜻). 한 명제의 부정은 그 명제의 기호 앞에 단순한 횡선을 사용합니다(p̄).

일상 용어를 사용하여 우리가 명제를 서로 결합하고 '그리고', '혹은', '만약 ~이면 ~이다'와 같은 다른 연결사가 의미가 있는지를 판단하려면, 그 언명의 내용을 따지는 반면에, 엄격한 형식적 기호논리학이 문장을 결합하려면, 이 명제의 유일한 속성인 그들의 이른바 '진리가'를 검토해야 합니다. 진리가는 참이든 거짓이든 둘 중 하나입니다. 기호논리학에서 'p & q'의 진리가는 'p'도 참이고 'q'도 참인 경우만 참이고, 'p'가 거짓이거나 'q' 중 하나가 거짓이면 거짓으로 나타납니다. 양자택일의 명제인 경우 'p v q'의 진리가는 'p'와 'q'가 동시에 거짓인 경우에만 거짓입니다. 그 외는 참입니다. 다시 말하면, 'p'와 'q' 둘 중에 하나만 참인 경우에 'p v q' 역시 참입니다. 그러므로 연결된 언명의 진리가는 오직 부분 명제의 진리가에 의존합니다. 이러한 진리가의 상관관계를 진리 함수라고 합니다.

명제를 결합하는 아주 단순한 형식으로는 부분적으로 일상 언어 '만약 p이면 q이다.'에 대응하는 '화살표'가 있습니다. 'p→q'는 '만약 p이면 q이다.'라고 읽습니다. 순수하게 진리가만을 고려하는 기호논리학에서 p가 참이고 q가 거짓인 바로 그 경우에만 'p→q'의 명제는 거짓입니다. 그런데 이것을 일상 언어로 바꾸어 보면 아무런 쓸모없는 명제가 됩니다. 'p' 대신 '유럽은 대륙입니다.'(참된 명제)라는 명제를, 'q'는 '고래는 포유동물입니다.'(참된 명제)를 도입해 봅시다. 그러면'p→q'의 명제는 다음과 같이 읽을 수 있게 됩니다. '만약 유럽이 대륙이면, 고래는 포유동물입니다.' 이 추론은 역설입니다. 참된 문장은 모든 다른 문장으로부터 – 그것이 참이든 거짓이든 – 도출된다는 역설에 빠집니다. 이 역설은 '실질적 함축'이라는 표어 아래 흔히 기호논리학을 비판하는 출발점이 되었습니다.

해석은 항상 새롭게 이해하는 것이다 : 해석학

해석학이라는 용어는 원래 요한 콘라트 단하우저라는 사람이 1654년에 처음으로 사용하였습니다. 그는 이 말을 사용하면서 신학적·철학적 해석을 법조문의 해석과 구별하려고 하였습니다. 신학과 철학은 은유와 비유를 통한 창조적 해석을 필요로 하고, 법률은 사실에 근거한 실용적 해석의 틀을 갖춰야 하기 때문입니다. 해석학이라는 뜻의 Hermeneutik은 그리스어 'hermeneuein'에서 유래합니다. 그 뜻은 '알리다, 설명하다, 통역하다'를 말하는 것으로 제우스의 전령인 헤르메스(Hermes) 신의 이름과 관계가 있습니다. 헤르메스는 불완전한 인간에게 신의 소식을 전달하는 일을 하는데, 신의 말을 그냥 전하기만 하는 것이 아니라 알아듣도록 말해 줍니다. 다시 말하면, 인간을 위해서 신의 뜻을 해석해 주는 것입니다. 여기에서 해석학이 의미하는 '설명하다, 해석하다, 풀이하다'의 뜻을 찾아볼 수 있습니다.

플라톤을 번역한 독일의 유명한 프리드리히 슐라이어마허(1768~1834)는 성서 해석으로 해석학의 새로운 길을 열었습니다. 슐라이어마허는 종교는 사유나 행동이 아니고 직관과 감정의 세계에 관계하기 때문에 무엇보다도 이해와 해석의 기술, 즉 해석학적 기술을 필요로 한다고 말합니다. 이것은 예술품을 포함하여서 모든 정신적 산물에게도 해당합니다. 신의 뜻과 마찬가지로 예술품과 정신적 산물의 의미는 이해하기 쉽게 드러나 있는 것이 아니고 숨겨져 있기 때문입니다. 여기서 우리는 해석학은 철학자를 위한(모든 정신과학자를 포함한) 단순한 도구일까?(필연적인 방법으로서) 혹은 해석학은 자신의 고유한 방향을 가진 철학일까? 하고 물을 수 있습니다.

철학의 한 도구였던 해석학은 20세기에 들어와서 철학의 한 학파가 되었습니다. 이것은 대부분 독일의 철학자 한스 게오르크 가다머(1900~2002)의 업적입니다. 하이데거는 존재에 관한 해석에 집중한 반면, 하이데거의 제자였던 가다머는 예술과 시(詩)에 많은 관심을 가졌던 철학자입니다. 가다머에게 있어서 해석학은 현상을 보편적으로 이해하는 연구입니다. 해석학은 단순히 역사적 텍스트나 정신적 예술품에만 관계하지 않고 인간의 소통과 이해 전반에 관한 것이기 때문입니다.

가다머의 해석학에서는 언어가 그 중심에 있습니다. "그렇다면 우리가 사용하는 언어에 의해 파악된 세계에 속하지 않는 것은 무엇인가요? 인간이 모든 세계에 관하여 알고 있는 것은 언어적으로 매개되어 있습니다. 최초의 세계 이해는 언어를 배우는 것입니다. 그러나 그것이 전부는 아닙니다. 세계-나-존재에서 우리의 언어성은 결국 경험의 모든 영역을 표현합니다."라고 가다머는 말합니다. 다시 말하면, 우리가 세계에 관하여 무엇인가를 알아가는 과정이 곧 언어를 배워가는 과정입니다. 어린아이가 수천 번을 입속에서 종알거리며 '엄마'라는 단어를 배움으로써 엄마의 존재를 알게 되고 그 의미를 배워가는 것이 좋은 예일 것입니다.

이러한 세계 인식은 전통과의 꾸준한 대화를 통하여 점점 더 계승 발전합니다. 이러한 이유에서 가다머는 전통과 선입견의 긍정적인 역할을 말합니다. 지금 우리가 갖고 있는 생각은 과거로부터 만들어진 것이 아니고, 이러한 생각은 새로운 사고를 만남으로써 자신을 개방하고 발전시켜 나가는데, 이러한 것을 언어의 '지평 융합'이라고 말합니다. 또한 가다머는 더 좋거나 나쁜 해석이 아니라, 서로 다른 해석이 있을 뿐이라고 말합니다. 가다머의 해석학은 철학뿐만 아니라 신학, 문학, 예술적 통찰에 많은 영향을 미쳤습니다.

언어가 없다면 이성도 없다 : 언어

20세기에 들어와서 언어는 철학의 핵심 주제가 되었습니다. 현대 언어철학의 선구자 역할을 한 두 사람이 있는데, 독일의 요한 하만(1730~1788)과 요한 헤르더(1744~1803)입니다. 하만은 칸트가 활동한 쾨니히스베르크의 부둣가에서 물품 관리를 하면서 번역하는 일을 겸했습니다. 하만은 신앙심이 깊은 사상가였으며, 그가 쓴 글의 난해함 때문에 '북극의 마법사'라는 별명을 가졌습니다. 하만은 칸트의 인식 비판이 가지는 문제점을 지적하면서 철학은 언어 비판이 되어야 한다고 주장합니다. 하만은 '이성이 무엇이냐?'라는 물음 대신 '언어가 무엇이냐?'라는 물음을 먼저 해결해야 한다고 말합니다. 언어가 없다면 이성도 없고 세계도 존재하지 않기 때문입니다.

헤르더는 《언어의 근원에 관하여》라는 글을 썼는데, 이성과 언어는 나누어 생각할 수 없고, 이성은 근본적으로 언어적으로 표현되어야 한다고 주장합니다. 언어는 그 언어를 사용하는 사람의 경험, 역사, 모든 관심에

큰 영향을 미칩니다. 하만과 헤르더는 언어의 문제를 제기하면서 언어의
도구적 역할을 인식하였지만 실제로 언어를 체계적으로 연구하지는 않았
습니다.

언어에 관한 획기적인 연구는 영국의 윌리엄 존스(1746~1794)에 의해
서 인도에서 시작되었습니다. 존스는 인도 캘커타(오늘날의 콜카타)의 법
관으로 활동하면서, 인도의 옛 언어인 산스크리트어를 연구하였습니다.
존스는 그리스어나 라틴어보다 더 완벽하고 놀라운 구조를 가진 산스크
리트어가 유럽의 언어와 매우 비슷한 형식을 가졌다고 주장하였는데, 이
러한 주장은 비교 언어학을 발달하게 하였습니다.

지금은 더는 사용하지 않는 언어와 방언을 제외하면, 지구에 살고 있
는 사람이 사용하는 언어는 5,000 종류 이상이 된다고 합니다. 철학에서
관심을 갖는 것은 각 나라에서 사용하는 언어 체계나 언어의 다양성보
다는 언어 그 자체에 관한 것으로 언어에 공통으로 내재하는 어떤 보편
적인 것이 무엇인가 하는 문제입니다. 언어는 여러 가지 신비한 면을 가지
고 있지만 무엇보다도 하나의 언어를 배운 사람은 그것을 모국어로 하여
다른 언어를 가진 사람과 의사소통할 수 있고 사람과 관계를 맺게 하는
놀라운 특성이 있습니다.

언어 연구를 위해서 어렸을 때부터 그리스어, 라틴어, 프랑스어를 배운
빌헬름 폰 훔볼트(1767~1835)는 중국어, 일본어, 산스크리트어를 비롯하
여 많은 언어를 연구하였습니다. 훔볼트는 칸트가 물은 '인간이란 무엇인
가요?'라는 물음에 관하여 '인간은 오직 언어를 통해서 인간이 될 수 있
다.'라는 명제를 내세웠습니다. 훔볼트에 따르면 언어는 사람이 생각하고
느끼며 살아가는데 필요한 수단으로 언어를 통해서 사람은 자연에 적응
하고 세계를 창조해 갑니다. 이러한 언어는 어떤 고정된 형태로 정지되어
있는 것이 아니고 항상 운동 속에 있는 '에너지'입니다. 언어는 개인의 살
아 있는 '말하기' 안에서 의미를 갖고 살아 움직이는 하나의 활동이라는

뜻입니다.

훔볼트의 사상을 잘 말해 주는 이론이 '사피어-워프-가설'입니다. 이에 따르면 언어는 특별한 세계관을 대변합니다. 그래서 사람의 생각하는 내용과 방식은 그가 사용하는 모국어의 영향을 많이 받게 됩니다. 이러한 생각은 개별적인 언어의 특이성을 인정하는 '언어의 상대성'에 바탕을 두고 있습니다. 예를 들면, 우리는 고양이가 '야옹야옹' 운다고 하지만 영어로는 '미우미우' 운다고 하고, 우리는 '새가 운다'고 표현하는데, 다른 언어는 '새가 노래한다'고 합니다.

20세기 초 언어학은 페르디낭 드 소쉬르(1857~1913)에 의해서 근본적인 변화를 겪게 됩니다. 소쉬르는 언어를 '파롤'과 '랑그'로 구별합니다. 파롤은 개인이 쓰는 말을 의미하는 살아 있는 것이고, 랑그는 한 개인이 말을 할 수 있게 하는 언어의 시스템으로 기호와 규칙을 뜻합니다. 말하는 사람이 제각기 특성을 가지고 말한다 해도 말할 때 누구나 의존하는 것이 곧 랑그입니다. 파롤은 랑그에 의존합니다. 하나의 언어 공통체는 동일한 랑그를 갖습니다. 한국어가 한국적인 체계와 문법을 가지고 있는 것처럼요. 각 나라의 개인은 랑그 체계에 맞게 말해야 합니다. 또한 언어는 기호가 조합되어서 어떤 것을 표현하는데, 이때 기호는 지시하는 것과 지시되는 것으로 이루어집니다. 지시하는 것이 '시그니피앙', 지시된 것이 '시그니피에'입니다. 이들의 결합은 우연적인 것으로 나타나는데, 예를 들면, 나무는 영어로 'tree', 독일어로는 'baum'입니다. 이렇게 언어를 특정한 규칙을 따르면서 서로의 차이에서 만들어지는 상대적 가치를 갖는 구조로 보는 소쉬르의 언어학은 앞으로 다가올 구조주의에 많은 영향을 끼칩니다. 루드비히 비트겐슈타인은 현대 철학에서 '언어의 전환'을 이룬 가장 유명한 언어철학자이지만, 앞에서 자세하게 다루었기 때문에 여기서는 생략합니다. 비트겐슈타인 이후 언어철학은 존 오스틴(1911~1960)과 존 설(1932~)에 의해서 언어 행위에 관한 이론으로 진행되었습니다. 비트겐슈타인에 따르면 우리는 대상을 확인하고 기술하는 데뿐 아니라 '사정하고 욕하고 기도하고 고마워하기 위해' 언어를 사용합니다. 이와 같이 행동이 동시에 뒤따르는 언어 사용을 오스틴은 '언어 행위'라고 합니다. 이에 관한 이론을 '언어 행위 이론'이라 하지요. "나는 무엇을 약속한다." 혹은 "나는 맹세한다."라고 말하면, 이 말을 함으로써 약속을 지키겠다는 의지와 선서를 행동으로 실행하겠다는 것을 뜻합니다. 언어 행위 이론은 언어가 사회적 환경과 밀접하게 관련되어 있음을 보여 줍니다. 혼인 서약에서 "예."라는 말은 단순한 긍정의 뜻이 아니라 결혼이라는 행위를 잘 수행하겠다는 의지의 표현입니다. 이와 같이 언어를 쓰는 장소와 상황을 알게 되면, 그 문맥에 따라서 언어를 더 잘 이해할 수 있습니다. 언어 행위 이론은 다시 '사회언어학'과 '화용론'으로 나뉘는데, 사회언어학은 언어와 사회적 구조의 관계에 중심을 두어서 일정한 사회 계급에서 사용하는 특수한 언어 사용을 연구합니다. 화용론은 언어와 언어 사용의 상황 사이에 있는 관계에 관심을 가지고, 공간적·시간적·사회적 관계가 언어를 사용하는데 무슨 영향을 미치는지를 연구합니다.

52

윤리학
: 우리는 무엇을 해야 하나요?

'나'의 행동에서 '우리'의 행동으로 : 무엇이 옳은 행동인가요?

러시아 문학가 레프 똘스또이는 '평생 동안 사람은 어떻게 살아야 하는가?'라는 문제로 고민했습니다. 이 물음은 다만 방법에 관한 물음일 뿐아니라 더 나은 행동은 어떤 것인가? 하는 물음으로 결국은 어떻게 사는 것이 올바른 삶인가? 라는 문제입니다. 이 물음은 비단 똘스또이뿐만 아니라 사람이면 누구나 물어야 하는 '삶의 영순위 물음'입니다.

이 물음은 모든 시대를 거쳐 제기되었지만, 오늘날만큼 다양한 의견이 제시된 적은 없습니다. 예를 들면, '좋은 삶이란 무엇인가?' '행복이란 무엇인가?' '삶의 진정한 의미는 무엇인가?' 이러한 물음은 매일 반복되며 그 대답 또한 매번 달라집니다.

20세기에 일어난 혼란과 무질서는 이러한 물음에 관한 답을 더욱 어렵게 만듭니다. 전쟁을 통한 대량 학살로 사람들 사이의 증오와 갈등은 더욱 깊어지고 사회 계층의 양극화는 심화되어 그 해결이 점점 더 어려워지고 있습니다. 또한 인간과 자연의 관계에 있어서도 인류 존재의 조건인 자연과 환경의 심각한 파괴로 인하여 인류의 생존 자체가 위협을 받는 상황에 이르렀습니다. 현대의 문제는 개인과 사회를 넘어서 지구적 차원에 이르는 경우가 점점 늘어나고 있습니다. 이런 상황 속에서 올바른 삶에 관한 물음에 답을 하기가 쉽지 않습니다. 하지만 어려울수록 정의와 불의, 옳음과 그름에 관한 성찰은 의미도 커지기 마련입니다. 여기에서 무엇보다도 철학의 역할이 필요합니다. 철학 또한 구체적이고 실천적인 해결 방법에 관한 요구를 더는 회피할 수 없게 된 것입니다. 철학 혼자서 누구나 수긍할 수 있는 답을 제시할 수는 없을지라도 좋은 삶에 관한 올바른 방향과 태도를 위한 고민에 적극적으로 동참해야 하는 것입니다.

'어떻게 살아야 하는가?'라는 물음에 답을 찾고 이에 맞는 선택을 하는 사람은 항상 개인입니다. 그런데 그 결정이 미치는 영향은 가족, 주변에 있는 사람, 사회, 더 나아가서는 인류 전체에 미치기도 합니다. 안락사나 동성애 문제는 개인에게만 한정되는 문제가 아닙니다. 치료할 수 없을 만큼 깊이 병든 사람이 자신의 죽음을 스스로 선택할 수 있도록 하는 안락사의 문제는 어떤 나라에서는 이미 허용되어 있지만, 또 다른 나라에서는 여전히 논쟁거리입니다. 동성애 문제도 시대와 사회에 따라 차이가 큽니다. 플라톤의 대화편을 보면 동성애는 비난의 대상이 아니라 오히려 '정상적이고 아름다운 사랑'으로 간주되고 있습니다. 그런데 18세기에 오면 인간이 해서는 안 되는 '비정상적이거나 병적인 성적 태도'라고 하여서 사형 위협까지도 감수해야 했습니다.

이렇게 볼 때, 어떤 행위에 관한 문제가 몇몇 사람에게만 해당한다고 말할 수는 없습니다. 개인의 판단과 선택이 모두의 것이 되면 법과 제도는 변화에 직면하게 되면서 사회 문제가 확산되기 때문입니다. 이렇게 보면, 모든 도덕적 결정은 처음 보면 개인의 것처럼 보이지만 개인의 영역을 넘어서는 것입니다. 그렇게 때문에 도덕적 명제는 보편성을 가져야 합니다. 바로 이러한 이유 때문에 어떻게 사는 것이 옳게 사는 것이냐는 물음은 '나' 혼자만이 옳게 사는 문제가 아니라 '우리'의 공동 문제가 됩니다.

존 스튜어트 밀은 《자유론》에서 '내 인생은 내가 선택한다.'라고 말합니다. 이 말은 백번 옳은 말입니다. 그런데 어떤 사람의 선택이 다른 어떤 선택보다 낫거나 정당하지 않다면 자기 선택이라는 말은 의미가 없습니다. 선택은 어떤 것이 더 낫다는 점을 전제로 하는 행위이기 때문입니다. 우리가 행동에 있어서 어떤 x를 선택한다면 x가 다른 y나 z보다 더 낫기 때문에 x를 선택하는 것입니다. 이것을 실천철학에 적용시켜 보면, 내가 선택한 x는 더 나은 의미를 갖기 때문에 다른 사람에게도 이것을 납득시켜야 합니다. 한 사회 안에서 사람은 자신의 삶을 혼자서 방안에서 독백하며 끝내는 것이 아니기 때문에 '의미 있는 타인'(조지 미드)에게 함께 동참하고, 또 타인에게도 권하는 책임 의식을 가져야 합니다.

급속한 과학 기술, 경제 발달, 거센 세계화 물결은 우리에게 이중의 문제를 가지고 다가옵니다. 기존의 경계가 무너지고, 사람들의 행동 범위는 지구의 오지까지 넓어지면서 정체성이 혼란스러워집니다. 동시에 자신의 주체적 판단과 이에 따르는 윤리적 도덕적 책임을 요구합니다. 열대림은 매일 사라져가고, 이상 기후는 이제 점차 정상 기후가 되어가며, 에너지와 자원 확보의 싸움은 갈수록 치열해지면서 자연환경은 전 지구적으로 위협받고 있습니다. 그 결과 우리 자신의 생존과 미래마저 심각하게 위험에 노출되어 있습니다.

그뿐만 아니라 과거에는 생각조차 할 수 없던 부와 건강을 누리면서 평균 수명이 점점 길어지고 있습니다. 하지만 가벼운 병조차 치료는커녕 생존 자체가 버거운 처절한 빈곤 속에서 어린이 사망률만 높아지는 양극화 현상은 점점 더 심각해지고 있습니다. 또한 전 지구적으로 확산되고 있는 난민 문제와 폭력 문제는 평화로운 삶을 위협할 정도로 심각합니다. 이러한 현상을 보면, 모두가 '잘 사는 세상' 소외 없는 공동체의 삶'이란 마치 '한여름 밤의 꿈'에 지나지 않는, 그래서 말하기 민망한 공상처럼 느껴질 때가 있습니다.

현실이 불안하고 소외 현상이 심화될수록 '어떻게 사는 것이 옳게 사는 것인가?' 하는 물음에 부딪히게 되고, 이러한 물음은 공동의 문제가 됩니다. '우리가 어떻게 살아야 하는가?'라는 물음을 던질 때, 모든 사람에게 관련되는 '자연(지구 환경) 문제'와 서로의 관계에서 항상 헛도는 소통의 문제를 다루는 주인으로서의 '책임 의식'은 윤리적 주제의 중심을 이룹니다.

자연은 사람에게 무엇인가요? : 자연환경

사람이 자연의 일부이며, 그 구성원이면서 동시에 자연을 이용하면서 살아간다는 것을 모르는 사람은 없습니다. 하지만 자연의 의미를 자신의 삶과 관련시켜서 구체적으로 생각해 보는 일은 드물지요. 자연이라는 용어는 크게 두 가지 뜻을 갖습니다. 하나는 사람을 포함하지 않는 자연이고, 다른 하나는 사람을 포함하는 자연입니다. 전자는 사람과 자연이 대립하는 구도를 갖습니다. 이때의 자연은 사람이 빠져 있는 세계, 동물과 식물의 세계를 뜻합니다. 이 자연은 산, 강, 들판을 의미하며 사람이 만든 인위적 작품, 예를 들면 예술, 문화 등과 구별됩니다. 사람은 원래 있었던 자연을 재료로 하고 자신의 기술을 도구로 사용하여 자연을 변화시킵니다. 이러한 의미에서 사람은 호머 파버(도구적 인간), 즉 이성을 사용하고 연구하는 기술자로서 자연과 대립됩니다.

사람을 포함하는 자연 개념은 지구 위에 살아 있는 생태계의 모든 것을 말합니다. 식물, 동물은 물론이고 사람도 포함합니다. 이때 사람은 자연의 일부로서 자연 안에서 존재하는 자연의 구성원입니다. 이와 같이 보면 사람은 한편으로는 자연과 대립하고, 자연을 약탈하고 파괴하는 역할을 하면서, 다른 한편으로는 자연의 아들로서 자연 안에서 생명을 유지하고,

발전시켜 나가는 자연에 의존하는 동물입니다. 이것이야말로 인간의 딜레마입니다. 이러한 딜레마는 사람의 본질적 특성과 관계가 있습니다.

과거 자연은 사람에게 괴롭힘을 당하지 않았고 파괴되지도 않았습니다. 고대인은 사람이 자연을 손상시킨다는 것을 생각조차 할 수 없었습니다. 자연은 경외의 대상이었지요. 사람들은 항상 감사하는 마음으로 조심스럽게 땅을 파 곡식을 심었고, 바다를 헤치고 나아가서 물고기를 잡아 왔습니다. 사람은 자신의 능력을 자연이 허락하는 한도 내에서 발휘하였습니다. 그러나 과학이 발달하고 지구 곳곳의 변화가 거세지면서 차차 자연은 파헤쳐지고, 상품으로 가공되면서 한낱 물건을 만들어 내는 재료로 전락하였습니다.

이제 자연은 더는 신비의 대상도, 무한한 능력을 가진 삶의 근원도 아닙니다. 다만 탐구와 정복의 대상이 되었습니다. 자연을 이용할 줄 알게 된 인간이야말로 위대한 존재라는 생각이 당연하게 여겨졌습니다. 정복되어야 하는 자연에 관한 생각과 지식의 필요성은 프랜시스 베이컨이 말하는 "아는 것이 힘입니다." "사람은 자연의 비밀을 밝혀내어 정복해야 합니다."라는 구호 속에 잘 나타나 있습니다. 여기에 인구 증가와 같은 사회적 조건이 달라진 것도 한몫을 하게 됩니다. 다시 말하면, 자연은 차츰 그 한계에 이르게 된 것입니다. 그런데 사람이 살아남기 위해서라면 어떤 잔인한 행동을 해도 정당한 것일까요?

사람과 자연의 관계를 잘 보여 주는 것이 사람과 동물의 관계입니다. 동물은 비이성적인 존재라는 생각으로 동물적 본성을 길들이는 것이 인간의 의무라고 본다면, 이러한 동물은 자연과 같은 의미가 됩니다. 동물은 사람의 손에 의해서 길들여져야 한다고 생각합니다. 다듬어지지 않은 돌을 '자연석'으로, 밀림에 사는 사람을 '원시인' 또는 '야만인'으로 표현하는 의식 속에도 이러한 생각이 드러납니다. 특히 서구의 그리스도교적 관점에서 동물은 사람을 위한 대상으로만 생각되어 왔습니다. '바다에 있는 물고기와 하늘을 나는 새와 땅을 기어 다니는 모든 동물을 지배하라.'라는 창세기의 구호 아래 '동물의 운명은 사람에게 먹이를 제공하는 것이다.'(칼뱅) 혹은 '동물은 사람을 위해 존재한다.'(아퀴나스)는 주장을 하게 되었습니다. 인간 또한 동물의 개념에 포함되는 것을 생각할 때, 사람이 동물을 대하는 공격성은 사람에 관한 폭력으로 변하지 않을까요?

다른 생각도 있습니다. 이들은 오늘날 우리에게 모범이 될 수 있는 생각이지요. 중세 유대인 철학자 마이모니데스는 "모든 다른 존재가 사람을 위하여 존재하는 것이 아닙니다. 그들은 자신을 위해서 존재합니다."라고 가르쳤습니다. 더욱이 영혼 회귀를 믿었던 피타고라스학파는 동물을 존중하여 이미 오래 전에 채식주의를 실천했습니다. 러시아 작가 표도르 도스또예프스끼는 《까라마조프씨네 형제들》에서 '사람들이여, 너희들은 동물 위에 군림하지 말라. 동물들은 죄가 없다. 그러나 너희들은 너희들이 가진 모든 권한을 다하여 지구를 더럽히고 있다.'라고 비판했습니다.

산업사회에 들어오면서 동물을 더욱 잔인하게 취급하면서 동물 문제가 철학과 윤리의 문제가 되기 시작하였습니다. 영국의 공리주의자 제레미 벤담은 동물이 말할 수 있거나 생각할 수 있는가?가 중요한 것이 아니라 그들이 느낄 수 있는가?가 중요한 것이라며 동물을 감정을 가진 존재로 다루어야 한다고 역설했습니다. 시간이 흐른 1822년 영국에서는 노동하는 말과 도살당할 가축에게 불필요한 고통을 주는 것을 법으로 금지하였습니다. 덧붙이자면, 벤담은 사람은 누구나 피부의 색에 상관없이 사람으로서 동등한 인권을 가져야 한다는 것도 지적하였습니다.

20세기 초 독일 철학자 막스 호르크하이머는 도살장에 끌려가는 가축에 관한 끔찍한 관찰을 널리 알렸습니다. 그 뒤로 철학자는 사람과 동물의 관계를 철학의 문제로 진지하게 생각하게 되었습니다. 이러한 대열에 앞장 선 철학자로는 오스트레일리아의 피터 싱어, 미국의 톰 레건 등이 있습니다. 이들은 사람과 동물의 관계를 사람이 어떻게 살아야 하는가를 고민하는 윤리학에서 중요하게 다룹니다. 이들은 동물 문제를 윤리학에 포함시키면서 사람이 동물에 대해서 도덕적 의무를 지니고 있다는 것, 동물도 자신의 권리를 가지고 있다는 것을 인정해야 한다고 주장합니다.

톰 레건은 사람의 실천적 삶에 관해서 극단적인 주장을 합니다. "실험에서 동물을 사용하는 것을 완전히 금지하라! 동물을 이용하여 경제적 이익을 도모하는 동물 산업을 완전히 폐기하라! 이익을 위해서나 운동을 위해서 하는 동물 사냥을 전부 포기하라!" 인류는 이러한 소리에 귀 기울여야 합니다.

오늘날 동물 권리 및 동물 보호 운동을 하는 사람을 제외하고는 사람들 대부분에게 동물은 그들 또한 한 생명체로서의 모습을 한 번도 드러내지 못한 채, '이미, 그리고 언제나' 군침 도는 음식이 되어서 현대인의 밥상 위에 모습을 나타냅니다. 요리되는 동물을 직접 접촉하거나 보는 일이 매우 드물게 된 세상에서 살기 때문입니다. 사육되는 동물에게 어떤 일이 일어나며 동물이 병 든 것도 아닌데 왜 매일 항생제와 성장 촉진제를 먹어야 하는지에 대해서 분개하는 사람은 거의 없습니다. 우리는 다만 음식으로 변해서 식탁에 올라온 맛 좋은 돼지나 닭을 알 수 있을 뿐입니다. 우리는 돼지하면 '삼겹살', 닭하면 '프라이드 치킨'으로 생각합니다. 마치 돼지와 닭이 처음부터 그런 모습인 것처럼 말입니다. 동물의 권리를 주장하는 사람은 이렇게 부분으로 토막이 나서 상품으로 가공되기까지 동물에게도 고통과 죽음에 관한 공포가 있고 주인을 따르고 믿었던 감정도 있다고 주장합니다. 무엇보다도 살 권리가 있는 만큼 불필요하게 잔인한 방법으로 도살해서는(경제 법칙에 의한) 안 된다고 하는 것을 알리고자 하는 것입니다.

동물 윤리를 심각하게 생각하는 사람은 대부분 자신의 삶의 방식을 식물성으로 바꾸고 있기는 하지만, 그렇다고 모든 사람이 '삼겹살'과 '프라이드 치킨'을 포기하기는 어렵습니다. 다만 우리가 소비하는 그 많은 양의 고기가 꼭 필요한 것인가를 한번쯤 묻자는 것입니다. 지나치게 많은 양의 고기를 먹으면 우리의 건강을 해친다는 것이 상식입니다. 생존을 위해서 필요한 동물을 최소한 사냥하였던 '원시인'에게서 오히려 생명을 존중하는 윤리와 건강하게 사는 방법을 배우자는 뜻입니다. 물론 이런 경우 식물의 고통을 말하는 논란도 가능합니다. 그러기에 인간의 생존과 건강을 해쳐 가면서 자연계의 모든 생명을 보호해야 한다고 말하는 것은 아닙니다. 하지만 동물 보호를 위해 스스로 우유와 달걀, 모피와 가죽 사용을 거부하는 사람의 용기가 존경스러운 것은 사실입니다.

이제 사람들은 자연환경과 동물에 관해서 근본적으로 자신의 생각을 다시 할 시점에 왔고, 무엇을 어떻게 책임져야 할 것인가에 관한 진지한 고민을 해야 할 때입니다.

우리에게 필요한 책임 의식 : 책임진다는 것의 의미

인구의 폭발적 증가와 과학 기술의 획기적 발달과 더불어 자연환경에 닥친 위기는 곧 인류의 생존에 관한 위험을 말한다는 것을 철학자들은 늦게나마 깊이 인식하였습니다. 이러한 인식은 식물, 동물, 생태계, 전체 자연의 생존 가능성에 관한 책임이 인간 자신에게 있다는 사실을 깨달음으로 현실화되었습니다.

책임 의식의 확산을 위해서 공헌한 철학자로, 19세기 사람들이 자연의 균형을 깨고 있다고 주장한 조지 마시(1801~1882), 환경에 관한 책임을 역설한 존 패스모어(1914~2004), 우리가 조금 더 자세히 알아야 할 책임 윤리를 역설한 한스 요나스(1903~1999)가 있습니다. 요나스는 지금까지의 윤리학이 사람의 행동 영역과 책임의 문제를 너무 좁게 해석했다고 비판하면서 철학하기를 출발합니다.

요나스의 비판에 따르면, 지금까지 윤리는 좁은 의미의 인간중심적이어서 사람과 사람에 관한 관계만 생각해 왔습니다. 직접적인 관계에 있는 주변 사람과 같은 시대에 사는 사람에 관한 행동이 윤리와 도덕의 중요한 테두리를 이루었다고 본 것입니다. 앞을 내다보는 예측 가능성이 부족해서 '윤리의 지평'이 매우 좁을 수밖에 없습니다. 칸트조차도 크게 다르지 않았습니다. 칸트는 도덕적으로 옳게 행동하기 위해서는 영리함과 세계에 관한 인식이 별로 필요하지 않다고까지 말하고 있기 때문입니다.

놀라울 만큼 빨리 변화하고 있는 세상은 늘 가치와 새로운 규범을 필요로 합니다. 이에 관하여 상응하는 도덕적 책임 의식을 가져야 한다는 말은 지극히 당연한 것입니다. 상상을 초월하는 새로운 방법을 시도하는 의학에 대해서, 놀라운 효율성만큼 치명적인 위험성이 있는 핵에너지 사용에 대해서, 개발이라는 이름 아래 행해지고 있는 거대한 간척지 공사와 댐 건설을 우리는 어떻게 봐야 할까요? 근대 사회에서 자연을 효과적으로 정복하기 위한 지식을 요구했다면, 이제는 자연을 지키고 보존하기 위한 새로운 지식이 필요한 때입니다. 이러한 지식은 지식의 활용 가치에 관한 바른 판단을 위한 새로운 '윤리 의식'을 필요로 합니다. 즉 현대 철학은 새로운 전문 지식과 새로운 윤리를 제시하는 과제를 안고 있습니다.

책임 의식의 특별함은 권력과 밀접한 관계에 있습니다. 대의 정치를 하는 현대 사회에서 권력의 무게가 책임의 무게와 비례할 때 비로소 건강한 사회가 될 수 있습니다. 어떤 사람이 더 많은 책임을 져야 할까요? 책임이란 자신이 가진 힘을 자신의 이익만을 위해서 쓰지 않아야 한다는 윤리 의식을 가지고 그렇게 행동하는 것입니다. 그렇다면 사람은 자연(동물을 포함하여)보다 더 많은 권력을 가지고 있기 때문에 더 많은 책임을 져야 하지 않을까요?

요나스에 따르면, 책임의 문제는 먼저 사람에 관한 존경심을 갖는 것에서 시작합니다. 존경심은 인간 관계에서 기초가 되는 것으로 상대방의 주체성과 인권을 인정하는 것입니다. 다른 사람의 고유함과 개별성을 우리

9장. 지금, 여기에서 철학하기 : 주제와 문제들

자신의 것을 인정하는 것처럼 그렇게 받아들이는 것입니다. 이러한 존경심은 특정한 개인에게만 한정되는 것도, 현재 지구상에서 살고 있는 사람에게만 나타내는 것도 아닙니다. 존경심을 바탕으로 하는 진정한 책임 의식은 '아직 태어나지 않은' 미래의 사람에 관한 배려와 책임까지 포함하는 것입니다.

이러한 의미에서 요나스가 말한 현대에 필요한 윤리는 '책임 의식의 일상화' 또는 '생활화'라고 할 수 있습니다. 그는 현대 사회라고 해서 새로운 윤리학이 필요한 것은 아니라고 말합니다. 과거에 중요했던 도덕적 규범은 예를 들면, 사랑의 계명, 친절함, 동정심, 정의, 신뢰 등의 가치는 시대가 변해도 여전히 윤리의 근본입니다. 다만 현대 윤리학은 이러한 규범을 지키는 방식에 있어서 더 보완되어야 합니다. 일상 생활 속에서 실천하는 책임 의식을 통해서 이웃, 환경, 직장, 사회 등 구체적 관계에서 행해지는 윤리 의식이 되어야 합니다. 즉 도덕 교과서에서 읽는 윤리가 아니고, 막연하고 추상적인 윤리를 벗어나서 현실 속에서 작용하고 실행되는 윤리를 말합니다.

우리는 어떤 위험이 닥쳐올지 알지 못하며, 또 스스로 어떤 위험을 만들어 내는 지도 알지 못합니다. 하지만 적어도 우리가 하는 행동이 왜, 무엇 때문에 하는 것인지? 정당한 일인지를 알기 위하여 노력하는 것은 복잡하고 빠르게 변화하는 현실 속에서 우리가 가져야 할 최소한의 책임입니다.

53

인간론 : 사람은 무엇인가요?

나는 나를 아는가? : 개념의 역사

사람은 자신에 대해서 묻는 유일한 존재입니다. 사람을 제외한 지구상의 어떤 동물도 자신에 관하여 '나는 누구인가?'라는 물음을 던지지 않습니다. 이 물음은 자신을 알고자 하는 '자아 인식'의 출발이 됩니다. 사람은 자신의 본질, 세계 안에서 자신의 위치와 의미 등 자신의 모습에 관한 불안과 의문을 갖는 유일한 존재입니다.

자아에 관한 물음과 더불어 철학은 시작되었고, 3천 년이 지난 지금도 여전히 이 물음을 안고 고민하고 있습니다. 칸트는 자아에 관한 물음이 철학이 해결해야 할 가장 근본적인 물음이라고 했습니다. 내가 나를 아는 것이 왜 그렇게 중요하면서도 어려운 일일까요? 이집트나 그리스인은 처음에는 사람이라는 표현을 자기 종족에 대해서만 사용하며 다른 종족은 '야만인'이라 칭한 적이 있습니다. 이때 야만인은 자신의 언어와는 다른 언어를 사용하는 사람을 뜻하는 말이었습니다.

9장. 지금, 여기에서 철학하기 : 주제와 문제들

약 2,500년 전부터 사람들은 '사람'이라는 개념에 점차 '모든 사람'을 포함시키기 시작했습니다. 역사학자 헤로도토스(B. C. 484경~B. C. 425경)는 그리스인이 다른 종족에 대해서 갖는 편견을 비판하고 모든 사람을 하나의 공동체로 보아야 한다고 말하였습니다. 이와 비슷한 시기에 활동하던 소피스트는 모든 사람은 근본적으로 동일하다는 인간 평등권을 주장하기도 하였습니다. 이들은 언어가 다른 이민족뿐만 아니라 노예들에 대해서까지 평등을 주장했습니다. '인간성'이라는 말을 처음 사용했던 스토아학파와 그리스도교에 의해서 모든 사람이 평등하다는 생각이 사람들의 의식 속에 점차 뿌리내리기 시작하였습니다.

사람에 관한 학문, 인간학을 독일어로 '안트로폴로기'라 하는데, 이는 그리스어 'anthropos'(=사람)에서 온 말입니다. 18~19세기에 이르러서, 생물학에서 인간 종족에 관한 연구와 발굴이 활발하게 이루어지면서 인간의 근원, 인간 발생에 관한 역사 연구가 본격적으로 시작되었습니다.

철학에서 인간학에 관한 연구는 18세기에 철학자 칸트와 헤르더에 의해서 본격적으로 시작되었습니다. 칸트는 인간에 관한 연구를 생리적 인간학과 실용적 인간학으로 구분하였습니다. 생리적 인간학은 자연이 만든 인간에 관한 연구이고, 실용적 인간학은 자유롭게 행동하는 인간에 관한 연구로서 인간이 자신에 관하여 스스로 만드는 것, 만들 수 있는 것, 반드시 만들어야 하는 것에 관한 연구입니다. 다시 말하면, 사람에 관한 생물학적 연구와 사람의 바람직한 인성에 관한 연구로 나누어 볼 수 있습니다.

헤르더가 말한 인간학은 현대 인간학의 기초가 되었는데, 그는 인간을 동물과 비교하면서 그 차이를 말했습니다. 헤르더에 따르면 여러 가지 점에서 인간은 동물보다 '부족한 존재'입니다. 예를 들면, 동물은 힘, 민첩성, 예민함 등에서 사람보다 월등히 낫습니다. 그러나 인간은 이러한 부족함을 채울 수 있는 한 가지 능력을 가지고 있습니다. 그것은 자연이 인간에게 준 이성과 자유에 관한 욕구와 결부되어 있습니다. 사람은 이 능력을 통해서 자기가 되고자 하는 사람으로 자신을 만들어 가고 변화시켜 가는 존재라는 뜻입니다.

현대 인간학에 큰 영향을 미치고 있는 철학자로 헤겔과 프로이트를 들수 있습니다. 이들은 사람에 관한 생각을 확실하게 바꾸어 놓았기 때문에 철학의 영역을 넘어서 대중의 의식까지 바꾸어 놓았습니다. 헤겔은 사람을 활동하고 행동하며 특히 일해야 하는 존재라고 보았습니다. 사람은 사회적 관계 안에서 노동을 하면서 자신의 세계를 만들며, 특히 자신의 존재를 다른 사람에게 인정받고 싶어 하는 존재라고 말합니다. 또한 헤겔은 다른 사람을 그 사람이 하는 노동을 바탕으로 인정함으로써 관계 속에서 스스로를 만들어 가는 존재로 생각하였습니다. 반면에 프로이트는 '사람은 어떤 존재인가?' 하는 문제를 지금까지와는 전혀 다른 새로운 방식으로 풀었습니다. 프로이트는 인간의 본능적 충동과 이로 인해서 형성되는 무의식을 중요하게 보았습니다. 사람은 항상 본능을 충족하고자 하지만 사회 속에서 살아가려면 욕망에 따라서만 살 수는 없습니다. 채워지지 않은 충동적 욕망은 무의식을 형성하며 인격 형성에 큰 영향을 미친다는 심리학 이론을 내놓습니다. 즉 사람은 이성뿐만 아니라, 동물적 본능과 욕망의 지배를 받는 존재라고 프로이트는 주장합니다.

철학적 인간학 : 막스 셸러, 헬무트 플레스너, 아르놀트 겔렌

철학이 다루는 많은 주제 중에서 인간이란 무엇인가요? 인간의 위치는 많은 존재 가운데 어떤 위치에 있나요?라는 물음이 가장 본질적이고 핵심적인 물음이라고 생각하는 철학자가 있습니다. 이러한 주장이 '철학적 인간학'을 말하는데 막스 셸러, 헬무트 플레스너, 아르놀트 겔렌이 철학적 인간학을 주장하는 대표적인 철학자입니다.

막스 셸러(1874~1928)는 철학적 인간학이라는 학파를 탄생시킨 사람입니다. 그가 쓴 〈우주에서의 인간의 위치〉라는 논문은 지금도 큰 영향을 미치고 있습니다. 막스 셸러는 인간의 본질과 구조에 관한 연구가 철학이 해야 하는 가장 시급한 일이라고 보았습니다. 그는 동물과 인간 사이에는 근본적인 차이가 있다고 생각하였습니다.

당시 유럽 사람들은 일반적으로 사람에 관한 세 가지 이념을 가졌습니다. 첫째, 인간은 신의 모습에 따라서 창조되었다고 생각하는 피조물로서의 인간관(유대교와 그리스도교의 전통), 둘째, 이성적 존재(그리스 고전에 근거), 셋째, 상대적 인간상(다윈의 종의 이론에 근거)이지요. 그러나 셸러는 이와 같은 종교적 인간관, 철학적 인간관, 자연과학적 인간관은 인간이 무엇인가? 하는 물음에 관한 충분한 답이라고 보지 않았습니다. 셸러는 인간과 동물의 관계에서 인간의 본질과 형이상학적 특성을 새롭게 규정해야 한다는 입장이었습니다.

셸러는 프랑스의 곤충학자 파브르와 독일의 동물학자 쾰러의 도움을 받아서 인간과 동물 사이에는 단지 정도의 차이만 아니라 본질적인 차이가 있다는 주장을 펼쳤습니다. 이러한 본질적인 차이를 가능하게 하는 것이 바로 인간이 가진 정신입니다. 정신은 스스로 활동하면서 자신을 표현하는데, 이것이 구체화된 것이 인격입니다. 인간은 인격을 통해서 무조건 충동에 이끌려 다니지 않고 환경을 변화시키고 지배하면서 세계를 자신의 것으로 만들어 갑니다.

사람은 외부의 대상만이 아니라 자신의 내면까지도 이러한 변화의 대상으로 만들 줄 압니다. 이것이 바로 인간의 두 번째 특성이라고 할 수 있는 사람의 '자아의식'입니다. 동물은 외부 세계의 것을 보고 듣고 지각할 수는 있지만, 자신이 보고 듣고 있다는 것을 의식하거나 인식하지는 못합니다. 즉 자아의식이 없습니다. 반면에 사람은 자신이 보고 듣고 생각하는 것을 스스로 알고 의식합니다. 이러한 자아의식을 통해서 순간의 충동적인 욕구에 따라 행동하지 않고 억제하며 이성적 의지를 갖게 됩니다. 자아의식은 '어! 내가 뭐 하지?' 혹은 '이대로 가도 되나?'와 같이 반성하도록 작용하기 때문입니다.

셸러가 철학적 인간학의 창시자라면 그보다 나이가 열여덟 살이나 어린 헬무트 플레스너(1892~1985)는 이를 더욱 발전시킨 사람입니다. 그는 식물과 동물 연구를 바탕으로 하여서 인간의 조건에 관한 분석을 시도했다는 점에서 독보적입니다.

먼저 식물의 특성을 보면, 모든 살아 있는 생명체는 자신을 둘러싸고 있는 환경과 상호 작용을 합니다. 식물은 자신의 주변 환경에 적응을 해야만 살아갈 수 있습니다. 식물은 지금 그가 있는 그 장소에 적응하지 않고서는 살아갈 수 없습니다. 식물은 환경이 마음에 안 들어도 이사갈 수가 없으니까요. 이와 달리 동물은 자립적이며 장소를 옮겨 가면서 살 수 있습니다. 따라서 동물은 낯선 환경을 경험할 수도 있습니다. 자신을 의식하는 사람은 동물보다 한 단계 더 높은 능력이 있습니다. 사람은 자기 주변을 인지하고, 또한 자신에 관해서도 알 수 있습니다. 사람은 자신과 다른 대상 사이에 거리를 만들 수 있고, 더 나아가서 자기 체험도 다시 반성해 볼 수 있습니다.

이러한 의미에서 플레스너는 사람은 외부 세계, 내면 세계, 공동 세계를 소유한다고 말합니다. 외부 세계는 시간과 공간 안에 있는 모든 대상을 포함하고, 내면 세계는 사람의 영혼과 체험에 관한 세상입니다. 공동 세계는 다른 사람과의 공동의 생활을 의미합니다. 이처럼 다양한 세계를 경험하는 사람은 항상 현재의 자신으로부터 앞을 향하여, 미래를 향하여 나아갑니다. 사람은 이러한 능력으로 자신을 항상 새롭게 발견해 나가며 또한 변화시킵니다.

아르놀트 겔렌(1904~1976)은 사람이 자기와 유사한 동물, 즉 원숭이와 달리 미숙하게 태어나서 비교적 늦게 성적 성숙기에 도달하고 그 시기에 이르기까지 오랫동안 보살핌과 교육을 받아야 한다는 데에 주목하였습니다. 겔렌은 행동 연구가의 영향을 많이 받았습니다. 특히 행동 연구가 아돌프 포르트만(1897~1982)이 겔렌에게 큰 영향을 주었습니다. 포르트만은 사람에게 주어진 독특한 학습 능력 이론을 주장하였는데, 여기에 겔렌은 자신이 말하는 이론의 근거를 두었습니다. 포르트만에 따르면, 사람은 태어난 첫해는 사람의 자궁 외부의, 즉 자궁 밖에서 자라는 배태기 시기를 겪습니다. 이 시기에 갓난아이는 주변 환경의 영향 속에서 생존을 위한 '감각 지각 능력'(대상을 느끼기), '운동 능력'(걸음마 배우기), '의사소통 능력'(말하기 배우기)을 배우게 됩니다.

겔렌은 또한 미국의 실용주의자 존 듀이의 영향을 받아서 행동이 인간을 이해하는 열쇠라고 생각하였습니다. 겔렌 역시 사람은 태어날 때부터 부족함이 많다고 보았습니다. 감각기관의 약함, 무력한 신체적 방어 능력 때문에 갓난아이가 보살핌 없이 자연적 환경에 팽개쳐진다면 거의 살아갈 수 없습니다. 그러나 사람은 지각과 학습 능력이 있고, 자신의 부족함을 학습을 통해서 보완할 수 있습니다. 사람은 서서 걷는 자세, 높이 넓게 내다볼 수 있는 시각 능력, 섬세한 손놀림, 몸동작의 유연성을 가지고 있기 때문에 스스로 하나의 조화로운 시스템을 이루어 나간다는 것입니다.

사람은 이런 시스템을 이용하여서 대립적인 자연을 자신에 맞고 편리하게 변화시켜서 '문화'로 만들어 냅니다. 사람은 생존하기 위해서, 환경과 조건을 변화시킴으로써 자신에게 필요한 문화를 창조해야 하는 동물입니다. 자신이 창조한 문화에 의해서 사람은 다시 영향을 받으며, 문화의 틀 안에서 살아갑니다. 문화는 원시인의 간단한 움막이나, 간단한 도구 및 무기에서 시작하여 법, 경제, 종교, 사회적 질서를 모두 포함합니다.

문화는 여러 가지 사회적 제도로 나타납니다. 이러한 의미에서 겔렌은 사람이 제도를 통하여 자신에게 맞는 질서를 만들어 가고, 그 질서에 의존하면서 사는 존재라고 말합니다. 제도가 사람이 각자 자신의 방향을 세우고 행동으로 옮기기 위해 필수불가결한 '외적 받침대'이기 때문에 제도는 개인이 만들거나 파괴할 수 없다고 겔렌은 말합니다. 누구나 제도 속에서 태어나고 제도 속에서 살면서 삶을 끝마칩니다.

그런 까닭에 사람은 제도의 창조자인 동시에 그 제도의 구속을 받는 존재입니다. 따라서 사람이 사람답게 살기 위해서는 제도의 틀 안에서 어느 정도의 '타율적 삶'을 감수해야 한다고 주장합니다. 그러한 제약과 순응의 대가로 사람다운 삶을 보장받을 수 있으며, 많은 시행착오를 피할 수 있기 때문입니다. 사람과 제도의 관계를 겔렌은 '엄마의 치마폭에 몸을 숨긴 꼬마'에 비유합니다. 제도에 의존함으로써 사람은 어린아이처럼 불안 속에서도 안전함과 편안함을 느낍니다.

생명의 숨결을 감싸고 있는 비밀 : 뇌/의식/정신

구약성서에 따르면, 사람은 하느님에 의해서 흙(물질)으로 만들어진 뒤에, 하느님의 '생명의 숨결'이 불어넣어졌습니다. 바로 이 생명의 숨결이 영혼 또는 정신을 뜻합니다. 특정한 종교에서 나온 창조 신화이기는 하지만 이 신화는 시간에 따라서 변화하는 사람의 신체보다는 신의 직접적인 선물인 정신을 사람의 위대함이라고 말합니다. 이러한 창조 이야기 속에 이미 정신과 물질을 나누는 이원론의 씨눈이 담겨져 있습니다.

이러한 이원론을 철학에 적극적으로 활용한 철학자가 르네 데카르트입니다. 데카르트의 이원론은 신체와 물질의 세계(물질은 공간을 차지한다)와 의식과 정신의 세계를 엄격하게 나누었습니다. 이렇게 양분된 뒤 물질의 세계는 자연과학의 영역이 되었고, 철학자는 정신세계를 탐구하는 것으로 역할이 분담되었습니다. 사람을 사람답게 하는 것으로 '순수한 정신'이 강조되었습니다.

철학자는 이 순수한 정신의 정체를 밝히려고 노력했습니다. 오늘날 뇌,

의식, 정신의 신비로운 관계가 차차 밝혀지는 과정에 있습니다. 물론 이 일은 철학적 지식만이 아니라 자연과학, 의학, 신경 과학과 긴밀한 협력을 통해서 가능합니다. 여기에 인공두뇌학(사이버네틱스)도 한 몫을 맡고 있습니다. 앞으로 위대한 과학이 승리한다면 뇌에 관한 모든 정보가 밝혀지고 결국 의식이나 정신이 어떻게 해서 작용하는지를 모두 알 수 있을까요? 먼저 뇌, 의식, 정신이 서로 어떤 관계에 놓여 있는지 알아봅시다. 뇌를 연구하는 전문가에 따르면, 이 세상에서 뇌보다 더 복잡한 구조를 가진 대상은 발견할 수 없다고 합니다. 뇌가 위치하는 곳은 머리뼈로 둘러싸여 있으며, 뇌는 '중앙 신경 시스템'이라고 할 수 있습니다. 따라서 뇌가 하는 일은 외부의 대상에 관한 감각 인상을 받아들여서, 지각하고 (평가), 저장하고(기억), 신체의 각 기관이 하는 일을 조절합니다.

'의식'은 일반적으로 우리가 잠에서 깨어나면 활동하고, 잠들거나 의식을 잃거나 죽게 되면 끝이 나는 정신의 상태입니다. 그러므로 의식은 몸의 일부가 아니고 상태입니다. 독일의 철학자 크리스티안 볼프 (1679~1754)는 독일어권에서 의식이라는 용어를 처음으로 사용하기 시작하였습니다. 볼프에 따르면, 의식은 우리가 외부나 내면의 세계를 주목하는 것이고, 이때 생기는 정신 상태의 변화가 생각입니다. 이는 생각을 하기 전에 먼저 의식되어야 한다는 것을 뜻합니다. 다시 말하면, 우리는 의식하지 않은 것에 대해서는 아무런 생각도 하지 않습니다. 예를 들면, 우리 앞에 친한 친구가 걸어가고 있어도 의식하지 않으면 그 친구를 알아보지 못한다거나, 어떤 일에 몰두하고 있을 때, 옆에서 말하는 것을 의식하지 못하면, 어떤 대답을 해야 할지, 어떤 태도를 취해야 할지 생각할 수가 없는 것과 같습니다.

프로이트는 우리가 어떤 의식을 하기 전에 먼저 의식에 앞서는 또 하나의 의식을 가져야 한다고 주장합니다. 이것을 '선 의식'이라 합니다. 선 의식 안에 우리가 어렸을 때 혹은 어머니 뱃속에서 기억했던 내용들이 저장되어 있다는 것입니다. 또 독일의 철학자 에른스트 카시러(1874~1945)는 의식을 '철학을 위한 프로테우스'*라고 말했습니다. 이 말은 의식 속에서 끝없는 의미의 변화가 일어나고 있음을 뜻합니다.

정신이라는 말은 라틴어의 '스피리투스'에서 유래하고, 스피리투스는 원래 호흡, 생명을 뜻했습니다. 뒤에 그리스도교가 여기에 영혼이라는 뜻을 더했습니다. 그런 까닭에 사람의 생명이 끝났거나, 영혼에 문제가 생긴 상태를 가리켜 정신이 나갔다고 하는 모양입니다. 오늘날 정신이라는 말은 매우 다양하고 애매하게 쓰이기 때문에 철학에서 다루는 것이 적합하지 않다고 말하는 사람도 있습니다. 그럼에도 불구하고 과거에는 많은 철학자가 정신을 철학의 중요한 주제로 다루었습니다.

오늘날 학문적 토론에서는 정신 대신 마음이라는 용어가 더 자주 사용됩니다. 마음은 라틴어 '멘스'에서 유래한 용어로 오성, 사고방식, 정신을 뜻합니다.

정신이 무엇인가? 하는 물음을 자연과학적 연구와 관련시켜 처음으로 제기한 사람이 프랜시스 크릭(1916~2004)입니다. 그는 사람이 생각할 때 뇌 안에서 어떤 일이 생기는가? 하는 물음을 던졌습니다. 그는 제임스 왓슨(1928~)과 함께 유전자 정보를 담고 있는 DNA-분자핵을 발견하여서 1962년 노벨의학상을 받기도 했습니다.

우리가 무엇을 의식할 때, 정신 혹은 마음이 어떻게 작용하는가를 과학적으로 설명하려는 방식을 '환원주의'라고 합니다. 환원주의란 유기체의 몸 안에서 일어나는 과정을 물리적이고 화학적인 방법으로 알아낼 수 있다는 입장입니다. 더 상위에 있는 존재의 의식 과정을 알기 위해서 더 낮은 존재의 의식 과정을 연구하여서 여기에 상위 계층의 의식 과정을 환원시켜 볼 수 있다고 크릭은 주장합니다.

예를 들면, 포유동물인 박쥐의 의식 과정은 인간의 의식 과정보다 단순합니다. 이들은 일종의 초음파 음향을 내보내고 되돌아오는 반향을 지

* **프로테우스**
그리스 신화에 나오는 '바다의 노인'으로 불리는 해신 중 한 명. 뛰어난 예언 능력을 지녀 찾아오는 이가 많았지만 이방인을 싫어하여 여러 형태로 몸을 바꾸어 가며 도망치는 것으로 유명하다.

9장. 지금, 여기에서 철학하기 : 주제와 문제들

각하여 대상을 깨닫습니다. 되돌아오는 반향을 분석하여 다른 곤충을 파악하고 그것을 잡을 수 있는 정확한 정보를 얻게 되지요. 이러한 박쥐의 신경 과정을 과학적으로 분석하여 인간의 뇌의 구조를 파악하려는 시도가 환원주의적 연구에 속합니다.

크릭과 같은 학자는 이러한 환원주의에 입각하여서 뇌가 어떻게 의식을 진행하는가를 보여 줍니다. 우선 시각세포에 하나의 대상이 들어오면 그 대상으로부터 포착된 수많은 '정보 전달'을 종합하여서 전체적인 그림이 만들어지고 이것에 의해서 상대가 적이거나 또는 위험한 야생 동물이라는 것을 알아챌 수 있습니다. 여기에는 수없이 많은 신경이 '신경 네트워크'에 공동으로 참여합니다.

이러한 환원주의에 따르면, 뇌 안에서 의식이 이루어질 때, 수많은 신경과 근육 그룹의 복잡한 공동 놀이가 일어나는데, 그러한 일의 중심에서 모든 것을 관리하는 심판관이 있어야 합니다. 과연 인간의 뇌 안에 이러한 심판관이 존재하는 것일까요? 만약 존재한다면, 이 심판관을 아는일이 뇌, 의식, 정신 연구의 핵심이 될 것이며, 이것이 성공한다면 인간 정신의 신비는 벗겨질 것입니다. 하지만 과연 과학은 신비를 벗겨 내어서 승리할 수 있을까요?

미국 철학자 토마스 네이글(1937~)은 이 문제에 관해 중요한 입장을 대변합니다. 정신과 신체 문제를 다루기 위해서 의식은 필수적으로 고려되어야 하지만 의식만으로는 이 문제를 해결할 수 없다고 말합니다. 네이글은 환원주의의 입장을 거부합니다. 네이글에 따르면 인간은 동물과 달리 인간에게만 적합하고 친밀한 '내적 확신'을 갖습니다. 사람은 진화의 과정을 통해서 나름대로 세계를 이해하는 방식을 갖게 되고 그 결과로서 내적 확신을 얻게 되었습니다. 우리는 이 내적 확신에 의해서 우리 자신에관하여 물을 수 있게 되고 나아가서 대상에게 의미를 준다는 것입니다.

바꾸어 말해서, 우리는 자연과학의 힘으로 뇌에 속하는 모든 신경조직의 활동을 밝혀 내고 어떤 부분이 어떤 일을 하는지 그 종류와 역할을 완벽하게 분류할 수는 있을 것입니다. 멋진 도표와 통계표를 만들 수도 있지요. 그러나 이것을 가지고서, 진리를 추구하는 인간의 진지함과 정확성을, 선을 위해 고통을 감수하는 종교인의 인내와 숭고함을, 아름다움을 표현하기 위해서 견디기 어려운 고통을 감내하는 예술가의 열정과 창조의 의지를, 정의를 위해서 자신을 희생하며 자유를 추구하는 비판적 정신의 진지함을 완벽하게 설명할 수는 없을 것입니다.

어떤 과학의 힘이 정신이 갖는 세계를 향한 순수한 관심을 공식과 숫자로 설명할 수 있으며, 누군가를 향한 사랑과 증오에 관한 재료와 성분을 기호화하고 모든 사람에게 적용되는 삶의 방식을 만들어 낼 수 있을까요? 그 어떤 과학 기술이 정신을 필요에 따라서 복제할 수 있을까요? 과학이 최첨단 기술을 자랑한다고 하더라도 정신의 신비에 대해서는 모든 것을 낱낱이 설명하기 어려울 것입니다. 정신은 일정한 모양으로 고정되어 있거나 정지된 것이 아니고, 활동하며 스스로 변화하는 속성을 가지고 있으니까요.

그런 까닭에 사람의 가장 뛰어난 특성인 정신세계는 지금까지 알려지지 않았던 것이 부분적으로 밝혀진다고 하더라도 기술의 힘만으로는 다 밝히거나 예측할 수 없는 세계로 남을 것입니다. 이런 의미에서 정신은 계량화 또는 숫자와 공식으로 설명할 수 없는 '신비' 그 자체가 아닐까요? 반면에 정신은 스스로 자신을 알아내고 발전하기 위하여 더욱 노력할 것입니다. 정신은 스스로 자신을 이해하고자 하는 열정을 쉽게 포기하지 않을 것입니다. 정신의 본질이 곧 묻고 이해하고 탐구하는 것이니까요. 철학은 이러한 탐구의 선두에 서서 정신의 활동과 세상의 관계를 끊임없이 알려고 해 왔고 앞으로도 그렇게 할 것입니다. 여기에 '철학하기'의 존재근거가 있습니다.

철학사 연표

근대

1500

- 프랜시스 베이컨(1561~1626)
- 갈릴레오 갈릴레이(1564~1642)
  : 수학적, 실험적 자연과학의 대표자
- 토마스 홉스(1588~1679)
- 르네 데카르트(1596~1650)
  : 합리주의의 비조. "나는 생각한다. 고로 존재한다."

1600

- 바뤼흐 스피노자(1632~1677)
- 존 로크(1632~1704)
  : "모든 지식은 궁극적으로 경험으로부터 도출된다."
- 아이작 뉴턴(1642~1727)
  : 근대 과학적 세계관 확립
- 고트프리트 라이프니츠(1646~1716)
  : 합리주의 철학자, 수학자, 단자와 예정조화설

1700

- 데이비드 흄(1711~1776)
- 장 자크 루소(1712~1778)
  : 사회계약론자, 직접민주주의자, 철학자
- 아담 스미스(1723~1790)
  : 고전파 경제학을 창시한 경제학자, 철학자.
  '보이지 않는 손'
- 임마누엘 칸트(1724~1804)
- 제러미 벤담(1748~1832)
  : 공리주의 철학자, 법학자

1750

- 게오르크 헤겔(1770~1831)
  : 독일 관념론을 완성한 철학자
- 아르투르 쇼펜하우어(1788~1860)

1800

- 존 스튜어트 밀(1806~1873)
  : 공리주의 철학자, 경제학자, 사회사상가
- 찰스 다윈(1809~1882)
  : 진화론을 확립한 생물학자

- 쇠렌 키에르케고르(1813~1855)
- 칼 마르크스(1818~1883)
  : 정치경제학자, 철학자, 과학적 사회주의자
- 프리드리히 니체(1844~1900)
  : 실존주의의 선구자, 전복적 철학자

1850

- 지그문트 프로이트(1856~1939)
  : 정신분석학의 창시자
- 에드문트 후설(1859~1938)
  : 현상학의 창시자
- 존 듀이(1859~1952)
  : 실용주의 철학자, 교육사상가
- 버트런드 러셀(1872~1970)
- 칼 융(1875~1961)
  : 분석심리학을 창시한 심리학자
- 루트비히 비트겐슈타인(1889~1951)
  : 논리실증주의와 분석철학에 기여한 철학자
- 마르틴 하이데거(1889~1976)
  : 실존주의자, 현상학자, 존재론자

현대

1900

- 한스 게오르크 가다머(1900~2002)
- 칼 포퍼(1902~1994)
  : 비판적 합리주의를 주장한 과학철학자,
  사회정치철학자
- 테오도르 아도르노(1903~1969)
- 장 폴 사르트르(1905~1980)
  : 실존주의 철학자, "실존이 본질을 앞선다."
- 시몬 드 보부아르(1908~1986)
  : 실존주의 철학자, 평등 중심의 페미니스트
- 미셸 푸코(1926~1984)
  : 포스트모더니즘 철학자, 권력 구조 분석
- 위르겐 하버마스(1929~)
  : 철학자, 사회학자,
  공론장의 형성과 의사소통 행위 이론
- 자크 데리다(1930~2004)
  : 해체주의 철학자

찾아보기